Das volkswirtschaftliche System

der

Kapitalanlage im Auslande.

Von

A. Sartorius Freiherrn von Waltershausen.

Berlin.

Druck und Verlag von Georg Reimer.

1907.

Inhaltsverzeichnis.

Einleitung.

Die Weltwirtschaftspolitik.

Es ist ein alter, unbestrittener Satz des sozialen Wissens, daß es zum Wesen des Menschen gehört, das Zusammenleben in einem Verbande anzustreben. Den einzelnen ist die Vereinigung Schutz gegen die schädigenden Einflüsse der äußeren Natur oder gegen den gemeinsamen Feind, zugleich hebt sie die schöpferische Kraft und gestattet ihnen, höheren, über das Bestehende hinausreichenden Lebenszielen mit Zuversicht nachzugehen. Alle wirtschaftlichen Vereinigungen beruhen auf diesen gesellschaftlichen Grundgedanken und werden immer von neuem geschaffen, sobald Individuen oder Familien die Unzulänglichkeit des vorhandenen Zustandes empfinden.

Die Geschichte lehrt, daß die sozialen Verbände in verschiedener Weise entstehen. Die Regel für die großen heutigen Nationalstaaten und Volkswirtschaften ist jedoch die gewesen, daß sie langsam wurden, zuerst mehr instinktiv als bewußt, dann nach Erkennung ihrer Aufgaben nur zögernd und an einzelnen Punkten einsetzend, endlich unter dem Druck innerer wachsender Bedürfnisse und unter dem Stern einer glücklichen Stunde als Ganzes machtvoll geschaffen worden sind.

Die Weltwirtschaft, wie sie heute ist, erscheint uns zunächst nur als ein Inbegriff für eine Summe von Beziehungen, welche sich aus Wanderungen und Reisen der Menschen, aus dem Verkehr mit Waren, Geld, Forderungen, Leistungen auf der Erde ergeben, und welche in Transport, Handel und Zahlungen einen offenkundigen Ausdruck finden. Aber sie ist doch mehr. Sie hat zwar nicht eine solche Gliederung, welche ihr das Bewußtsein von eigenen fest umschriebenen Aufgaben ermöglicht, aber sie ist doch bereits so fortgeschritten, daß in ihr der Drang zu vollkommenerer Gestaltung sichtbar wird. Wir wissen nicht, ob sie in Hunderten oder Tausenden von Jahren ein vollendeter sozialer Organismus werden wird, der planvoll sein Inneres nach höchster Zweckmäßigkeit gestaltet, wir haben aber das Recht zu glauben. daß wir uns am Anfange einer Entwicklung befinden, von der weiteres zu erhoffen ist.

Die umfassendsten wirtschaftlich-sozialen Gebilde der Gegenwart sind die Volkswirtschaften, und je nach ihrer Produktivkraft und Weltmacht bemißt sich ihre Stellung in der Weltwirtschaft. Wir können uns denken, daß England die ganze Erde industriell beherrscht, oder daß Europa und Nordamerika sich in den Welthandel und Transport zu gleichen Quoten teilen. oder daß Ostasien einen festen Anteil daran hat. oder auch, daß ein Dutzend selbständige Mächte vorhanden sind. welche unter sich ein Gleichgewicht geschaffen haben. — je nach der einen oder der andern Anordnung wird die Weltwirtschaft ein ganz verschiedenes Aussehen tragen, aber die Voraussetzung ist doch die. daß sie ein solches Ganzes bildet. in dem das Wohl oder Wehe eines Teiles von allen übrigen. wenn auch stärker oder schwächer. je nach den Zeitläuften verschieden. empfunden wird. Ungeachtet aller staatlicher Gegensätzlichkeit fehlt es also an einer. wenn auch noch so bescheidenen Solidarität der Interessen nicht.

Trotz des andauernden Bestrebens der großen Volkswirtschaften ihre Produktion möglichst vollständig zu gestalten. sind die Länder verschiedener klimatischer Zone. orographischer Beschaffenheit oder technischer Ausbildung im Produzieren und Konsumieren aufeinander angewiesen, trotz immer weiter sich spezialisierender Wanderungsgesetzgebung bestehen die sich ergänzenden Bedürfnisse der Ein- und Auswanderergebiete fort. trotz der politischen Beeinflussung der Kapitalströmungen zur inländischen Verwendung wachsen die Wünsche, sie zu verstärken. im Gläubiger- und Schuldnerland fortwährend an. Mit jeder Erleichterung des Transportes ist die Möglichkeit gegeben. die internationalen wirtschaftlichen Beziehungen auf höhere Ziffern und weitere Entfernungen auszudehnen, und erst. wenn die

Kohlenlager erschöpft sein werden, und für sie kein Ersatz zu finden ist. wird man demgegenüber von einem ernstlichen Hemmnis sprechen dürfen.

In jeden weltwirtschaftlichen Verkehr greift der souveräne Staat zum Zweck eigener ökonomischer und politischer Machtgestaltung ein. Zunächst durch Einrichtungen im eigenen Lande. Ihre bekannteste Form ist die Handelspolitik, aber auch die Landeswährung. die Niederlassungs- und Freizügigkeitsgesetzgebung, das Patentwesen. die Schiffahrts-, Eisenbahn- und Kanaltarife gehören hierher. Zu den politischen treten die privaten Maßregeln der Berufszweige hinzu: besondere Preisfestsetzung für Auslandsware. Syndikatsbildung. Organisation des Exportes, Einwanderungsunterstützung. Ausfuhr und Einfuhr des Kapitals durch Banken und Konsortien.

Aber auch im Auslande wird eine Gliederung geschaffen. Der Staat vertritt durch Diplomaten und Konsuln seine Angehörigen, welche als Unternehmer, Kapitalisten, Arbeiter dort verdienen.

Zuerst sind es nur wenige wagemutige Männer, welche sich in der Fremde niederlassen. Andere. Kaufleute, Bankiers, Spediteure. Techniker. Industrielle. Arbeiter schließen sich an. sobald die Sache vorwärts geht. Je zahlreicher die Beteiligten werden, je mehr Schwierigkeiten infolgedessen. aber auch je mehr Gewinnaussichten ihnen erwachsen. je größer die riskierten Summen werden, um so dringender bedürfen sie des Zusammenschlusses. Im Innern eines Landes ist die Erwerbsart die regelmäßige Grundlage hierfür. im Auslande kommt sie zwar auch vor, aber die Hauptsache ist die staatliche Zugehörigkeit. meist in der Form der gemeinsamen Nationalität. Entfalten sich die Auslandseinrichtungen der Inländer dauernd in friedlicher Weise, so erhält die Weltwirtschaft durch sie eine neue Stütze. werden sie zu einseitigen Machtäußerungen. zu Monopolen. so rufen sie den Nationalismus des Niederlassungslandes gegen sich zu den Waffen und stören die Fortbildung des internationalen Verkehrs. Sie sind als solche eine Notwendigkeit. aber sie gedeihen nur unter weiser Beschränkung.

Eine dritte Form der Organisation in der Weltwirtschaft ist diejenige. welche Inland und Ausland zugleich umfaßt. Sie ist beruflicher Art, erst in Ansätzen vorhanden und hat noch den Beweis zu liefern, daß sie etwas Dauerndes leisten kann. Es haben Ringe von englischen und amerikanischen Baumwollspekulanten zum Zwecke der Preisfestsetzung bestanden, es gibt Abmachungen zwischen russischen und rumänischen Petroleumraffinerien über Absatzgebiete, zwischen deutschen und amerikanischen Schiffahrtsgesellschaften und Banken[1]) über Verkehrszonen und internationale Zahlungen, zwischen deutschen, französischen, englischen, belgischen und amerikanischen Stahlschienenfabrikanten über den Wettbewerb in neutralen Gebieten. Die Schwierigkeiten, welche dem dauernden internationalen Einverständnis entgegenstehen, sind zahlreich. Schon die weite räumliche Trennung erschwert die persönliche Aussprache, dann aber sind die Produktions- und Absatzverhältnisse in den einzelnen Ländern zu verschieden gestaltet, die Phasen des Auf- und Niederganges des Geschäftes zeitlich zu wenig zusammenfallend, um Ausdehnung und Einschränkung der Tätigkeit nach gemeinsamer Regel leicht zu ordnen. Dazu kommt die handelspolitische Besonderheit der Staaten, welche von deren wirtschaftlichem Gesamtzustande und nicht von einzelnen Erwerbszweigen abhängig ist. Endlich sind immer nationalpolitische Gegensätze vorhanden, die sich nur zur Kriegsdrohung zu verschärfen brauchen, um getroffene Abmachungen ernstlich zu gefährden.

Aber wie dem auch sein mag, die kurze Geschichte des internationalen Schienenkartells zeigt, wie sehr die Produzenteninteressen bereits mit der ganzen Erde zu rechnen genötigt sind. Als es im Sommer 1904 ins Leben gerufen wurde, glaubte man es auf Deutschland, England, Frankreich und Belgien beschränken zu können. Denn die amerikanischen Walzwerke exportierten jährlich nicht mehr als 30000 Tonnen und schienen daher der Berücksichtigung nicht wert zu sein. Aber alsbald griff der amerikanische Stahltrust dermaßen in den Welthandel ein, daß die Europäer mit ihm sich verständigen mußten, falls sie ihre Konvention aufrecht erhalten wollten. Demgemäß zog sich Deutsch-

[1]) Vgl. Allg. Zeitung, München, v. 14. Aug. 1906: Die Verbindung der deutschen Banken mit nordamerikanischen Bankfirmen.

land zugunsten der Amerikaner vom mexikanischen und zentralamerikanischen Markt zurück, und England machte Zugeständnisse in Südamerika. Die Amerikaner versprachen ihre Ausfuhr nach Europa nicht zu steigern, gaben Deutschland in Japan und südlich der Sundastraße, England in Afrika und im übrigen Asien freie Hand.[1])

Eine Politik, welche im Auslandsverkehr ausschließlich die Wirtschaftsinteressen des eigenen Landes anerkannte, also auch jede Bereicherung auf Kosten der Fremden guthieß, war die merkantilistische des 17. und 18. Jahrhunderts. Man spricht heute von einem Neumerkantilismus, um jenes alte System, ausgestattet mit modernen Mitteln, zu bezeichnen. Daß er irgendwo anders als in den Köpfen extremer Nationalisten oder deren fanatischer Widersacher lebt, ist angesichts der Tatsachen, welche sich in der Weltwirtschaft nicht ignorieren lassen, stark zu bezweifeln. Der Begriff der Weltwirtschaftspolitik ist daher auch nicht mit ihm zu identifizieren. Diese ist zunächst wie jede Wirtschaftspolitik eine einzelstaatliche Angelegenheit, in den Dienst des Gesamtwohles gestellt, in ihrem Erfolg an ihm allein meßbar. Aber sie erkennt die Rücksichtnahme auf andere und damit die Förderung fremder Interessen prinzipiell an, sieht in gegebenen ausländischen Zuständen Schranken, welche sie nicht überspringen kann und daher nicht will. Freilich würde sie ganz phantastisch werden, wenn sie zugleich den alten Freihandelsoptimismus in sich einverleiben wollte. Dieser ist eine abstrakte Theorie gewesen, welche auf dem Irrtum gleicher ökonomischer Kräfte der Länder aufgebaut worden ist. Eine Weltwirtschaftspolitik, welche die Internationalität als reale Macht begreift, rechnet mit historisch gegebenen, zwischenstaatlichen Tatsachen und Bedürfnissen, beurteilt dieselben als Elemente des eigenen Gedeihens, genau so wie die Sozialpolitik von der inneren Verteilung der ökonomisch-sozialen Kräfte den Ausgang nimmt. Sie muß daher von Land zu Land verschieden ausfallen und kann in wenigen Jahren wechseln.

---

[1]) Näheres Handelszeitung des Berliner Tageblattes vom 7. März 1906, Korrespondenz aus London.

Sachlich ist ihr Gebiet schon ausgedehnt, und immer reihen sich neue Aufgaben an die alten. Es gruppiert sich um die großen Kategorien des Waren- und Effektenhandels, der Transport- und Versicherungsleistung, der internationalen Zahlungen, Darlehen und Geschäftsbeteiligungen, der Wanderungen, der Kolonien, der ausländischen Unternehmungen.

Im Nachfolgenden wird von einem speziellen weltwirtschaftlichen Problem, von der Kapitalanlage im Auslande vornehmlich die Rede sein. Es wird sich jedoch zeigen, wie eng es mit andern Fragen des internationalen Verkehrs verflochten ist, und wie dieser Zusammenhang eine völlig abgesonderte theoretische und praktische Darstellung ausschließt. Weltwirtschaftlich voranzugehen und vorzugehen gehört zu den großen politischen Gefühlen der heutigen germanischen Völker, und schon aus diesem Grunde haben bei ihnen Handels-, Kolonial-, Auswanderungs- und auswärtige Kapitalpolitik den Stempel der Einheitlichkeit zu tragen. Dies Gefühl mit Umsicht zu leiten, ist eines der wichtigsten staatsmännisehen Ziele der kommenden Jahrzehnte, es rechtzeitig zu begreifen und in seinen Wirkungen zu beschreiben, die Aufgabe der Wissenschaft.

Der Beitrag, welcher in diesem Buche zur Aufhellung der mit dem Kapitalexport verbundenen Fragen dargeboten wird, steht an erster Stelle unter dem methodologischen Zeichen der Systematik. Daher ist in die Beschreibung von Einzelheiten immer nur insoweit eingegangen, als es zur beispielweisen Erläuterung allgemeiner Sätze notwendig war. Von dem sich darbietenden umfangreichen weltwirtschaftlichen und politischen Stoff ist in der bisherigen Literatur nur weniges bearbeitet worden, das meiste liegt in Zeitungen, Jahresberichten der Gesellschaften, in gedruckten Reden, Regierungsenqueten usw. zerstreut vor, und es nur einigermaßen vollständig zu sammeln, überschreitet die Kräfte des einzelnen. Das verfügbare Material von drei politischen Gesichtspunkten aus zu erforschen, war das systematische Ziel: Was bedeutet der Kapitalexport in der ökonomischen, der auswärtigen und der sozialen Politik? An die Beantwortung konnte aber erst herangetreten werden, nachdem eine Erörterung über sein Wesen vorausgeschickt worden war.

ERSTES BUCH.

ZUR THEORIE DES WELTVERKEHRS.

Erstes Kapitel.

Nationales und internationales Kapital.

Wenn die nationalökonomische Wissenschaft das Leben der Völker verstehen will, muß sie die ihr nötigen Begriffe der geschichtlich gegebenen Wirklichkeit entnehmen und nicht auf Grund eines ihr bequemen Denkschemas konstruieren. Demgemäß sollte der Kapitalbegriff nicht anders, als er sich in den Geschäftsbüchern der Kaufleute, den Bilanzen der Aktiengesellschaften, den Bank- und Börsenberichten darstellt, als eine Wertsumme, die dazu dient, einen Gewinn zu bringen, gebraucht werden. Bei der auf der Erde allgemein durchgeführten Edelmetallgeldwirtschaft wird diese Wertsumme in einer Quantität Gold- oder Silbergeldes zur Anschauung gebracht und kann somit nach Ländern, nach der Art der Verwendung, nach seiner zeitlichen Größenveränderung gesondert dargestellt werden. Jeder Wert, also auch der des Kapitals, beruht auf Schätzungen, die in menschlichen Machtverhältnissen, Leistungen und Bedürfnissen ihren Grund haben und ist etwas Reales wie diese Bestimmungsgründe selbst. Das Kapital als solches kann keine produktionstechnischen Eigenschaften haben, da es etwas abstraktes ist, es ist demnach auch nicht etwas, dessen Entstehen sich mit der Produktion von Sachgütern erschöpfen könnte und das zugleich im Werte unveränderlich wäre, solange das Objekt, in dem es sich zeitweise verkörpert, in der gleichen Form vorhanden ist. Eine Maschine herzustellen, kann 10000 M. gekostet haben, aber sie wird von dem Fabrikanten nur für die Hälfte, vielleicht aber auch für das Doppelte verkauft werden können. Dementsprechend hätte ihr Besitzer sie in die Kapitalbilanz als ein Aktivum von 5000 resp. von 20000 M. einzustellen. [1])

Jede bewegliche wie unbewegliche Sache kann in das kapitalistische Gewand hineinschlüpfen, und es gibt keinen Gegenstand, dem als solchem die Kapitaleigenschaft innewohnt.

Geschichtlich betrachtet, gab es eine Zeit ohne Kapital. Unter dem früheren Zustand der Eigenproduktion ist das Ziel der wirtschaftlichen Tätigkeit entweder auf unmittelbare Bedürfnisbefriedigung oder auf die Erzeugung von Produktionsmitteln gerichtet, welche jener wiederum dienen sollen. Ebenso kann der Tausch zu beiden Zwecken allein vorgenommen werden.

Die heutige Wirtschaftsweise im Gegensatz dazu heißt die kapitalistische, weil sich zwischen jedes Produzieren respektive Tauschen und jedes Konsumieren der Zweck des Gewinnbezuges einschiebt, der jenes nach Art und Umfang bestimmen und dieses vernachlässigen, der also den Hauptzweck aller Wirtschaftlichkeit verdunkeln kann.

Das Kapital ist ein bestimmter Wertausdruck für mancherlei Dinge, zumeist für produzierte Produktionsmittel, woher die Anschauung stammt, das Wesen des Kapitals als technischen Produktionsfaktor zu kennzeichnen. Nach ihr ist der Indianer seines Bogens wegen ein Kapitalist, und der Australneger besaß schon zur Zeit Tasmans und Cooks in seinen Netzen ein Kapitalvermögen. Das Wort stammt aus dem mittelalterlichen Latein, von dem jene Wilden nichts wußten, und hatte die Bedeutung des Hauptstammes einer geliehenen Geldsumme, welcher die zu entrichtenden Zinsen begrifflich gegenüberstanden. Später ist der Kapitalbegriff zu einer einträglichen Wertsumme und der Zins zur Einnahme überhaupt erweitert worden. Das Kapital kann außer geschaffenen Produktionsmitteln alle Waren, welche in die Konsumtion eingehen sollen, dann Naturkräfte, Grund und Boden, Rechtsverhältnisse, welche privatrechtlich oder durch Gesetz entstanden sind, umspannen. Endlich gibt es noch das Geldkapital,

[1]) Ernst Lange (Karl Marx als volkswirtschaftlicher Theoretiker, Jahrbücher für Nationalökonomie und Statistik, III. Folge B. XIV) macht in seiner Kritik der Marxschen Grundbegriffe auf die falsche Verdinglichung des Kapitals seitens dieses Schriftstellers aufmerksam.

d. h. eine Wertsumme, die in der Form von Edelmetall oder gemünztem Geld vorhanden ist und auf den Leihmarkt kommen kann, nicht zu verwechseln mit dem Gelde an sich, welches zu mancherlei Zwecken, nicht bloß zum Gewinnbezug, Verwendung finden kann, auch nicht zu verwechseln mit dem Kapital an sich, welches in Geld benannt wird.[1])

Nach dem Gesagten kann man Produktivkapital, Warenkapital, Bodenkapital, Hauskapital, Geldkapital usw. unterscheiden, also verschiedene Kapitalgestaltungen, die darauf gerichtet sind, durch Unternehmen, Verpachten, Vermieten, Verleihen besondere Einnahmen zu bringen, welche in der wirtschaftlichen Rechnung immer, wie das Kapital selbst als abstrakter Wert, wenn auch in Geld gerechnet, zu denken sind.

Die Kapitalbildung kann durch alle diejenigen Momente vor sich gehen, durch welche Werte hervorgebracht werden. Die Güterproduktion kann daher nur in dem Maße kapitalbildend sein, als sie wertbildend ist. Hinzu muß kommen, daß die erzeugten Werte der Zweckbestimmung unterstellt werden, einen Gewinn zu bringen. Wichtig ist für jede Kapitalbildung die Konjunktur, weil sich jede Wertschätzung innerhalb der Verkehrswirtschaft unter dem Verhältnis von Angebot und Nachfrage vollzieht. Der Verkäufer und der Käufer von Waren bemessen die Höhe ihres Warenkapitals nach tatsächlich bestehenden Preisen, die Käufer und Verkäufer von Kapitalanteilen, z. B. Aktien, rechnen nach der Höhe der erwarteten Erträge und nach sonstigen Momenten, welche gerade den Markt beherrschen.

Für unsere Aufgabe der Beurteilung auswärtiger Kapitalanlagen für die eigene Volkswirtschaft ist die hier gegebene kurze Erörterung von prinzipieller Wichtigkeit:

---

[1]) R. v. d. Borght, Ein Vorschlag zur Lehre von den Produktionsfaktoren, Natur und Kapital, Jahrbücher für Nationalökonomie und Statistik III. Folge B. 26 S. 596, erkennt richtig an, daß es unstatthaft ist, die durch menschliche Arbeit erzeugten Produktionsmittel Kapital zu nennen, und will den Begriff des Kapitals auf das Geldkapital beschränkt wissen. Hier scheint eine Verwechslung von in Geld bezeichneter, ertragbringender Wertsumme und Geldkapital vorzuliegen, das im Wirtschaftsleben eine ganz besondere Form des Kapitals ist. Ein Gegensatz zum Geldkapital ist das Warenkapital, welches die Warenform hat, aber in Geld den Wertausdruck findet.

Wir müssen uns stets bewußt bleiben, daß an erster Stelle das Kapital im Auslande als eine Wertsumme zu denken ist, was auch immer sachliches, wirtschaftlich noch so wichtiges hinter ihr stecken mag. Ob das im Auslande befindliche Kapital in Eisenbahnen angelegt ist, oder ob es einem Staate geliehen ist, welcher es konsumiert hat, ist freilich von größter Bedeutung, zu deren Klarlegung man aber erst übergehen kann, wenn man sich über die nationalökonomischen Wirkungen der Werthingaben und Forderungen überhaupt Rechenschaft gegeben hat. Wir haben ferner zu bedenken, daß das ausländische Kapital immer bestimmt ist, einen Ertrag zu bringen, über den der Inländer zu verfügen hat, endlich, daß die Höhe des auswärtigen Kapitals von allen den Momenten in Abhängigkeit zu denken ist, welche für Werte und Preise maßgebend sind.

Die Eigenschaft des Kapitals abstrakter Wert zu sein, hat ihm die Beurteilung zugezogen jeder ethischen Qualität, u. a. auch der nationalen, zu ermangeln. Ein Deutscher besitzt 10000 M. Aktien einer deutschen industriellen Unternehmung, er verkauft sie mit Gewinn und wird statt dessen Eigentümer mexikanischer Schuldverschreibungen. Auch diese veräußert er bald wieder und kauft mit dem Erlös südafrikanische Goldminenanteile. Nach dem Prinzip „ubi bene ibi patria" hat er sein Kapital über das Weltmeer, das drei Erdteile von einander trennt, hinwegspringen lassen.

Diese rechtliche und tatsächliche Freiheit der Bewegung, wie sie heute für das Kapital besteht, ist der Schluß eines längeren, geschichtlichen Vorganges. Die kapitalistische Unternehmung trägt im Gegensatz zu der landwirtschaftlichen Eigenproduktion und zu dem Handwerk der mittelalterlichen Städte, welche Betriebsweisen persönlichen oder Familienbedürfnissen angepaßt waren, einen objektiven Charakter, d. h. der Gewinnbezug ist von Zweckbestimmung der Konsumtion losgelöst worden, er kann auf eine Person oder auf viele, physische oder juristische Personen entfallen, er ist ein Gegenstand für sich, welcher in seinem Dasein seine Aufgabe erfüllt hat.

Während nun aber in der kapitalistischen Privatwirtschaft immer noch die Persönlichkeit des Unternehmers in dem Verkehr mit den Kunden und in den Beziehungen zu den Arbeitern ein wichtiger Faktor ist, wird in der assoziierten Kapitalunternehmung — nehmen wir den Typus der Aktiengesellschaft — schablonisiert, reglementiert, d. h. immer mehr objektiviert. Während z. B. der Privatbankier nach seiner persönlichen Überzeugung dem Geschäftsfreunde die Grenzen des persönlichen Kredits normiert, hat sich der Direktor der Aktienbank statutengemäß zu verhalten, oder während der Privatindustrielle die Zahl der Arbeiterwohnungen vermehrt oder die Arbeiterhilfskasse dotiert etwa anläßlich eines Familienfestes oder des fünfzigjährigen Bestehens der Firma, schlägt die Jahresbilanz der Gesellschaft programmgemäß z. B., da mehr als 10% verdient worden sind, so und soviel für Arbeiterzwecke auszugeben, der Generalversammlung vor.

Vollendet erscheint die Objektivierung des kapitalistischen Unternehmens, wenn es auch seine Nationalität abgestreift hat. Personen aus der englischen Kapitalistenklasse bilden z. B., wenn die Individuen auch fortwährend wechseln, bisher die Besitzer einer Gesellschaft. Eines Tages aber haben Amerikaner die Majorität der Aktien an der Börse gekauft, und die nächste Generalversammlung verlegt den Sitz des Unternehmens von London nach New York.

Daß ein solcher Vorgang möglich ist, geht einmal aus der Voraussetzung hervor, daß die Anteile rechtlich völlig beweglich sind, also auch beliebig konzentriert werden können, dann aus dem engen Zusammenhang der Börsen und Banken der verschiedenen Länder, vermöge dessen beispielsweise die Kurse von New York die von London bestimmen können, und telegraphische Aufträge von größtem Umfang von Berlin aus in London für amerikanische Rechnung ausgeführt werden können.

Nationalökonomisch begründet hat man jede solche rechtliche und faktische Verkehrserleichterung dadurch, daß somit die Kapitalien in diejenigen Kanäle strömten, wo sie den größten Nutzen brächten. Nehmen also z. B. die rührigeren Amerikaner den in alten Geschäftsmethoden stecken gebliebenen Engländern die Schiffahrt auf dem Atlantischen Ozean ab, so kann die Menschheit auf seinen beiden Seiten nur gewinnen. Aber was sagt das nationale Interesse Englands zu diesem Vorgang? Ist es ihm zuzumuten, selbstlos den Weltverkehr zu fördern, wenn daraus eine Machtverschiebung der Völker entsteht, welche ihm selbst nachteilig werden muß?

Nein, das Volk welches das Vertrauen zu sich selbst nicht verloren hat, wird sein Kapital soweit es internationale Funktionen erfüllt, auch seiner Weltwirtschaftspolitik unterstellen. Eine „goldene Internationale“ kann niemals ein Ideal für Menschen sein, die ein Vaterland und den Glauben haben, daß in ihm die stärksten Wurzeln ihres Daseins ruhen. Für solche ist dieses Buch geschrieben.

Wie die Freiheit des Warenhandels eine heilsame Beschränkung durch die Schutzpolitik gefunden hat, so kann man auch prinzipiell verlangen, daß das Kapital bestimmten Vorschriften unterworfen werde, welche seiner Objektivierung auf gewissen wichtigen Gebieten eine Grenze im volkswirtschaftlichen Interesse setzen.

Auf welche Gebiete sich diese Normen erstrecken und wie weit sie vordringen sollen, ist eine Frage der speziellen, ansondernden Politik, und in den nachfolgenden Kapiteln wird sich Gelegenheit bieten, auf Einzelheiten einzugehen. Doch ist mit solchen Maßregeln allein nicht genug getan, wichtiger wird sich vielleicht noch die — eventuell durch Rechtssätze zu fördernde — Organisation der Kapitalisten erweisen, welche zur Durchführung nationaler Zwecke geschaffen wird. Wenig ist bisher getan, aber Ansätze sind doch vorhanden.

Gegen diesen Standpunkt ist einzuwenden, daß die meisten Unternehmungen durch die Personen, welche sie innehaben, schon genügend national gesichert seien, daß Bremer und Hamburger Kaufleute, westfälische und schlesische Industrielle sehr wohl wüßten, wie national sie sich zu verhalten hätten, weil ihr Geschäftsinteresse ihnen dies vorschreibe, — dieser Einwand trifft das Prinzip nicht, sondern bezieht sich auf Tatsachen. Lassen sich diese Leute wirklich allgemein von einem common sense leiten, so besteht kein Grund, von außen zu intervenieren. Aber ob sich Selbst- und Gemeininteresse immer decken, ist gerade die strittige Frage. Materielle Opfer zu bringen, verlangen meist diejenigen, welche nicht in der Lage sind, welche zu bringen, und in Geldsachen hört für manchen die Gemütlichkeit auf. Mag sein, daß die Opferfreudigkeit bei den Nationen verschieden weit geht, je nachdem der nationale Gedanke Wurzel gefaßt hat. Die richtige Einsicht, was einem Volke not tut, hat die Masse nicht, sondern immer nur eine relativ geringe Zahl von Menschen, welche das Ganze überschaut. Von ihr ist zu erwarten, daß sie die Pflicht auch empfindet, das richtig Erkannte in wirksame Politik umzusetzen. Diese Weltwirtschaftspolitik hätte demnach die Aufgabe, das inländische Kapital im Auslande wie das im internationalen Verkehr verwandte zweckmäßig für das Gesamtwohl einer Leitung zu unterstellen.

Alles Kapital, welches Inländer im Auslande besitzen, beruht seinem Ursprung nach auf Export. Es kann jedoch am Orte seiner Bestimmung aus den Mitteln und aus Konjunktur-Vorgängen der auswärtigen Volkswirtschaft vergrößert werden und gewährt dann seinen Besitzern eine vergrößerte Macht, ohne daß ein neuer Export stattgefunden hat.

Eine kapitalistisch organisierte Volkswirtschaft kann ihr gesamtes Kapital im eigenen Lande geschaffen haben und hier verwalten. Aber sie kann es auch zum Teil aus dem Auslande bezogen, oder zum Teil an das Ausland abgegeben haben. Der partielle Zustand, unter dem sie im ersteren Falle lebt, kann als Import-, im zweiten als Exportkapitalismus bezeichnet werden. In beiden Fällen fragt es sich, wird der gesamtökonomische Zustand eines Landes ein besonderer dadurch, daß es Kapitalschuldner oder Gläubiger in der Weltwirtschaft geworden ist.

Zweites Kapitel.

Die Kapitalbildung in agraren und industriellen Ländern.

Der Unterschied von Agrarstaat und Industriestaat ist ein zwiefacher, je nachdem man den Vergleich geschichtlich oder räumlich in der Gegenwart zieht.

Vor gut hundert Jahren war in Deutschland die Eigenproduktion, vermöge welcher die Bedarfsdeckung ganz überwiegend aus Produkten der eigenen Wirtschaft erfolgte, die entscheidende Betriebsart und die Lebensmittel für die ganze Bevölkerung und die meisten Rohstoffe für Manufaktur, Handwerk und Heimarbeit wurden im Inlande gewonnen. Ein erheblicher Teil der gewerblichen Verarbeitung war bloß ein Anhang des landwirtschaftlichen Hauptbetriebes, und die städtischen selbständigen Gewerbe bezogen die Roh- und Hilfsstoffe meist aus der Umgebung der Stadt. Nachdem nun dieses System durch die arbeitsteilige Verkehrswirtschaft ersetzt worden ist, die meisten gewerblichen Arbeiten von den ländlichen losgelöst worden sind, nachdem sich die Bevölkerung mehr als verdoppelt, der Kapitalismus alle Einzelwirtschaften ergriffen hat, ist Deutschland zum Industriestaat geworden, d. h. hat sich, da es kapitalistisch das lohnendste war, mit seiner Hauptkraft an Menschen, Wirtschaftsmitteln, Intelligenz auf die Produktion und den Vertrieb von gewerblichen Produkten geworfen, die zum Teil exportiert werden. Es ist genötigt, trotz zunehmder Intensität der Landwirtschaft eine wachsende Quote an Lebensmitteln und Rohstoffen aus dem Auslande einzuführen. Die Industrie mit ihren Begleitern, dem Großhandel, dem Massentransport, dem Bankwesen, ist der führende Erwerbszweig in der Volkswirtschaft geworden und für das Einkommen der Nation an erster Stelle bestimmend. Gute und schlechte Zeiten waren vor hundert Jahren gleichbedeutend mit guter und schlechter Ernte, heute sind sie es mit industriellem Aufschwung und Niedergang.

Den bedeutendsten industriellen Export haben am Anfang des 20. Jahrhunderts England, Deutschland, die Vereinigten Staaten von Amerika und Frankreich. Sie umfassen mit etwa drei Milliarden Dollars[1]) dreiviertel des internationalen Handels mit Fabrikaten, d. h. verarbeiteten, in Land- und Forstwirtschaft, Bergbau, Jagd und Fischerei gewonnenen Rohprodukten. Davon entfallen im Jahre 1903 auf

das Vereinigte Königreich	1 142 595 000 $
Deutschland	780 926 000 $
die Vereinigten Staaten ..	452 445 629 $
Frankreich	405 794 000 $

Dieser starke Export, der seit 1880 für die vier Staaten der Reihe nach um 18,46, um 69,66, um 339,85, um 19,64 Proz. und absolut um 178 055 000, 320 647 000, 349 589 614 und 66 608 000 $ gewachsen ist, bedeutet jedoch nicht einen Maßstab für die Ausbildung des Industriestaates. Vielmehr ist die nordamerikanische Union überhaupt keine solche einseitige Organisation, erzeugt vielmehr auch die wichtigsten Rohstoffe und alle erforderlichen Lebensmittel selbst, Frankreich muß zwar Rohstoffe für seine Industrie einführen, produziert aber seine Lebensmittel ganz überwiegend selbst, Deutschland muß ein Fünftel bis ein Viertel seines Getreidebedarfs neben vielen Rohstoffen, England etwa zwei Drittel seiner nötigen Lebensmittel importieren.

Die Kapitalbildung in dem alten deutschen Agrarstaat konnte schon deshalb nicht bedeutend sein, weil der Kapitalismus nur ein engbegrenztes Gebiet einnahm. Wenn auch das stets leitende Ziel der Eigenwirtschaft die Konsumtion war, so folgte daraus nicht, daß alles, was zur Verfügung stand, auch hätte verbraucht werden müssen, da ein Teil davon auf die Verstärkung der

---

[1]) Angaben nach dem statistischen Bureau der Vereinigten Staaten.

Produktion zu verwenden war. allein bei der ziemlich feststehenden landwirtschaftlichen und engen häuslichen Betriebsweise waren diese Ansprüche nicht groß und brauchten nicht der Kapitalform zu entsprechen. Soweit die kapitalistische Wirtschaft bereits vorhanden war, im Großhandel, im Geldgeschäft. in der Manufaktur, auf einzelnen Landgütern, die wesentlich für den Export arbeiteten. fehlte auch der Bedarf für neue Kapitalien nicht und es wurde ihm entsprochen, wie dies W. Sombart neuerdings nachgewiesen hat.[1]) Indessen wollte das quantitativ den heutigen Verhältnissen gegenüber wenig besagen. Der größte Teil des Volkes stand unter der Vorstellung des kapitalistischen Erwerbstriebes nicht. während heute jeder Dienstbote sein Sparkassenbuch und der Kleinkaufmann und Kleinfabrikant ein Depot bei der Bank besitzt. Die Wertbildung durch Konjunkturgewinne an Land. Waren, Wertpapieren war, wenn auch im einzelnen Falle gelegentlich hoch, doch durchaus nicht eine allgemeine und tagtägliche Erscheinung. Und was die Gesamtheit der vorhandenen Kapitalisten aus eigenen Gewinnen anhäufen konnte, konnte bei der geringen Geldzahlungsfähigkeit der Landwirte, bei der Beschränktheit des Fernabsatzes und bei dem Fehlen des lokalen Massenkonsums niemals absolut große Summen erreichen.

Hundert Jahr später liegen die Bedingungen für die Kapitalbildung in Deutschland ganz anders. Die Volkswirtschaft ist völlig umgewälzt worden. In allen Volksschichten finden wir breite Gruppen von Sparern. Landwirte schon mit kleinem Betriebe produzieren zum Verkauf und sind ihrerseits für Fabrikanten und Kaufleute gewinnbringende Käufer, ebenso wie alle Lohnarbeiter mit ihrem Geldlohn, die öffentlichen und privaten Beamten. die Handwerker, Händler, Kaufleute usw. Dazu die Erscheinung des raschen Umschlages von Massengütern in den Großstädten, der Warenverkauf durch die Volks- und Weltwirtschaft, der Konjunkturgewinn an der Waren- und Effektenbörse, an nach Quadratmetern bemessenem Land und an Großstadthäusern. Gewiß. daneben auch gewaltige Verluste, Zerstörung von Werten und Sachgütern in Krisen und Depressionen. Aber

[1]) W. Sombart. Der moderne Kapitalismus. Leipzig, 1902.

nach jedem Rückschlag folgt neuer Aufschwung, der auf breiterer Grundlage als in der vorhergehenden Periode einsetzt.

Es ergibt sich aus dem Wesen der einseitigen Industriestaaten, daß andere Länder vorhanden sein müssen, welche sie mit Lebensmitteln und Rohstoffen versorgen. Diese kann man nicht durchweg Agrarstaaten im modernen Sinne nennen. Die mittel- und südamerikanischen Länder, ein großer Teil Australiens und Kanadas, die ostindischen Inseln, die afrikanischen Kolonien, Rumänien, Bulgarien verdienen wohl schlechthin diesen Namen, weil ihre Produktion ganz überwiegend auf Bodenanbau gerichtet ist, hingegen sind Gebiete wie Rußland und die Vereinigten Staaten doch trotz ihres Getreide-, Holz-, Baumwoll- und Metallexportes schon so industriell fortgeschritten, ferner China und Britisch-Ostindien mit alten, letzteres auch mit neuen Stoffverarbeitungsmethoden so durchsetzt, daß wir sie als rein agrarisch nicht bezeichnen dürfen.

Die heutigen jungen Agrarstaaten sind etwas ganz anderes als die alten des 18. Jahrhunderts, so daß auch der erörterte Gegensatz von Industrie- und Agrarstaat abweichend von dem bisher Ausgeführten zu charakterisieren ist. Sie sind erstens kapitalistisch organisiert und mit kapitalistischem Geiste erfüllt, stehen mit ihrer verkehrsmäßigen Produktion in der Weltwirtschaft, sind mit modernen Transportmitteln versehen, und auf deren weiteren Ausbau fortgesetzt bedacht. Die Kapitalbildung vollzieht sich daher unter ganz anderen Bedingungen, als in den Agrarstaaten der Vergangenheit. Die Eisenbahnen erzeugen in ihnen gewaltige Landwertsteigerungen, das Emporschnellen der Weltmarktpreise leicht erworbene Gewinne. Es gibt hier keine stabile Produktion, sondern rastlose Änderung ist das Zeichen der Zeit. Daher immer Finanzbedürfnisse zu neuen Unternehmungen oder zur Vergrößerung bestehender. Aber dennoch ist hier die Kapitalbildung auf einer viel niederen Stufe als in den Staaten, welche über eine ausgebildete Industrie verfügen.

Ein durchgreifender Unterschied zwischen beiden ist die absolute Größe der jährlichen Neubildung verfügbarer Kapitalien: Milliarden in den großen Industriestaaten, Millionen in den reinen Agrarstaaten. Um 1900 wurden z. B. die vorhandenen Spareinlagen des Deutschen Reichs auf 8—9 Milliarden Mark berechnet, 1905 schätzte man, daß sie die zehnte Milliarde überschritten hatten. Dagegen waren in Portugal um die Jahrhundertwende etwa 50, in Rumänien 27, in Bulgarien 5 Millionen Mark eingezahlt. Die englische Einkommensteuer wurde um 1900 auf 827, um 1902 auf 902 Millionen Pfund Sterling Einkommen veranlagt, womit ein Kapital von mehr als 30 Milliarden Mark mehr zur Steuer herangezogen sein dürfte. Die Voraussetzungen der Milliardenbildung sind zunächst eine große und dichte, im Wohlstand lebende und wachsende Bevölkerung, die Massenproduktion, der Massenabsatz, der Massentransport, der Massenhandel. Die Vielseitigkeit der Warenerzeugung im Industriestaate bietet zugleich eine gewisse Sicherstellung, daß die Kapitalbildung niemals ganz nachläßt, was in agraren Volkswirtschaften bei schlechten Ernten regelmäßig der Fall ist.

Von Wichtigkeit ist ferner die Verteilung des Einkommens. Auf den Kopf der Bevölkerung berechnet, ist es in jungen Agrarstaaten nicht selten höher als in den alten Kulturländern. Nach Mulhall[1]) findet der Unterschied folgenden ziffermäßigen Ausdruck:

Einkommen pro Kopf der Bevölkerung in Pfund Sterling (1892)

Argentinien	24.0
Kanada	26.0
Australien	40.2
Europa	19.4
Vereinigtes Königreich	33.7
Belgien	28.0
Frankreich	27.8
Deutschland	22.2
Schweiz	19.0

Danach scheint in den Agrarländern die Gelegenheit, aus dem Einkommen Ersparungen vorzunehmen, die günstigere zu sein. Indessen wird hier einerseits, wo so viel mehr von der Gunst der unberechenbaren Natur als von der Arbeit abhängt, die Konsumtion leicht zur Verschwendung, andererseits führt die vor-

[1]) M. Mulhall, The Dictionary of Statistics. 1892.

handene relative Gleichmäßigkeit der Einkommenshöhe nicht zu der Erübrigung solcher Summen, wie dort, wo der Reichtum so differenziert ist, daß in den bestgestellten Bevölkerungsschichten selbst bei luxuriösem Leben die Überschüsse von Jahr zu Jahr schneller wachsen als die Zunahme des Verbrauchs.

Dazu kommen in den ausgebildeten Volkswirtschaften die großen Rücklagen, welche von Industrie und Banken, Schiffahrtsgesellschaften jährlich vorgenommen werden, ferner die guten Einrichtungen zum Kapitalisieren und zum Verwenden der angebotenen Kapitalien. Die Summen werden in großen Reservoirs angesammelt, und ihre vereinigte Menge kann zu jeder Stunde abgelassen werden. Konzentration und Disponibilität sind die Forcen des modernen Bankwesens, für welches die große Industrie und der Großhandel ebenso die Voraussetzung sind, wie diese wiederum in ihm ihre Förderung finden.

Die Höhe des durchschnittlichen Einkommens in Australien von 40 £, welche, wie auch die weiter unten mitgeteilte hohe Sparkasseneinlage vermuten läßt, mit einer weitgehenden Vermögens-Ausgleichung unter den Familien zusammenfällt, ist daher durchaus nicht ausreichend, die australischen Kapitalbedürfnisse zu befriedigen. Vielmehr sind die englischen Mittel in diesen Kolonien ausschlaggebend. 260000000 £ besitzen englische Kapitalisten allein in australischen Staatspapieren,[1]) wozu noch die großen Summen kommen, welche in privaten Unternehmungen Anlage gefunden haben.

Anders als die jungen agrarischen Staaten sind diejenigen geartet, deren ländliche Produktionsweise erst dem Zustande der alten Eigenwirtschaft zu entwachsen im Begriff und daher noch keineswegs ganz kapitalistisch modernisiert ist. Ungarn, Serbien, Rumänien, Bulgarien, Türkei, große Teile von Rußland, von Spanien, Portugal, Italien, Japan sind in der Kapitalbildung rückständig gegenüber den überseeischen Ackerbaukolonien oder den aus ihnen entstandenen, politisch unabhängigen agrarischen Staatengebilden. Während Mulhall 1892 das Einkommen auf den Kopf der Bevölkerung in Australien auf 40,2 £, in Kanada auf 26,

[1]) Vgl. die Zeitschrift Export, 1903, S. 210.

in Argentinien auf 24 berechnete, kommt es in Rußland auf 11,5 £,

in Österreich-Ungarn	auf	15.5
in Italien	„	12.5
in Spanien	„	16.5
in Portugal	„	12.1

so daß schon aus diesem Grunde des auffällig niederen Einkommens die Kapitalbildung nicht bedeutend sein wird.

Eine vergleichende Sparkassenstatistik von 1900[1]) gibt eine Ergänzung:

Sparkasseneinlagen p. Einwohner in Franken:

Australien	183
Italien	68.20
Kanada	56.55
Portugal	12.70
Rußland	10.25
Spanien	8.75
Japan	5.95
Rumänien	5.80
Serbien	3.50
Griechenland	1.55
Bulgarien	1.45

Die Verschiedenheit dieser Beträge hängt unmittelbar gewiß von mehreren besonders zu bewertenden Momenten ab, von der Verbreitung der Kasseneinrichtungen, von deren Organisation, von der Ausdehnung der Geldwirtschaft, von der Stärke des Sparsinnes; aber das ist doch unverkennbar, daß alle diese Tatsachen auch Symptome größerer oder geringerer kapitalistischer Entwicklung sind, und daß die alten Agrarländer hinsichtlich ihrer im allgemeinen noch stark zurück sind. In diesen lastet der Druck der wirtschaftlichen und sozialen Vergangenheit auf der Produktionsart der Gegenwart. Die neue Zeit versetzt zwar alles in Gärung, und überall wird das alte System durch neue Unter-

1) W. Fatio in dem Extrait du Journal de Statistique suisse, 36e année, 4e fascicule 1900. Ähnliche Angaben in dem englischen Blaubuche über die Fiskalfrage. 1904, S. 187 ff.

nehmungen gesprengt. Aber die Gesamt-Emanzipation geht nur schrittweise vorwärts; die Eigenproduktion klammert sich vermöge alten Herkommens an die Familie des Wirtschafters an, Vorurteile und Aberglaube stellen sich der neuen Technik entgegen, die landwirtschaftliche Wissenschaft wird von hergebrachter Besserwisserei bäuerlicher Erfahrung bekämpft. Die kaufmännische Praxis, den Betrieb der Konjunktur anzupassen, gilt als unsolide, jede Spekulation als nicht ganz moralisch, Termin- und Differenzgeschäft immer als Spiel.

Der kapitalistische Geist hat die ganze Erde ergriffen — so lautet die Klage oder die bewundernde Anerkennung. Daß er bisher in den verschiedenen Ländern ungleich stark vorgegangen ist, muß hier betont werden Das individuelle Leben macht überall und oft auch auf eigentümlichen Gebieten auf diese Verschiedenheit aufmerksam. Nehmen wir zum Beispiel die Beamtenkorruption, über die von Zeit zu Zeit die Öffentlichkeit durch besonders flagrante Fälle unterrichtet wird. Die altmodische Form ist, Bargeld aus der anvertrauten Staatskasse zu entnehmen, moderner ist schon die, bei staatlichen Ankäufen von Munition und Lebensmitteln ein unerlaubtes Geschäft zu machen, ganz auf der Höhe der Zeit steht diejenige, an Konsortien und Trusts interessiert zu sein und die Staatsmaschine zu deren Begünstigung arbeiten zu lassen. Von dem russischen Beamten weiß man, daß er den Staat bestiehlt oder betrügt, um Geld zum luxuriösen Leben zu haben, er will Brillanten und seidene Kleider für seine Frau kaufen und in ausländische Bäder reisen. Der Franzose empfindet anders, ihn elektrisiert das Wort „Rente“. Er denkt nicht an erster Stelle an den flüchtigen Genuß der Gegenwart, sondern an die Sicherstellung in der Zukunft; genügend Staatspapiere, ein Landgut mit Schloß sind seine innersten Wünsche. Hat er den Staat mit einem glänzenden Resultat ausgebeutet, kann er sich zufrieden und als wohlanständiger Mann zurückziehen, um die Vergangenheit zu vergessen. Zu klein darf die Sumne nicht sein, und er kann es nicht begreifen, wie ein italienischer Deputierter, um ein paar tausend Franken zu verdienen, seine bürgerliche Existenz aufs Spiel setzt. In den Vereinigten Staaten von Amerika wird dem politischen Geldschwindler wiederum das französische Getue ganz rückständig vorkommen. Die Summe, die ihm als Glückseligkeit vorschwebt, hat keine feste Zahl von Nullen am Ende, er abstrahiert zeitweise von der Vorstellung, daß das Kapital auch ein Mittel ist, um davon zu leben, vielmehr ist ihm der Zweck, wenn er den Staat in den Dienst seines Geldbeutels stellt, den abstrakten Wert in seiner Hand zu vergrößern. Sein Wille zur ökonomischen Macht ist ein völlig „idealer", ihn befriedigt das Gefühl, sie zu besitzen, ein Mittel zu haben, neue Macht in Wallstreet oder auf der Korn- und Baumwollbörse neben der alten gewinnen zu können.

Die Vereinigten Staaten sind das Land, in welchem der Kapitalismus das gesamte Leben der Nation am tiefsten durchdrungen hat. Aber nicht aus ihm ist das Wesen des ewig unruhigen, nach dem Äußersten stets greifenden Amerikanismus entstanden. Vielmehr hat gerade der amerikanische Volkscharakter dem Kapitalismus seinen besondern Stempel aufgedrückt. Denn ebenso, wie intensiv gearbeitet wird, wird auch Erworbenes intensiv vertan, mag es auch durch andere Personen als durch die Erwerbenden geschehen.[1])

Karl Marx[2]) hält die Landwirtschaft von dem Kapitalismus vollendet durchdrungen, wenn der Boden durchweg von Pächtern, d. h. kapitalistischen Unternehmern, bewirtschaftet wird, welche ihre Mittel in die Kornproduktion stecken, wie andere in die Herstellung von Garn oder Maschinen. Wäre diese Spaltung des Unternehmertums in Grundeigentümer und Pächter der Höhepunkt kapitalistischer Entwicklung in der Landwirtschaft, so ist nicht zu verstehen, warum ihn die Nordamerikaner mit ihrem rapiden Fortschritt auf ökonomischem Gebiete nicht schon längst erreicht haben. Eher könnte man die Schaffung einer großen Schicht von Bodenrentnern als einen Rückschritt des kapitalistischen Geistes in einem Volke auffassen, da eine Klasse Nichtstuer auf wirtschaftlichem Gebiete entsteht, welche ihre frühere Unternehmerqualität niedergelegt hat.

---

[1]) E. F. Benson, The relentless City S. 90: „and if the pursuit of wealth is a relentless task, not less so is its expenditure as a means of social success. Certainly Mrs. Palmer worked quite as hard as her husband." usw.

[2]) Das Kapital, Bd. III 2, S. 153, Lehre von der Grundrente.

Die Vereinigten Staaten von Amerika haben ihre Farmer, das sind landwirtschaftliche Unternehmer, die überwiegend auf Eigentum wirtschaften. Diese Leute haben viel kaufmännischen Sinn, der sich nicht bloß auf den Vertrieb der Produkte, sondern auch auf die Verwertung ihres Landes und auf die Gestaltung des Betriebes erstreckt. Mit Passion an der heimatlichen, von den Eltern ererbten Scholle zu hängen, ist eine Stimmung, welche dem richtigen Yankee gänzlich abgeht. Er verkauft sein Gut, wenn es ihm zu wenig einbringt oder gerade gut zu verwerten ist, er kauft ein anderes, das ihm mehr Chancen zu haben scheint oder billig ist. Er treibt innerhalb gewisser Schranken immer freie Wirtschaft. Sinken die Weizenpreise erheblich und vermutlich nicht bloß vorübergehend, so wird die Weizenanbaufläche im Lande auffallend schnell verkleinert, steigen die Schweinepreise, so heben sich die Aufzucht von Schweinen und der Maisbau schnell. Im Jahre 1884 betrug die mit Weizen bestellte Fläche 39 475 885 Acres, nachdem der mittlere Weizenpreis am 1. Dezember 1883 91,1 Cents betragen hatte. Im erstgenannten Jahre ging der Preis auf 64,5 Cents (1. Dezember) herab, worauf der Weizenanbau auf 34 189 246 Acres ermäßigt wurde. Der erstere Umfang wird 1891 mit 39 916 897 wieder erreicht, nachdem der Preis sich auf 83,9 Cents gehoben (1. Dezember 1890) hat, wird aber 1893 von neuem auf 34 629 418 herabgesetzt, nachdem der Preis am 1. Dezember 1892 62,4 Cents notierte. 1897 erweitert sich das Areal von neuem auf 39 465 066 Acres, nachdem der Preis wieder 80,8 erreicht hat. Auch die Schwankungen der Baumwollanbaufläche sind von der Preiskonjunktur unmittelbar abhängig und bewegen sich während der neunziger Jahre innerhalb eines Quantums von drei Millionen Acres.[1])

Es sind diese Tatsachen hier angeführt worden, um auf den kapitalistischen Betrieb in der nordamerikanischen Landwirtschaft hinzuweisen. Daß er hier weiter als in den westeuropäischen Ländern[2]) fortgeschritten ist, dürfte in dem Zusammentreffen von zwei Faktoren seinen Grund haben:

---

[1]) Statistical Abstract of the United States. 1900.

[2]) Über die Rückständigkeit des Kapitalismus in der deutschen Landwirtschaft vgl. W. Sombart, Die deutsche Volkswirtschaft, Berlin 1903,

Einmal die amerikanische Anschauungsweise, welche jedes Objekt vom Standpunkt der Konjunktur und der Rentenhöhe wertet. Dann aber ist es die auch heute noch verhältnismäßige Billigkeit und Fülle des Landes, welche eine so einseitige Bodenbewirtschaftung, wie sie der Kapitalismus beansprucht, gestattet. Je vielseitiger ein Gut bewirtschaftet wird — wo Getreidebau, Vieh- und Geflügelzucht, Obst- und Gemüsebau, Milch-, Butter, Käsewirtschaft nebeneinander hergehen —, um so mehr sind der Beweglichkeit der Produktion durch fixe Kapitalanlagen Schranken gezogen.

Es dürfte in der Gegenwart wohl kein Land geben, in dem der Kapitalreichtum raschere Fortschritte gemacht hat, als in den Vereinigten Staaten. Sie sind modernes Agrar- und Industrieland in vollem Maße zugleich, zudem mit Geld-, Bank- und Börseneinrichtungen aufs beste ausgestattet.

Nach den alle zehn Jahre veröffentlichten Zensusangaben hat sich, was freilich nur auf einer ganz allgemeinen Schätzung beruht, der gesamte Reichtum der Union in der zweiten Hälfte des vorigen Jahrhunderts, wie folgt, vermehrt:

	Reichtum in $	Zuwachs in Proz.
1850	7 135 780 000	—
1860	16 159 616 000	129,0
1870	30 068 518 000	86,8
1880	42 642 000 000	42,0
1890	65 037 091 000	53,3
1900	94 300 000 000	45,0

Dazu bemerkt das Wallstreet-Journal,[1]) daß der Zuwachs der letzten Dekade geringer sei als der Durchschnitt seit 1870, habe seinen Grund in den vier Anfangsjahren, welche die schlimmste Depression in der amerikanischen Wirtschafts-

S. 384. Neben anderen Gründen wird auch dieser hervorgehoben: „In der Landwirtschaft besteht ferner eine geringere Möglichkeit, durch Steigerung der Produktivität wie in der Industrie oder durch Ausnutzung günstiger Konjunkturen Extraprofite zu machen.“ Dies hängt, wie sich aus den gegenteiligen amerikanischen Verhältnissen schließen läßt, mit dem hohen Bodenwert und der damit gegebenen Notwendigkeit, ihn durch Vielartigkeit einer intensiven Betriebsart auszunutzen, zusammen.

[1]) August 1904.

geschichte umfaßt hätten. Wenn man für 1900 bis 1910 den Durchschnittszuwachs von 46,8 Proz. annehme, was nicht zu optimistisch sei, so würde bei dem kommenden Zensus das Volksvermögen auf die enorme Summe von 138 Milliarden Dollars zu bewerten sein.

Eine 1904 veröffentlichte Zusammenstellung des Anteils der Vereinigten Staaten an den wirtschaftlichen Kräften der Erde enthält unter anderem folgende uns hier interessierende Ziffern:[1])

	Welt	Ver. Staaten	Proz. der V. St.
Reichtum	$ 400 000 000 000	100 000 000 000	25 Proz.
Geldmacht der Banken	„ 27 045 000 000	14 400 000 000	52 „
Sparkasseneinlagen ...	„ 9 900 749 029	2 935 204 845	30 „
Geldzirkulation p. Kopf	„ 9,47	30,38	
Gold (Barren, Münze) .	„ 5 607 600 000	1 314 622 524	23,4 „
Silber (do.)	„ 3 869 300 000	673 300 000	17,4 „
Lebensversicherungen .	„ 24 039 486 922	17 035 752 753	70 „
Eisenbahneinnahmen ..	„ 3 840 000 000	1 487 044 814	58,7 „ (1903).

Wenn wir auch zu diesen Angaben hinzusetzen müssen, daß sie auf Genauigkeit keinen Anspruch erheben dürfen, so ist die in ihnen enthaltene Relativität doch noch interessant genug, wenn wir auch ein paar Millionen hinzu- oder abrechnen müßten.

Je vollkommener die Geldwirtschaft in einem Lande durchgeführt worden ist, um so mehr wird dem Zweck des kapitalistischen Systems entsprochen werden können. Denn es wird jedermann um so leichter werden, seinen Sachbesitz in abstraktes Kapital zu verwandeln, je mehr Geld in der Zirkulation ist. Aus einer Veröffentlichung des amerikanischen Schatzamtes aus dem Jahre 1900 läßt sich folgender Fortschritt der Geldversorgung der Vereinigten Staaten während des neunzehnten Jahrhunderts ersehen:

	Bevölkerungsziffer	Geldzirkulation	Pro Kopf
1800	5 308 483	$ 26 500 000	$ 4,99
1810	7 239 881	„ 55 000 000	„ 7,60
1820	9 633 822	„ 67 100 000	„ 6,96
1830	12 866 020	„ 87 344 295	„ 6,69
1840	17 069 453	„ 186 305 488	„ 10,91
1850	23 191 876	„ 278 761 982	„ 12,02
1860	31 443 321	„ 435 407 252	„ 13,85

[1]) Bradstreet's, 30. Januar 1904. Our Proportion of the world.

	Bevölkerungsziffer	Geldzirkulation	Pro Kopf
1870	38 558 381	$ 675 212 794	$ 17,50
1880	50 155 783	„ 973 382 228	„ 19,41
1890	62 622 250	„ 1 429 251 270	„ 22,82
1900	77 116 000	„ 2 003 149 355	„ 25,98

Aus dieser Statistik geht hervor, daß sich der Geldumlauf seit 1880 mehr als verdoppelt und seit 1870 sich fast verdreifacht, während in demselben Zeitraum von 30 Jahren sich die Bevölkerungsziffer nur etwa verdoppelt hat.

Aus der Höchstausbildung des Kapitalismus in den Vereinigten Staaten folgt, daß dieses Land einerseits imstande ist, wegen der besonders hohen Verwendbarkeit des Kapitals in sogenannten guten Zeiten ausländisches Kapital zu sich heranzuziehen, andererseits aber auch eigenes, wegen dessen leichter Realisierbarkeit in das Ausland abzugeben, sobald die inländische Konjunktur im starken Rückgang begriffen ist. Der steigende Einfluß der New-Yorker Effektenbörse auf alle großen europäischen Börsen ist nur ein Ausdruck dieser volkswirtschaftlichen Tatsache.

Drittes Kapitel.

Gewinn- und Zinsdifferenzen innerhalb der Weltwirtschaft.

Die gleichzeitige Verschiedenheit des Zinsfußes in den verhiedenen Ländern ist eine bekannte Tatsache und unschwer Staatspapieren, an Hypotheken- und Sparkassenzinsen und an ınk- und Marktdiskontosätzen nachzuweisen.

Für die Verschiedenheit der durchschnittlichen Geschäftswinne in den einzelnen Ländern ist ein solcher statistischer gemeiner Beweis nicht zu erbringen, da die Dividenden der ktiengesellschaften dazu nicht genügen. Man schließt aber ihr orhandensein erstens aus den vorhandenen Zinsdifferenzen und eitens daraus, daß unternehmende Kapitalisten so oft das Ausıd aufsuchen, wozu sie an erster Stelle durch den reichlicheren winn bestimmt werden.

Der Gewinn ist dasjenige Einkommen, welches der kapitalistihe Unternehmer als solcher bezieht. Ob er sich einen Teil davon Risikoprämie, einen zweiten als Vergütung für seine persönhe Arbeit und Tüchtigkeit, einen dritten als Ergebnis der Konıktur, einen vierten als Zins berechnet, ändert nichts daran, ß eine landesübliche Verschiedenheit für den Gesamtgewinn steht.

Die Differenz der Kapitalgewinne in den verschiedenen Ländern ht auf verschiedene Bestimmungsgründe zurück, welche die Aufrksamkeit der Nationalökonomen seit Ricardos Zeiten wiederlt erregt haben. Nach diesem Forscher erklärt sie sich aus dem ıterschied der Grundrenten. In dichtbevölkerten alten Ländern,

— heute würden wir Industriestaaten sagen — ist die Rente hoch, in dünnbesiedelten neuen, — d. h. modern agraren — niedrig. In jenen ist der Nachfrage gegenüber wenig, in diesen viel Land vorhanden. Der kapitalistische Unternehmer muß in den ersteren dem Landmonopolisten von seinem Erwerb viel abgeben, um die Nutzung des Landes zu bezahlen, in dem zweiten hat er dafür nur wenig zu geben, da die Landbesitzer ihm konkurrierend entgegenkommen. Aber der Gewinn wird in den alten Ländern nach Ricardo noch in einer zweiten Weise geschmälert. Die Beschränktheit landwirtschaftlichen Bodens, welche hier herrscht, bedeutet zugleich hohe Getreidepreise und infolge derselben auch hohe Arbeitslöhne, wenn die Arbeiter in ihnen auch nur das Existenzminimum erhalten. Die steigende Grundrente erhöht den Geldlohn, welcher den Arbeitern keine größere Lebensannehmlichkeit gewährt, aber den ihn zahlenden Unternehmerkapitalisten eine Schmälerung des Gewinnes auferlegt.

Die Richtigkeit dieser Landtheorie kann nicht in Abrede gestellt werden, wenn auch das Steigen der Grundrente durch die Tatsache der internationalen Lebensmittel- und Rohstoffkonkurrenz aufgehalten wird.

Die Lehre Ricardos, daß der Lohn immer einem festen Existenzminimum gleichkomme, auch wenn sein Geldbetrag schwankt, ist durch die Erfahrung des letzten Jahrhunderts widerlegt worden. Stellt man sich ihr gemäß auf den Standpunkt, daß die Arbeiterklasse an sozialer Macht gewonnen und damit eine Erhöhung ihrer Lebenshaltung durchgesetzt hat, so muß der Gewinn zudem durch das Wachsen des Reallohnes eingeengt worden sein. Bei der Beurteilung der verschiedenen Gewinnquoten würde es sich also auch darum handeln, in welchen Ländern der Reallohn am stärksten gestiegen ist.

Die Lehre von der sinkenden Gewinnquote bei allgemeinen industriellen und kommerziellen Fortschritten ist durch Marx insofern einer Korrektur unterzogen worden, als er darauf hingewiesen hat, daß der Prozentsatz des Gewinnes immer nur im Hinblick auf die Größe des beschäftigten Gesamtkapitals zu verstehen ist. Wenn nun durch die wachsende Konkurrenz der Unternehmungen das Kapital, um die Vorteile des Großbetriebes auszunutzen, in den industriellen Ländern rascher wächst als in den agraren, so muß in jenen auch der Gewinnsatz prozentuell sinken, mag auch gleichzeitig die Kapitalistenklasse durch den Massenbesitz reichlich entschädigt werden.

Zu einem dritten beurteilenden Ausgangspunkt führt die Lage der Industrie in der heutigen Weltwirtschaft.

Die Großindustrie insbesondere erzeugt bei der schnellen Verallgemeinerung ihrer Technik und bei der Möglichkeit, die ihr notwendigen fixen Kapitalien rasch auszudehnen, eine übertriebene Konkurrenz in sich selbst und damit Überproduktion und Sinken der Gewinnquote.

Dieser Gefahr bemühen sich die betroffenen Betriebe durch Syndikats- oder Trustbildung zu entgehen. Diejenigen, welche sich damit eine dauernde Organisation schaffen, werden zu Monopolisten innerhalb der Volkswirtschaft und, insoweit sie ihr Monopol durch Preisaufschlag ausbeuten, ebenso zu Schmälerern der allgemeinen Konkurrenzgewinnquote wie die Landmonopolisten.

Es ergibt sich, daß in rasch fortschreitenden industriellen und kommerziellen Gemeinwesen die Kapitalbesitzer, welche nach höheren Gewinnen, als sie die Heimat als Regel bietet, ausschauen, und welche an den hier bestehenden Monopolen nicht teilnehmen können oder nicht wollen, Länder niedriger ökonomischer Entwicklung aufsuchen werden, sobald ihnen die Anlage hinreichend gesichert erscheint. Der etwaigen Unsicherheit der dortigen Unternehmung entspricht eine besondere Prämieneinnahme, welche aber, auch wenn sie hoch ist, über die sonstige differierende Gewinnquote zweier Länder nicht täuschen darf.

Wir wenden uns nun zu der Verschiedenheit des Zinsfußes.

Er ist höher z. B. in Rußland als in Deutschland, höher in Ungarn als in Österreich, niedriger in Holland, England, Belgien, Frankreich, als in Deutschland.

Es ist dies so bei Staats- und Kommunalpapieren, bei Obligationen der Aktiengesellschaften, Pfandbriefen, hypothekarischen Darlehen, Sparkasseneinlagen und auch bei dem Diskont.[1])

[1]) Da der Diskont auf einem kurzfristigen Kredit beruht und mit dem Geldmarkt in steter unmittelbarer Berührung ist, ist er den stärksten Schwankungen unterworfen, so daß seine nationale Marke öfters verdeckt ist.

Die Differenzen als dauernde Erscheinung haben ihren Grund in der Verschiedenheit der einzelnen Volkswirtschaften und können nicht eher verschwinden, als bis die Produktions-, Verkehrs-, Reichtums- und wirtschaftlich-sozialen Verhältnisse international nivelliert sind, womit es noch seine gute Weile haben dürfte.

Was hier interessiert, ist der reine, nicht der rohe Zins. In dem letzteren ist neben der Vergütung für die Kapitalnutzung eine solche enthalten, welche für die Deckung des Risikos bei einem etwaigen Kapitalverluste, ferner für die Mühe oder Unannehmlichkeit des Ausleihens und für anderes erhoben wird. Der Unterschied zwischen rohem und reinem Zins ist innerhalb der einzelnen Länder vorhanden, und kann außerdem international bestehen. Das ist zu betonen, weil bisweilen die Zinsdifferenz zweier Länder, z. B. Englands und Brasiliens, oberflächlicherweise restlos so erklärt wird, daß, wer englische Konsols kaufe, bezüglich seines Kapitals sicher sein, wer Brasilianer aber kaufe, viel verlieren könne. Daß in diesem Beispiel die zu zahlende Gefahrprämie den zu zahlenden Zins erhöht, ist ohne weiteres zuzugeben, aber sie erklärt nicht alles. Hypothekarische Anlagen erster Sicherheit in England und Brasilien bringen verschiedenen Zins, ebenso wie in Holland und Italien. Es wird angenommen, daß die Gefahren des Kapitalverlustes in der Weltwirtschaft während der letzten fünfzig Jahre geringer geworden sind. Die Rechtssicherheit ist größer, die Finanzverwaltung der Staaten zuverlässiger, die Währung solider geworden. Seitdem z. B. Rußland die Goldwährung eingeführt hat, ist der Zinsfuß dort gefallen, aber das westeuropäische Kapital ist dorthin stärker eingeströmt (1893—1903) als die Jahrzehnte vorher. Nachdem Italien das Goldagio hat beseitigen können, ist die 4proz. Staatsrente über Pari hinausgegangen. Mit dem Besserwerden der Valuta in Argentinien scheint man in Deutschland mehr Mut zu haben, dort Kapitalien tätig werden zu lassen. Mit der Stabilisierung der mexikanischen Dollars ist das Kapital der Vereinigten Staaten dem Nachbarlande noch lieber zugewandert als bisher.

Die Höhe des reinen Zinses wird von den meisten Nationalökonomen der kapitalistischen Epoche mit der Höhe des Kapitalgewinnes in Zusammenhang gebracht. A. Smith[1]) sagt folgendes: „Es kann als Grundsatz ausgesprochen werden, daß dort, wo ein großer Gewinn mit dem Gelde erzielt werden kann, auch gewöhnlich für die Benutzung desselben bezahlt werden wird; und daß dort, wo wenig damit verdient werden kann, auch nur wenig dafür gegeben werden wird. Je nachdem also der gebräuchliche Zins in irgendeinem Lande sich verändert, können wir überzeugt sein, daß der gewöhnliche Kapitalgewinn mit ihm schwankt, mit ihm sinkt und steigt. Das Verhalten des Zinsfußes gestattet uns demnach einen Schluß auf das Verhalten des Gewinnes."

Mit diesem Satz ist zugegeben, daß die Frage des differierenden Zinsfußes mit der des differierenden Gewinnes nicht ganz zusammenfällt. Denn es wird von Smith wohl eine gleichzeitige Bewegung im Steigen und Sinken von Gewinn und Zins, aber keineswegs eine proportionale behauptet. Das ergibt sich des genaueren aus einem weiteren Satz, in welchem die Abscheidung des Zinses vom Gewinne erläutert wird:[2]) „Das Verhältnis, welches zwischen dem gewöhnlichen Marktzinsfuß und dem Durchschnittssatze des Nettogewinnes besteht, verändert sich notwendig, je nachdem der Gewinn steigt oder fällt. Wenn Geld in Großbritannien doppelt so viel einbringt als die Zinsen betragen würden, nennen die Kaufleute das einen guten, mäßigen, billigen Gewinn, worunter ein gewöhnlicher, gebräuchlicher Gewinn verstanden wird. — Aber dieses Verhältnis zwischen Zinsen und Nettogewinn kann in anderen Ländern, wo der durchschnittliche Gewinn entweder bedeutend niedriger oder bedeutend höher ist, ein anderes sein. Wenn niedriger, kann vielleicht nicht die Hälfte, und wenn höher, mehr als die Hälfte als Zinsen gewährt werden."

Nehmen wir hiernach an, der Gewinn sei in England 10 Proz. und der Zins 5 Proz. Im Verlaufe der Zeit stiege ersterer auf 16 Proz., so könnte der letztere z. B. 9 Proz. betragen, und wenn der Gewinn später auf 6 Proz. herabginge, so könnte der Zins vielleicht 2½ Proz. ausmachen.

---

[1]) Adam Smith, Natur und Ursachen des Volkswohlstandes, deutsch von Löwenthal, I., S. 95.

[2]) Adam Smith, a. a. O. S. 104.

Wenn dem steigenden Gewinn der steigende Zins, dem sinkenden der sinkende folgt, so erklärt man dies aus einer tatsächlichen, wirksamen freien Konkurrenz: Wenn sich der Gewinn dauernd erhöht, und der Zins derselbe bleibt wie bisher, so kündigen die Kapitalverleiher und werden Unternehmer. Dann wird die Konkurrenz unter den Unternehmern größer und der Gewinn hat die Tendenz zum Fallen. Gleichzeitig wird die Konkurrenz der Kapitalverleiher geringer, und der Zinsfuß hat die Tendenz zum Steigen. Dieser Vorgang läßt sich auf einem beschränkten Gebiete an der heutigen Effektenbörse gelegentlich beobachten. z. B. in Deutschland 1898—1900. Mit dem damaligen großen Spekulationsaufschwunge stiegen die Gewinne allgemein, also auch bei den Aktiengesellschaften. Die Besitzer festverzinslicher Obligationen glaubten nun zu wenig mit ihrem Kapital zu verdienen, sie tauschten Rentenpapiere gegen Dividendenpapiere. Durch Verkauf sanken die ersteren, durch Kauf stiegen die zweiten, d. h. der Zins stieg, und der Gewinn fiel. Ist die Konkurrenz zur Vermittlung des Überganges nicht vorhanden, so ist auch der Ausgleich nicht möglich, z. B. wenn alle Obligationen gesperrt sind, die sich ihrem Kursstande nach zum Verkauf eignen. Das ist freilich ein praktisch nicht vorkommender Fall, aber er kann erläutern, worauf es ankommt, wenn man die Abscheidung des Zinses vom Gewinn verstehen will: auf die jeweilige wirtschaftlich-soziale Lage der beiden Klassen Geschäftsunternehmer und Kapitalverborger zueinander.

Vergleichen wir zwei Länder, deren allgemeine durchschnittliche Gewinnquote dieselbe ist. In beiden steige sie infolge dauernder günstiger Konjunktur, der Zins aber sei hinter seiner bisherigen Proportion zum Gewinn zurückgeblieben. In dem einen seien die Geldkapitalisten unternehmende Leute, und es seien viele Gelegenheiten zu neuen Werken. Die Folge ist, daß neue Geschäfte gegründet, alte erweitert werden. Von dem zu relativ niedrigen Zinsen ausstehenden Kapital wird daher manches gekündigt, und Obligationen werden verkauft, um Mittel, die Unternehmertätigkeit zu befriedigen, zu beschaffen. Resultat: der Zins steigt, wenigstens bis er sich zum Gewinn in sein früheres Verhältnis gebracht hat.

Anders in dem zweiten Lande. Die Masse der Geldverleiher hat keine Lust, die Kapitalanlage zu ändern, obgleich die Geschäfte gut gehen. Sie will ihre Ruh' haben. Sie will keine schwankenden Einnahmen. Der bestehende Rentenzustand genügt der Lebenshaltung, und der Schwerpunkt der Lebensbetätigung des Rentiers liegt nicht an erster Stelle im Erwerb. Das Ergebnis ist hier, daß der Zins nicht oder nur wenig steigt, daß also die entstandene Differenz zum Gewinn aufrecht erhalten wird.

Stellen wir uns nun vor, die geschilderten Zustände zögen sich in gleicher Weise durch Jahrzehnte hin, so kann sich das Zinsniveau zwischen beiden Ländern dauernd fixieren. In dem wirtschaftlich vorwärts drängenden folgt der Zins dem Gewinn regelmäßig. In dem ökonomisch gesättigten, viel zum Ausborgen ersparenden wächst die Klasse der Kapitalverleiher, und die der Unternehmer nimmt relativ ab. Der Zins hat die Tendenz, sich tief zu halten und vielleicht noch zu sinken.

Das soziale Verhältnis der beiden Klassen Kapitalverleiher und Unternehmer wird aber nicht allein durch den Grad der Unternehmungslust bestimmt, wie er bei beiden vorhanden ist. Es kommt noch erstens hinzu die Ausbildung der rechtlichen Betriebsformen der Unternehmungen. Der Übergang von der Obligation einer Bahngesellschaft zur Aktie z. B. vollzieht sich leichter, als etwa von der Hypothek zum privatwirtschaftlichen Geschäft. Als zweites ist die Masse der disponiblen Kapitalien zu beachten. Je umfangreicher sie auf dem Markte auftritt im Verhältnis zur Verwendungsmöglichkeit, um so mehr senkt sie den Zinsfuß, um so mehr werden die Rentiers alarmiert und auf andere als die bisherigen Anlagen hingewiesen. Halten sie mit Zähigkeit an einem festen prozentuellen Einnahmebezuge fest, so hat jetzt das mehr Zins als das Inland bietende Ausland gute Aussichten Kapital zu bekommen, und das um so mehr, wenn die inländischen Gewinnaussichten nur gute, aber nicht glänzende sind, oder wenn ihnen kein dauerndes Vertrauen geschenkt wird. Der Exportkapitalismus tritt demnach dem Sinken des inländischen Zinsfußes entgegen.

Es ergibt sich also, daß es ein sozial-historischer Vorgang ist, aus welchem sich die Zinsdifferenz der Länder erklärt.

Die Schwankungen des Zinsfußes im Altertum und im Mittelalter können nicht aus dem Verhältnis von Unternehmern und Darlehnsgebern begriffen werden, da es hier keine kapitalistische Volkswirtschaft gab, sie sind aber auch nur sozial zu verstehen, aus dem damaligen Gegensatze der Geldmonopolisten zu dem in der Eigenproduktion ganz überwiegend festgelegten wirtschaftenden Volk. Je weniger der Eigenproduzent in der Lage ist, von seinem Produkte einen Teil in den Verkehr zu werfen, um so weniger vermag er verbrauchtes Geld zu reproduzieren, um so mehr muß er dem Darleiher Tribut leisten. Die geliehenen Gelder tragen in diesen Zeiten überwiegend den Charakter eines Konsumtions-Darlehens. Ein Offizier oder ein Beamter, welcher von seinem Gehalt lebt, erhält heute in der Regel Geld zu schlechteren Bedingungen als ein tätiger Geschäftsmann. Denn er verwendet es konsumtiv und muß es aus einer Quelle zurückerstatten, in welche es nicht geflossen ist. Der Geschäftsmann reproduziert den empfangenen Betrag im kapitalistischen Produktionsprozeß nicht bloß, sondern setzt ihm noch etwas zu, so daß während der Darlehenszeit seine Zahlungsfähigkeit gewachsen ist.

Daß eine international verschiedene Gewinndifferenz besteht, ist vorher ausgeführt worden, daß sie auf den Zinsfuß zurückwirkt, ist unbestreitbar. Sie erklärt nur nicht alles und oft nicht einmal viel. Der Gewinnsatz bildet in einer kapitalistisch vollendeten Volkswirtschaft die regelmäßige Obergrenze für den Zins. Wäre der Gewinn z. B. 6 Proz., so würde der Zins schwerlich über $4^1/_2$ Proz. steigen können, da man für das Unternehmerrisiko und für die Unternehmertätigkeit einen genügenden Abzug gelten lassen muß.

Es kann die Frage aufgeworfen werden, ob in agraren oder in industriellen Ländern das Unternehmerrisiko das größere ist, mithin in welchem Gebiete während der Zeiten des Verdienstes mehr abgeschrieben werden muß. Die Entscheidung ist nicht leicht zu treffen. In jungen und alten Agrarländern kann die Rechts- und politische Sicherheit mehr gefährdet sein als in den konsolidierten großen Industriereichen. In mittel- und südamerikanischen Republiken z. B. ist von der Person des Präsidenten bisweilen die Vermeidung der Anarchie allein abhängig gewesen.

In den Oststaaten Europas genießt das Beamtentum kein volles Vertrauen, und politische Willkür ist eine stete Sorge für die wirtschaftlich Tätigen. Dazu kommt, daß in agraren Gebieten das Schwanken der Ernteausfälle in die Risikoberechnung mit einzubeziehen ist.

Andererseits leidet die Industrie durch den allgemeinen Niedergang des Geschäfts nach den volkswirtschaftlichen Krisen und durch unerwartete neue Konkurrenz. Beide Gefahren höher zu veranschlagen als die der agraren Länder, ist nicht ohne weiteres abzulehnen. Wollte man dementsprechend urteilen, so würde auch hierin noch eine weitere Schmälerung der Gewinnquote in Industriestaaten zu erblicken sein.

Die Verschiedenheit des Zinsfußes in den Volkswirtschaften ist bisher aus deren ökonomischer und sozialer Entwicklungshöhe erklärt worden. Es ist aus dem Gesagten leicht begreiflich, daß er im Osten Europas höher steht als im Westen, in den Vereinigten Staaten niedriger als in Mittel- und Südamerika, in England und Frankreich niedriger als in Spanien und Italien. Einerseits ist die Höhe der Gewinnquote, andererseits das Verhältnis der ausleihenden zu der borgenden Klasse entscheidend.

Allein es würde verkehrt sein, wenn man mit dieser Grundanschauung die Zinstatsachen aller Länder in ihrer großen Mannigfaltigkeit abschließend erklären wollte. Das wirtschaftliche Leben bietet bei den verschiedenen Arten der Darlehnsgeschäfte noch besondere Modifikationen. So das hypothekarische: Je zuverlässiger die Grundbucheinrichtungen geordnet sind, und je leichter sie dem Publikum zugänglich gemacht sind, je verbreiteter die Hypothekenbanken sind, und je mehr Vertrauen sie genießen, um so billigeren Kredit werden die Bodenbesitzer haben. Zwei Länder mit im übrigen gleich hohem Zinsfuß können daher im hypothekarischen um einen Bruchteil eines Prozentsatzes voneinander abweichen, je nachdem ihr Immobiliarkreditwesen verschieden hohe Ausbildung erlangt hat. Nicht anders ist es mit den Sparkassen. Die allgemeinen ökonomischen Zustände des Landes finden in den von ihnen zu zahlenden Zinsen einen Ausdruck,[1])

---

[1]) Nach dem englischen Blaubuch über die Fiskalfrage, 1904, geben die Sparkassen in England und Frankreich $2^1/_2$, in Belgien, Österreich, Australien,

welcher aber durch besondere gesetzliche Maßregeln abgeändert werden kann, z. B. dadurch, daß die Kassen verpflichtet werden, ihre Gelder in Staatsrente anzulegen, oder daß die Konkurrenz unter ihnen unterdrückt wird, oder daß die Verwaltung sehr teuer ist. Die Folge ist, daß die Sparer nur geringe, aber vielleicht sehr sichere Zinsen erhalten.

Innerhalb der heutigen Volkswirtschaften ist ferner das kapitalistische Geschäft in den Banken vortrefflich ausgebildet worden, aber es ist irrtümlich, zu glauben, daß die Einrichtungen überall, wo sie bestehen, gleich weit fortgeschritten sind oder gleich gut funktionieren. Im Interesse der Darleiher liegt es, die disponiblen Summen möglichst schnell zinsbar auszunutzen, in demjenigen der Empfänger, daß schnell in ihre Hand kommt, was erhältlich ist. Die Organisation wird um so besser funktionieren, je mehr Bankeinrichtungen über das Land verbreitet sind, und je leichter sie zusammen arbeiten, je mehr die Technik des Empfanges und der Rückzahlung im Depositen-Giro- und Clearing-Verkehr ausgebildet worden ist.

Die Entwicklungshöhe solcher Einrichtungen hat insofern einen Einfluß auf den Zinsfuß bei den verschiedenen Arten kurzfristiger Darlehnsgeschäfte, als sie die jeweilige Kapitalbedürftigkeit und Kapitalanleihefähigkeit eines Landes schneller oder langsamer zum öffentlichen Bewußtsein bringt, aber die nationalen Sonderheiten wird sie in ihrer Grundlage nicht umstoßen, sondern auch nur zeitlich modifizieren.[1])

Besondere Beachtung verdienen die Staatsanleihen, welche innerhalb des Systems des Exportkapitalismus eine so große Bedeutung einnehmen.

Eine Mark Zinsgenuß zu kaufen kostete Ende 1904 35,20 M. in 2½ Proz. englischen Konsols, 33,10 in belgischer, 32,80 in französischer, 32 in niederländischer, 31,30 in schwedischer, 30 in deutscher, 29,66 in dänischer, 29,60 in norwegischer.

Kanada 3, in Deutschland, in den Vereinigten Staaten, Ungarn 3½, in Rußland, Schweden 3,6, in Norwegen 3,8 Proz.; in Italien 2.76, in Holland 2,64 Proz.

[1]) Auf die Diskontverschiedenheiten ist in Buch II Kap. 5 noch zurückzukommen.

27,40 in schweizerischer 3 proz. Rente, 26 in italienischer, 25,50 in österreichischer, 22,75 in russischer, 22,50 in spanischer, 21,62 in türkischer, 19,25 in serbischer 4 proz. Rente; 21 in portugiesischer 3 proz., 18,20 in bulgarischer 5 proz., 13,80 in griechischer 3 proz. Rente.[1])

Daß in diesen Differenzen der Staatskredit der einzelnen Länder einen Ausdruck findet, ist ohne weiteres einleuchtend, wenn man etwa die Anfangsziffern der Aufzählung mit den Schlußziffern vergleicht. Wer z. B. Bulgaren kauft, läßt sich auf ein riskantes Geschäft ein und bezieht daher entsprechend höhere Vergütung als derjenige, welcher englische Konsols nimmt. Mit diesem Argument kann man jedoch nichts anfangen, wenn man die Preise der englischen, französischen und deutschen Staatspapiere auf ihre Unterschiede hin untersucht. Denn die Sicherheit der Gläubiger ist in allen drei Ländern eine vollkommene und gleiche. Wenn man jedoch die oben gemachten Bemerkungen über die borgenden und verborgenden Klassen heranzieht, so wird der niedere Zinsgenuß in England und Frankreich demjenigen in Deutschland gegenüber verständlich. Bei uns ist weder die Klasse der Rentner auf dem Markt eine so einflußreiche, noch auch sind die angebotenen Kapitalsummen so bedeutend wie in den westlichen Ländern.

Neymarck[2]) erklärt die Differenzen des Zinsfußes abgesehen vom Staatskredit — und zu dem Zweck untersucht er die Verhältnisse aller ober angeführten Länder sehr sorgfältig — aus drei Gründen: 1. aus der Abhängigkeit oder Unabhängigkeit des borgenden Staates von einem fremden Markt. Daher muß z. B. Rußland, Österreich-Ungarn, Rumänien mehr bezahlen, als Deutschland, Frankreich, England. Für einen Vergleich dieser drei Staaten selbst hat das Argument keine Bedeutung, da sie alle drei ihre Anleihen auf dem eigenen Markt aufnehmen können. 2. Aus der Einheitlichkeit oder Verschiedenheit der staatlichen

[1]) Angaben nach Alfred Neymarck im Rentier, Paris 1904. Der Aufsatz ist in der Hauptsache übersetzt in Nr. 295 d. Monthly Consular Reports, April 1905, Washington, Departement of Commerce and Labour, welche dem Verfasser zur Verfügung standen.

[2]) a. a. O. S. 259.

Schuldverschreibungen. In England gibt es nur die 2½ proz. Konsols, auf welche sich die gesamte Nachfrage richtet, in Frankreich und noch mehr in Deutschland hingegen mancherlei Staats-, Kommunal- und ähnliche sichere Papiere, so daß die Nachfrage sich zersplittert und ungleichmäßig wirkt. 3. Aus der Natur und Beschaffenheit der Käufer und Eigentümer der staatlichen Schuldverschreibungen. In England waren die der Menge nach sehr beschränkten Konsols, bis die Transvaal-Kriegsanleihen kamen, in wenigen und festen Händen konzentriert, in denen von Banken, Versicherungs- und anderen Gesellschaften und reichen Kapitalisten, daher kaum am Markt in größeren Beträgen zu erhalten. 1894 standen 2½ proz. Konsols 102. Von den neuen Konsols befinden sich jedoch jetzt größere Mengen immer auf dem Markt, da die kleinen Kapitalisten sie nicht so gern wie in Frankreich aufnehmen, und die großen ihren Bedarf gedeckt haben. Die Folge ist gewesen, daß der alte hohe Kurs nicht wieder erreicht werden konnte.

In Frankreich besitzt die heimische Rente durch ihre Dezentralisation einen sehr ausgedehnten Markt. Neue Anleihen werden leicht aufgenommen, und dem täglichen Angebot steht immer eine Nachfrage gegenüber. Dazu kommt, daß die Sparkassen gesetzlich gezwungen sind ihre Anlagen in Staatsrente vorzunehmen. Das alles wirkt zusammen, um den Preis andauernd hoch zu halten.

In Deutschland ist die Zahl der kleinen Kapitalisten nicht so umfangreich wie in Frankreich, und der großen nicht so umfangreich wie in England. Die Sparkassen[1]) sind nicht gezwungen, ihre Einnahmen in Staatspapieren anzulegen, Mündelgelder können auch in anderen Werten gesichert werden.

Obwohl die unter 2. und 3. genannten Gründe, welche gegen einen hohen Kurs der deutschen Staatspapiere sprechen, nicht zu verkennen sind, so ist es doch nicht angängig, aus ihnen die höhere Verzinslichkeit der deutschen Anleihen allein zu erklären.

---

[1]) 1905 ist von der preußischen Regierung eine Vorlage eingebracht worden, den Sparkassen die Verpflichtung aufzuerlegen, 15 Proz. ihrer zur Deckung dienenden Mittel in deutschen Staatspapieren anzulegen. Allg. Zeitung v. 5. April 1906.

Denn bei uns ist der Zinsfuß überhaupt höher als in Frankreich und England, wie das meistens der Diskont, außerdem aber auch die Verzinsung der Sparkassen und der Hypotheken beweist. Die deutschen Staatspapiere standen vor dem großen Geschäftsaufschwunge von 1897 höher als nach ihm und haben seitdem den alten Kurs nicht wieder erlangt. Der große Zug der Unternehmertätigkeit, der seit zehn Jahren das deutsche Wirtschaftsleben erfaßt hat, dürfte sich an erster Stelle darin widerspiegeln.

Obgleich die Vereinigten Staaten ein Land sind, in welchem viel verdient wird, und im allgemeinen die Gewinnquoten, die Hypotheken und Sparkassenzinsen,[1]) meist auch die Diskontraten höher als in England und Frankreich stehen, so bringen doch ihre Bonds den niedrigsten Satz, der überhaupt von Finanzwirtschaften gezahlt wird. Die 2 Proz. notierten im April 1906 103 Proz. Der Grund ist finanztechnischer Art. Die öffentliche Schuld, welche 1866 2 332 331 207 Dollars betrug, war 1904 bis auf 895 157 440 abgezahlt worden, und davon hielten die Notenbanken mehr als ein Drittel zur Notendeckung und ein Viertel zur Sicherung von Depositen und zu andern Zwecken, so daß über die Hälfte der Vereinigten Staaten Schuld bei ihnen festgelegt war.[2]) Für das Publikum bleibt zur Anlage nur wenig übrig, so daß, wer Bonds haben will, sie sehr teuer bezahlen muß.

[1]) Sparkassen gaben 1904 in Indiana 4, in Rhode Island 3,88, in Maine 3,24, in New Hampshire 3,25 Proz., Blaubuch über die Fiskalfrage. London, 1904.

[2]) Vgl. Bankers Magazine, New York, 1902, März, wo die Einrichtungen genauer auseinandergesetzt sind.

Viertes Kapitel.

Warum sucht das inländische Kapital das Ausland auf?

Wie in der Vergangenheit das Normale, so ist auch in der Gegenwart das Nächstliegende, daß die in einem Lande neu erworbenen oder verfügbar werdenden Kapitalien in ihm Verwendung finden. Soweit die Besitzer selbst Unternehmer sind, benutzen sie die vorhandenen Mittel, um ihr Geschäft zu erweitern, soweit sie bloß Kapitalisten sind, lassen sie sich gern durch die Übersehbarkeit der Anlage in ihrer produktiven Betätigung, durch die leichte Verfügbarkeit, durch die Bequemlichkeit der Gewinn- und Zinseinziehung bestimmen, für welches alles ihnen im allgemeinen im Inlande die beste Gelegenheit geboten wird.

Aber mit der immer leichter werdenden Überwindung des Raums, dem wachsenden Schutze der Rechte in fremden Staaten, der Vervollkommnung internationaler Zahlungsmethoden haben die Kapitalbesitzer immer geringere Bedenken die Verwendungsgelegenheit im Auslande zu benutzen. Ein Vergleich heutiger Kurszettel der Effektenbörsen mit früheren läßt diesen Vorgang deutlich ersehen. Im Jahre 1833 wurden an der Frankfurter Börse von außerdeutschen Werten nur einige Staatspapiere gehandelt, zwanzig Jahre später finden wir auf dem Kurszettel erst die Aktien von zwei italienischen Bahnen, 1872 werden 45 ausländische Staatspapiere, 18 amerikanische Stadtanleihen, 8 außerdeutsche Pfandbriefe, 11 fremde Bankaktien, 66 österreichische Eisenbahnaktien und Prioritäten, 10 russische, 35 amerikanische Bahnobligationen, außerdem schweizerische, holländische und italienische Bahnaktien gehandelt.[1]) Im Jahre 1904 bringt der Kurszettel der Frankfurter Zeitung die Notierung von 416 ausländischen Papieren, d. h. von 126 Staatspapieren, 69 amerikanischen Bahnobligationen, 113 Obligationen sonstiger Eisenbahnen, 32 Aktien von Transportanstalten, 10 Banken, 9 industriellen und Bergwerksunternehmungen und 57 diversen Werten.

Die Berliner Börse kennt 1868 an ausländischen Werten erst 26 Staatsschuldverschreibungen, 5 Bahnaktien, 19 Bahnobligationen, 3 Banken und 2 Pfandbriefe,[2]) hingegen verzeichnet die deutsche Emissionsstatistik von 1894—1902 einen Effektivwert von 3786 Millionen ausländischer und 12941 Millionen Mark inländischer Effekten. Danach ist der Anteil des Auslandes schon recht bedeutend, es ist aber zu beachten, daß die ausländische Anlage in den Effekten besonders deutlich hervortritt, während in der Gesamtkapitalbildung als ausschließlich inländische Beträge die Sparkassen- und Arbeiterversicherungsgelder, der Hausbau zu Mietzwecken, die Neuverwendungen in privatwirtschaftlich betriebenen Gewerben, die Rücklagen in den Aktien und ähnlichen Gesellschaften nicht zu übersehen sind.

Geht man vom Standpunkt des Kapitalgebers aus, so ist es an erster Stelle die Höhe der Gewinn- und Zinsquote, welche für ihn bestimmend ist, das Ausland aufzusuchen. Er vergleicht sie mit den Sätzen des Inlands, daher das Sinken dieser ebenso wie das Steigen jener für ihn bestimmend sein kann. Eine umfassende Zinskonvertierung im Inlande kann das Kapital ebenso ins Ausland treiben, wie eine dortige Zinserhöhung infolge starken Kapitalbedarfs.

Daß die Lage des Gläubiger- und des Schuldnerlandes entscheidend ist, zeigen auch die Kapitalströmungen, welche von der allgemeinen Konjunktur abhängig sind. Die Volkswirtschaft, welche in die Periode des Aufschwunges eintritt, zieht durch Inaussichtstellung wachsender Erträge fremde Wirtschaftsmittel an, diejenige welche nach der Krise in die Depression eintritt, stößt sie bei sinkendem Gewinne ab. Im zweiten Buche wird dieser Vorgang im einzelnen geschildert werden.

[1]) Die Frankfurter Börse, Handbuch von Dr. Minropio. 1882.

[2]) Die norddeutschen Börsenpapiere 1868 von A. Saling.

Indessen liegen die Verhältnisse für den einzelnen Kapitalisten nicht immer so einfach, daß er bloß das Motiv der Gewinn- und Zinshöhe zu beachten hat. Die Überfüllung in manchen Berufen und die Schwierigkeit, die Arbeitskraft zu betätigen, veranlaßt oft eine dauernde oder temporäre Auswanderung auch solcher Personen, die über Kapital verfügen. Das Vermögen der niemals Zurückkehrenden geht der heimischen Volkswirtschaft verloren, das der zeitweise Fortwandernden hingegen steht einer Anlage im Auslande gleich. Das Bedürfnis, sein Kapital hoch zu verwerten, kann für den einzelnen ein mitwirkendes Motiv sein, dieses oder jenes fremde Land aufzusuchen, ausschlaggebend braucht es nicht zu sein. Denn der Geschäftsmann oder Techniker, welcher fern von der Heimat als alleiniger Unternehmer oder als Teilhaber oder selbst im Dienste anderer steht, kann sein Vermögen wesentlich deshalb an dem überseeischen Orte, an dem er sich niedergelassen hat, benutzen, weil es entweder ihm als ein Annex seiner persönlichen Beschäftigung gilt, oder so seiner dauernden Aufsicht unterworfen wird. Solche Personen erhalten, wenn sie vom Erfolg begünstigt sind, häufig von Verwandten und Bekannten oder durch deren Vermittlung Kapitalien aus der Heimat zu neuen Geschäften. Mag hierbei auch die Gewinnaussicht nicht aus den Augen gelassen sein, bestimmend bei der Hingabe ist das Vertrauen, das eine solche Persönlichkeit genießt, obgleich sie vielleicht Geschäfte betreibt, deren Gewinn nicht im Verhältnis zu dem Risiko des Kapitalverlustes steht.

Die Tätigkeit von Inländern im Auslande kann vom Standpunkt des Gewinnes aus nicht allein beurteilt werden. Es werden im Auslandsgeschäft Kaufleute und Techniker aller Art ausgebildet, welche für andere, die ihnen nachfolgen, ein Vorbild sein oder welche ihre Erfahrungen später in der Heimat verwerten können. Die heimische Volkswirtschaft hat, wie dies England seit vielen Jahrzehnten bewiesen hat, und wie es auch uns Deutschen nicht unbekannt ist, ihren Nutzen davon, mag auch das gleichzeitig aufgewandte Kapital nicht immer die höchste Ergiebigkeit, die zu erzielen war, gebracht haben.

Aus solchen Wanderungen ergibt sich eine weitere Folge. Durch diese überseeischen Unternehmer, die öfters hin und zurück reisen, die, definitiv heimgekehrt, ihre Söhne „nach draußen“ schicken, die meist noch Gelder an ihrem früheren Wirkungskreise stehen haben und ihn daher genau beobachten, werden die Verhältnisse des Auslands daheim bekannt; man erfährt, was dort mit der Zeit zu erwarten ist, wenn in der Weise fortgefahren wird, wie begonnen ist. Neues Kapital wagt sich hinaus, auch wenn zunächst nicht viel zu erwarten ist. Die Zukunft wird kühn ins Auge gefaßt, es wird auf eine wirtschaftliche Machtposition hingesteuert, die später erst ihre Ernte bringen wird. Eine Korrespondenz aus Buenos Aires[1]) schreibt über Englands Stellung in Argentinien folgendes: „Der kaltblütige Wagemut und der Scharfblick des englischen Kapitals tritt nirgends deutlicher zutage als in Argentinien. England hat dem jungen Freistaat 1824 zuerst eine Anleihe gewährt; und England ist seitdem ununterbrochen der finanzielle Hinterhalt Argentiniens gewesen, mochten auch die Zeitereignisse noch so ungünstig für Kapitalanlagen erscheinen..... Das englische Kapital hat sich aber niemals verschüchtern lassen. Weil es nicht in der kleinlichen Manier anderer Geldleute, z. B. der Deutschen, sofort nach Begründung eines Geschäfts auch schon die Dividenden springen sehen will, sondern ordentlichen Entwicklungsterminen vertraut und darum in „schlechten Zeiten“ kaltblütig auf bessere hofft, ist es jedesmal ungerupft über die schwersten Landeskrisen weggekommen. Aus den ihm verpfändeten oder von ihm angekauften Ländereien ist ihm aber ein solcher Grundbesitz angewachsen, daß man das landläufige Sprichwort fast wörtlich nehmen darf: „Die ganze Provinz Buenos Aires gehört den Engländern.“... England hat die Laplatastaaten dem Weltverkehr erschlossen durch Anlage gewaltiger Eisenbahnstrecken; es hat die rationelle Vieh- und Pferdezucht dort eingeführt und weite Gebiete der öden Pampas in reizende Parklandschaften verwandelt.[2])

---

[1]) Magdeburger Zeitung v. 26. Mai 1904.

[2]) Vgl. Marie Schwab, Chamberlains Handelspolitik 1905. S. 119: „In der Tat ist einer der sachlichsten Einwände gegen Chamberlains Politik das von Sir Charles Dilke vorgebrachte Bedenken, daß England um der Kolonien willen die gesicherten Beziehungen zu der großer Entwicklung fähigen Argentinischen Republik aufgebe; das Land sei in Wahrheit eine

Wir werden nicht fehlgehen, wenn wir bei solchen Kapitalisierungen in gewisser Weise die Mitwirkung eines **nationalen** Solidaritätsgefühls vermuten dürfen. Mancher Engländer hat in Argentinien Geld verloren, aber England als Ganzes hat schließlich gewonnen. Bei der wiederholten Emission von Papiergeld, das einem sehr hohen und schwankenden Disagio unterlegen hat, waren große Verluste unvermeidlich, welche aber den englischen Einfluß niemals ernstlich geschmälert haben.[1])

Nationale und politische Motive sind überhaupt bei der Kapitalanlage im Auslande nicht zu unterschätzen. Bei den auswärtigen Staatsanleihen treten sie oft unverhüllt hervor. Während des russisch-japanischen Krieges 1904/5 nahmen die Japaner bei ihren englischen, die Russen bei ihren französischen Freunden zuerst Anleihen auf. Die zwischen den betreffenden Staaten abgeschlossenen Bündnisse ließen es einfach als selbstverständlich erscheinen, daß die Kapitalisten Englands und Frankreichs ihr Geld der Politik zur Verfügung stellten. Dieses Ausleihen ist eine private — keine staatliche — Angelegenheit und konnte daher als ein Bruch der Neutralität völkerrechtlich nicht angesehen werden. Doch ist sie zugleich ganz von einem politischen Willen durchtränkt, welchen die Regierungen der Gläubigerstaaten offen vertreten. Die Regierungen lassen ein Geschäft zu, welches sie zweifellos verhindern können, wenn sie wollen. Das zeichnende Publikum glaubt zugleich einer patriotischen Pflicht zu entsprechen.

Handelskolonie Englands, das dort über 50 Millionen Pfund Sterling Kapital angelegt habe, alle Eisenbahnen in Händen habe und seine Waren zu niedrigeren Zöllen dorthin absetze, als ihm die Kolonien vermutlich je bieten könnten".

[1]) Bald nach jener ersten Anleihe von 1824 schuf Präsident Rivadavia die Papierwährung mit schwankendem Kurs. 1830 war der Kurs bereits von Pari auf über 700 hinaufgeschnellt, 1850 auf 1400, 1860 auf 2900. Dann wurde die neue Emission geschaffen mit dem Kursfuß 2500 (moneda corriente), die sich während Sarmientos Amtsperiode auf ihrem Nominalwert hielt, unter Avellaneda im Jahre 1878 aber schon auf den Kurs von nahezu 3300 entwertet war. Die dritte Emission (1883) setzte wieder auf Pari ein; wir haben sie heute noch. Im Laufe der zwanzig Jahre hat sie folgende Wandlungen durchgemacht: 1885: 130; 1890: 250; 1895: 350; 1900 bis heute: 227. Magdeburger Zeitung a. a. O.

wenn es sein Geld hingibt, und rechnet auf dereinstige politische Gegengabe, mag es auch gleichzeitig dafür sorgen, daß es privatökonomisch nicht zu kurz kommt.

Ebenso wie die Politik die Aufnahme einer Anleihe erleichtern kann, vermag sie sie auch zu verhindern. Rußland hat auf dem englischen Geldmarkt während der letzten fünfundzwanzig Jahre wiederholt vergeblich um Geld angeklopft, Vorgänge in der Türkei oder in Indien oder im fernen Osten oder die Judenfrage waren die Veranlassung der Abweisung. Deutschland war infolge der traditionellen Freundschaft zwischen Preußen und Rußland bis in die Mitte der achtziger Jahre mit russischen Staats- und Eisenbahn-Anleihen gesättigt, als das vom Fürsten von Bismarck im November 1887 veranlaßte Verbot der Beleihung russischer Werte durch die Reichsbank nicht nur die Unterbringung neuer russischer Papiere in Deutschland für einige Jahre erschwerte, sondern auch die Auswanderung des vorhandenen Besitzes zu einem nicht unerheblichen Teil veranlaßte. Offiziell sind die Gründe des Reichskanzlers zu diesem Vorgehen nicht bekannt gegeben worden. Ob eine Repressalie gegen russische handelspolitische Maßregeln oder eine Erschütterung des russischen Staatskredites als ein wirksames Mittel, Rußland von einem Kriege gegen Deutschland abzuschrecken, der angeblich bevorstand, beabsichtigt war, lassen wir dahingestellt sein. Uns interessiert die politische Tatsache nur als solche, nicht ihre besonderen Motive. Die russischen Werte sind in großen Mengen dann nach Frankreich gegangen, während Deutschland dafür Rente des Königreichs Italien aufnahm. Wie dieser Tausch wirtschaftlich im Gesamtsaldo zu beurteilen ist, ist bestritten, und eine endgültige Entscheidung der Streitfrage ist ausgeschlossen, da man immer von dem Kursstand eines Jahres ausgehen muß, der im nächsten Jahre niedriger oder auch höher sein kann.

Als die deutschen Kapitalisten Russenwerte verkauften, mußten sie sich gegen den kurz vorher vorhandenen Kurs einen Verlust von einigen Prozenten gefallen lassen, aber dennoch betrug ihr Gewinn im allgemeinen im Durchschnitt noch 15—20 Proz. gegenüber dem Ankaufs- oder Emissionskurs. Die Franzosen kauften teuer ein, verdienten aber im Laufe der kommenden Jahre immerhin noch gegen 10 Proz., die allerdings während des Russenkrieges mit Japan und während der Revolution wieder verloren gegangen sind. An der italienischen Rente hatte Frankreich ebenfalls verdient, als es anfing, dieselbe nach Deutschland abzugeben, während die neuen deutschen Gläubiger, insoweit als sie nicht durchgehalten haben, sondern nach Italien haben zurückströmen lassen, in den neunziger Jahren Verluste an Zinsen und Kapital erlitten haben.

Die in Rußland überhaupt angelegten französischen Kapitalien umfassen gegenwärtig große Summen, zum Beginn des Jahrhunderts wurden sie auf Grund einer französischen Regierungsenquete. welche sich auf Berichte von diplomatischen Agenten und Konsuln stützte, auf etwa 7 Milliarden Franken veranschlagt. Seitdem haben sie sich noch um wenigstens zwei Milliarden Staatsanleihe von 1904 und 1906 vergrößert, und anderweitige geringere Beträge mögen noch hinzugekommen sein. Auch nimmt man an. daß jene Schätzung von 1902 eine sehr mäßige gewesen ist, so daß gegenwärtig Frankreich 9—10 Milliarden vom Zarenreich zu fordern haben dürfte.[1])

Die gespannten politischen Verhältnisse, die seit mehr als dreißig Jahren zwischen Frankreich und Deutschland bestehen. haben es jedenfalls verhindert, daß aus dem ersteren reicheren Lande größere dauernde Beträge in dem zweiten investiert worden sind. Sie wurden von französischer Seite 1902 auf nur 85 Millionen Franken veranschlagt, wobei jedoch die Anlagen in Grund

[1]) Bulletin de statistique et de lègislation comparée. Octobre 1902. S. 46. Detail de notre fortune en Russie:

	Mill frs.
Maisons de commerce	49
Propriétés	17
Crédits et banques	18
Mines et industries	792
Fonds russes	6000
Fonds finlandais	90
	6966

Ein Teil der Anlagen bestand natürlich schon vor der Freundschaft mit Rußland, und diese ist auch — was ja selbstverständlich ist — keineswegs immer das Motiv der Anlage seitdem gewesen. Aber sie spielt doch stark in die Geschäfte hinein.

und Boden sowie in den Textilindustrien von Elsaß-Lothringen nicht mitgerechnet worden sind. Man könnte geneigt sein, diese relativ geringe Summe[1]) daraus zu erklären, daß beide Staaten Industrieländer sind, also sich selbst genügend mit Kapital versehen können. Gewiß wird sie durch diesen Umstand mitbestimmt, aber die Erklärung ist nicht ausreichend, wenn man bedenkt, daß das reiche Frankreich in dem kleinen Industrieland Belgien 600, in England 900, in der Schweiz 455 Millionen Franken zur Anlage gebracht hat. Nach schweizerischer Berechnung ist diese letztere Summe zudem zu gering veranschlagt worden, beträgt vielmehr etwa 1000 Millionen Franken.[2])

Noch in einer andern Weise, als bisher betont wurde, spielt die auswärtige Kapitalanlage in die Politik hinein. Die Kapitalisten

---

[1]) Die Schätzung ist nach P. Leroy Beaulieu (L'économiste français 1902 II. S. 449 ff.) zu gering. Die Summe würde aber auch dann wenig bedeuten, wenn sie drei- bis viermal so groß wäre, wie sie L. B. annimmt. — Neuerdings, 1906, scheinen die französischen Anlagen in Deutschland im Wachsen begriffen zu sein.

[2]) Dr. Fr. Geering-Basel berechnet 1904 den französischen Besitzstand an schweizerischen Werten aller Art auf 1 Milliarde Franken, die sich wie folgt verteilen soll: 300 Millionen öffentliche Schweizerwerte, 400 Millionen in Eisenbahnwerten, mindestens 200 Millionen in Grundbesitz, kommerziellen und industriellen Unternehmungen. Wenn man berücksichtige, daß die Schätzung mancherlei Lücken aufweise, so dürfte man die Verschuldung der Schweiz an Frankreich auf rund 1 Milliarde angeben. Die Schweiz habe natürlich auch Kapitalanlagen in Frankreich, die auf ein Fünftel bis ein Zehntel der französischen Kapitalanlagen in der Schweiz berechnet werden. Von einer Verschuldung der Schweiz im ganzen genommen könne keine Rede sein, da der Verschuldung nach Westen Guthaben und Einnahmequellen der Schweiz aus Frankreich selbst, besonders aber aus Italien, Österreich-Ungarn, den Balkanländern, Rußland, Ostasien und Amerika gegenüberständen. Die Betriebsmittel für den vollen Betrieb ihrer Volks- und Staatswirtschaft nehme die Schweiz, wie jeder gute Geschäftsmann, da, wo sie dieselben am leichtesten und billigsten finde. Mit dem eigenen und dem fremden Kapital aber erwerbe die Schweiz daheim und draußen bei den an Kapitalkraft und Unternehmungsgeist zurückstehenden Ländern weit mehr, als sie dafür an Zins und Amortisation alljährlich nach dem kapitalreichen Westen abzuführen habe. Dieses billigere fremde Geld bedeute für die Schweiz nichts anderes als ein Betriebskapital, und man könne daher die Verschuldung der Schweiz an Frankreich für die wirtschaftliche Entwicklung der Schweiz als vorteilhaft bezeichnen. Allgemeine Zeitung vom

können die Avantgarde sein, wenn es gilt, auf eine politische Eroberung auszugehen. Sie folgen dem Prinzip, daß man die Menschen beherrscht, indem man ihnen dient. Oft gehen Anleihen und auswärtiger Handel zusammen. Der gewonnene wirtschaftliche Einfluß im Importland wird dann zum politischen gemacht, wenn das Exportland sich für berechtigt hält mit seiner Macht einzugreifen, sobald seine Interessen irgendwelchen Schutzes bedürfen. Aus den nun entstehenden Konflikten ergeben sich dann weitere Konsequenzen, welche schließlich bis zur Landannektierung führen können. In dieser Weise ist Frankreich planmäßig in Tunis vorgegangen. Dies Land steht heute unter seinem Protektorat, nachdem Handel, Eisenbahnen, Banken, Bergwerke in die Hand von Franzosen gelangt sind.[1]) Mit Marokko würden sie es ebenso gemacht haben, wenn nicht die europäische Politik rechtzeitig interveniert hätte.

Ebenso wie die Fransosen haben die Engländer dies kapitalistisch-politische Eroberungsprinzip sehr wohl verstanden. Auf Argentinien ist bereits hingewiesen worden. Ein anderes Beispiel ist das portugiesische Ostafrika.[2])

6. Juli 1904. Weitere Details im Bank-Archiv 1906, No. 19: Von den Schulden und Guthaben der Schweiz an das Ausland von Dr. Geering und von demselben: „Die Verschuldung der Schweiz an Frankreich", Zürich 1904.

[1]) Vgl. Paul Dehn, Weltwirtschaftliche Neubildungen, 1904, S. 41. Vielfach hat französisches Kapital im Auslande große finanzielle und politische Erfolge erzielt, vor allem in Nordafrika und im Gebiete des türkischen Reichs. Von Tunis konnte Frankreich leichter Besitz ergreifen, nachdem dieser Staat selbst mit seinen leitenden Kreisen in französische Schuldkundschaft geraten war.

Der oben erwähnte Bericht von 1902 beziffert das französische Kapital in Tunis auf 512 Millionen Franken, Handel und Industrie auf 103, Grundbesitz auf 116, Banken auf 22, Eisenbahnen auf 60, Bergwerke auf 12, Staatsschuld auf 199.

[2]) Dr. W. Kundt, Die Zukunft unseres Überseehandels, 1904, S. 144, schreibt:

„Den südlichen Teil von Portugiesisch-Südafrika haben die Engländer ganz mit ihrem Wesen durchtränkt. Alle Geschäfte sind englisch, alle Kapitalanlagen. Die Portugiesen dürfen die Beamten stellen, ein Gouverneur mit einer wunderschönen, goldgestickten Amtstracht residiert da, heißt Exellencia und erläßt Verordnungen und Bestimmungen, die ihm die Engländer in die Feder diktieren, er und sein ganzes pompöses Gefolge sind Marionetten, die

Auch die Nordamerikaner in den Vereinigten Staaten kennen das Verfahren, Kapital und Unternehmungen in politische Macht umzusetzen. Auf den Sandwichinseln wurden von ihnen Zuckerplantagen angelegt, deren Inhaber das ganze dortige Wirtschaftsleben unter ihre Kontrolle brachten, so daß nach wenigen Jahren die Annexion der Inselgruppe durchgeführt werden konnte.

Seit einer Reihe von Jahren haben amerikanische Bürger in Kanada, Mexiko, in Zentral- und Südamerika Kapitalien angelegt und Unternehmungen begründet.[1]) Die Gewinnaussichten sind gewiß dabei nicht vergessen worden, es ist aber nicht zu übersehen, daß die panamerikanische Politik stets, wenn auch latent, vorhanden ist, ein heimlicher Glaubenssatz vieler unternehmender Leute, welche bei ihren Plänen und Versuchen immer auf die wohlwollende Unterstützung der Regierung rechnen können, obwohl offiziell alle solche Machtbestrebungen in Abrede gestellt werden. Die Besitzergreifung Portoricos und des Panamakanals, die Oberherrschaft über Kuba sind ein zu deutlicher Hinweis auf die imperialistischen Ziele, als daß jemand, der die Amerikaner kennt, sich noch darüber täuschen lassen könnte. Das Kapital wird dereinst bei dieser weitausschauenden Politik nicht zu kurz kommen, wenn ihm auch zunächst noch Opfer zugemutet werden mögen.

Die Kapitalien verschiedener Länder treten bisweilen in einem Gebiete, durch ihre Anlagebedürftigkeit getrieben, in lebhaften Wettbewerb miteinander, und ebenso können sich gleichzeitig die politischen Wünsche der Staaten Geltung zu verschaffen suchen. Ein solches Konkurrenzfeld ist China, wo für den Eisenbahnbau Engländer, Russen, Franzosen, Deutsche, Belgier, Italiener und Amerikaner Konzessionen erhalten haben.[2]) Auch hier ist das Kapital der politische Pionier, von dem wir in kommenden Jahren noch manches hören werden. Für die Zukunft dieser Anlagen ist der definitive Ausgang der russisch-japanischen Gegnerschaft nicht unwichtig. Eine militärische Übermacht Japans an den Grenzen

sich am Draht bewegen nach dem Willen derer, die hinter der Szene die Fäden in der Hand halten."

[1]) Nähere Angaben folgen im zweiten Buch, Kap. 5.

[2]) Die einzelnen Konzessionen sind mitgeteilt in der Allgemeinen Zeitung, München, vom 29. Januar 1904.

und an der Küste des chinesischen Reiches wird bemüht sein, dem europäischen und amerikanischen Kapital seine politische Ader zu unterbinden und ihm damit zugleich ein gutes Stück seiner dereinstigen produktiven und rentenbildenden Kraft zu entziehen. Zu einem Erfolge der Japaner in China fehlt allerdings zur Zeit noch eine wichtige Voraussetzung, ein umfangreicher eigener Kapitalexport, welcher erst denkbar ist, wenn das Inselreich eine weit höhere Wirtschaftsstufe erklommen haben wird, als es jetzt innehat.

In den bisherigen Ausführungen haben wir uns auf den Standpunkt des Individuums gestellt und von hier aus die Motive der Kapitalauswanderung untersucht. Privatwirtschaftlich entscheidet die Aussicht auf Zinsen, Dividenden und Kurssteigerung, ferner die Sicherheit der Anlage, ihre Dauer, die Art der Rückzahlung, die Zahlungsart der Einnahmen und dergl. Läßt sich der Kapitalbesitzer durch politische Gedanken mitbestimmen, so muß er immer darauf gefaßt sein, Opfer zu bringen. Er mag in vielen Fällen auch ohne sie durchkommen, insbesondere wenn sein Staat kräftig hinter ihm steht. Oft wird er nur mit den Gewinnen einer ferneren Zukunft rechnen können, nachdem ihm die Gegenwart Ausfälle und Zuschüsse zugemutet hat. Je zielbewußter und weitausschauender er verfährt, um so mehr wird er sich von dem Bewußtsein tragen lassen, sein individuelles dem nationalen Interesse untergeordnet zu haben.

Wenn wir im Gegensatz zu den Zielen und Stimmungen des Individuums die internationale Kapitalbewegung von dem Zustand und den Bedürfnissen der Volkswirtschaften aus betrachten, so ist das Nächstliegende, daß innerhalb der heutigen Weltwirtschaft die Agrarstaaten dauernde Kapitalempfänger, die Industriestaaten Geber sind. Was jenen mangelt, besitzen diese in reichem Maße, wenn es auch Zeiten gibt, in denen die reichen Besitzer nichts für das Ausland übrig haben, oder auch Perioden der wirtschaftlichen Stockung, in denen den Borgern der Mut verloren gegangen ist, ihren Kredit in Anspruch zu nehmen.

Indessen treten auch die wirtschaftlich hochentwickelten Staaten zueinander in das Verhältnis von Gläubiger und Schuldner. Deutschland leiht von England, England von Frankreich, amerikanische Unternehmungen werden in England, deutsche in Österreich gegründet. Es ist die Aufgabe der nachfolgenden Kapitel, auf diese Einzelheiten einzugehen, hier mögen nur einige allgemeine Bemerkungen zum Verständnis unserer Systematik vorausgeschickt werden:

1. Die Hauptbewegung des mobilen Kapitals unter den Industriestaaten wird durch die volkswirtschaftliche Konjunktur hervorgebracht. Die Phasen des Auf- und Niederganges des Geschäfts fallen oft in den Ländern zeitlich nicht zusammen, so daß Überfluß an Kapital hier einem Mangel dort entsprechen kann. Die dauernden und festen Anlagen sind zwar von der allgemeinen Geschäftslage auch abhängig, aber andere Motive bringen in der Regel die Entscheidung über ihr Dasein.

2. Im internationalen Verkehr spielt die Nachbarschaft immer eine gewisse Rolle. Ein, wenn auch nur mäßiges Hin- und Herströmen der Kapitalien wird schon durch den leichten Grenzverkehr von Waren und Personen vermittelt. Das nachbarliche Verhältnis bringt eine gegenseitige Kenntnis von Wirtschaft, Recht und Politik mit sich, so daß das wandernde Kapital mit bestimmten. sichern Faktoren rechnen kann. Auch kann ein Land, wenn seine Kapitalisten geschädigt werden, gegen das benachbarte Repressalien ausüben, sei es auf dem Gebiete des Handels und Transportes, sei es mit militärischen Machtmitteln, da nur die Landesgrenze zu überschreiten ist, um dem Feinde nahezukommen. Der schwächere Staat wird daher das Kapital des stärkeren nicht antasten. und die Gläubiger werden mit dieser Tatsache dauernd rechnen dürfen. Die lokalen Beziehungen sind wohl der Hauptgrund. weshalb Frankreich in Spanien so stark engagiert ist. Im Jahre 1902 hatte nach französischer Schätzung[1]) das erstere Land im letzteren eine Forderung, die sich auf fast 3 Milliarden Franken belief. Auch Deutschland hat in Russisch-Polen die Nachbarschaft kapitalistisch verwertet, und Österreich-Ungarn hat in Serbien, Rumänien erhebliche Beträge stehen, teils in Effekten,

---

[1]) Bulletin de Statistique a. a. O. S. 454. Handelshäuser 84, Grundbesitz 64, Banken 34, Schiffahrt, Quais, Hafen 46, Eisenbahnen 1662, Bergwerke 71. Industrie 173, Staatsschulden und Madrider Stadtschuld 840 Millionen Franken.

teils in Banken und kommerziellen und industriellen Unternehmungen.[1])

Zwischen zwei Nachbarstaaten besteht. wenn sie nicht ausnahmsweise zollpolitisch uniert sind, die Zollgrenze, welche je nach der betreffenden Handelspolitik der Staaten für den Warenverkehr ein größeres oder geringeres Hindernis bildet. Auch an diese Tatsachen knüpfen sich internationale Kapitalbewegungen an, die einer besonderen Betrachtung zu unterziehen sind.

3. Neben den vorübergehenden periodischen in unserer kapitalistisch-industriellen Epoche begründeten gibt es auch über Jahrzehnte sich hinziehende Konjunkturen der Volkswirtschaften, welche allgemeiner national-ökonomischer Fortschritt oder Rückschritt heißen. Im Anblick der vielen technischen Neuerungen, welche in allen Teilen der Erde eingeführt werden, ist man geneigt, überall ein Vorwärts anzunehmen, und für das Ganze wird es auch richtig sein. Aber es muß auch zugleich zugegeben werden, daß die einen Länder schneller, allgemeiner, tiefer fortschreiten als andere, und es ist die weitere Frage, ob ein relativ langsames Weiterkommen bei wachsender Überflügelung durch andere nicht als Dekadenz zu gelten hat, zumal wenn es vordem anders gewesen ist. Daß z. B. die Vereinigten Staaten glänzend gedeihen, daß Deutschland seit 25 Jahren im Aufsteigen begriffen ist, andererseits England und Frankreich sich viel ruhiger, zu konservativ verhalten, ist oft ausgesprochen worden. Die großen Kapitalanlagen der beiden letzteren Staaten im Auslande werden im Anschluß an diese Meinung als übertrieben groß verurteilt. sie gelten nicht mehr als der Ausdruck eines überschäumenden Unternehmungsgeistes und der wirtschaftlichen Expansionsbedürftigkeit, sondern der mangelnden Verwendbarkeit im Inlande. Sie erscheinen weit weniger als Unternehmungen der Inländer, denn als zinstragende Anleihen. Das Kapital hat seine Aktivität eingebüßt, es steht unter der Leitung der Fremden. Die soziale Beurteilung des Exportkapitalismus tritt jetzt in den Vordergrund, nachdem seine produktive Funktion mehr und mehr verloren gegangen ist.

---

[1]) Einige Angaben in den Daten zur Zahlungsbilanz, verfaßt vom k. k. Finanzministerium Wien, 1904, S. 768 ff.

Fünftes Kapitel.

Die Arten der ausländischen Kapitalanlage und die Formen der Kapitalübertragung.

Die in einem Lande vorkommenden Arten der Kapitalverwendung können rechtlich in der Regel ebenso von Inländern wie von Ausländern ausgeübt werden. Die Ausnahmen, welche noch bestehen, werden immer mehr als eine lästige Schranke innerhalb der Weltwirtschaft empfunden und, wenn sie nicht fallen, bieten sich in dem modernen Verkehrsrechte und in den Verkehrseinrichtungen immer mehr Mittel, sie zu umgehen.

Jedenfalls besitzt die Kapitalanlage im Auslande keine andern rechtlichen und ökonomischen Formen, als diejenigen, welche im Lande der Niederlassung überhaupt üblich sind. Sie erscheint dort in dem privat- wie gemeinwirtschaftlichen Betriebe, in der Rohstoffabrikation, in der Industrie, im Handel, im Bank- und Transportwesen.

Die schon erwähnte französische Zusammenstellung [1]) über die im Auslande um die Jahrhundertwende angelegten französischen Kapitalien im Betrage von annähernd 30 Milliarden Franken unterscheidet die nachfolgenden Arten:

[1]) Eine Kritik gibt P. Leroy Beaulieu im Économiste français, 1902, II., S. 449ff. Er nennt die Untersuchung un brouillon d'enquête ou une esquisse d'enquête, hält die Summe für zu gering und erhöht sie auf 34 Milliarden. — 1905 wurden die französischen Kapitalien im Auslande auf 40 Milliarden veranschlagt. Vgl. Reichsbote vom 22. XII. 05.

		Millionen Franken.
1.	Kaufmännische Unternehmungen	995,25
2.	Landbesitz	2 183,25
3.	Banken und Versicherung	551,00
4.	Eisenbahnen	4 544,00
5.	Bergwerke und Industrien	3 631,00
6.	Seefahrt, Hafenanlagen usw.	461,00
7.	Staats- und Gemeindeanleihen	16 553,50
8.	Verschiedenes	936,00
	Summe	29 855,00

Durch welche Personen diese Kapitalien verwaltet werden, ist aus der Enquete nicht zu ersehen. Es ist bei den Anlagen, wie z. B. Eisenbahnen, Fabriken, Banken, nicht unterschieden, ob sie sich in der Verwaltung von Franzosen oder von Ausländern befinden. Die Bahnen in den Vereinigten Staaten z. B. sind in amerikanischen, die in Tunis in französischen Händen, in Kanada, Mexiko haben die Banken französische Einlagen, in Portugal, Holland, Spanien gibt es französische Banken oder Filialen französischer Bankhäuser.

Diese Unterscheidung ist eine sehr wichtige Angelegenheit. Die im Auslande angelegten Kapitalien können in der Verfügung folgender Personen sein:

1. Sie sind dem fremden Staat oder dessen Selbstverwaltungskörpern, insbesondere den Gemeinden, leihweise hingegeben, also in deren Besitz und Verwaltung.

2. Sie sind Privatpersonen des Schuldner- oder auch dritten Landes zur Verwendung überlassen, und die Inländer haben Rechtsansprüche in der Form von Aktien, Obligationen, Pfandbriefen, Wechseln, Schecks und dergl.

3. Sie befinden sich in der Hand von Inländern, welche im Auslande Unternehmungen betreiben. Ausnahmsweise kann zu den Unternehmern auch der Staat gerechnet werden, wie z. B. Österreich und Deutschland in der Türkei eigene Postanstalten besitzen.

Die vorhandenen statistischen Zusammenstellungen über Deutschland, Österreich-Ungarn, England sind für diese Dreiteilung noch weniger als die französischen zu gebrauchen. Wir müssen daher auf ihre Größenbestimmung Verzicht leisten und uns wesentlich an die Besprechung der Qualitätsunterscheidung halten.

Die nächste, dazu vorbereitende Aufgabe ist, festzustellen, auf welche Weise Wertsummen der Benutzung im Auslande zugeführt werden. Zu dem Zwecke ist auf den Ort der Kapitalbildung zurückzugreifen, d. h. es muß getrennt werden, ob das Kapital im Inlande oder im Auslande gebildet worden ist. Im ersteren Falle ist eine Kapitalausfuhr erforderlich, im zweiten werden von Inländern im Auslande verdiente Einkommensteile, Zinsen. Unternehmergewinne, Grundrenten und Arbeitsverdienst oder erzielte Wertsteigerungen nicht in das Land des Besitzers eingezogen, sondern bleiben zu Kapital umgeformt im Auslande stehen.

So einfach in abstracto diese beiden Vermittlungsarten der auswärtigen Anlage zu trennen sind, so schwierig sind sie zuweilen bei der Vielgestaltigkeit des weltwirtschaftlichen Verkehrs in dem einzelnen konkreten Geldgeschäft zu erkennen.

Ein deutscher Bankier z. B. zeichnet für einen seiner am Ort wohnenden Kunden an der New-Yorker Börse 100 demnächst zu emittierende Aktien und macht die Einzahlung mit einem Wechsel, der auf ein Guthaben gezogen wird, welches aus gerade fälligen, in New-York zahlbaren Zinsscheinen herrührt. Ist der Zinsempfänger der Aktienzeichner, so ist im Auslande produziertes Einkommen von ihm dort zu Aktienkapital gemacht worden; es kann aber auch der Kunde des Bankiers eine Ersparung in Deutschland vorgenommen haben, und die Besitzer der amerikanischen Coupons sind andere Personen. In diesem Falle zahlt der deutsche Bankier letzteren die fälligen Zinsen mit dem deutschen Ersparnis des Aktienzeichners aus, welcher seinerseits für seine Einzahlung bei dem Bankier die Couponbeträge, resp. die neuen Aktien in New-York erhält. Es ist also in Deutschland gebildetes Kapital der amerikanischen Aktiengesellschaft zugeflossen. Dem Bankier braucht der Zusammenhang der Dinge nicht bekannt zu sein, er interessiert ihn auch gar nicht, da es ihm an erster Stelle darauf ankommt, seine Zahlungen rasch und billig erledigen zu können.

Beide Möglichkeiten sind volkswirtschaftlich durchaus verschieden zu beurteilen. Wir haben es zunächst mit der ersteren zu tun:

Im Inlande gebildetes Kapital wird exportiert.

Wir beginnen mit der einfachsten Form:

Ein Hamburger etabliert seinen Sohn als Kaufmann in der Stadt Mexiko und übergibt ihm zur Begründung eines dortigen Detailgeschäftes für 85 000 M. in Deutschland hergestellte Eisen- und Stahlfabrikate, außerdem 10 000 M. bar in mexikanischen Dollars, über die er zufälligerweise disponiert. Die Waren werden in Deutschland von seinen Leuten verpackt und gehen in seinem eigenen Schiff nach Vera Cruz. Die damit aufgewandten Transport- und andere Leistungen mögen 5000 M. wert sein.

Es sind demnach 100 000 M., welche wir in Deutschland erspart denken, in der mexikanischen Volkwirtschaft als Kapital investiert worden, während Deutschland den gleichen Betrag an Fabrikaten, Silber und Leistungen hergegeben hat. Der Warenerlös in Mexiko werde von dort her nicht remittiert, sondern bleibe in dem Geschäft zum neuen Ankauf stehen. Der Gewinn kann ganz oder zum Teil nach Hamburg übermittelt werden.

Nicht ganz so deutlich tritt der Export von Gütern und Leistungen in der kapitalistischen Rechnung eines zweiten Beispiels hervor: In Bremen wird eine Handelsgesellschaft von Reedern begründet, welche einige Schiffe in Deutschland bauen läßt, die im südamerikanischen Küstenverkehr tätig sein sollen. Die Schiffe im Werte von 4 Millionen Mark sind exportiertes Kapital in Warenform, eine weitere Million wird noch als Betriebskapital hinzugefügt und der Direktion in Valparaiso überwiesen. Es geschieht dies in Form von Wechseln auf England, die auf Grund von Deutschland dorthin gelieferter Spielwaren gezogen worden sind. Das Betriebskapital ist also auch hier in Warenform ausgeführt worden, wenn auch nicht nach Südamerika, und die Fabrikanten der Spielwaren werden durch einen Teil des der Schiffahrtsgesellschaft gehörenden Kapitals befriedigt.

Häufig kommt es in unserer Zeit vor, daß industrielle Etablissements jenseits der Landesgrenze errichtet werden.

Besorgt zu diesem Zwecke der inländische Unternehmer Maschinen, Werkzeuge und sonstige Fabrikeinrichtung im Inlande und versendet sie an den Ort der Zweigniederlassung, so hat ebenso wie in den beiden vorher genannten Fällen eine direkte Ausfuhr von Warenkapital stattgefunden.

Die bisher geschilderten Fälle haben eine doppelte Bedeutung für die gebende Volkswirtschaft. Es ist sowohl eine Forderung auf Kapital und Gewinn gegenüber dem fremden Lande entstanden, als auch Ware exportiert worden. Die im Auslande tätigen Unternehmer sind Angehörige des Exportlandes, zu dem sie mannigfache Beziehungen unterhalten. Sie können daher zu einer dauernden Pflege des Exportes Veranlassung haben, mag nun gemäß der obigen Beispiele das Lager an Eisen- und Stahlwaren ergänzt, der Schiffsbestand erneuert, oder die Fabrik mit verbesserten Maschinen versehen werden. Ob dergleichen jedoch stattfindet, ob Gründungen in der genannten Weise überhaupt möglich sind, hängt von der Tüchtigkeit der heimischen Gewerbe ab. Der Exportkapitalismus wird also um so größere Dimensionen annehmen, je höher die Warenausfuhrfähigkeit des kapitalgebenden Landes steht, je mehr die Industrie der Konkurrenz im Auslande gewachsen ist. England ist seit mehr als hundert Jahren das erste Warenexportland Europas gewesen, es ist auch zugleich das Land, welches gewaltige Kapitalsummen dem Auslande zugeführt hat.

Die Kapitalausfuhr der bisher besprochenen Art kann durch die Politik in der Weise gefördert werden, daß in den Handelsverträgen die Interessen der Landesangehörigen wahrgenommen werden, welche sich als Unternehmer in der Fremde niederlassen wollen. Am günstigsten werden dieselben dann gestellt sein, wenn sie mit den Inländern gleich berechtigt behandelt werden, wie es auch bei Abmachungen unter den westeuropäischen Staaten die Regel ist.[1]) Ist das nicht zu erreichen, so wird den Parteien daran gelegen sein, wenigstens die Meistbegünstigung zu erlangen. Die Gesetze einzelner Staaten bereiten der wirtschaftlichen Tätigkeit der Ausländer noch Schwierigkeiten, auf deren Beseitigung oder Milderung eine einsichtsvolle Vertragspolitik gerichtet sein wird. So nennt z. B. die schwedische Verfassung die Rechte,

---

[1]) Das Apothekergewerbe, das Handelsmakler-Geschäft und der Gewerbebetrieb im Umherziehen sind jedoch öfters ausgenommen. M. Schraut, System der Handelsverträge und der Meistbegünstigung S. 96.

welche den Ausländern versagt sind: „Das Recht, Liegenschaften zu besitzen, Handel, Fabrikindustrie, Handwerk oder sonst einen der Anmeldepflicht laut Verordnung vom 18. Juni 1864 unterworfenen Erwerbszweig zu betreiben.“ Zwar kann der König die Genehmigung erteilen, dieselbe wird jedoch nur ausnahmsweise gewährt.[1])

In Brasilien ist es den Ausländern erschwert, auf den Flüssen oder an der Küste eigene Schiffe laufen zu lassen, da die Kapitäne Brasilianer sein und ein Examen in portugiesischer Sprache gemacht haben müssen. In Rumänien können Ausländer keinen Grundbesitz erwerben, infolgedessen fließt der dortigen Landwirtschaft nicht genügend ausländisches Kapital zu, da die hypothekarische Sicherung dem Darleiher nicht viel nützen kann.

Alle diese Erschwerungen haben ihren Grund in nationalen Bedenken. Die vorhandenen Naturschätze, wie Kohlen, Eisen, Holz, Erdöl, nicht ohne weiteres den Fremden auszuliefern, kann bisweilen seine Berechtigung haben. Andererseits unterbleibt meistens in den alten und jungen Agrarstaaten die Erschließung der natürlichen Hilfsquellen, wenn die Fremden abgewiesen werden, da die Landesangehörigen weder das erforderliche Kapital aufbringen, noch selbst den nötigen Unternehmungsgeist besitzen. Daher halten sich vielfach die Regierungen, wie in Rußland, in Zentral- und Südamerika, an das Konzessionssystem — das auch für Inländer gelten kann —, wenn sich Bewerber für die Anlage von Fabriken, Eisenbahnen, Bergwerken oder Steinbrüchen melden. Sie behalten so freie Hand den Fremden gegenüber, und zudem stehen finanzielle Einnahmen in Aussicht, Gebühren der Staatskasse, und den vermittelnden Beamten entsprechende Nebeneinnahmen.

Wenden wir uns nun zu den komplizierteren Formen des Kapitalexportes.

---

[1]) Aschehoug, Staatsrecht der vereinigten Königreiche Schweden und Norwegen, Handbuch des öffentlichen Rechts IV 2, 2, S. 31. Im Gegensatz zu diesen schwedischen Beschränkungen sei z. B. auf Dänemark hingewiesen, wo Ausländer bewegliche und unbewegliche Güter besitzen und Handel und Gewerbe unter den Bedingungen der Inländer betreiben dürfen. Vgl. Goos und Hansen, Das Staatsrecht des Königreichs Dänemark. Handbuch des öffentlichen Rechts IV, 2, 3, S. 15.

Bei weitem des meiste Kapital, welches seinen Weg in das Ausland nimmt, erscheint sowohl im Inlande als auch im Verwendungsorte in der Form des Geldkapitals. Es befindet sich vor seiner Verwendung ganz überwiegend in der Hand von Banken und dient dazu, dem Willen des Deponenten gemäß entweder ausgeliehen oder in anderer Rechtsform, z. B. als Aktieneinzahlung, der produktiven Tätigkeit überwiesen zu werden. Es ist disponibles Kapital, d. h. es ist dem Eigentümer in der Form von Geld, eventuell Banknoten, sofort oder nach kurzer Kündigungsfrist zur Verfügung. Es entsteht dadurch, daß jemand Geld in der Bank deponiert oder, wenn er ihr fällige Forderungen zum Einkassieren oder Effekten und Waren zum Verkauf übergibt, dadurch, daß er das eingegangene Geld nicht abhebt. Eine Geldzahlung oder wenigstens die Möglichkeit einer solchen nach Wahl des Gläubigers ist die Voraussetzung für die Bildung des Geldkapitals. Der Bankier wird die Summe für verkaufte Effekten, Waren, für fällige Wechsel, Coupons, Schecks in Geld nur in Empfang nehmen, soweit er dasselbe zu Auszahlungen gebraucht, er wird ferner von dem empfangenen Bardepot ebenfalls nur soviel zurückbehalten, als er zur Kassenführung nötig hat. Das Übrige wird er verzinslich anlegen, jedoch stets in solchen Formen, daß er die gewährten Darlehen rasch zurückbekommen kann.

Der ökonomische Tatbestand ist nun dieser, daß jeder Deponent über sein ganzes Geldkapital in Geldform glaubt verfügen zu können, daß die Bank dasselbe aber zu einem erheblichen Teil in produktive Zirkulation hat eingehen lassen und statt dessen sichere, in Geld leicht realisierbare Ansprüche besitzt. Die Bank rechnet damit, daß die Barforderungen der Deponenten nur nach und nach an sie herantreten, und es ist die Aufgabe ihrer Technik, daß der Glaube, stets über bar verfügen zu können, niemals erschüttert wird. Dieses Geldkapital wandert nun auch zur Anlage in das Ausland, um dort zum Ankaufe von Waren, Leistungen oder Grundbesitz zu dienen. Es wird damit einem produktiven oder unproduktiven (z. B. öfters bei Staatsanleihen) Gebrauche unterstellt.

Die Ausländer erhalten entweder Edelmetall, Barren, Landesgeld oder Geld anderer Staaten oder, was die Regel ist, liquide

Forderungsrechte, welche sie in ihrem Lande realisieren können. Die bekannte Form dieser Forderungen ist der internationale Wechsel. Halten wir uns zunächst an den Wechselverkehr des kapitalgebenden und des kapitalempfangenden Landes. Entweder zieht eine Bank oder ein Handelshaus des Inlandes auf das Ausland und schickt die Wechsel dem dortigen Kapitalempfänger, um die Summe zu erheben, ein, oder sie beauftragt ihn, auf sich zu ziehen, worauf er die Wechselsumme durch Verkauf des Wechsels im Auslande realisieren kann. In beiden Fällen ist die Voraussetzung, daß das Inland Forderungen auf das Ausland hat. Dieselben ermöglichen die Wechselziehung auf das Ausland einerseits, andererseits den Verkauf des im Auslande gezogenen Wechsels, welcher von dort aus zur Zahlung im Inlande remittiert wird. Da wir hier davon absehen, daß das im Auslande investierte Kapital im Auslande durch Inländer gebildet wird, so müssen jene Forderungen wegen gelieferter Ware oder Edelmetall oder gewährter Leistungen vorhanden sein.[1]) Das heißt, was eigentlich in die fremde Volkswirtschaft exportiert ist, sind Waren, Edelmetall und Leistungen, deren Wert vom Auslande nicht bezahlt wird, sondern dort die Kapitalform annimmt. Die Exporteure realer Güter werden mit dem heimischen Geldkapital bezahlt.

„Ein Teil des akkumulierten verleihbaren Geldkapitals", schreibt Marx,[2]) „ist in der Tat bloßer Ausdruck von industriellem Kapital. Wenn z. B. England um 1857 in amerikanischen Eisenbahnen und anderen Unternehmungen 80 Millionen Pfund Sterling angelegt hatte, so wurde die Anlage fast durchweg vermittelt durch Ausfuhr englischer Ware, wofür die Amerikaner keine Rückzahlung zu machen hatten. Der englische Exporteur zog gegen diese Waren Wechsel auf Amerika, die von den englischen Aktienzeichnern angekauft und nach Amerika zur Einzahlung der Aktienbeträge gesandt wurden."

In diesem Falle wäre es volkswirtschaftlich auf das Gleiche herausgekommen, wenn die englischen Aktienzeichner mit ihrem Geldkapital Schienen und dgl. in England aufgekauft, dieses

[1]) Inwiefern Effekten in Frage kommen, wird weiter unten noch besprochen werden.

[2]) Das Kapital, III, 2. S. 15. Anmerkung.

Warenkapital der Aktiengesellschaft in Amerika übergeben und dafür Aktien erhalten hätten. Exportiert wurden Waren und, soweit diese in englischen Schiffen über den Ozean gingen, auch Transport- und Versicherungsleistungen, um den Kapitalexport zu vermitteln.[1])

Wir können uns den geschilderten Vorgang noch verwickelter vorstellen, wie er tatsächlich oft genug vorkommen mag.

Es können zur Einzahlung des Kapitals Wechsel auf dritte Länder verwandt werden, wobei indessen die Sache immer dieselbe bleibt, daß sie in Waren, Verkehrsleistungen, Edelmetall realisiert werden muß. Nehmen wir an, daß Deutsche Summen in Englisch-Südafrika anlegen wollen. Sie kaufen zu dem Zweck mit ihrem Geldkapital Wechsel, die von Deutschland auf England gezogen sind, und stellen sie dem südafrikanischen Unternehmen zur Verfügung. Dergleichen wird z. B. möglich, weil von Deutschland Zucker nach England gegangen ist, wofür keine Gegensendung in Anspruch genommen wird. Nun kann die südafrikanische Unternehmung aus England Maschinen beziehen, welche mit dem in Deutschland auf England gezogenen Wechsel bezahlt werden. Volkswirtschaftlich liegt die Sache so, daß der Kapitalexport aus Deutschland sachlich in Zucker stattgefunden hat, welcher vielleicht schon in England schon konsumiert worden war, ehe die Maschinen nach Südafrika abgingen.

Bei der heutigen Vielseitigkeit des internationalen Handels- und Geldgeschäfts können noch vierte und fünfte Länder dazwischen treten, um schließlich die Kapitalausfuhr zu vermitteln. Der Grund, solche Zwischenverbindungen aufzusuchen, ist das Streben nach der billigsten Zahlungsform, welcher die Wechselarbitrage dienstbar gemacht wird.

Vergleichen wir die dargestellten Fälle des Geldkapitalexportes, so ist allen gemeinsam die Ausfuhr von Waren resp.

[1]) Wenn also von Deutschland nach Rußland Maschinen verkauft werden, so ist dies an sich kein Kapitalexport, es sei denn, daß man unter Kapital produziertes Produktionsmittel verstände. Die Maschinen werden erst für Deutschland Kapital, wenn der Wert von der deutschen Volkswirtschaft nicht eingefordert, sondern den Russen in irgend einer Rechtsform leihweise zur Verfügung gestellt wird.

Leistungen. In den zuerst gegebenen Beispielen der kaufmännischen Etablierung, der Gründung der Schiffsgesellschaft, der Anlage einer Fabrik äußerte sich jedoch der Kapitalexport überwiegend in direktem sachlichem Export, sobald nun das Geldkapital die Vermittlung mit dem Auslande übernimmt, ist der Zusammenhang mit der Ausfuhr realen Wertvermögens nicht mehr sichtbar, er ist mit Wechseln, Scheks, Coupons oder sonstigen papiernen Werten zugedeckt worden.

Aber das ist ja klar, wenn das Ausland Kapital nötig hat, so will es entweder konsumieren oder produzieren. Dazu dienen keine Papierstreifen, sondern real verwendbare Güter.

Wenn z. B. in einem überseeischen Gebiete, etwa Guatemala, eine Bahn gebaut wird, so gebrauchen die Unternehmer Maschinen und Werkzeuge, um den Unterbau auszuführen, ferner Schienen und Schwellen, das ganze rollende Material, die Einrichtung der Stationen und manches andere, schließlich, um Arbeiter und Beamte abzulöhnen, Geld, an dessen Stelle oder zu dessen Ergänzung auch Lebens- und Genußmittel treten können. Alle diese Objekte brauchen nicht aus dem Kapital exportierenden Lande, sagen wir aus Deutschland, zu stammen. Sie kommen vielleicht aus England, nachdem die Bauunternehmer in Guatemala durch Submission die Konkurrenz auf dem Weltmarkt ausgenutzt und sich für England entschieden haben. Dennoch hat die deutsche Volkswirtschaft reale Sachwerte bereits ausgeführt oder muß sie noch ausführen, falls der Kredit dazwischen getreten sein sollte, denn die Engländer werden ihr Material keineswegs für nichts weggeben. Es mag sein, daß Deutschland genötigt wird, auch Edelmetall zu geben, in der Hauptsache werden jedoch Waren und Leistungen zur Ausfuhr gekommen sein, resp. noch kommen müssen.

Nun wird man mit Recht sagen, es wäre für Deutschland noch erheblich besser gewesen, wenn es auch an Guatemala das ganze Bahnmaterial geliefert hätte. Dann wäre der Geldkapitalexport unmittelbar zu einem Warenexport geworden.

Nehmen wir an, es seien aus Deutschland in den ersten sechs Monaten des Jahres für 10 Millionen Mark Zucker nach England ausgeführt worden. Jetzt werde eine überseeische Eisenbahn-Aktiengesellschaft gegründet, der die auf den Zuckerexport hin gezogenen Sterlingwechsel zur Aktienzahlung aus Deutschland übersandt werden. Die Gesellschaft beziehe das gesamte Baumaterial aus Deutschland, nachdem deutsche Firmen auf dem Weltmarkt den Sieg davongetragen haben. Der deutsche Export hat also in der ungefähr doppelten Summe des Geldkapitalexportes stattgefunden. Wäre kein Zuckerexport vorausgegangen, und hätte Deutschland in England zum Wechselziehen kein Guthaben besessen, so hätten die deutschen Banken vielleicht auf Kredit die Sterlingswechsel erhalten, welche die Bahngesellschaft benötigte. Die Deckung könnte nun den englischen Kreditgebern durch die Wechsel gegeben werden, welche die deutschen Materialfabrikanten auf die überseeische Bahngesellschaft für gelieferte Ware gezogen hätten. Das Resultat ist dann, daß mit dem der Bahngesellschaft von deutschen Geldkapitalisten zur Verfügung gestellten Kapital die deutschen Lieferanten bezahlt werden. Exportiert wird deutsche Ware im gleichen Betrage, und die englische Bank hat durch die Zahlungsvermittlung eine Provision verdient.

Erhalten bei der Submission die deutschen Häuser den Zuschlag nicht, und die Wechsel sind von der englischen Bank auf Kredit gegeben, so muß die deutsche Volkswirtschaft sehen, wie sie zur Deckung andere Waren exportiert. Vielleicht gelingt es ohne weiteres, vielleicht auch nicht, jedenfalls ist sie sicherer daran, wenn sie den Geldkapitalexport in der genannten Art durch vorhergehende Warensendung ausgleichen kann.

In welcher Weise zielbewußt eine Verbindung von Geldkapital- und Warenausfuhr erreicht werden kann, wird ein späteres Kapitel lehren.

Wie haben gesehen, daß der Geldkapitalausfuhr stets eine solche von realen Sachwerten entspricht. Das empfangende Land führt hingegen vielfach Effekten aus, Aktien, Obligationen und dergl. Damit entsteht ein internationales Debet des die Titel hingebenden Landes.

Die Kapitalgeber zeichnen Aktien und Obligationen des Auslandes oder kaufen an der auswärtigen Börse Effekten, welche sie sich zusenden oder im auswärtigen Depot liegen lassen. Bei einer auswärtigen Anleihe disponiert die Regierung des Schuldnerstaates über die im Inlande zusammengebrachten Kapitalien. Sie kann sie als Edelmetall, als Ware, als Verkehrsleistung in ihr Land importieren, wobei dann alles das gilt, was bisher über die Kapitalübertragung gesagt worden ist. Sie kann sie auch benutzen, um in dritten Ländern fällige Zahlungen zu leisten, oder kann sie ganz oder zum Teil im Gläubigerlande stehen lassen, z. B. um Zinsen und Tilgungsquoten früherer Schulden zu entrichten.

Das Gläubigerland kann bei der Gewährung einer auswärtigen Anleihe eines Staates, wie bei jedem Kapitalexport, die eigene Industrie berücksichtigen, also dafür sorgen, daß möglichst große Beträge der Anleihe, d. h. so weit es dem Anleihezweck entspricht, im Inlande ausgegeben werden, so daß die Warenausfuhr zugleich gefördert wird.

Der Effektenkauf und Verkauf ist in der heutigen Weltwirtschaft ein wichtiges, große Summen umfassendes Geschäft. Statistische Angaben darüber zu machen, ist nur selten möglich, schon deshalb nicht, weil große Beträge gar nicht zur festen Kapitalanlage, sondern nur zum Zwecke des Kursgewinnes gekauft werden.

Bei der Vielgestaltigkeit des internationalen Verkehrs ist daran zu erinnern, daß Effekten nicht bloß auf Grund eines Kaufes oder einer Emission in ein Land gelangen, sondern auch infolge anderer Rechtsgeschäfte. Dahin gehören Verpfändungen, Erbschaften, Legate, Schenkungen. Andere Übertragungen sind mit der Vermögensüberführung der aus dem Auslande heimkehrenden Inländer oder mit der Hinterlegungssicherheit auswärtiger Banken verbunden.

In allen diesen Fällen erhält das die Effekten empfangende Land bestimmte Rechte auf Einnahmen, die vom Schuldnerland zu zahlen sind, ohne daß dasselbe dafür Waren, Leistungen und Edelmetall hineingenommen hat, mit Ausnahme des Lombardgeschäftes, vermöge dessen es ein Darlehen bezogen hat. Bei dem Depot auswärtiger Wertpapiere durch Ausländer können die Zinsen und Dividenden wiederum in das deponierende Land zurückkehren. Gehen infolge einer Erbschaft deutsche Konsols von Frankreich nach Deutschland, so braucht ein Kapital, welches Frankreich an

Deutschland bei dem Effektenkauf früher hingegeben hat, international nicht zurückgegeben zu werden, besteht die Erbschaft in französischen Effekten, so erhält Deutschland einen Anspruch auf Kapital und Zinsen, ohne daß es Waren, Leistungen, Geld hat zu exportieren brauchen.

Im internationalen Verkehr können auch Effekten zweier Länder gegeneinander getauscht werden, z. B. amerikanische Eisenbahnobligationen gegen deutsche Staats- und Kommunalanleihescheine, so daß sich die Werte gegenseitig kompensieren, und daß keine weiteren Kapitalzahlungen erforderlich werden. Selbstverständlich kommt es dabei gar nicht darauf an, daß die gebenden und empfangenden Personen dieselben sind. Ein solcher Vorgang ist die Folge eines volkswirtschaftlichen Bedürfnisses, indem z. B. eine Gruppe Deutscher höhere Dividenden zu haben wünscht, andererseits eine Gruppe Amerikaner ganz sichere, wenn auch niedrig verzinste Werte braucht. Es sind hier Effekten nicht mit Waren oder Edelmetall erworben worden, sondern Schein ist gegen Schein von Land zu Land gegangen.

Wir können uns schließlich noch einen in der Praxis gewiß seltenen Fall denken, daß Effekten als Darlehen hingegeben werden. Ein deutscher Kaufmann übersendet z. B. seinem in Paris etablierten Sohne eine Partie Harpener Aktien zur Verwendung im dortigen Bankkredit, rechnet den Wertbetrag als Darlehensumme, welche mit fünf Prozent verzinst werden soll. Es liegt jetzt eine zweiseitige Verschuldung der beiden Länder vor, Deutschland hat an Frankreich die Dividendenscheine, Frankreich an Deutschland die fünf Prozent Zinsen zu entrichten. Auch bei diesem Effektenverkehr hat weder das eine noch das andere Land Waren oder Leistungen oder Edelmetall zu empfangen. Die Angelegenheit kann für die internationale Bilanz insofern von Wichtigkeit sein, als Zins und Dividendensumme sich nicht zu kompensieren brauchen.

Es ist nun der zweite Fall (vgl. oben S. 57) zu besprechen:

Das von einem Inländer im Auslande angelegte Kapital ist dort gebildet worden. Geschäftserträge, Zinsen, Dividenden, Grundrenten, realisierte Konjunkturgewinne werden nicht eingezogen, sondern bleiben im Auslande stehen, resp.

werden in ein drittes Land übertragen und zur Verwendung gebracht, und zwar als Waren oder Leistungen, welche in dem Lande der Kapitalbildung oder in dem des Gläubigers oder in einem dritten Lande erzeugt worden sind. Während nach den obigen Ausführungen die Kapitalanlage im Auslande, wenn sie auf einem Kapitalexport beruht, sehr wohl mit der Warenausfuhr in Verbindung stehen kann, wird dasselbe bei dem hier zu besprechenden Falle zwar ebenfalls möglich, aber viel seltener sein.

Man hat ausgerechnet, daß England gegenwärtig aus den Vereinigten Staaten an Kapitalgewinn und Zins etwa eine Milliarde Mark bezieht. Über diese Summe kann in folgender Weise verfügt werden:

1. Es werden damit Waren, Leistungen, Edelmetalle bezahlt, welche nach England gehen, d. h. die Gewinne werden importiert.

2. Die Engländer behandeln die Milliarde als Kapital, über welches sie in England durch englische Banken Bestimmung treffen. Sagen wir Wechsel und Schecks auf New York im Betrage dieser Milliarde werden kanadischen Neugründungen überwiesen. Dann muß die Milliarde von den Vereinigten Staaten nach Kanada real ausgeführt werden, wobei die Übertragung zum Ansporn der Ausfuhr werden kann. Diese Ausfuhr aus den Vereinigten Staaten muß auch dann Platz greifen, wenn die englischen Banken mit den Kanadiern das Abkommen treffen, daß das gewährte Kapital zum Kauf englischer Waren dienen soll. Geschieht dies, so werden englische Exportwaren mit fälligen, Engländern zustehenden Gewinnen bezahlt, deren Betrag die Kanadier geliehen haben. In der Wirkung der Wertvermittlung wäre es ungefähr dasselbe, als wenn die Engländer ihre Milliarde in Eisenerz aus den Vereinigten Staaten erhalten, daraus Stahlschienen angefertigt und diese als Kapital den Kanadiern gegen Obligationen geliehen hätten.

3. Die Engländer überlassen ihre Milliarde amerikanischen Banken und Geschäftshäusern, kaufen durch diese Land, Aktien und Obligationen oder beteiligen sich durch deren Vermittlung an neuen Gründungen. Sollten diese Vermittlungsstellen Filialen englischer Banken sein, so würde auch noch eine Einwirkung auf

den Warenexport aus England möglich sein. Der Regel nach sind sie aber in amerikanischen Händen, und die Verwendung eingezahlter Kapitalien ist dem englischen Einfluß entrückt. In der Hauptsache wird die amerikanische Produktion von dem Austausch des den Engländern zustehenden Geldes gegen amerikanisches Warenkapital den Vorteil haben. Mit der wachsenden Akkumulation des Kapitals im Auslande bezieht der daran beteiligte Inländer zwar immer steigende Einnahmen, ist aber zugleich wegen des ausländischen, von ihm wenig beeinflußbaren Bankwesens immer weniger in die Lage gesetzt, sein Geldkapital bei Nachfrage nach inländischen Produkten zu Geltung zur bringen. Wenn nun, wie in dem Falle Englands, die Industriekraft des Landes dem Wettbewerb in der Weltwirtschaft nicht mehr völlig gewachsen ist, so dient die Kapitalbildung im Auslande an erster Stelle dazu, die Konkurrenten zu kräftigen, also etwa dazu, daß englisches Kapital, in den Vereinigten Staaten gebildet und angelegt, der dortigen Eisen- und Stahlindustrie zugute kommt.

In Hinblick auf diese Tatsache müssen wir noch einen letzten Fall untersuchen, nach dem von Inländern im Auslande Kapital gebildet wird, welches seine Anlage im Inlande findet und von dort aus den Ankauf ausländischer Waren vermittelt. Das bedeutet, daß das im Auslande erworbene Einkommen dort zu Geldkapital wird und unter die Verfügung dortiger Banken bezüglich seiner Verwendung kommt. Es haben z. B. die Amerikaner Unternehmungen in England begründet. Sie haben in den Vereinigten Staaten die dazu erforderlichen Summen aufgebracht, welche ebensogut aus dem Einkommen dortiger wie englischer Bürger angesammelt sein können. Wir haben dann die eigenartige Erscheinung vor uns daß, es ein Engländer mit seinem im Auslande erworbenen Einkommen einem Amerikaner ermöglicht, mit in Amerika gebauten Maschinen in England eine Industrie zu eröffnen, welche der dortigen einheimischen Konkurrenz macht. Das Kapital in der Form des Geldkapitals entäußert sich hier der nationalen Qualität, es wird weltwirtschaftliches Kapital, das für denjenigen wiederum national nutzbar gemacht wird, der es in die Hand bekommt.

Sechstes Kapitel.

Internationale Bilanzen.

Die Kapitalanlage im Auslande erhält eine besondere und eindringliche Beleuchtung durch das Denkschema der internationalen Bilanz, welches die Nationalökonomie in der Zeit der Merkantilisten zur Klarlegung wichtiger volkswirtschaftlicher Vorgänge eingeführt hat. Trotz manchen Mißbrauches, welcher mit ihm getrieben worden ist, ist seine stets neue Verwendung aus dem ganz richtigen Gedanken entsprungen, daß zwei Länder einen Gegensatz mit besonderen Interessen und Machtmitteln zu einander bilden, für den das Bedürfnis eines ziffermäßigen Ausdrucks besteht. Das Geschäft mit dem Auslande ist anders wie das inländische zu beurteilen. Leugnet man mit A. Smith und seinen Nachfolgern diesen Gegensatz, so hat die internationale Handelsbilanz keinen Sinn mehr, denn Ausfuhr und Einfuhr sind nun nichts anderes als eine erweiterte Produktionsverwertung oder eine verstärkte Konsumtionsgelegenheit, und die Vermehrung des Reichtums kann nur dadurch hervorgebracht werden, daß weniger verbraucht oder mehr erzeugt wird. Hält man aber den nationalen Egoismus wie auf politischem so auf wirtschaftlichem Gebiete für eine unzerstörbare Realität, so wird man auch das Einsetzen von Machtfaktoren in die Bewegung des auswärtigen Verkehrs nicht unterlassen dürfen. Man kann dann fragen, welches Land hat im internationalen Verkehr gewonnen, welches verloren, und damit ist gestattet, die Bilanz heranzuziehen.

Dieser Begriff ist dem Ursprung nach ein einzelwirtschaftlicher, eine Gegenüberstellung von Aktiven und Passiven, von Einnahmen und Ausgaben. Im privaten Gewerbe gibt eine klar aufgestellte

Geldbilanz ein zutreffendes Bild von seiner ökonomischen Lage. Auch die Bilanzierung eines Budgets ist ein passender Ausdruck für die Ausgleichung der öffentlichen Ausgaben durch die Einnahmen. Man kann ferner Staatsbesitz und Staatsschulden gegeneinander aufrechnen, will man aber die Kosten der öffentlichen Verwaltung und den ökonomischen Nutzen, welche sie dem Volke bringt, vergleichen, so muß man sich mit Schätzungen helfen, bei denen ein richtiges staatsmännisches Verständnis des Finanzministers die zuverlässige Zahlengruppierung ersetzen muß. Auch bei der Rechnung, in welcher der gegenseitige Verkehr zwischen zwei Volkswirtschaften abgeschlossen werden soll, ist die statistische Erfassung weder vollständig möglich, noch, soweit sie durchführbar ist, zu einer, wenn auch nur partiellen Beurteilung der internationalen Vorgänge ausreichend. Wenn somit auch Schätzungen und allgemeine Erwägungen nicht zu entbehren sind, so ist die Bilanz selbst doch nicht zu missen, da sie ein brauchbares Mittel ist, bestimmte Größenbeziehungen zu veranschaulichen. Gewinnt man mithin auch nur annähernde und relative Wahrheiten, so wird man sie doch in dem Chaos von Ansichten über internationale Wertverschiebungen als Linien und Winkel, innerhalb deren eine Kristallisation zu werden sich anschickt, nicht unterschätzen dürfen.

Der zwischenstaatliche Verkehr findet einen Ausdruck in Wertübertragungen und kann zugleich Forderungen begründen, z. B. wenn die Reeder eines Landes für die Kaufleute eines anderen Waren transportiert haben, wofür Zahlung zu leisten ist; oder er erfüllt Verpflichtungen, etwa wenn ein Legat zur Zahlung gelangt. Es gibt aber auch Wertübertragungen, welche mit internationalen Verpflichtungen garnichts zu tun haben, dann, wenn der Exporteur von Gütern zugleich Importeur im anderen Lande ist und sie auf der Reise dorthin mit sich führt. Es lassen sich in diesem Falle folgende Gruppen von Objekten unterscheiden:

1. Waren, Gebrauchsgegenstände, Münzen, welche Auswanderer, Wanderarbeiter, Geschäfts- und Vergnügungsreisende mit sich nehmen und im fremden Lande konsumieren oder produktiv verwenden. Diese Wertsummen bereichern das Importland und sind im 19. Jahrhundert mit der Zunahme der Wande-

rungen gewachsen. Man hat in den Vereinigten Staaten die Einwanderung vom Ende des Unabhängigkeitskrieges bis zum Jahre 1900 auf rund 20 Millionen Menschen berechnet, welche ihnen ein Vermögen von vier Milliarden Mark mitgebracht haben, falls man den Besitz zu 200 Mark auf den Kopf schätzt.[1]) Nehmen die Wanderer Wechsel, Schecks, Papiergeld, Effekten mit sich, so liegt die Sache anders; es wird damit entweder eine Verschuldung des Auswanderungslandes geschaffen, oder es wird das Einwanderungsland von Verpflichtungen entlastet. Ebenso wie die bisher besprochenen Werte sind die Übertragungen zu beurteilen, welche dem Heimatlande zufließen. Güter und Gelder, welche Wanderarbeiter und andere Personen mit sich nach Hause bringen, im Gegensatz dazu Beträge, welche von Auswanderern usw. mittels Postanweisungen oder Wechsel dorthin remittiert werden.[2])

---

[1]) Vgl. Handwörterbuch für Staatswissenschaften (1. Aufl.) Artikel Auswanderung von Philippovich, S. 1014. „Einen sichern Nachweis des von den Auswanderern mitgenommenen Vermögens besitzen wir nicht. Die Schätzungen schwanken zwischen 400 und 800 M. pro Kopf der Auswanderung.“ Diese Schätzung ist für die neuere Zeit viel zu hoch gegriffen, seitdem sich in der Auswanderungsmasse so viele mittellose Slowaken, Russen, Polen, Italiener befinden. Nach Listen der Hamburg-Amerika-Linie von 1905/6 besaßen die meisten Auswanderer nicht mehr als 6—10 Dollars, wenige hatten 15—20 Dollars angegeben. Dazu kommt der Koffer mit etwas Wäsche und Kleidung, bei Familien auch mit etwas Hausrat. Gelernte englische Fabrikarbeiter und deutsche Bauern besitzen natürlich etwas Vermögen, ihre Zahl tritt heute aber unter den Auswanderern sehr zurück. Die im Text angegebenen 200 Mark wollen nicht mehr als eine allgemeine Schätzung sein.

[2]) Auch diese Summen sind nicht geringfügig. Vgl. einzelne Angaben in des Verf. Aufsätzen: Die italienischen Wanderarbeiter, Leipzig 1903, S. 31. und: Die Chinesen in den Vereinigten Staaten von Amerika, Zeitschrift für Staatsw., 1883, S. 429. — Berechnungen für Österreich-Ungarn in: Tabellen zur Währungsstatistik II, 3, S. 815—826, mit Literaturangaben. — Nach mir gemachten Angaben der Hamburg-Amerika-Linie kehren oft Wanderarbeiter mit einem Besitz von 500 Dollars und mehr zurück. Wer drüben nicht verdient kommt selten heim, da ihm die Mittel dazu fehlen, und er immer noch auf Verdienst hofft. — Über Postanweisungsbeträge von den Vereinigten Staaten nach Europa, die hauptsächlich von erfolgreichen Auswanderern eingezahlt worden sind, geben einige Mitteilungen die Monthly Consular Reports Sept. 1905, S. 177, Departement of Commerce and Labour, Bureau of Statistics. 1899 bis 1904 hatte so Norwegen 4 250 000 Dollars mehr empfangen als gegeben.

2. Wertübertragungen infolge von politischen Vorgängen. Dahin gehören die Gelder, welche eine Invasionsarmee mit sich nimmt und im Feindesland ausgibt, oder Pferde oder sonstiges Kriegsmaterial, Lebensmittel, welche sie, wenn sie dort geschlagen ist, zurücklassen muß, oder umgekehrt die Beute, welche sie im Auslande macht und mit sich führt; man denke z. B. an die auf Millionen sich belaufenden Kunstschätze, welche während der Napoleonischen Kriege aus Italien und Deutschland nach Frankreich weggeschleppt worden sind. Volkswirtschaftlich anders sind die Subsidien aufzufassen, welche im 18. Jahrhundert so oft von England an den Kontinent gezahlt worden sind. Sie begründeten Forderungen, die im Wege des wirtschaftlichen Verkehrs ausgeglichen werden mußten, und sind in ihren Wirkungen für das gebende und empfangende Land den ausländischen Kriegsanleihen zu vergleichen, die freilich nicht à fonds perdu eingezahlt werden, wenn auch der Fonds zuweilen verloren geht.

Fassen wir die unter 1 und 2 genannten und alle diejenigen in den internationalen Verkehr eingehenden Werte, welche sich zugleich als Forderungen charakterisieren lassen, zusammen, so gelangen wir zu dem Begriff der allgemeinen internationalen Weltverkehrbilanz. Die Unterscheidung von persönlichen Übertragungen und von Forderungen ist erforderlich, weil von beiden besondere Wirkungen ausgehen. Die Forderung muß in irgendeiner Weise im Gläubiger- und im Schuldnerlande verrechnet werden, woraus sich wiederum bestimmte Verkehrshandlungen ergeben, z. B. die Zinszahlungen für stehengelassene Kapitalien oder Edelmetallsendungen. Die persönliche Wertübertragung bedeutet eine abgeschlossene Bereicherung, welche auf die Produktion oder die Konsumtion des Importlandes einwirkt.

Untersuchen wir nun die Forderungen allein, welche in ihrer Gesamtheit die internationale Forderungs- oder Verpflichtungsbilanz ausmachen. Man hat sie irrtümlicherweise Zahlungsbilanz genannt, als ob aus einem bestimmten Stande internationaler Forderungen immer ohne weiteres bestimmte Zahlungen folgen müßten. Die Forderungen können als fällige vorhanden sein, aber auf die Zahlung von Land zu Land kann Verzicht geleistet werden. Die Zahlungsbilanz bezieht sich nur auf einen Teil der internationalen Verpflichtungen, und während sie auf den Wechselkurs — wenn auch neben anderen Faktoren — unmittelbar einwirkt, hat die Forderungsbilanz mit ihm direkt nichts zu tun.

In dem Kontokorrent zweier Völker sind folgende Gruppen von Forderungen zu unterscheiden:

1. Forderungen für gelieferte Sachgüter aller Art, besonders für Waren, d. h. zum Zweck des Verkaufs hergestellte Gegenstände. Der angeblich aus dem Palazzo Sciarra in Rom heimlich in ein unbekanntes Land „exportierte“ Violinspieler von Raffael ist keine Ware wie 5000 Tonnen Weizen, wenn beide auch gleichwertig sein mögen und beide bezahlt werden müssen.

Die gegenseitige Aufrechnung dieser Forderungen wird als Handelsbilanz bezeichnet. Genau genommen gehören also zu dieser alle Güter, welche vermittelst eines Kaufes eingehen. Die Statistik faßt indessen den Begriff weiter, indem sie alle Güter registriert, welche ein- und ausgeführt werden, also auch z. B. Geschenke und Erbschaften, da sie sich auf eine Klassifizierung der der Sendung zugrunde liegenden Rechtsgeschäfte nicht einlassen kann.

2. Forderungen für verkaufte Effekten, welche in der heutigen Zeit des internationalen Kapitalismus ungeheure und steigende Summen umfassen. In ihnen sind etwaige Kursgewinne enthalten, auch die, welche aus reinen Differenzgeschäften hervorgehen. Die Forderungen sind hauptsächlich gegen die Banken gerichtet, welche die Effekten im Depot haben.

3. Forderungen für fällige Kapitalien, wie für Depositen, gekündigte Hypotheken, getilgte Staatsschulden, ausgeloste Obligationen, liquidierte Aktien, aufgelösten, privaten Geschäftsbetrieb, in Geld auszuzahlende Erbschaften, Legate, Schenkungen, verkaufte Immobilien, fällige Versicherungssummen, Lotteriegewinne, im In- oder Auslande gezeichnete Staats- und Kommunalanleihen, Einzahlungen gegründeter oder schon bestehender Aktien- und ähnlicher Gesellschaften. Hierher gehören ferner einmalige Ansprüche aus politischen Vorgängen, wie aus einer Kriegsentschädigung, aus zugesagten Subsidien, Sühnegeldern für geschädigte oder getötete Staatsangehörige, aus abgetretenen Hoheitsrechten (Panama-Republik).

4. Auf Dauer begründete kapitalistische Forderungen: Fällige Zinsen, Dividenden, Pacht- und Mieterträge, Renten aus Familienverpflichtungen, Geschäftsgewinne aus den im Auslande betriebenen Unternehmungen, aus Beteiligungen, Konsortien, ferner Vergütungen für überlassene Patente und Gewerbegeheimnisse, fällige Prämien an Versicherungsgesellschaften.

5. Forderungen für gewährte Leistungen und Nutzungen mancherlei Art, vor allem Frachtforderungen, sei es für besorgten Personenverkehr, sei es für exportierte Sachgüter, sei es für den Zwischenhandel und für das Transitgeschäft, im Anschluß daran für gleichzeitig übernommene Versicherung. Die gesamten gegenseitigen Verpflichtungen aus dem Transportgeschäft kann man die Transportbilanz nennen. Hierher sind auch zu rechnen Vergütungen für zeitweise überlassene Schiffe, Lokomotiven, Eisenbahnwaggons.

Weitere Ansprüche für gewährte Leistungen anderer Art: für Honorare der Schriftsteller, der im Auslande tätig gewesenen Virtuosen, Schauspieler usw., Provision für geleistete Vermittlerdienste, besonders im Bankgeschäft, rückständige Löhne und Gehalte von Personen, die in die Heimat zurückgekehrt sind, Pensionen nach beendigter Dienstverpflichtung.

In diesen fünf Gruppen sind die wichtigsten Forderungen des heutigen weltwirtschaftlichen Verkehrs zusammengefaßt worden. Alle Gruppen enthalten Summen, die regelmäßig wiederkehren, wenn auch ihr Umfang großen Schwankungen unterliegt. Die erheblichsten Abweichungen wird die dritte von Jahr zu Jahr zeigen, die größte Stabilität haben die vierte und fünfte. Die Schwankungen in der zweiten werden oft größer als in der ersten sein, da jene mehr von der Spekulation, diese mehr vom Konsum in Abhängigkeit ist.

Die Zahlungsbilanz ist die Gegenüberstellung fälliger, in Geld zahlbarer und beanspruchter Forderungen zwischen zwei Ländern.

Sie trägt einen anderen zeitlichen Charakter als die Bilanz im Privatverkehr, welche z. B. zwischen einem Bankier und seinen Kunden beim Abschluß des Kontokorrents sichtbar wird. Zwischen ihnen wird jährlich oder halbjährlich abgerechnet, und der verbleibende Saldo wird übertragen oder bezahlt. Zwischen zwei

Völkern hingegen ist eine bestimmte Zahlungsbilanz, auf Grund deren ein Ausgleich erforderlich ist, täglich vorhanden, und mag bald zugunsten des einen, bald zugunsten des andern lauten. Sie kann Wochen und Monate lang für den einen günstig, für den anderen ungünstig sein, aber der Umschlag kann auch nach Tagen stattfinden. Sie ist von regelmäßig wiederkehrenden, dauernden Momenten, aber auch von unerwarteten und rasch vorübergehenden Tatsachen abhängig. Ihre volkswirtschaftliche Bedeutung wird erst bemerklich, wenn man längere Zeiträume zusammenfaßt. Jetzt erst können wir davon sprechen, daß die Bilanz im allgemeinen für das eine Land aktiv, für das andere passiv gewesen ist. Noch wichtiger ist für eine Volkswirtschaft seine gesamte Zahlungsbilanz allen Völkern gegenüber.

Die Zahlungsbilanz hat eine unmittelbare Wirkung auf den ausländischen Wechselkurs. Die Wechsel werden gesucht und gekauft, um im Auslande Zahlungen zu begleichen. Sie steigen und sinken in der Regel im Preise, eine feste Valuta in beiden Ländern vorausgesetzt, je nachdem im Auslande Geldzahlungen zu machen sind. Indessen kann der Wechselkurs auch noch durch andere Momente in Bewegung gesetzt werden, wie durch den am Zahlungsort verlangten Diskont, dessen Steigen zur Wechselanlage anreizt, oder durch Spekulationskäufe in Erwartung künftiger Steigerung.

Die internationale Forderungs- und die Zahlungsbilanz sind also etwas ganz Verschiedenes. Forderungen großen Umfanges können vorhanden sein und brauchen die Zahlungsbilanz gar nicht zu berühren. Die fälligen Summen werden nicht in Geld beansprucht, sondern bleiben dauernd als Guthaben dort stehen.[1])

Im Verkehr der Länder A und B kann die Forderungsbilanz von Jahr zu Jahr zugunsten von A wachsen, und die Zahlungsbilanz kann doch kürzere oder längere Zeit günstig für B stehen. Infolge guter Absatzverhältnisse und überlegener Konkurrenzfähigkeit exportiert A Monate lang nach B, ohne einen wesentlichen Gegenwert an Waren zu erhalten und ohne die Beträge

[1]) Ein Beispiel, ausgeführt in des Verfassers Handelsbilanz der Vereinigten Staaten von Amerika. Berlin 1901, S. 41 ff., wo der Ausdruck Forderungsbilanz noch nicht gebraucht worden ist.

in Geld zu beanspruchen, so daß sich B immer stärker durch Vergrößerung des Guthabens von A verschuldet. Während dieser Zeit ist der Wechselkurs nur geringen Schwankungen unterworfen gewesen, da sich die beanspruchten Zahlungen in der Hauptsache ausgeglichen haben. Jetzt nimmt B in A eine Staatsanleihe auf, die in Monatsraten dem Schuldner eingezahlt werden muß. Die Zahlungsbilanz ist zugunsten von B, und der Wechselkurs steigt vielleicht bis zum Goldausfuhrpunkt in A.

Wir haben also in diesem Beispiel das Resultat, daß B dem A gegenüber immer mehr verschuldet wird, obgleich eine ungünstige Zahlungsbilanz selten oder gar nicht existierte. Freilich können die Dinge auch anders liegen. Infolge dauernden Exportes von Waren und Leistungen ohne entsprechenden Import wächst die Forderung des Exporteurs an, welche nun gezahlt werden soll. Die aktive Forderungsbilanz wird zu einer aktiven Zahlungsbilanz. Es ist dies der Fall, den sich die Nationalökonomen meist wohl gedacht, wenn sie beide Bilanzen identifizierten. In früheren Zeiten, als der internationale Kapitalismus noch in den Anfängen steckte, mag dies Zusammenfallen als Regel bestanden haben, so daß die an sich nicht richtige Theorie die Kritik weniger herausforderte als unter den heutigen weltwirtschaftlichen Verhältnissen.

Mit dem Zusammenwerfen der beiden verschiedenen Bilanzarten hängt ein zweiter Irrtum zusammen, daß Waren immer mit Waren bezahlt würden, d. h. daß jede dauernde Wareneinfuhr auch eine dauernde Ausfuhr nach sich ziehen müsse. Man stellt sich die Sache so vor, daß einem starken Warenimport immer eine ungünstige Zahlungsbilanz des Importlandes folge. Diese führe zum Edelmetallexport, und da dieser doch nur eine Zeitlang fortgesetzt werden könne, werde die Schuld, da sie doch getilgt werden müsse, mit im Preise herabgesetzten Waren beglichen werden.

Nach unseren Ausführungen braucht aber der Vorgang gar nicht so zu verlaufen. Die Zahlung für Lieferungen braucht nicht verlangt zu werden, und die Zahlungsbilanz braucht durch den Import nicht berührt zu werden. Die Guthaben bleiben zunächst verzinslich im Auslande stehen und können dann bei günstigem Kursstande in Effekten umgesetzt werden.

Übrigens ist die Theorie, nach der der Warenimport den Export nach sich zieht, auch aus dem Grunde unrichtig, weil für Waren. die in ein fremdes Land gehen, gar kein Gegenwert in Anspruch genommen zu werden braucht. Wenn Waren als Zinszahlung geschickt werden, so ist diese Einfuhr Ausgleichung, die nicht wieder bezahlt werden kann.

Es sind also die drei Arten von Bilanzen, die Handels-, die Forderungs-, die Zahlungsbilanz zu unterscheiden, welche, wie schon ersichtlich geworden ist, in mannigfacher Weise ineinander eingreifen. Man darf diesen Zuhammenhang der drei niemals aus dem Auge lassen, wenn man eine jede einer volkswirtschaftlichen Beurteilung unterwerfen will.

Die Handelsbilanz eines Landes stellt hauptsächlich[1]) Warenmengen und Werte einander gegenüber, welche im Wege des auswärtigen Handels ein- und ausgeführt werden. Diese an sich nicht unrichtige Vorstellung haftet indessen nur an der Oberfläche der Dinge, weil sie von dem Handel allein den Ausgang nimmt, welcher, so wichtig er auch sonst für ein Land sein mag, doch nur von dem hier eingenommenen Standpunkt des Völkerverkehrs eine Vermittlerrolle übernimmt, welche hinter ihm liegende volkswirtschaftliche Vorgänge verdeckt. Und immer dunkler ist unter dieser Verdeckung das Wesen der Handelsbilanz geworden, je umfassender und je komplizierter das weltwirtschaftliche Getriebe geworden ist.

Die ursprüngliche Vorstellung über die Handelsbilanz war diese: Zwei Länder tauschen Waren gegeneinander, und jedes bemüht sich durch seinen Handel möglichst viel eigene Produkte — am liebsten Ganzfabrikate — in dem anderen abzusetzen. Dasjenige habe einen wirtschaftlichen Sieg davongetragen, dem dies am besten gelungen sei, es habe eine größere Forderung als der Gegenkontrahent, also einen Aktivsaldo, der durch Edelmetallsendung auszugleichen sei.[2])

Diese Art des Geschäfts ist, historisch betrachtet, oft gewiß die einzige gewesen, welche zwischen zwei Ländern bestanden

---

1) Siehe oben S. 74.

2) Die Frage von dem Ausgleich durch Edelmetall lassen wir hier außer Betracht, da sie die Zahlungsbilanz angeht.

hat. Sie leitet den auswärtigen Verkehr ein, ist jedoch auch später noch von der größten Bedeutung, selbst wenn sie den Charakter der Ausschließlichkeit verloren hat. Auch heute gibt es noch internationalen Handel, der sich in diesem Gedanken erschöpft, denken wir z. B. an denjenigen zwischen Kanada und Brasilien oder von Argentinien und Japan.

Der volkswirtschaftliche Vorgang, welcher hier durch diesen auswärtigen Handel vermittelt wird, ist Warentausch. Er hat seine Grundlage vor allem in der Verschiedenheit der Produktionsbedingungen, welche zwischen den tauschenden Ländern vorhanden ist. Daß in der merkantilistischen Zeit der entstehenden allgemeinen Geldwirtschaft ein besonderes Gewicht auf den Aktivsaldo, der in Edelmetall gedacht wurde, gelegt wurde, ändert an dem eigentlichen volkswirtschaftlichen Vorgange nichts. Es bedeutet der merkantilistische Gedanke nichts anderes, als daß, wenn Ware nicht gegen Ware, Ware gegen das so begehrte Edelmetall getauscht werden soll.

Handelsbilanzziffern sind ein beliebtes Vortragsstück des ökonomischen Dilettantismus. Da heißt es z. B.: Deutschland führte im Jahre 1902 im Spezialhandel für 393,6 Millionen Mark nach Rußland aus und für 760,4 Millionen Mark von dort ein. Die vulgäre Vorstellung vertritt, da beide Warenmengen im Wege des Handels gebracht werden, auch heute noch nicht selten den Gedanken, daß der Tausch, da doch nun einmal die internationale Produktionsverteilung bestehe, nicht in Ordnung sei, daß unsere Exportorganisation etwas zu wünschen übrig lasse, und daß die Russen uns überlegen seien. — Eine wichtige Korrektur erhält diese Handelsbilanz-Theorie zunächst dadurch, daß neben dem internationalen Handel das internationale Transportgeschäft Beachtung findet. In der Regel rechnet das Exportland statistisch den Wert der Waren, wie er bei dem Verlassen der Landesgrenze ist, das Importland, wie er sich an seiner Grenze bemißt. Liegt das Meer oder ein drittes Land zwischen den beiden Grenzen, so können die Werte, selbst bei gleicher sonstiger Schätzungsart niemals übereinstimmen. Das Importland muß höher rechnen, da es die Transportkosten von Grenze zu Grenze hinzurechnen muß. Der Widerspruch der so bei einem Vergleich der Bilanzen beider

Länder vorhanden ist, kann nur gelöst werden, wenn neben der Handels- die Transportbilanz Berücksichtigung findet. Falls das Exportland den Transport besorgt, so muß es sich einen erhöhten Warenwert anrechnen, wenn es das Importland tut, so muß es die Transportkosten von der dem Ausland zu erfüllenden, statistisch festgestellten Verpflichtung abrechnen. Stellen wir nun die Forderungen der Länder einander gegenüber, so werden Waren auch mit Transportleistungen, oder Transportleistungen mit Waren bezahlt.

Das internationale Seetransportgeschäft mit Einschluß der Versicherung ist heute eine wichtige Einnahmequelle für manche Volkswirtschaften, z. B. für England, Deutschland, Norwegen.

Die Handelsmarine kann die Einfuhr und die Ausfuhr besorgen und zudem für die Vermittlung zwischen dritten und vierten Ländern tätig sein. Denken wir uns zur Veranschaulichung einen extremen Fall: Ein Land führt für 10 Millionen Mark Waren aus und tauscht den gleichen Betrag dafür ein, außerdem besorgt es für 90 Millionen Transport, der vom Auslande zu bezahlen ist. Für diese Summen kauft es Waren daselbst ein und bringt sie im Wege des Importhandels zu sich zurück. Zu welchem falschen Urteil wollte man kommen, wenn man die Handelsbilanz — 10 Millionen Ausfuhr und 100 Millionen Einfuhr — als Warenaustausch erklären wollte!

Wir haben also folgendes Ergebnis: Bei der Handelsbilanz wird von Werten ausgegangen, welche vermittelst des Handels aus- und eingeführt worden sind, hinter diesem Handel stehen aber zwei ganz verschiedene volkswirtschaftliche Vorgänge:

1. der Warenaustausch,

2. die Bezahlung in Waren für geleisteten Transportdienst.

Aber es kann auch die Bezahlung in Waren noch aus anderen Gründen vorgenommen werden: Schuldzinsen, Dividenden, Amortisationen, Renten kommen in Warenform in ein Gläubigerland hinein. Auf die fälligen Kapitalgewinne hin werden Wechsel gezogen, mit denen eine bereits stattgefundene Einfuhr beglichen wird. Wollte das Gläubigerland Edelmetall haben, so würde dasselbe bis zu einer bestimmten Höhe auch bekommen können. Es kann aber die Waren wegen ihrer Qualität oder ihres Preisstandes besser gebrauchen, und daher nimmt es sie. Und dies ist dem Schuldner auch am angenehmsten, da ihm besondere Vorteile aus diesem Ausgleichsmodus erwachsen können.

Es sei noch auf einen dritten wichtigen Vorgang, der hinter dem Warenhandel stehen kann, hingewiesen, — das Darlehen. Der Geldkapitalexport wird zum Warenexport und erscheint in der Handelsbilanz als Ausfuhr, z. B. der eine Anleihe aufnehmende Staat gibt im Gläubigerlande den Auftrag zum Bau von Kriegsschiffen oder Lokomotiven.

Verallgemeinernd können wir also sagen, daß alle Arten von internationalen Forderungen, welche wir oben in der Forderungsbilanz kennen gelernt haben, in Waren unter Vermittlung des Handels beglichen werden können, welche dann die einzelnen Posten in der Handelsbilanz ausmachen. Daher ist eine volkswirtschaftliche Beurteilung solcher Warengegenüberstellung so schwierig. Aus der Kenntnis von dem Verhältnis der Ausfuhr zur Einfuhr läßt sich nicht genug ableiten. Wir müssen vor allem fragen, was hinter diesen Zahlen verborgen ist, und werden dann schließen müssen, daß ein Volk mit einer aktiven wie mit einer passiven Bilanz sowohl gut als auch schlecht fahren kann. Durch die eine wie die andere können das Volkseinkommen erhöht oder vermindert, die produktiven Kräfte gehoben oder geschwächt werden.

Versuchen wir dies an einigen Beispielen darzulegen:

1. **Die aktive Handelsbilanz ist für die Volkswirtschaft günstig.** In dieser Lage befinden sich seit einigen Jahren die Vereinigten Staaten, deren Aktivum 1902 und 1903 3699 Millionen Mark betrug, welches, wenn auch ein Teil der Ausfuhr als Begleichung von Schuldscheinen und Transportleistungen zu denken ist, doch auch **der günstigen Austauschbilanz** zu danken ist. Die gewaltigen Ausfuhrmengen, aus mancherlei Rohstoffen und Fabrikaten zusammengesetzt, sind der Ausdruck von einer wachsenden Produktiv- und Konkurrenzkraft und beweisen, daß das Land ein vorzüglicher Standort zur Erzeugung wichtiger Weltmarktprodukte ist: Weizen, Baumwolle, Petroleum, Kohlen, Kupfer, Edelmetall, Stahl und Eisen. Die internationalen Täusche sind heutzutage nicht mehr so einfach,

daß sie aus einer Arbeitsverteilung unter den Ländern allein erklärt werden könnten. So schickt England z. B. Eisen und Stahlwaren in die Vereinigten Staaten, und diese senden die gleichen zu anderen Zeiten in jenes Land. Ist der Grund des internationalen Handels hierbei nicht die verschiedene Beschaffenheit der Ware, so ist er entweder die unzureichende zeitweise Produktion des Importlandes oder die Preisdifferenz. Ausfuhren sind, soweit sie Konkurrenzartikel sind, immer gefährdet, da es nichts Brutaleres gibt als den Weltmarkt, und die nationale Arbeitsspezialisierung mehr und mehr vor der Verallgemeinerung der Produktion zurückweichen muß.

Die siegreiche Konkurrent mit seiner aktiven Warentauschbilanz gewinnt ein Übergewicht über den schwächeren. Die Differenz in Geld zu verwandeln, hat in der Regel kein Interesse für ihn, da er genug Tausch- und Zahlungsmittel besitzt, er zieht es vor die Schuld zu einer dauernden zu machen, indem er seine Forderungen in zinstragendes Kapital umformt. Es ist ein Irrtum, zu glauben, daß die nun erwachsende Zinszahlung den Warenexport des Schuldnerlandes notwendigerweise vermehren müsse. Die Entscheidung darüber hängt allein wieder von Konkurrenz und Bedürfnis ab: braucht das Gläubigerland die Waren nicht, oder werden sie ihm nicht durch Unterbieten aufgezwungen, so werden die Zinsen zum Kapital geschlagen und die Schuld wird vergrößert.

2. Die aktive Handelsbilanz ist ein ungünstiges Symptom für die Volkswirtschaft. Wie können hier verschiedene Ursachen einer starken Ausfuhr unterscheiden: Es werden Kapitalien in Warenform ausgeführt, weil sie wegen chronischer Stockung des Geschäftes, wegen überhoher Besteuerung, wegen der Papiergeldwirtschaft keine Verwendung finden können. Die Kapitalauswanderung schwächt das Inland und kräftigt den wirtschaftlichen Gegner. Ein anderer Fall: Die große, die Einfuhr überragende Warenausfuhr ist ein Ausdruck einer steigenden Zinszahlung für geliehene, aber ökonomisch und politisch unproduktiv verwendete Kapitalien. Gewiß ist die Begleichung in Waren für das Exportland besser als eine solche in Effekten — bei denen nicht zu übersehen ist, daß ein Zeitpunkt kommen kann, in dem

der Gläubiger auch davon genug hat[1]) —, aber die Ausfuhr ist hier nichts anderes, als daß — den Hauptfall der Staatsschuld angenommen — ein Teil der mühsam aufgebrachten Steuern in ein fremdes Land geht, ohne der Staatsverwaltung einen Nutzen zu bringen. Vielleicht glückt es Rußland jetzt nach dem Kriege mit Japan seine Ausfuhr zu steigern, um die großen auswärtigen neuen Anleihen verzinsen zu können. Seine dann verbesserte Handelsbilanz wird es aber schwerlich mit voller Genugtuung begrüßen können.

3. Als Gegenstück zu dem letzteren Beispiel steht der Fall, daß eine passive Handelsbilanz für ein Land vorteilhaft ist. Die Austauschbilanz mag sich ausgleichen, aber als Zinsen, Dividenden, Frachtzahlung werden große Warenbeträge gesandt, so daß die Handelsbilanz des Gläubigers stark passiv geworden ist. Diese Waren seien solche, welche im Inlande nicht oder nicht genügend hergestellt werden, z. B. Rohstoffe für die Industrie; Genußmittel aus den Tropen. So war die passive Bilanz Englands in der Mitte des neunzehnten Jahrhunderts als überwiegend günstig zu beurteilen, bedenklich hat man über sie erst von dem Moment an werden können, als die Zusammensetzung der Warenmassen sich veränderte, in ihr steigende Beträge von Konkurrenzartikeln enthalten waren.

Der Grund der Passivität kann auch die absolut oder nur relativ sinkende Ausfuhr sein, so daß das bisherige Austauschverhältnis verschlechtert wird. So kann die Industrie ihrer Konkurrenzfähigkeit auf den fremden Märkten verlustig gehen, oder die bisher gut abgesetzten Rohstoffe sind nicht mehr, da sie einen Ersatz gefunden haben, verkäuflich. Demgegenüber bleibt die Höhe des Importes bestehen, da sich der Konsum an ihn gewöhnt hat. Infolgedessen kann die Verschuldung nicht ausbleiben, die sich von Jahr zu Jahr steigern muß.

Aus den angeführten Beispielen folgt, daß die Volkswirtschaftspolitik, welche auf eine Änderung der Handelsbilanz hinstreben wollte, von ganz verschiedenen Gesichtspunkten und Maßregeln den Ausgang zu nehmen hätte. Jedenfalls würde sie

[1]) Dann kann der Grund und Boden in die Hand der Ausländer geraten.

wohl dabei die Überzeugung gewinnen, daß die Handelsbilanz ein nützliches, methodologisches Hilfsmittel nur ist, wenn man zugleich in die speziellen Ursachen ihrer Gestaltung einzudringen vermag. Im internationalen Verkehr ist es das Sicherste für ein Land, die Austauschbilanz möglichst günstig zu gestalten, weil es damit über sichere und kurzfällige Forderungen verfügt, die es nach Belieben verwenden kann, und weil die Bedürfnisse des Auslandes ihm eine dauernd sichere Verkaufsgelegenheit gewähren. Weiter wird ihm daran gelegen sein, das Transportgeschäft zu heben, eventuell aus anderen Verkehrsleistungen, z. B. Kommissionen, Einnahmen zu erzielen. Land- und Seekriege bringen indessen eine Gefährdung der Transportbesorgung, können geradezu unternommen werden, sie zu vernichten. Die Gewinne aus ausländischen Kapitalanlagen sind eine große Erleichterung des heimischen Lebens, können aber mit großen Verlusten verbunden sein. Oft ist nur die politische Macht des Gläubigerstaates das ultimum refugium, sie zu verhindern. Tritt der Bankrott des Schuldnerstaates ein, so wird die passive Handelsbilanz ein anderes Gesicht bekommen, aber es wird weniger freundlich sein als bisher.

Auch der volkswirtschaftlichen Wertung der Forderungsbilanz gegenüber ist eine Individualisierung geboten. Nicht bloß deshalb, weil ihre statistische Erfassung lückenhafter als diejenige der Handelsbilanz ist, sondern weil ihr aktives oder passives Ergebnis von einfacher, leicht faßlicher wirtschaftlicher Wirkung zu sein scheint, aber bei genauerer Überlegung es doch nicht ist.

Ergibt sich aus der Gesamtheit der fälligen Forderungen und Schulden, daß ein Land einem andern oder überhaupt dem Auslande große Beträge schuldig geworden ist, so sind verschiedene Wirkungen denkbar:

1. Es wird Edelmetall beansprucht.

Dieser Fall bedeutet, daß die passive Forderungsbilanz in eine passive Zahlungsbilanz ausgelöst worden ist, und wird weiter unten erörtert werden. Nur das sei bemerkt, daß es dem Ermessen des Gläubigers, wenigstens innerhalb gewisser Grenzen, anheimgestellt ist, ob er die Realisierung in Geld wünscht oder nicht. Es ist ihm damit eine wirtschaftliche oder auch politische Macht in die Hand gegeben, die er je nach seinem privaten oder nationalen Interesse ausnutzen kann. Die bedenklichen Zeiten für den Schuldner sind diejenigen, welche einer allgemeinen Wirtschaftskrisis oder dem Ausbruch eines Krieges vorausgehen. Indem er jetzt Geld hergeben muß, wo er dessen am meisten benötigt, schwebt er in der steten Gefahr, der Gnade des Gegners preisgegeben zu sein.

2. Es wird, um die Forderungen zu mindern, eine Ausfuhr von Waren, Effekten und Leistungen zu sinkenden Preisen angestrebt. Zu höheren war sie nicht angänglich, und eben darum mag die passive Forderungsbilanz entstanden sein; jetzt, wenn deren Begleichung gefürchtet wird, und die Wechselkurse steigen, bedeutet sie ein Verkaufen mit Verlust, also eine Minderung des nationalen Wohlstandes. Der Vorgang wird dadurch vermittelt, daß auf ausländische Märkte und Börsen Waren und Effekten geworfen werden, resp. im Inlande für Rechnung des Auslandes verkauft werden, um mit dem Erlös Wechsel auf das Gläubigerland zu beschaffen.

3. Die fällige Schuld wird prolongiert oder aus einer schwebenden zu einer dauernden gemacht, etwa in der Weise, daß die Guthaben zu Einzahlungen auf Obligationen oder Aktien des Schuldnerlandes verwendet werden. Durch diesen Vorgang werden die Aussichten auf eine zukünftige aktive Forderungsbilanz noch verschlechtert, oder ein vorhandenes Übel wird durch ein noch größeres vorläufig beseitigt. Aber das größere wird sich schon melden. So hat der russische Staat, um fällige Zinsen zu begleichen, öfters zu neuen Anleihen gegriffen.

Es kann schließlich zu einer vierten Art der Liquidation kommen, zur Bankrotterklärung von Privaten oder von öffentlich rechtlichen Korporationen. Wenn das nicht eintritt, kann der Gläubiger manche Vorteile aus dem günstigen Stande seiner internationalen Forderungen ziehen. Er kann weltwirtschaftlich verwendbare Waren und Effekten nach seinem Belieben einkaufen, er kann seine Guthaben im Auslande zu jeweiligem Gebrauch bereit stellen. er kann staatliche Effekten eines feindlichen Landes erwerben, zum Zwecke sie geeignetenfalls auf den Markt zu werfen. um den Kredit des Gegners zu erschüttern.

So liegen die Dinge im allgemeinen, und man wird nicht in Abrede stellen, daß die Präsumtion dafür spricht, daß eine passive Forderungsbilanz, namentlich dauernder Art, ein volkswirtschaftliches und politisches Übel ist, während man die gleiche Präsumtion für die Handelsbilanz nicht gebrauchen kann.

Die beiden Fälle, daß eine passive Forderungsbilanz keine ungünstigen und die aktive keine günstigen Begleiterscheinungen neben sich hat, sind Ausnahmen. Bei dem ersteren verdecken bestimmte, zur Zeit kräftige volkswirtschaftliche Impulse die Wirkungen der Bilanz, welche aber darum nicht wegzuleugnen sind. Eine passive Forderungsbilanz ist oft die Eigenschaft von Agrarländern, eine dauernd aktive die von Industrieländern. Sind die ersteren in einem starken wirtschaftlichen Fortschritt begriffen, d. h. beginnen sie sich zu industrialisieren, und wächst die Rohstoffproduktion von Jahr zu Jahr, so kann der Überschuß der Produktion über die Konsumtion im Innern des Landes so bedeutend sein, daß trotz des Defizits nach außen die Kapitalbildung rasch zunimmt. Deckt ein Schuldnerstaat seine kapitalistischen Verpflichtungen mit Waren und Leistungen zu guten Preisen und werden seine ausgegebenen Effekten nicht angerührt, so ist es möglich, daß sein sonstiger internationaler Verkehr ihm noch solche Einnahmen bringt, daß seine Forderungsbilanz scheinbar aktiv wird. Aber fällt in einem andern Jahre die Ernte schlecht aus, oder strömen ihm unerwarteterweise eigene Effekten zu, so können die nun schuldigen Summen nicht beglichen werden, und die Abhängigkeit vom Auslande wird größer als bisher.

Es gehören besondere Eigenschaften eines Volkes dazu andauernd Schuldner zu sein und doch zugleich wirtschaftlich und überhaupt kulturell fortzuschreiten, Selbstbeherrschung, Selbstvertrauen, weltwirtschaftliche Anpassungsfähigkeit. Die Bürger der Vereinigten Staaten haben im letzten Jahrhundert bewiesen, daß sie diese Eigenschaften besessen haben, haben ihre Schulden nicht zu schwer getragen und jede Gelegenheit benutzt, sie durch Rückzahlung zu mindern.

Es ist aber auch fraglich, ob immer Gläubiger zu sein und immer mehr Gläubiger infolge aktiver Forderungsbilanz zu werden jede Nation aushalten kann, jedenfalls sind ihr zu dieser weltwirtschaftlichen Funktion ebenfalls Eigenschaften von Nöten, die bisher nur die tüchtigsten und gesündesten Völker ausgezeichnet haben, — Mäßigung im Gebrauch der gewonnenen Macht, Standhaftigkeit gegen die Verführung des Luxuslebens, Fähigkeit die nationale Spannkraft immer von neuem zu gewinnen, wenn Perioden der Ruhe und Erschöpfung unvermeidlich gewesen sind.

Einem Volke, welches über solche Vorzüge verfügt, wird die aktive Forderungsbilanz dauernd zum Segen gereichen, sind sie ihm aber verloren gegangen, so wird es jene Überschüsse zum Konsum nicht entbehren können, wenn auch mit dem Bewußtsein, daß es ihm heilsamer wäre, seinen Reichtum durch eigene Arbeit zu gewinnen anstatt aus ausländischen Renten.

Der Volkswirtschaftpolitik eines solchen Landes entstehen schwierige Aufgaben, welche nie darin gipfeln können, die Forderungsbilanz in ihr Gegenteil zu verkehren, während jedes Land, welches weltwirtschaftlich im Minus verharrt, bemüht sein muß, aus ihm hinaus zu kommen.

Die gegenseitigen Forderungen eines Landes mit dem gesamten Auslande ziffermäßig festzustellen und daraus als ein Facit die Bilanz der Bilanzen zu ziehen, ist nur auf Grund von Schätzungen möglich. Man wird dabei ein mehr oder minder an Millionen mit in den Kauf nehmen müssen, bei vorsichtiger Veranschlagung, der Benutzung der Urteile kompetenter Männer, sorgfältiger Verwendung des vorhandenen statistischen Materials, läßt sich jedoch wohl sagen, ob Aktivität oder Passivität der Forderungsbilanz vorhanden ist, zumal wenn das Ergebnis mit anderweitigen volkswirtschaftlichen Überlegungen zusammen stimmt. Es gibt Schriftsteller, welche auf dem Gebiete der Bilanzen alles verachten, was nicht statistisch exakt bewiesen wird, sie vergessen aber, daß man die politische Ökonomie nicht wie das Hauptbuch eines Bankgeschäftes aufschlagen kann.

Das wirtschaftliche Leben eines Volkes läßt sich nur als Ganzes in seinem Zusammenhang werten, wobei geistige und moralische Kräfte den Ausschlag geben können. Der richtige politische Blick erweist sich als der beste Kritiker von allgemeinen Schätzungen. Ob er richtig gewesen ist, lehrt allerdings immer erst die Zukunft.

Beginnen wir mit England, wo seit etwa 25 Jahren der bedeutende Überschuß des Importes über den Export die Veranlassung geworden ist, die Forderungsbilanz des Landes zu untersuchen.

Gegenwärtig streiten die Anhänger des Cobdenklubs und die Chamberlains über sie. Während jene sie mit Recht als eine aktive nachweisen, behaupten diese, England lebe von seinem Kapital. Die Freihändler werden aber nicht den volkswirtschaftlichen Vorgängen gerecht, welche hinter der Bilanz stehen, andererseits verfallen die Verteidiger der Fiskaltheorie in ihrem Pessimismus darauf, die großen Vermögensquellen des Vereinigten Königreichs zu unterschätzen.[1])

England importierte 1880 an Waren und Edelmetall 122 Millionen mehr als es ausführte. 1881 94, 1882 109 Millionen Pfund Sterling. Diese Mehreinfuhr wird von Giffen aus eingezogenen fälligen ausländischen Forderungen erklärt, welche hauptsächlich herrührten: 1. aus dem internationalen Schiffsfrachtgeschäft mit 60 Millionen Pfund Sterling, 2. aus dem internationalen Kommissionsgeschäft, welches sich aus Englands Stellung als Weltbankier ergebe, mit 16 Millionen Pfund Sterling, 3. aus Zinsen und Profiten des im Auslande angelegten Kapitals mit 70—75 Millionen Pfund Sterling. Die Forderung dieser drei Posten beträgt 151 Millionen Pfund Sterling, der Importüberschuß im Durchschnitt der drei Jahre nur 108. Wo bleibt nun diese Differenz von 43 Millionen?

[1]) Das größte Ansehen genießen die Schätzungen von Sir Robert Giffen: Essays in Finance 1880 Nr. 6 und 7; ferner The Use of Import and Export Statistics, The Excess of Imports im Journal of the Statistical Society 1882 u. 1899: Economic Inquiries and Studies 1904. — Hierauf stützt sich wesentlich: Memorandum on the Excess of Imports into the United Kingdom in den Memoranda, Statistical Tables and Charts, prepared by the Board of trade and Industrial relations, London 1903. — The Balance of Trade An Explanation of the growing difference between the Values of Imports and Exports. By the Right Hon. Shaw Lefevre 1903. — British Economics in 1904 by W. R. Lawson, Ch. XX, Our invisible Exports (Kritik des Vorgenannten) — Some Aspects of National Finance by Edgar Speyer Esq. Vortrag vor dem Institute of Bankers 7. Juni 1900. — P. R. Broemel, Geschichte des englischen Handels. London 1899.

In den nächsten 20 Jahren wird der Einfuhrüberschuß immer größer. Er beträgt im Durchschnitt der Jahre 1890—93 124 und 1894—98 154 Millionen Pfund Sterling. Für 1898 nimmt Giffen eine Forderung von 70 Millionen aus dem internationalen Frachtgeschäft, von 18 aus dem Kommissionsgeschäft, von 90 aus Zinsen und Profiten an. Auch hier ergibt sich für England noch ein Aktivum aus der Gesamtbilanz internationaler Forderungen von 24 Millionen Pfund Sterling.

Ergänzend seien die den gleichen Gegenstand behandelnden Berechnungen von J. B. Fraser mitgeteilt, welcher auch die letzten Jahre mit berücksichtigt.[1] Zunächst untersucht er den durchschnittlichen Stand der Forderungen und Verpflichtungen Englands gegenüber dem Auslande während der Jahre 1885—1889:

	Pfund Sterling
Warenexport mit Einschluß verkaufter Schiffe	229 000 000
Gewinn aus der Schiffahrt	85 000 000
Zinsen, Dividenden usw. aus Kapital, das im Auslande investiert ist	70 000 000
Summa	384 000 000

Dem steht gegenüber ein durchschnittlicher Import von 318 Millionen Pfund Sterling, mithin ergibt sich ein Überschuß von 66 Millionen, welcher verdient, aber in England nicht in Empfang genommen ist.

Für die Jahre 1898—1902 werden folgende Durchschnittszahlen angegeben:

	Pfund Sterling
Warenexport einschl. Schiffe	272 000 000
Gewinne aus Schiffahrt . . .	90 000 000
Zinsen und Dividenden . . .	96 000 000
Summa	458 000 000

Dieser Summe steht als Import der Betrag von 460 Millionen Pfund Sterling entgegen, so daß ein Aktivum in dem oben genannten Sinne in der Höhe von 12 Millionen Pfund Sterling vorhanden ist.

Was bedeutet nun diese Differenz, welche nach Giffen von 43 auf 24, nach Fraser von 66 auf 12 Millionen Pfund Sterling zurückgegangen ist?

[1] The Emigration of Capital, Contemporary Review 1904 Bd. I S. 550.

Zweifellos ein Nichteinziehen von Guthaben aus dem Auslande, und da nicht angenommen werden kann, daß die Engländer dasselbe verschenkt haben. auch nicht, daß sie es unentgeltlich Ausländern zur Nutzung überlassen haben, so stellt es eine neue Kapitalanlage im Auslande dar, d. h. dort verdientes Einkommen wird dort kapitalistisch zur Verwendung gebracht.

Dieser Betrag ist nach Anschauung beider Schriftsteller im Verlaufe der letzten zwanzig Jahre ein geringerer geworden.

Die Tatsache läßt nach englischer Auffassung — die Zahlen als richtig angenommen — zwei Erklärungen zu. Wenn wir die Fraserschen Zahlen zugrunde legen, ist die Ursache nicht wohl in einem Rückgang des Exportes, der in den beiden Perioden 59,6 resp. 59,4 Proz. der vom Auslande zu beanspruchenden Gesamtforderung ausmacht, zu sehen. Entscheidend ist vielmehr das Anwachsen des Importes, welches sich, ebenfalls berechnet auf jene Gesamtforderung, von 82,3 auf 97,4 Proz. erhöht hat.

Diese Importvermehrung kann aus zwei ganz verschiedenen Motiven entsprungen sein. Die eine Meinung, welche in England die vorherrschende zu sein scheint, sieht in ihr eine Zunahme des unproduktiven Konsums des im Auslande verdienten Einkommens. die unter dem Druck der auswärtigen Konkurrenz und dem Rückgang der inländischen Produktivität notwendig geworden sei. Die andere Meinung behauptet, daß 1898—1902 im Auslande weniger investiert worden sei. weil nach dem Bankkrach in Australien 1893 und infolge der Kriegswirren in Südafrika weit weniger Gelegenheit dazu als in den achtziger Jahren vorhanden gewesen sei. Ein wachsender Teil des Imports sei demgemäß in England zur Kapitalanlage gebraucht worden. Fraser vermutet, daß eine erhebliche Quote dieser bezogenen Gelder produktiv nutzbar gemacht worden sei, was er sowohl aus der Zunahme der in britischen Aktiengesellschaften festgelegten Summen, als auch aus Mitteilungen der englischen Einkommenstatistik folgert.

Das auf Aktiengesellschaften eingezahlte Kapital habe im April 1885 494 910 000 Pfund Sterling, im April 1889 671 870 000 Pfund Sterling betragen, d. h. es habe ein Anwachsen von 176 960 000 Pfund Sterling bestanden. Hingegen habe die Periode vom 1. April 1897 bis 1. April 1902 eine Vermehrung um 421 548 000, eine

Steigerung von 1 385 593 000 Pfund Sterling auf 1 805 141 000 Pfund Sterling gebracht.

Das Einkommen aus Geschäftsgewinnen gemäß der Steuer-Shedula D, welche gewerbliches, merkantiles, liberales Professions- und in sonstigen Shedulen nicht getroffenes Einkommen umfaßt, sei von 1885—1889 nur um 9 Millionen, hingegen von 1898 bis 1902 um 77 Millionen Pfund Sterling gestiegen. Diesem letzten Beweis ist indessen nicht viel Gewicht beizulegen, denn einmal hat in der letzteren Periode, wie Fraser selbst bemerkt, ein verschärftes Einkommensermittelungs-Verfahren eingesetzt, und dann werden in dieser Abteilung D auch Erträge fremder Bahnen und anderer ausländischer und kolonialer Anlagen, soweit sie nicht in England zur Auszahlung gelangen, in welchem Falle Shedula C eingreift, getroffen.[1])

Aber auch der Beweis, welcher durch die Vermehrung des Aktienkapitals erbracht werden soll, ist nicht ohne Bedenken. Denn ganz abgesehen davon, daß in den Gründungen auch Umwandlungen privater Unternehmungen stecken, kann man einer Aktiengesellschaft nicht ohne weiteres ansehen, ob ihr Kapital von Inländern oder von Ausländern eingezahlt worden ist. Nun hat gerade während des Burenkrieges, mit dem zeitlich ein erheblicher Aufschwung des Exports aus den Vereinigten Staaten zusammenfiel, eine „Invasion“ des amerikanischen Kapitals in England stattgefunden, welche man nicht übertreiben, aber auch nicht übersehen darf.[2])

Die besondere Stärke der Importe in den Jahren 1898—1902 dürfte ferner auch nur deshalb zum Teil aus der Vermehrung inländischer, produktiver Anlage zu erklären sein, weil eine starke Inanspruchnahme derselben durch den Krieg herbeigeführt sein wird, indem sowohl die Kriegssteuern, als auch vor allem die Anleihen Summen verlangt haben, welche sonst im Auslande gelassen worden wären.

Es ist bekannt, daß in diesen fünf Jahren von seiten der Vereinigten Staaten nach England verkaufte Aktien und Obliga-

---

[1]) A. Wagner, Finanzwissenschaft 1886 III. S. 245.

[2]) Walter F. Ford, American investiments in England und The limits of the american invasion. Contemporary review 1902 I. S. 401 und S. 788.

tionen besonders von Bahngesellschaften zurückerworben sind.[1]) Die englischen Kapitalisten haben vermutlich amerikanische Effekten gegen englische Staatsschuldverschreibungen umgetauscht und dabei einen Teil des Warenimportes zu Verwendung gebracht. Die Amerikaner haben also ihre eigenen Effekten mit Importgütern zurückgekauft, und den Wert dieser Güter haben englische Kapitalisten ihrer Regierung überlassen.

Wie ungemein schwierig heutzutage bei den internationalen Verschuldungsverhältnissen die Wareneinfuhr ihrem eigensten Wesen nach zu beurteilen ist, haben die vorstehenden Ausführungen ergeben. Es ist indessen nicht zu bestreiten, daß die englische Kapitalanlage aus dem im Auslande geschaffenen Einkommen während der genannten Jahre trotz Zunahme des Imports in England hat weiter fortschreiten können. Über die Mengen können allerdings die Ansichten auseinander gehen. Es liegt auch darin nichts Wunderbares, daß sich England und Nordamerika gegenseitig verschulden. Die Bedürfnisse der Kapitalisten können in bezug auf Anlage sehr verschieden sein, wie wir oben bei der Betrachtung der Schweiz gesehen haben, sie sind nicht allein von Gewinnsätzen, sondern auch von anderen Erwägungen abhängig zu denken. Die Entwicklung der Einkommensteuer macht zudem eine Aktivität der englischen Forderungsbilanz wahrscheinlich. Das veranlagte Einkommen betrug im Durchschnitt der Jahre

1880—1884	601	Millionen	Pfund	Sterling
1885—1889	634	"	"	"
1890—1894	703	"	"	"
1895—1899	744	"	"	"
1900—1902	866	"	"	"

Beachtet man, daß im letzten Jahrzehnt die Veranlagung strenger als früher gehandhabt worden ist, so ist doch während desselben die Steigerung so bedeutend, daß es schwer zu glauben ist, die Engländer hätten einen Teil ihrer importierten Konsumgüter nicht anders als mit Kapital bezahlen können.

Eine andere Frage ist, ob die Aktivität der Forderungsbilanz in der Abnahme begriffen ist, wie es die oben erwähnten National-

---

[1]) Ebendaselbst, außerdem s. u. Buch II. Kap. 5.

ökonomen behaupten. Die Handelsbilanzgestaltung kann zu einem solchen Schluß verleiten:

Jahre	Importüberschuß (Ware und Edelmetall)	
1893	132 Mill. £	Durchschnitt der ersten Hälfte 144
1894	146 „ „	
1895	146 „ „	
1896	139 „ „	
1897	156 „ „	
1898	186 „ „	Durchschnitt der zweiten Hälfte 178
1899	165 „ „	
1900	177 „ „	
1901	180 „ „	
1902	184 „ „	
Durchschnitt der 10 Jahre	161 „ „	

allein nur unter der Voraussetzung, daß die sonstigen englischen Forderungen nicht in dem Maße wie die Einfuhrwerte angewachsen sind. Die Vorstellung, als ob aus der Handelsbilanz die Menge der „invisible exports" vollständig zu ersehen sei, ist zu bestreiten. Denn einerseits braucht der Mehrimport nicht dem zu entsprechen, was gefordert werden kann, da es dem Gläubiger frei steht, sein Guthaben einzuziehen oder nicht. Er kann mehr als die Differenz der Einfuhr über die Ausfuhr zu beanspruchen haben. Andererseits ist es auch denkbar, daß ein Teil des Importes Kapitalanlage des Auslandes ist, mithin die Forderung diesem gegenüber weniger als die Differenz betragen kann.

Die beiden Haupteinnahmeposten zur Deckung des Mehrimportes — von den geringeren sehen die englischen Schriftsteller meist ab, indem sie Aktivum und Passivum als kompensiert gelten lassen — sind die aus der Rhederei und aus der auswärtigen Kapitalanlage. Die durchschnittliche, vom Auslande zu bezahlende, weil von ihm gemachte Gesamtleistung der Handelsmarine wird für den Anfang des Jahrhunderts auf Grund verschiedener Berechnungen auf 90 Millionen Pfund Sterling veranschlagt,[1]) für die auswärtige Kapitalanlage kommen zunächst

[1]) Vgl. das oben genannte Memorandum, bestritten bei Lawson a. a. O. S. 385 auf Grund einer Erklärung von Sir Th. Sutherland, Vorsitzenden der Peninsular und Oriental Co.

diejenigen beglaubigten Revenuen in Rechnung, welche in der Einkommenstatistik zu finden sind. In der Steuerabteilung C sind enthalten die Coupons[1]) auswärtiger Anlagen, soweit sie durch Kassen im Vereinigten Königreich zur Auszahlung gelangen und hier besteuert werden. Sie betrugen 1902 62559479 £. Daß dies nur ein Teil der Gesamtsumme ist, geht schon daraus hervor, daß viele Coupons der von Engländern besessenen Effekten in England gar nicht zur Auszahlung gebracht werden, ferner alle sonstigen im Ausland oder in den Kolonien gemachten Gewinne, Renten, Zinsen, welche nicht in Couponform zur Zahlung gelangen, noch daneben stehen. Wieviel davon als gewerbliches und merkantiles Einkommen in der Steuerabteilung D deklariert wird, ist nicht zu sagen, da es hier nicht getrennt von inländischem Einkommen gebucht wird und da die Defraudationen in dieser Rubrik als besonders umfangreich gelten. Die Schätzungen der nicht unter Shedula C registrierten Beträge gehen bis zu 70 Millionen (Lefevre), was keineswegs zu hoch bemessen sein dürfte, wenn man bedenkt, wie das britische Kapital in der ganzen Welt tätig ist.[2]) Rechnet man eine durchschnittliche Kapitaleinnahme von 5 Proz.,[3]) so betrüge das englische im Ausland angelegte Kapital 2640 Millionen Pfund Sterling; 1900 schätzte es C. Speyer auf 2500. Anfangs der achtziger Jahre veranschlagte es Giffen auf etwa 1500, demnach wären jährlich 50 Millionen hinzugekommen. Diese Vermehrung ist glaubhaft. Betrug doch 1882 die couponsteuerpflichtige Rente 31890423 £ und 1902 allerdings unter Berücksichtigung strengerer Einschätzung 62559479 £. Dem entspricht bereits eine durchschnittliche Kapitalvermehrung von 30 Millionen Pfund Sterling im Jahr. Dies ist gering gerechnet, denn der Gesamtbetrag dieser Renten würde zweifellos noch größer sein, wenn nicht in den neunziger Jahren so große Verluste von argentinischen Effekten (Baring Bankrott) erlitten worden wären.

[1]) Die Unterabteilungen sind: Indian stocks and garanteed railways, colonial and foreign government stocks, other colonial and foreign securities, coupons of foreign bonds, railways out of the United Kingdom.

[2]) Einzelne Angaben bei Shaw Lefevre a. a. O.

[3]) Die Effekten werden kaum mehr als 4—4½ Proz. bringen, die Unternehmungen privater Art wohl durchschnittlich über 5 Proz..

Das läßt sich auch aus der Emissionsstatistik auswärtiger Effekten vermuten, welche die Zeitschrift „The Economist" jährlich zusammengestellt hat:

Emissionen ausländischer Effekten in England in Millionen Pfund Sterling.

Jahr	Ausländische Staats-anleihen	Koloniale Staats-anleihen	Ausländische und koloniale Korpo-rationsanleihen	Ausländische und koloniale Eisenbahnen	Berg-werke	Total
1892	23,3	7,7	2,5	14,7	1,9	49,9
1893	3,0	12,4	3,1	9,3	1,2	29,0
1894	22,7	13.1	2,0	9,4	5,0	52,2
1895	19,6	9,1	1,2	10,4	19,8	55,2
1896	21,0	4,8	4,9	10.1	15,3	56,1
1897	10,6	13.7	0,4	9,8	12,9	47,4
1898	24.1	11.0	2,5	15,1	7.1	59,8
1899	9,9	7,4	0,5	18,8	11,6	48,2
1900	2,0	7.0	1.8	6,2	7,2	24,2
1901	0,9	16,2	2,9	8,1	4,5	32,6
1902	13,9	19.4	1,8	12.4	10.2	57,7

Die fünfhundert Millionen des Jahrzehnts sind nun zwar nicht allein von englischen Kapitalisten aufgebracht worden, da sich an den Emissionen auch Ausländer beteiligt haben, ferner stecken in ihnen Konversionen, die keine Neuanlagen sind. Immerhin wird in diesen Emissionen mehr für England enthalten sein, als das Kapital, welches sich aus der Rentensteigerung um 7830709 £ von 1892—1902 gemäß der Einkommensteuer (Shedula C) berechnen läßt, beträgt. Dies Kapital wäre ungefähr nur ein Drittel jener halben Milliarde, was nicht denkbar ist. Jener Ausfall an argentinischen Werten ist sehr bedeutend gewesen.

Rechnen wir, daß dreißig Millionen jährlich in Effekten neu investiert werden, so würden noch zwanzig für die sonstigen Anlagen bleiben. Diese entfielen sowohl auf Unternehmungen, welche Engländer in der Fremde betreiben, als auch auf Beteiligungen bei fremden Nationen. Über die Verteilung der Quoten läßt sich nichts sagen.

Daß die Engländer auch jetzt noch fünfzig Millionen jährlich in der Weltwirtschaft investieren, ist aus den genannten Ziffern der gegenwärtigen Forderungsbilanz zu folgern: 90 Millionen

Fracht- und Versicherungsverdienst, 132 aus dem Kapital im Auslande, 20 aus Bank-Kommissionsgeschäft,[1]) — zusammen 242 stehen dem Importüberschuß von 178 gegenüber. Die englischen Einnahmen aus dem Auslande werden demgemäß zu etwa drei Viertel jährlich eingezogen, das letzte Viertel bleibt draußen, vermutlich zum größeren Teil unter der Verwaltung der Ausländer und Kolonisten.

Aus dieser Sachlage ist von freihändlerischer Seite geschlossen worden, daß das Land keinen Grund habe, sich über seinen gegenwärtigen ökonomischen Zustand und über die bisherige Wirtschaftspolitik zu beklagen. Es werde reicher und reicher, so daß die Zukunft gar nicht so schlecht aussehe.

Die deutschen Nationalökonomen werden jedoch die Wertung dieses Reichtums mit dem Maßstabe produktiver Kräfte nach dem Vorgange Fr. Lists nicht zu unterlassen haben, und auch die englischen auf der Seite Chamberlains fangen an, das Wesen der deutschen Theorie zu verstehen. Es ist ein Unterschied zu machen, woher der Reichtum stammt. Ist er das Ergebnis eigner wirtschaftlicher, geistiger und körperlicher Arbeit im Inlande und im Auslande, so beweist er, daß die Produktivkraft in dauernder Übung ist, fließt er aus fremden Unternehmungen und Steuern, so ist der fremde Produzent in Tätigkeit gewesen. Dazu kommt, daß das, was aus der ausländischen Quelle zuströmt, der steten Gefahr unterliegt, abgegraben zu werden, d. h. für Englands Zukunft ist zu besorgen, daß ein Teil seines Geldgeschäftes nach New York geht, daß fremde Staaten ihre Zinszahlungen rechtlich oder widerrechtlich herabsetzen, daß Zwischenhandel und Zwischentransportgeschäft in die Hände der unmittelbar beteiligten Produzenten und Konsumenten gelangt.

Auch die Forderungsbilanz Frankreichs ist eine aktive. Es läßt sich dies leichter als für England nachweisen. Nach

[1]) Wenn auch infolge des direkten Wechselverkehrs zwischen dem europäischen Kontinent und überseeischen Plätzen die Sterlingwechsel nicht mehr die Bedeutung wie vor 10 Jahren haben, mithin die englischen Kommissionen verringert sein sollten, so werden doch andererseits die Einnahmen aus dem Effektenhandel gewachsen sein.

offiziellen Angaben umfaßt der französische Spezialhandel im Durchschnitt der Jahre:

Millionen Franken.

	Import	Export	Differenz zugunsten des Importes
1883—87	4291,1	3253,6	1040,5
1888—92	4263,3	3547,0	816,3
1893—97	3835,7	3337,4	498,3
1898—02	4490,4	4007,4	483,0

Die Handelsbilanz trägt einen anderen Charakter als die englische. Erstens ist der Mehrimport eine viel geringere Quote vom auswärtigen Gesamthandel als in England — in Frankreich 1898 — 1902 5,7 Proz., in England 24,2 Proz. —, und zweitens ist er seit 1883 in der Abnahme, der in dem nördlichen Nachbarlande in der Zunahme begriffen. Der französische auswärtige Handel zeigt seit 1883, wenn auch keinen Stillstand, so doch nur eine langsame Ausdehnung, entsprechend dem Zustand der heutigen französischen Volkswirtschaft im allgemeinen, welche einem gut situierten sparsamen Rentier gleicht, dessen Lebensansprüche kaum wachsen, so daß er Jahr für Jahr einen hübschen Teil der Rente zum Kapital schlagen kann. Was das Land zum Leben seiner Bevölkerung gebraucht, kann es annähernd selbst herstellen, während England seine Einfuhr an Getreide und Fleisch stetig vergrößern muß. Die französische Statistik unterscheidet drei Gruppen von Gegenständen des auswärtigen Handels:

Ausfuhr. Millionen Franken (Spezialhandel).	1898	1899	1900	1901	1902
Lebensmittel	662,8	675,3	769,2	745,2	707,2
Material für die Industrie	932,3	1210,3	1084,8	1018,3	1170,2
Fabrikate	1915,8	2267,0	2254,7	2249,4	2374,6
Einfuhr. Millionen Franken.					
Lebensmittel	1505,6	951,0	819,2	783,9	818,3
Material für die Industrie	2348,5	2839,6	3035,3	2812,9	2798,7
Fabrikate	618,4	727,7	843,3	772,4	777,1

Die fünf Jahre bringen ein Nachlassen der Lebensmitteleinfuhr, wobei das Schwanken der Ernten nicht zu übersehen ist, eine Steigerung der Materialeinfuhr für die Industrie in den

Haussejahren 1899 und 1900 und eine Stabilität im gesamten Fabrikathandel.

Für die französische Forderungsbilanz dem Auslande gegenüber ergeben sich aus dem Gesagten wichtige Folgerungen. Da der Importüberschuß Frankreichs gering ist, kann er unschwer durch ausländische Zinsen und Gewinne aufgewogen werden.

Das französische Vermögen im Auslande wurde, wie oben bemerkt, am Anfang des Jahrhunderts amtlich auf rund 30 und von P. Leroy Beaulieu auf 34 Milliarden beziffert. In den letzten fünf Jahren dürfte es fast bis auf 40 angewachsen sein. Rechnen wir die durchschnittliche Einnahme nur zu 4½ Proz., so beträgt das kapitalistische Einkommen aus dem Auslande 1800 Millionen Franken. Die Handelsmarine ist etwa ein Zwölftel der englischen, demgemäß wird sie auch nur ein Zwölftel soviel Transportleistungen ausführen als diese, d. h. für 187 Millionen Franken. Berücksichtigen wir ferner die Einnahmen, welche Paris und Südfrankreich vom Fremdenverkehr haben, wodurch entsprechende Verpflichtungen des Landes nach außen hin mehr als kompensiert gelten dürfen, so ist das Aktivum der französischen Forderungsbilanz, aus seinen dauernden Bestandteilen berechnet, mit 1500 Millionen nicht hoch veranschlagt. Diese Summe ist für eine neue Kapitalanlage im Auslande verfügbar und wird auch dort tatsächlich verwendet, da ihr Import nicht nachweisbar ist. Sie ist weder in der heimischen Industrie, noch im dortigen Handel, noch in der Landwirtschaft nötig, da diese Erwerbszweige nur langsam mehr Kapital gebrauchen und zudem in den inländischen Ersparnissen ausreichende Reserven für alle Bedürfnisse besitzen. Der französische Kapitalist bevorzugt im Auslande solche Werte, welche feste Renten und sofortige Dividenden bringen. Daher die Klage, daß bei ihm Geldmittel für Kolonisationszwecke nicht aufzutreiben sind.[1])

Sein Wohl und Wehe ist daher wegen seiner besonderen Zuneigung zu ausländischen Staatsfonds von der auswärtigen

[1]) Koloniale Zeitschrift, 1905, S. 347: Die zahlreichen französischen Institute, welche den Kolonien Geld vermitteln, arbeiten tatsächlich nur durch ihre belgischen Filialen mit belgischem Kapital.

Politik abhängig, welche auch den Geldmarkt des Landes stark beeinflußt. Die nachfolgende Äußerung[1]) des Präsidenten Germain vom Crédit Lyonnais ist in letzterer Beziehung von Interesse: „Niemals zuvor haben wir einen so niedrigen Zinsfuß beobachten können. Wir sind auf dem Tiefstande von 1,16 Proz. angelangt. Im Effektenverkehr ist der Satz noch tiefer: 1,11 Proz., der niedrigste Satz, den wir jemals in Frankreich gesehen haben! Die Ursache liegt daran, daß Frankreich keine neuen großen Industrien schafft und sogar seine vorhandenen Industrien kaum entwickelt. Die Ersparnisse betragen jährlich zwei Milliarden. Die Besorgnisse vor den Wirkungen des Krieges haben die Besitzer des Kapitals verhindert, Anlage in Effekten zu suchen. Die Summe der ausländischen Anleihen hat speziell im Jahre 1903 sehr abgenommen und betrug für Frankreich nicht, wie dies gewöhnlich der Fall ist, anderthalb Milliarden sondern nur 713 Millionen. Das war ein weiterer Grund für das Sinken des Zinsfußes. Der Erlös der russischen Anleihe des Jahres 1904 im Betrage von 800 Millionen ist in Frankreich geblieben und sucht ebenfalls hier Verwertung. Die Folgen zeigen sich in einer Ziffer: durch das Wachsen der Einlagen ist das verfügbare Kapital der Kreditinstitute seit dem Beginn des Jahres 1904 um mehr als eine Milliarde gestiegen und stellt sich auf die bisher noch nicht erreichte Summe von 3,7 Milliarden.“

Wenn Frankreich im Jahre 1500 Millionenen Franken im Auslande investiert, so wächst gleichzeitig sein Volkseinkommen um 60—70 Millionen, und wenn diese Zinsen noch dauernd zum Kapital hinzukommen, so wird die Weltgläubigerschaft Englands bald erreicht werden.

Die Voraussetzung dazu ist aber Friede in Europa und eine solche wirtschaftliche und finanzielle Ausgestaltung Rußlands, daß die dortigen großen Summen gesichert bleiben.

Die Forderungsbilanz muß sich dann für diesen Weltgläubiger immer günstiger gestalten, wenigstens wenn die Handels- und Transportbilanz der heutigen ähnlich bleibt. Das kann allerdings in Frage gestellt werden. Denn der zu einem Koloß aufgetriebene

[1]) Nach der neuen Zürcher Zeitung vom 5. I. 1905.

Exportkapitalismus kann auf die produktive Kraft des Landes einen solchen lähmenden Druck ausüben, daß sie in ihrer Übung und Entfaltung ernstlich aufgehalten wird.

Einstweilen kann Frankreich ruhiger in die Zukunft blicken als England. Es braucht zum Leben seine Renten von 1500 Millionen aus dem Ausland nicht einzuziehen. Es verlangt aber auch seine Renten nicht, um die inländischen oder kolonialen Kräfte zu heben oder um große Werke des öffentlichen Wohles, der Bildung, der Kunst damit auszuführen. Seine Bürger sind befriedigt in dem Gedanken, gespart zu haben. Die Milliarden in der Fremde, soweit sie nicht Franzosen beschäftigen, sind ein papierener Luxus eigner Art. Andere Völker genießen die dafür eingetauschten realen Werte und benutzen sie, ihre internationale Stellung wirtschaftlich oder politisch zu befestigen.

Auch Deutschlands Forderungsbilanz als aktiv auszusprechen sind wir auf Grund vorhandener statistischer Ermittelungen und Schätzungen befugt. Der Spezialhandel umfaßt in Einfuhr und Ausfuhr seit 1900 folgende Summen:

	Einfuhr.	Ausfuhr.	Mehreinfuhr.
1900	6043,0	4752,6	1290,4
1901	5710,3	4512,6	1197,7
1902	5805,8	4812,8	993,0
1903	6321,1	5130,3	1190,8
1904	6864,3	5315,4	1548,9
Durchschnitt der 5 Jahre:	6126,1	4904,6	1221,5

Ein Teil des Passivsaldos der Handelsbilanz wird durch Einnahmen der deutschen Reederei aus dem Verkehr mit dem Auslande oder zwischen fremden Ländern gedeckt. Am Beginn des Jahrhunderts wurden die Beträge der von Ausländern zu zahlenden deutschen Transportleistungen auf 250 Millionen Mark geschätzt, gegenwärtig (1907) ist der Mehranschlag von 100 Millionen notwendig geworden.[1])

[1]) W. Sombart, Die deutsche Volkswirtschaft, S. 446, nimmt für die Zeit des Jahrhundertwechsels eine viertel Milliarde an. Ebenso der volkswirtschaftliche Atlas, herausgegeben vom deutschen Flottenverein unter dem Titel: Industrie, Handel und Flotte 1900. — Von 1900—1905 hat sich die deutsche Handelsmarine um 36 Proz. vergrößert, daß man die Transportleistung auf 90 Millionen Mark mehr ansetzen muß, und in den letzten zwei

Diese 350 Millionen sind kein Profit für die deutschen Schiffahrts-Unternehmungen, ebensowenig wie die fünf Milliarden Exportware für die Landwirte, Fabrikanten und Kaufleute. Die im Auslande erzielten Gewinne stecken in dem Wert des Exports von Leistungen und Waren, wechseln stark nach der Konjunktur[1]) und lassen sich nicht veranschlagen, da sie mit den im Inlande erzielten unlösbar verbunden sind. Die Hamburg-Amerika-Linie hat 1905 11 Millionen Mark Dividende verteilt, wer kann sagen, wie viel davon auf Zahlungen seitens der deutschen, wie viel auf solche der amerikanischen Konsumenten enfällt?

Über den Umfang der Kapitalien Deutscher im Auslande geben verschiedene Schätzungen, welche bis zur Gegenwart zu ergänzen sind, einen ungefähren Anhalt. Der Effektenbesitz wurde 1892 von G. Schmoller in einem Bericht zur Börsen-Enquête-Kommission[2]) auf 10 Milliarden Mark veranschlagt. Es ist dabei angenommen, daß vor 1883 4—5 Milliarden fremder Papiere im Inlande gewesen seien. Die Ergänzung bis zu 10 Milliarden wird durch die Emissionen bis 1892 im Betrage von 4—5 Milliarden und durch den Ankauf im freien Verkehr im Betrage von 1¼ bis 1½ Milliarden in derselben Periode erbracht, nachdem ½—1 Milliarde Verlust abgezogen worden ist, welche deutsche Kapitalisten an Griechen, Argentiniern, Portugiesen usw. verloren haben.

W. Christians[3]) hält die Schätzung für zu niedrig, schon 1883 sei der Betrag größer gewesen, und den Kursverlusten seien

Jahren hat sich die Vergrößerung fortgesetzt, worüber abschließende Zahlen noch nicht vorliegen. Über den Aufschwung der deutschen Reederei ist zu vergleichen: Die Entwicklung der deutschen Seeinteressen im letzten Jahrzehnt, Sonderheft zur Marine-Rundschau 1905, S. 89 ff. — Die deutsche Handelsmarine beträgt ein Fünftel der englischen, deren Bruttoertrag im auswärtigen Verkehr oben auf 90 Millionen Pfund Sterling angegeben wurde. Legen wir diese Rechnung zugrunde, so hätte sich Deutschland 360 Millionen Mark anzurechnen.

[1]) Es ist daher irrtümlich, ½ Milliarde auf Handels- und Schiffahrtsprofite von dem deutschen Mehrimport in Abzug zu bringen, wie das in der Schrift „Die Entwicklung der deutschen Seeinteressen" geschieht, a. a. O. S. 136.

[2]) Einleitung zu den statistischen Anlagen der Börsen-Enquêt-Kommission. Berlin 1893.

[3]) Deutscher Ökonomist vom 27. I. 1894.

die Kursgewinne gegenüber zu stellen. Er kommt zu einem Besitz von 13 Milliarden, aus denen 5—600 Millionen Mark als Gewinn der deutschen Volkswirtschaft jährlich zuflössen.

Die Emissionen von 1893—1904[1]) einschließlich haben nach dem Deutschen Ökonomisten betragen:

Millionen Mark

1893	352	1897	632	1901	210
1894	385	1898	710	1902	453
1895	318	1899	234	1903	241
1896	568	1900	275	1904	232

Dies sind über 4 1/2 Milliarden, welche. zu den obigen Anlagen bis 1892 hinzuzurechnen sind. Daneben stehen noch die an ausländischen Börsen erworbenen Effekten, sowohl bei dortigen Emissionen, als auch im Wege des gewöhnlichen Handels.

Das in fremden Effekten angelegte Gesamtkapital mit 16 Milliarden anzusetzen, dürfte nicht zu hoch gegriffen sein,[2]) auch wenn man die deutschen in dem Besitz von Ausländern befindlichen Wertpapiere in Abrechnung bringt.

Mit diesem Besitz erschöpft sich die deutsche Kapitalanlage im Auslande keineswegs. Es kommt diejenige hinzu, welche in Handelsunternehmungen, Banken, Fabriken, Bergwerken, Plantagen, Wohnhäusern usw. steckt, welche von Deutschen oder von Ausländern verwaltet werden, ohne die Form von Effekten angenommen zu haben. Das Reichsmarine-Amt[3]) hat 1898 eine Zusammenstellung versucht, welche 1904 ergänzt und verbessert worden ist:

[1]) Näheres über dieselben im nächsten Buche Kap. V. Die nachfolgenden Ziffern berücksichtigen den Kurswert, nicht den Nominalwert, und zugleich nur den Betrag, welcher schätzungsweise von der Emission tatsächlich in Deutschland geblieben ist.

[2]) Das vom Reichsmarine-Amt 1905 herausgegebene Buch „Die Entwicklung der deutschen Seeinteressen“ a. a. O. S. 179 kommt zu dem gleichen Resultate. Daselbst auch noch weitere Untersuchungen über die Zuverlässigkeit der Zahlen. — Den Verlusten an südafrikanischen und australischen Goldminenaktien stehen kompensierende Gewinne an amerikanischen Eisenbahn- und südamerikanischen Staatswerten gegenüber. Man wird sie daher außer Betracht lassen können.

[3]) Die Seeinteressen des Deutschen Reiches, zusammengestellt auf Veranlassung des Reichsmarine-Amts, Berlin 1898; ferner Sonderheft der Marinerundschau 1905, a. a. O.

Deutsche Kapitalanlagen in überseeischen Ländern
(in Millionen Mark).

Gebiete	Gesamtschätzung 1898	Gesamtschätzung 1904
Türkei (außer Ägypten)	400[1]	300—350
Nordafrika (einschließlich Ägypten), Westafrika, Südafrika, Ostafrika	970—980[2]	1325—1350
Persisch-arabische Halbinsel und Britisch-Ostindien	50	75
Südostasien	240	250
Ostasien	370—400	400—450
Australien und Polynesien	610—670[3]	300—400
Länder um das amerikanische Mittelmeer, einschließlich südamerikanische Nordküste und Westindien	1000—1250[4]	1080—1200
Westküste Südamerikas	370—420	500—550
Ostküste Südamerikas	1000—1300	1300—1600
Vereinigte Staaten und Kanada	2025	2500—3000
Alle Gebiete	7035—7735	8030—9225

Hierzu kommt noch der Besitz in europäischen Ländern (abgesehen von der Türkei), welcher recht umfangreich in Rußland, Österreich-Ungarn, immerhin noch bedeutend in Spanien, Portugal, Rumänien und Italien ist. Die Anlagen in England, Belgien, Frankreich, der Schweiz, den Niederlanden wird man durch solche, welche diese Länder in Deutschland gemacht haben, als kompensiert denken dürfen. Für die erstgenannten einen Überschuß von 1½ Milliarde über etwaige Investierungen in Deutschland anzunehmen, scheint mir nicht zu hoch gegriffen zu sein.[5])

[1]) Einschließlich Ägypten.

[2]) Ausschließlich Ägypten.

[3]) Die damaligen Schätzungen wurden später von den Konsulaten als zu hoch gegriffen bezeichnet.

[4]) Die höhere Zahl erklärt sich aus differierenden privaten Schätzungen für Mexiko.

[5]) Eine Anzahl Angaben im Sonderheft der Marinerundschau 1905, S. 139—148.

Wir hätten als Resultat, daß das deutsche Kapital im Auslande, soweit es nicht in Effekten zum Ausdruck gekommen ist. etwa 10 Milliarden Mark beträgt.

Rechnet man bei den 16 Milliarden Effekten einen Zins resp. Gewinn von 4 Proz., bei den letztgenannten 10 Milliarden eine Einnahme von 6 Proz., so könnte Deutschland mit den sich ergebenden 1240 Millionen gerade eine Mehreinfuhr, die sich 1900-1905 durchschnittlich auf 1221,5 Milliarden Mark belief, bezahlt haben. und es blieben ihm noch die 350 Millionen aus dem Seetransport. um seine Forderungsbilanz zu einer aktiven zu gestalten.

Vielleicht ist dieser Saldo noch etwas zu hoch gerechnet. Denn die Kommissions-Zahlungen für gekaufte und verkaufte Effekten in London. New York, Paris und Amsterdam übertreffen bei weitem die, welche Ausländer in Berlin, Frankreich, Frankfurt und Hamburg zu machen haben. Die mehr als hundert tausend Wanderarbeiter, welche Deutschland jährlich aufsuchen, tragen ein Debet von einigen Millionen in seine Bilanz ein, der Strom deutscher Reisenden, der sich jährlich nach der Schweiz, Österreich, Italien und Paris ergießt, dürfte in seinen ökonomischen Wirkungen nicht durch die von reisenden Russen. Amerikanern und Engländern Deutschland gebrachten Einnahmen aufgewogen werden.

Die Aktivität unserer Forderungsbilanz ist also eine weit bescheidenere als die der Franzosen, welche ihre Auslandsanlage aus ausländischen Guthaben im kommenden Jahrzehnt um das Vierfache als wir jährlich mehren können.

Nun ist wohl mit Sicherheit anzunehmen. daß die Handelsmarine uns wachsende Einnahmen liefern wird. und wenn wir jährlich 3—400 Millionen Mark im Auslande kapitalisieren, auch unsere Renten sich heben werden. Allein der Importüberschuß wird auf der bisherigen Höhe nicht bleiben, selbst wenn wir eine steigende Leistungsfähigkeit der deutschen Landwirtschaft unter dem neuen Zolltarif nicht außer acht lassen. Denn Bevölkerung und Industrie sind sicherlich noch nicht auf ihren Höhepunkt angelangt. Es ist daher wahrscheinlich, daß sich in den nächsten Jahren das Aktivum unserer Forderungsbilanz auf der bisherigen Höhe ungefähr halten wird.

Während bei der bisherigen Skizzierung der Bilanzen nur auf einige Posten, wenn auch auf die wichtigsten, eingegangen werden konnte, ist für Österreich-Ungarn durch eine Veröffentlichung des Finanzministeriums die Möglichkeit geboten auch in Forderungsgrößen einen statistischen oder auf verläßliche Schätzungen beruhenden Einblick zu gewinnen, der uns sonst verschlossen ist:[1])

1. Der auswärtige Handel (Spezialhandel und Veredlungsverkehr mit Ausschluß der edlen Metalle und Münzen) ist in der Periode 1892—1901, welche die Untersuchung umfaßt, durchschnittlich mit 201 Millionen Kronen aktiv gewesen. Hinsichtlich der Nahrungs- und Genußmittel kennt er je nach den Ernten große Schwankungen, in der Rohstoffeinfuhr und in der Fabrikatausfuhr hingegen ein starkes Anwachsen, woraus auf eine fortschreitende Industrialisierung des Landes zu schließen ist.

2. Aus dem Eisenbahndurchfuhr- und dem vom Auslande zu begleichenden Schiffahrtsverkehr wurde eine Einnahme von 15 und 30 Millionen Kronen im Jahre 1901 ermittelt. Diese 45 Millionen sind der Höhepunkt einer Steigerung, welche sich, innerhalb der Periode mit 30 Millionen anfangend, vollzogen hat (Durchschnitt 38 Millionen Kronen).

3. Als drittes Aktivum ist der Fremdenverkehr (Ungarn, Bosnien, Galizien, Dalmatien nicht einbegriffen) eingesetzt. Auch er umfaßt wachsende Summen, die von 40 bis 61 Millionen gestiegen sind. Der Durchschnitt ist mit 47 angenommen worden. Der Verkehr der Geschäftsreisenden konnte nur ungenau festgestellt werden. Die in Abzug zu bringenden Daten für den Reiseverkehr der Inländer im Auslande fehlen.

4. Auch die Auswanderer bringen durch die Geldsendungen und Anweisungen, welche durch Banken und durch die Post vermittelt worden sind, der Heimat eine Einnahme, welche in den letzten Jahren bis auf 62 Millionen gestiegen ist, während der Durchschnitt nur zu 21 angesetzt worden ist. In Abzug sind die Reisekosten der Auswanderer gebracht worden.

[1]) Tabellen zur Währungsstatistik. Verfaßt im K. K. Finanzministerium. Zweite Ausgabe, 2. Teil. 3. Heft, XIII. Abschnitt: Daten zur Zahlungsbilanz. Wien 1904. Die wertvolle Arbeit ist von dem Ministerialsekretär Gustav von Thoa durchgeführt worden.

Dieses vierte Aktivum ist als Einkommen für die Volkswirtschaft zu charakterisieren, während die drei ersten Posten Bruttoeinnahmen darstellen. Wieviel davon Nettogewinn ist, konnte nicht mitgeteilt werden.

5. Der Saldo des internationalen Effektenverkehrs ist mit einem durchschnittlichen Betrage von 77 Millionen Kronen als Aktivum in die Bilanz eingetragen worden. Wenn auch die Anteile der Emissionen, welche in das Ausland gegangen sind, in ziemlich zuverlässiger Weise festgestellt worden sind, so wollen doch die Abschlußziffern dieses Saldos mit Vorsicht aufgenommen sein, da die an den Börsen vermittelten Käufe und Verkäufe nicht ganz sicher abgeschätzt werden konnten. Insofern ausländische Wertpapiere als Schenkung oder Erbschaft in das Land gekommen sind, ist dafür keine Zahlung zu leisten gewesen, weder in Waren und Leistungen, noch in Landeseffekten, noch in Edelmetall. Sie bedeuten eine Bereicherung der Volkswirtschaft schlechthin.

6. Die im Inlande zugelassenen ausländischen Gesellschaften haben eine zwiefache Bedeutung in der Bilanz. Erstens ist der Gewinn zu nennen, welchen sie erzielen, und der durchschnittlich seit 1897 auf 8 Millionen Kronen veranschlagt worden ist (Industrie-, Handels- und Transportunternehmungen der im Reichsrat vertretenen Länder), zweitens der durch Niederlassung ausländischer Gesellschaften im Inlande verursachte Zahlungsverkehr, welcher durchschnittlich auf 16 Millionen Mark berechnet worden ist (ohne Hinzuziehung von Ungarn). Diese Summe ist ebenso wie die Effektenausfuhr zu beurteilen und trägt, das Verhältnis von Land zu Land betrachtet, die Natur des Darlehens, für welches nichts im Austausch zu leisten ist. Da es aber zurückgezogen werden kann, erscheint es als ein künftig fälliger Posten in der Forderung eines fremden Landes.

7. Als Ausgabe sind die Auslandszahlungen der österreich-ungarischen Kriegsmarine gebucht worden in der durchschnittlichen Höhe von 10 Millionen Kronen. Als Forderung des Auslandes können sie insofern aufgefaßt werden, als die Summe nicht in bar mitgenommen und auf der Reise verausgabt worden ist.

8. Schließlich wird der Saldo, der durch Effektenbesitzverhältnisse bedingten internationalen Zahlungen für Zinsen

Dividenden und Tilgungsquoten mitgeteilt, der im Durchschnitt 335 Millionen zu ungunsten Österreich-Ungarns ausmacht. Das Land ist insofern Schuldnerland, als der ausländische Effektenbesitz der Inländer weit geringer ist als derjenige des Auslandes an österreich-ungarischen Werten.

Der mutmaßliche Besitzstand des Auslandes an Wertpapieren auf Grund der bei Coupon-Einlösungen, Coupon-Erneuerungen und Abstempelungen angestellten Berechnungen betrug Ende 1903 9809 Millionen Kronen. Davon entfielen:

6808	Millionen	Kronen	auf	österreichische,
2935	„	„	„	ungarische,
66	„	„	„	bosnische Effekten.

Die einzelnen auswärtigen Staaten partizipierten an dem Besitze wie folgt:

Deutschland mit	4653	Millionen	Kronen
Frankreich „	3270	„	„
Holland „	647	„	„
England „	356	„	„
Belgien „	243	„	„
Schweiz „	242	„	„
andere Länder „	28	„	„
Ausland ohne nähere Bezeichnung	370	„	„
Summa	9809	Millionen	Kronen

Als Resultat der bisher mitgeteilten einzelnen Bilanzposten ergibt sich für die zehnjährige Periode 1892—1901 ein durchschnittliches Aktivum von 46 Millionen Kronen. Hierbei ist jedoch zu beachten, daß es nur dadurch möglich geworden ist, daß Effekten zur Ausfuhr gelangt sind, mithin eine Begleichung durch Schuldenmachen erreicht worden ist.[1])

Erst in den letzten Jahren 1899—1901 tritt eine Änderung hervor, da auch abgesehen vom Effektenexport ein Aktivsaldo

[1]) Ein Betrag von annähernd 80 Millionen Kronen, um welchen sich die auswärtige Schuld in den Jahren 1892—1901 erhöht haben dürfte. Bei Beurteilung dieser Tatsache ist jedoch nicht zu übersehen, daß in dieser Periode der Kredit auch im Interesse des Überganges zur Goldwährung in einem bedeutenden Umfange in Anspruch genommen worden ist.

erzielt wird. Die österreichisch-ungarische Volkswirtschaft ist gerade im Begriff von dem Zustand des Schuldnerlandes in den des Gläubigerlandes überzugehen. Sie trägt jedoch einen anderen Charakter als Frankreich, England, Deutschland, welche über eine bedeutendere aktive Forderungsbilanz verfügen. Begreiflich ist daher das Zaudern der österreichisch-ungarischen Regierung die unbedingte Goldzahlung aufzunehmen.

Wenn eine wirtschaftliche Trennung der Ost- und Westhälfte des Kaiserstaates durchgeführt wäre, so würde auch die internationale Verschuldung beider besonders gebucht werden müssen. Ungarn liefe Gefahr zu einem Schuldnerstaat zurückzusinken, während das Land diesseits der Leitha vermöge seiner fortschreitenden Industrialisierung die aktive Forderungsbilanz würde behaupten können. Bei solcher Differenz ist an die Aufrechterhaltung einer einheitlichen Goldwährung in beiden Ländern schwer zu glauben, und das agrarische Ungarn müßte bald empfinden, was ihm das Losreißen von dem kapitalkräftigen Westen bringen würde.

Die vorgeführte Bilanz gibt zugleich einen Beitrag zum Verständnis der Unterscheidung der Forderungs- und Zahlungsbilanz. Die erstere ist aktiv gewesen, während die zweite jeden Tag zu einer passiven hätte werden können, wenn das Ausland größere Beträge von österreichischen oder ungarischen Effekten auf den Wiener oder Budapester Markt geworfen und Zahlung verlangt hätte. Auch in Zukunft ist Ähnliches denkbar. Sollten die beiden Reichshälften die Zoll- und Handelsunion lösen, so ist es möglich, daß der öffentliche und private Kredit der Länder im Auslande geringer bewertet wird, und dies könnte die Veranlassung zum Effektenverkauf und eventuell zu Goldentzügen werden, welche in Ungarn die bisherige Währungsreform in Frage stellen könnten.

Die Kapitalanlage im Auslande hat also auch Beziehungen zur Währungsfrage. Die Gläubigerstaaten mit großem ausländischen Effektenbesitz haben es leichter als die Schuldner, die Goldwährung innerhalb der heutigen Weltwirtschaft zu behaupten. Dieser Gedanke bietet die Veranlassung, auf die Natur der Zahlungsbilanz wenigstens insofern kurz einzugehen, als sie mit dem auswärtigen Kapitalismus im Zusammenhang steht.

Die Zahlungsbilanz ist die Gegenüberstellung fälliger und in Geld beanspruchter Forderungen zwischen zwei Ländern, oder zwischen Inland und Ausland überhaupt.

Der Ausgleich erfolgt an erster Stelle durch Wechsel, bei der Internationalität des heutigen Depotwesens auch durch Schecks. New-Yorker Bankiers haben z. B. auf Grund großer Getreideausfuhr nach England Guthaben in Londoner Banken. Nun kann infolge gekaufter amerikanischer Effekten in London die Zahlungsbilanz gegen Amerika stehen, und die Zahlungen werden mit Cable Transfers auf jene Guthaben durchgeführt.

Der Kurs ausländischer Wechsel hat mit der Kapitalanlage im Lande des Trassaten auch insofern einen Zusammenhang, als er durch den dortigen Zinsfuß beeinflußt wird. Je höher der Zinsfuß steigt, um so mehr suchen ausländische Kapitalisten durch Wechselankauf davon zu profitieren. Sie borgen dem Auslande. Die Zahlungsbilanz greift dann in dieses Verhältnis ein, wenn sie eine Einwirkung auf den Diskont hervorbringt.

Sie sei z. B. zwischen Frankreich und Deutschland wochenlang so gestaltet, daß letzteres Land dem ersteren andauernd zu zahlen habe. Infolgedessen steigt der Wechselkurs von deutschen auf französische Plätze, bis schließlich die Goldausfuhr erforderlich wird. Steigt darauf der Diskont in Deutschland erheblich, so können die Kapitalisten in Frankreich sich veranlaßt sehen, langfristige Wechsel auf Deutschland zu erwerben, wodurch der deutsch-französische Wechselkurs zugunsten Deutschlands umschlägt, und die Edelmetallausfuhr zum Abschluß kommt. Ein solcher Vorgang des Kursausgleichs braucht indessen nicht mit automatischer Notwendigkeit einzutreten. In wirtschaftlich und politisch nicht exzeptionellen Zeiten mögen solche Strömungen und Gegenströmungen regelmäßig aufeinander folgen. Haben aber die französischen Kapitalisten ihr Geld im eignen Lande dringend nötig, oder stehen sie sich besser, wenn sie es in englischen Wechseln anlegen, so empfindet die Zahlung von Deutschland nach Frankreich keine Erleichterung, solange die Zahlungsbilanz weiterhin passiv ist.

Hat ein Effekten-Gläubigerland eine ungünstige Zahlungsbilanz gegenüber dem Schuldnerland, so kann es sich durch

Effektenverkauf an der Börse des verschuldeten Auslandes helfen und auf den Erlös Wechsel ziehen. Allein um ein solches Geschäft gewinnbringend zu machen, müssen zwei Bedingungen erfüllt werden: 1. Ein Börsenkurs, welcher in dem Effektenverkauf dem jeweiligen Besitzer einen Gewinn zu realisieren gestattet, oder welcher ihm wenigstens keinen erheblichen Verlust bringt, wobei nicht zu übersehen ist, daß ein starker Verkauf des Auslandes den Kurs senken muß. 2. Ein Vorhandensein von zahlungsfähigen Käufern, die in Schuldnerländern nicht häufig anzutreffen sind. Wollten z. B. deutsche Banken in Bukarest größere Posten rumänischer Staatsanleihen an den Markt bringen, so würde der Erfolg des Geschäfts nur gering sein, in Wien österreichische, in Budapest ungarische Goldrente zu veräußern ist weit eher durchführbar.

Diese beiden Bedingungen sind auch in bezug auf das oben über die Währung der Schuldnerstaaten Gesagte nicht zu übersehen. Eine passive Effektenbilanz ist nur insofern für das Geldwesen des Schuldnerlandes gefahrvoll, als Schuldurkunden wirklich in Exportgeld realisiert werden können.

Die bisherige Untersuchung der Handels- und Forderungsbilanz ist von der Voraussetzung ausgegangen, daß die Wertmengen von Gütern, Waren, Leistungen insoweit ein sachliches Interesse in Anspruch nehmen, als zwischen Land und Land eine Differenz in Form eines Saldos besteht. Wir verlassen jetzt diese Betrachtungsweise und denken uns eine vollständige, ziffernmäßige Ausgleichung. Die Zahlungsbilanz würde trotzdem nach den Zahlungsterminen Schwankungen erleiden können, welche vielleicht selbst in Edelmetallsendungen ausgeglichen werden müßten. Im Verlauf der Zeit würde aber immer wieder eine Rückströmung des Goldes oder Silbers eintreten, geboten durch die vorausgesetzte, schließlich vollständige Bilanzierung der Forderungen in einer jährlichen oder einer mehrere Jahre umfassenden Periode.

Wir können also die Zahlungsbilanz als unfähig, eine dauernde Wirkung auf die Edelmetallverschiebung auszuüben, hier ausschalten und die Frage so stellen: Ist die Ausgleichung der Forderungs- einschließlich der Handelsbilanz ein wirtschaftliches

Ereignis, das für beide Länder die gleiche volkswirtschaftliche Bedeutung hat? Anders ausgedrückt: wird die ziffernmäßige Ausgleichung für beide immer ein allgemeiner Nutzen sein, oder kann sie auch für das eine einen Vorteil, für das andere einen Schaden in sich bergen? Zur Beantwortung mögen einzelne volkswirtschaftlich hervortretende Fälle untersucht werden:

1. Es gibt Länder, welche ausschließlich vermöge ihrer natürlichen Beschaffenheit weltwirtschaftlich begehrte Produkte herstellen, wie Chile den Salpeter, Deutschland das Kali, wie früher die Vereinigten Staaten das Petroleum. Wenn nun durch die Produzenten bezüglich solcher Waren die Produktion beschränkt, die inländische Konkurrenz stillschweigend oder durch Vertrag ausgeschlossen wird, oder wenn durch Spekulationsmanöver des Handels die Vorräte in eine Hand gelangen, so sind faktische Weltmarktmonopole vorhanden, welche deren Besitzern Preisaufschläge gestatten.[1]) Werden nun von den empfangenden Ländern auch diese Monopolwaren voll mit eignen Erzeugnissen und Leistungen, die unter dem Druck der Weltmarktkonkurrenz stehen, beglichen, so ist der Tausch ein ungleicher, über den die auf Null gebrachte Bilanz nicht hinwegtäuschen kann.

2. Weltwirtschaftliche Monopole können auch ihre Ursache in der ungleichen Entwicklung der Länder haben. Sie können zwar von den Absatzländern im Verlaufe der Zeit durch Schaffung eigner Produktion überwunden werden, inzwischen verstreichen aber Jahre reichlicher Ausbeutung.

Von diesem Standpunkte aus hat in der ersten Hälfte des neunzehnten Jahrhunderts der amerikanische Nationalökonom H. Ch. Carey die übermächtige englische Industrie angegriffen, welche zusammen mit der Transportherrschaft auf dem atlantischen Ozean bei seinen Landsleuten glänzende Geschäfte so lange machte, bis der von ihm empfohlene Schutzzoll die Wirkung gehabt hatte, der amerikanischen Industrie den inneren Absatz zu sichern.

[1]) Die Produktionsbeschränkungs-Konvention der Salpeterindustrie hat in den Jahren 1902—1905 einen Preisstand ermöglicht, der sonst nie zu erzielen gewesen wäre. Die am 31. März 1906 abgelaufene Konvention ist erneuert worden. Allgemeine Zeitung 1905.

In der Gegenwart bildet ein Analogon die Ausfuhr der Rohbaumwollstoffe aus den Vereinigten Staaten.[1]) Obwohl viele Länder der Erde geeignet sind diese Pflanzenfaser herzustellen, so ist doch den amerikanischen Südstaaten die Anpflanzung der gewöhnlichen Rohbaumwolle überlassen worden, was solange den Konsumenten ganz unbedenklich erscheinen konnte, als sowohl das Angebot den Bedarf reichlich deckte als auch die Preise durch Konvention und Börse nicht künstlich beeinflußt wurden.

3. Aber auch ganz abgesehen von natürlichen oder geschichtlich begrenzten Produktionsmonopolen sind Ringe von Kaufleuten und Trusts von Produzenten geeignet, die Konjunktur auszunutzen und Extragewinne von Land zu Land zu machen. Die Erfolge, wie z. B. der Leitersche Weizencorner in Chicago gezeigt hat, mögen nur vorübergehend sein, aber was international zu zahlen ist, kann doch dadurch stark berührt werden. Dasjenige Land, welches in solchen Organisationen anderen voraus ist, oder dessen Geschäftsleute dafür besonderen Sinn haben, wird dann in seiner Handelsbilanz einige verdeckte Vorteile sich zurechnen können, welche keine Statistik zu erfassen vermag.

4. Was für besondere Einnahmen gedachter Art in der Handelsbilanz gilt, hat bei einer etwaigen Monopolisierung des internationalen Transport- und Kommissionsgeschäftes auch in der sonstigen Forderungsbilanz zweier Länder seine Richtigkeit.

5. Mehr in der Zukunft als in der Gegenwart liegt ein weltwirtschaftlicher Gegensatz solcher Gebiete vor, welche vermöge ihrer, andern unentbehrlichen Lebensmittelproduktion Grundrenten — im eigentlichen nationalökonomischen Sinne soviel als Preisaufschläge — erzwingen können, mit den Konsumländern, welche in scharfer Konkurrenz miteinander ihre Fabrikate dem Weltmarkt zuführen müssen. Bisher war zwar in Agrarländern immer

[1]) Auf dem internationalen Baumwollkongreß in Manchester im Juni 1905 war die ganze europäische Baumwollindustrie, mit Ausnahme der russischen, vertreten. Die jüngste Baumwollnot, welche namentlich für Lancashire so verhängnisvolle Folgen hatte, bildete die Veranlassung der Beratungen. Europa hatte die ungeheure Gefahr begriffen, die ihm drohte, und die es bisher nur ahnte. Vgl. Allgemeine Zeitung, 21. Juni, 6. August, 15. Dezember 1905, 5. Januar 1906.

Klage über sinkende Rohproduktenpreise, aber die fortschreitende Industrialisierung der Erde wird die Überschreitung des Tiefpunktes einmal bringen müssen. In der Bilanz von Volk zu Volk sind dann Grundrenten zu entrichten, selbst wenn ein formelles Gleichgewicht von Ein- und Ausfuhr dauernd gewonnen wäre.

Die Kapitalanlage im Auslande ist nun geeignet, in alle diese monopolistischen Ausbeutungen, welche in den fünf Rubriken angedeutet worden sind, einzugreifen, und zwar zugunsten der betroffenen Konkurrenzländer, falls sie rechtzeitig und weit ausschauend gehandhabt wird. Durch Kapitalbeteiligung oder eigne Unternehmung kann jedes Land an den Gewinnen und Grundrenten eines anderen teilnehmen und so sich volkswirtschaftlich wieder das zuführen, was es durch Preisaufschlag hat abgeben müssen. Dieses Hin- und Hergeben kann im Innern der Länder einen sozialen Gegensatz zwischen Kapitalisten und Konsumenten einschließen, aber vom Standpunkt des Ganzen aus, den die Bilanzlehre vertritt, kann ein nicht zu unterschätzender Ausgleich in ihm enthalten sein.

Stellen wir uns vor, daß bei dem bunten Wechsel volkswirtschaftlicher Vorgänge und bei den Veränderungen der wirtschaftlichen Lage infolge des Auf- und Niederganges der Industrie-, Handels- und Agrarkraft die Länder gegeneinander ihre besondere Macht in mancherlei Weise verkehrsmäßig durchsetzen, so können wir von einer zeitweiligen Ausbeutungsbilanz sprechen, worin ein geschichtliches Faktum, nicht eine statistisch faßbare Größe zu verstehen ist.

In jeder Verkehrsbilanz kann eine solche verborgen liegen, wie die obigen Beispiele haben erkennen lassen. Aber auch die Forderungsbilanz läßt sich, ganz unabhängig von Monopolen gedacht, daraufhin untersuchen.

Das Land A habe gegen B überwiegend Zins- und Dividendenansprüche, während B für A Frachten besorgen, Wanderarbeiter zum Erwerb hinausschicken, Produkte, in denen viel Arbeit steckt und an denen wenig verdient wird, dorthin ausführen muß. Dem Werte nach können die Forderungen zwischen A und B ganz gleich sein, aber volkswirtschaftlich ist der Unterschied nicht gering, A hat zur Deckung seiner Schuld wenig zu arbeiten, kann also die ganze Kraft anderweitig betätigen, während B zur Deckung seiner Forderungsbilanz seine ganze Kraft einsetzen muß.

Allerdings sind die rein kapitalistischen Ansprüche auch gefährdet, wenn die politische Macht zu ihrem Schutze versagt, und die soziale Psychologie im Gläubigerlande kann in den Fortschritt zum weiteren Reichtum hindernd eingreifen, d. h. zu viel fremder Rentenbezug kann lähmend auf Arbeit und Unternehmung wirken. Dann schlägt die bisherige Ausbeutungsbilanz in ihr Gegenteil um, und der reiche Segen wird zum Fluch. Doch diesen Gedanken zu verfolgen, müssen wir auf spätere Kapitel des Buches verschieben.

ZWEITES BUCH.

DIE VOLKSWIRTSCHAFT IN DER WELTWIRTSCHAFT.

Erstes Kapitel.

Einleitung. Das Wesen der nationalen Wirtschaftspolitik.

Das Wesen jeder sachlich begründeten Politik wurzelt in dem Gesamtinteresse des staatlich organisierten Volkes.

Dieses Interesse, obwohl ein Ganzes, gestattet immer zwei Perspektiven, je nachdem es andern Völkern gegenüber oder als eine Summe von Zielen im Innern gedacht wird.

Die erstere kennzeichnete Fürst v. Bismarck in der Reichstagssitzung vom 24. Februar 1881 mit den Worten: „Alle Systeme, durch welche sich die Parteien getrennt und gebunden fühlen, kommen für mich in zweiter Linie, in erster Linie kommt die Nation, ihre Stellung nach Außen, ihre Selbstständigkeit, unsere Organisation in der Weise, daß wir als große Nation in der Welt frei atmen können.“

Im Innern steht das Verlangen nach höherer materieller, ethischer und geistiger Kraft, mittels welcher zugleich eine gesicherte internationale Lage erworben oder behauptet wird. Die Wechselwirkung bleibt niemals aus: Die Unabhängigkeit im Kreise anderer Staaten führt zur Sammlung der Macht im eigenen Gebiete. und die Steigerung der inneren Energie zur Betätigung nach außen.

Die Wirtschaftspolitik kann keine anderen Ziele verfolgen, sie hört sonst auf Politik zu sein. Ihre höchste Aufgabe ist daher nicht ein großes Volkseinkommen, ein wachsender Wohlstand, ein vermehrter Reichtum, so sehr ihr alles dies auch am Herzen liegen mag. Sie kann sich nicht auf ihr Spezialgebiet beschränken, weil sie dann jede Fühlung mit den jeweiligen großen und allgemeinen Anforderungen des Staats- und Volkslebens verlieren würde, sie muß sich dessen bewußt bleiben, daß nur diejenige Politik nachhaltiges leistet, welche alle Gebiete des staatlichen Lebens umspannend, in sich einheitlich geschlossen ist.

Daraus folgt, daß unter besonderen Umständen die Volkswirtschaft Opfer bringen muß zugunsten der Finanz-, Sozial-, der Kolonial- und äußeren Machtpolitik, aber auch umgekehrt wird von diesen Äußerungen des staatlichen Willens gefordert werden können, daß sie die Schonung der ökonomischen Kräfte niemals aus dem Auge lassen.

Insofern Volk und Nation zusammenfallen, muß jede Wirtschaftspolitik eine nationale sein.

Staat und Nationalstaat sind jedoch verschiedene Dinge. Kultur kann in einem Staate erwachsen, welcher sicheren Schutz gegen Eingriffe des Auslands und Recht und Ordnung im Innern garantiert, aber höhere Kultur ist die Blüte der Nation. Österreich-Ungarn kann eine Handelspolitik treiben, welche dem Gesamtstaate von Nutzen ist, hingegen ist es ihm gegenwärtig versagt, ihr einen Tropfen nationalen Öls beizumischen.

Der deutsche Zollverein gewann neben wirtschaftlichen und finanziellen Vorteilen nationale Güter, mochte dieser Gewinn auch anfangs überhaupt nicht und später nicht von allen Mitgliedern beabsichtigt sein.

Die nationale Wirtschaftspolitik ist eine solche, welche die nationalen, wenn auch im einzelnen wechselnden Bestrebungen eines Volkes niemals außer acht läßt.

Nation ist das Ergebnis verschiedener geschichtlicher, oft lange währender Vorgänge. Sie ist in ihrer Vollendung ein kompliziertes Gebilde und auf den verschiedenen Stufen ihrer Entwicklung wohl zu verfolgen. Sie ist zunächst eine Kulturgemeinschaft, in der das Bewußtsein der Zusammengehörigkeit und der Glaube an gemeinsame Ziele lebendig ist. Um dies zu werden, bedarf sie einer wenigstens zeitweisen, festen Abgeschlossenheit nach außen hin, in der Art, daß eine Trübung der Ausgestaltung von dort nicht zu befürchten ist. England vom Meere rings umgeben, Spanien von Europa durch die Pyrenäen abgesondert, Frankreich, Italien von drei Seiten gegen fremdes Eindringen gesichert, Chile und Argentinien durch die Anden getrennt sind von der Natur für eine nationale Ausbildung befähigt. Aber was die geographische Lage auch gewähren mag, ohne eine zusammenfassende politische Leitung sind Abschluß und Vereinheitlichung nicht möglich, und ein um so größeres Eingreifen des Staates ist zu fordern, je weniger die äußeren Umstände das ihre tun.

Das erste und wichtigste, oft als das einzige angesehene, weil statistisch erfaßbare Kennzeichen der Nation ist die gemeinsame Sprache. Sie ist die wichtigste Voraussetzung zur Verständigung im politischen, sozialen, religiösen, wirtschaftlichen Leben. Sie ermöglicht, daß gegensätzliche Gesellschaftsgruppen und Landesteile einander begreifen lernen, und gestattet der Regierung und der Presse, gleichmäßig auf die Bevölkerung einzuwirken. Sie gibt gemeinsamen Bedürfnissen und Zielen einen allverständlichen Ausdruck, sie macht die tiefen Empfindungen und Gedanken großer Männer zum Gemeingut und bringt eine Literatur hervor, deren wertvolle Schätze ein dauerndes Eigentum des Volkes werden. Jede zielbewußte Nationalpolitik wird daher an erster Stelle auf die Einheit der Sprache Gewicht legen. Die gemeinsame Sprache ist die äußere Mauer, welche die Festung Nation umschließt. Im Innern können trotzdem noch mancherlei Bollwerke, Türme, Rüstungen und Waffen sein, hinter welchen und mit welchen partikulare Gelüste sich verschanzen und bekämpfen.

Zu den Merkmalen, welche den Ausländern so sehr auffallen, aber nicht zu tief in das Wesen des Nationalen eingreifen, gehören Sitten, Gewohnheiten, die Art sich zu benehmen und zu kleiden, die Art zu wohnen, Essen, Trinken, Geselligkeit. Bedeutsamer ist das Familienleben, die Stellung der Frau im Hause, die Methode der Erziehung. In dem öffentlichen wie privaten Leben bestehen gemeinsame Vorstellungen, die nationalen Glaubenssätze als feste Bindung der Geister, wie die Auslegung geschichtlicher Ereignisse, die Wertung der großen Männer und ihrer Taten, Zukunftspläne, Lebensideale. Auch die Religion entzieht sich dem nationalen Wesen nicht, wie denn das westeuropäische Christentum trotz seines Anspruchs auf Universalität in Auffassung und Übung Landessonderheiten weder hat abstreifen können noch wollen.

Ein anderes Gebiet als die Kulturgemeinschaft, welche auf Tradition beruht, betreten wir, wenn wir von dem Nationalcharakter sprechen, von einem vorhandenen Empfinden und Wollen dessen, was als Anstand, Ehre, Treue, Zulässigkeit gilt, von dem Temperament, von der Art der Energie, der Ausdauer und des Enthusiasmus, — oder wenn wir die nationalen geistigen Anlagen und Talente beurteilen. Hier stehen wir angeborenen Eigenschaften gegenüber, welche sich von Generation zu Generation als Besonderheiten der Rasse immer wiederkehrend übertragen.

Eine Nation, welche unter den heutigen Verhältnissen der Machtverteilung und der wirtschaftlichen Expansion zur vollen Entfaltung kommen will, muß sich auf ein großes Vaterland und auf ein großes Volk stützen. Jede Bevölkerung eines europäischen Landes, die viele Millionen umfaßt, schließt überall auf Grund historischer oder prähistorischer Wanderung oder der Sonderausbildung eine Anzahl Menschenrassen ein. Es gibt hier keine Nation einheitlicher Rasse, obwohl ihre Bevölkerung blutsverwandt ist.[1]) Es mag sein, daß einander nahestehende Rassen sich unter andauernd gleichen Lebensverhältnissen zu einem neuen Typus in geschichtlich bekannten Zeiträumen verschmolzen haben, in der Hauptsache besteht die Rasse als Dauertypus fort, welcher sich rein fortbildet oder aus der Nachkommenschaft der Mischlinge immer von neuem rascher oder langsamer, in den Individuen leicht erkennbar, heraushebt. Wäre diese Spaltung in Rassen nicht vorhanden, so müßte die Blutsverwandtschaft überall den Typus längst vereinheitlicht haben.

Was man daher angeborene nationale Anlagen eines Volkes nennt, ist entweder etwas, daß mehreren Rassen gemeinsam ist, oder das der numerisch stärksten oder herrschenden Rasse angehört, eine Einheit wie die Sprache kann es nicht sein.

Wenn eine Nation als große kulturelle Lebensgemeinschaft nun nicht die Wirkung hat, die Bevölkerung zu einem einheitlichen

---

[1]) „Je gesitteter ein Volk, desto gemischter seine Physiognomien: wie Tauben vielfarbig, Raben nur einfarbig sind.“ W. Menzel, Streckverse.

Rassentypus zu verschmelzen — welcher für die menschliche Entwicklung gewiß kein Segen wäre — so folgt daraus keineswegs, daß sie der Rassendifferenz gleichgültig gegenüber zu stehen habe. Denn diese Differenz schließt eine Welt von Gegensätzen in sich ein, welche sich betätigen, indem sie treibend hinter den wirtschaftlichen und sozialen Klassen, hinter den Parteien und Lokalinteressen stehen.

Die Idee des Nationalstaates ist, ein vollendeter sozialer Organismus zu sein, daher innere Widersprüche nach Kräften auszugleichen, zu überbrücken, einzuschränken sind.

Ein starkes nationales Wollen dem Ausland gegenüber ist an sich schon ein Mittel, die gegebenen Gegnerschaften zu mildern und zum sozialen Waffenstillstand zu führen. Es enthält den Gedanken an ein höchstes politisches Ziel, es bringt einen Ersatz für Sonderideale, welche zwar nicht aufgegeben, aber doch an die zweite Stelle gerückt werden. Seitdem das Deutsche Reich geschaffen worden ist, ist der Gegensatz zwischen Norden und Süden, Westen und Osten nicht verschwunden, aber jede erfolgreiche nationale Politik trägt doch dazu bei, ihn zeitweise vergessen zu machen, und aus ihrer steten Wiederholung erhofft man die Angewöhnung, das Nationale immer voranzustellen, wie sie in Frankreich und England in vergangenen Jahrhunderten entstanden ist. Die Schwäche des österreich-ungarischen Staates liegt darin, daß seine Bürger nicht einheitlich empfinden. Alle nationale Macht ist in Landesabteilungen zerstreut und überall zu schwach, um einen Gesamtstaat nach ihrem Ideale zu schaffen. Die Gegnerschaften sind schon seit Jahrhunderten vorhanden, aber erst während der Epoche der bürgerlichen Freiheit und Gleichheit in dem gemeinsamen Staat gegeneinander mobil gemacht worden. Im ständischen Zeitalter hatten Volksmasse und Sonderpolitiker weit weniger Gelegenheit zu wirken als heute, der bevorrechtete Adel und die sonstigen Privilegierten hatten etwas Internationales an sich, was durch das gemeinsame Interesse an der Behauptung ihrer Herrschaft lebendig erhalten wurde.

Rassen- und Klassengegensätze decken sich in der heutigen Gesellschaft nicht, wenn sie auch je nach den geschichtlichen Vorgängen mehr oder minder Beziehung zueinander haben.

Inwiefern die sozialen Gruppen, welche durch Beruf und Besitz unterschieden werden, auf bestimmte Rassen zurückzuführen sind, ist nur in einzelnen Fällen bekannt, aber noch nicht Gegenstand systematischer Behandlung geworden. In Österreich ist die Stellung der Deutschen nach Besitz gerechnet viel bedeutender als nach der Kopfzahl. In Ungarn sieht sich der magyarische Großgrundbesitz einer slowakischen, rumänischen, kroatischen Arbeiterschaft gegenüber, während der Handel in den Händen der Juden ist. In überseeischen Ländern fallen Rasse im weiteren Sinne und Klasse oft ganz zusammen. Neger, Indianer, Chinesen in Nord-, Mittel- und Südamerika erkennen die Herren mit kaukasischer Eigenart an, wie in Australien und Asien Malayen, wie in Afrika eingeborene Negervölker. Im westlichen Europa sind die alten Unterschiede verdeckt, die Iren sind jedoch noch überwiegend eine dienende und abhängige Schicht, die Polen in deutschen Gebieten heben sich mehr und mehr aus ihr heraus, ebenso wie die Tschechen in Böhmen und Mähren.

So weit als der Klassenunterschied eine ethnische Grundlage hat, ist ein starkes allgemeines Fühlen und Wollen nach dem vorher Gesagten geeignet ihn zu mildern, wenn nicht auszugleichen.

Er wird zwar durch wirtschaftliche Interessen immer wieder hervorgekehrt. Kapitalisten und Lohnarbeiter, Grundherren und Pächter, Landwirte und Industrielle, Geldverleiher und verschuldete Landbesitzer stehen gegeneinander und erheben ihre Sonderansprüche dem Staate gegenüber mit der Behauptung, daß sie nach deren Gewährung entsprechende Pflichten der Gesamtheit gegenüber erfüllen würden. Der Sozialpolitik erwachsen daher immer neue Aufgaben. Aber was auch geschehen mag, befriedigend und dauernd wird es nur wirken, wenn es in ein nationales Empfinden getaucht ist, welches den sozialen Forderungen, den voll doch nie genügt werden kann, die Schärfe und Bitterkeit nimmt. Wie alle gesellschaftlichen Fragen haben auch die Rassenfragen par excellence ihre Beurteilung in dem nationalen Gesamtinteresse zu finden. Volksbestandteile, welche sich ihm nicht unterwerfen wollen, werden schwerlich einen ethisch stichhaltigen Grund finden, die bürgerliche Gleichberechtigung in Anspruch zu nehmen.

Daß der Nationalismus auch seine ihm eigentümlichen Gefahren in sich birgt, ist nicht zu verkennen. Ein Volk kann in ihm erstarren, wenn es sich unfähig erweist von außen her neue Gedanken, bewährte Einrichtungen und frisches Blut aufzunehmen, oder wenn es selbsgenügsam von einer inneren Weiterbildung nichts wissen will. Eine solche Versteinerung ist nicht mit dem ebenfalls gefährlichen Chauvinismus zu verwechseln, welcher die Meinung vertritt, daß nur die eigene Nation etwas tauge, und daß alle anderen als minderwertige zum Dienen berufen seien. Mit großer Macht ausgestattet, kann diese Anschauung die imperialistische aus sich hervorgehen lassen.

Solange das Wissen der Menschheit größer wird und die Technik, mit der die Natur den menschlichen Zwecken unterworfen wird, fortschreitet, ändern sich die „Lebensverhältnisse“. Ihnen muß sich die Nation anpassen, wenn sie nicht verkümmern soll. Glückt ihr die Bildung zu immer neuem Wesen, so ist sie ein dauernder Kulturträger, der bisher durch keine andere Organisation der menschlichen Gesellschaft übertroffen worden ist.

Weltreiche mit mehreren Nationen, haben als solche nichts Großes hervorgebracht, sie waren so lange stark, als die gründende Macht das Ganze beherrschte und durch ihre Energie beleben konnte. Aber hörte dieser Antrieb auf, so ermatteten sie, wie die verdauende Riesenschlange, welche in tiefen Schlaf verfällt, und konnten von einem übermütigen Knaben mit einem kühnen Schlage zertrümmert werden.

Volksstämme und Kleinstaaten, welche, obgleich untereinander nicht zu rassenfremd und räumlich nebeneinander liegend, es nicht fertig bringen konnten, sich zu einer Nation zu erheben — wie im alten Griechenland —, konnten zwar neue Kulturen schaffen, aber sie nicht behaupten. Nationalstaaten werfen im Kampfe andere nieder und reißen Stücke des Besiegten an sich. Vermögen sie das neue Land sich zu assimilieren, so mag ihnen ein dauernder Nutzen aus dem Vorgange erwachsen, steht aber Nationalität gegen Nationalität im Innern des Staates, so wird die Kulturarbeit durch Streit gelähmt.

Es ist daher in unseren Zeiten der Satz wohl begründet. daß die Erhaltung und Fortbildung der menschlichen Kultur am besten in dem großen Nationalstaate stattfindet. Die Kultur schreitet fort durch produktive Tätigkeit auf dem Gebiete der Technik, der Wissenschaft, der Kunst, der Gesellschaft, des Staatslebens, der individuellen Bildung; sie zu behaupten ist eine Aufgabe, die oft ebenso schwer ist, als sie zu schaffen. Denn man erhält sich das Erworbene nur, wenn man neues hinzu tut.

Daß eine gefestigte Nation die beste Grundlage für den menschlichen Fortschritt und das menschliche Wohlergehen ist, folgt aus der Dauerhaftigkeit einer solchen Einrichtung. Macchiavelli sagte vom Staate, daß die Regierungsform nur von sehr geringer Bedeutung sei, obgleich halbgebildete Leute anders dächten. Das große Ziel der Staatskunst müßte die Dauer sein, welche alles andere aufwiege.

Die Erfahrungen des 19. Jahrhunderts bringen ein bekanntes Beispiel dafür. Wären die Franzosen nicht schon zur Revolutionszeit eine starke Nation gewesen, sie würden schwerlich die innern Kämpfe und die vielen Verfassungsänderungen ertragen haben ohne zertrümmert zu werden. Ein kräftiges nationales Wollen ist geschichtliche Beständigkeit und daher die beste Bürgschaft für das Gedeihen des öffentlichen Lebens, wie das England seit Jahrhunderten gezeigt hat. Je stärker der Wille das Ganze zu erhalten ist, um so mehr persönliche, politische und soziale Freiheit kann das Volk ohne Schaden zu nehmen ertragen. Die Revolutionäre aller Zeiten halten daher das nationale Wesen für eine reaktionäre Kraft, welche sie solange bekämpfen, bis sie die Macht gewonnen haben. Ist das geschehen, so identifizieren sie sich mit ihm sofort, wie es z. B. die französische Geschichte in der großen Revolutionszeit gezeigt hat.

Die nationale Wirtschaftspolitik ist eine solche, so wurde oben bemerkt, welche nicht nur im Nationalstaat das allgemeine Wohl vertritt, sondern auch den speziellen nationalen Anforderungen, welche eine Zeit stellt, genügt. In der Ära der Weltwirtschaft ist die Betonung der nationalen Geschlossenheit trotz zwischenstaatlicher Verträge und Schranken nicht überflüssig. „Denn“, so schreibt A. von Peez,[1]) „wirkliche Weltpolitik kann

[1]) Vorwort zu P. Dehns Weltpolitische Neubildungen S. XII.

nur von Völkern gemacht werden, bei denen Staatskunst, Heer und Flotte, Wirtschaft und Finanzen, Wissenschaft und Bildung zu einem festen Ganzen verschmolzen sind."

Bei allen die Gesamtheit berührenden Fragen des Kapitalexportes und des Exportkapitalismus ist es daher geboten, zu untersuchen nicht bloß, was sie im Sinne der Produktivitätssteigerung und der sozialen Verteilung, sondern auch was sie für die Kräftigung des nationalen Bewußtseins bedeuten.

In den nachfolgenden Kapiteln soll dieser Gedanke nicht übersehen werden, zugleich wird sich aber auch zeigen, daß eine wahrhaft fruchtbare volkswirtschaftliche Verwendung des Kapitals im Auslande nur dann dauernd zu erwarten steht, wenn sie von einer zweifellos nationalen Gesinnung getragen ist.

Zweites Kapitel.

Das auswärtige Kapital im Dienste der Warenausfuhr und -einfuhr.

Das Wesen des Exportgeschäftes besteht darin, den Radius der inneren wirtschaftlichen Betätigung in fremde Gebiete hinaus zu verlängern. Waren, Leistungen, Kapital, welche daheim keine gewinnbringende Verwendung finden, suchen vom Zentrum der Produktion aus eine erweiterte Peripherie, doch immer so, daß der Wert zum Ausgangspunkt zurückströmt, und zwar in einer Form, welche der produktiven und eigentlichen Konsumtion am besten entspricht.

Der auswärtige Warenhandel wird meist wissenschaftlich für sich allein in seinem Wandel und in seinen Bedingungen untersucht, wir haben jedoch gesehen, wie eng die internationale Kapitalbewegung mit ihm zusammenhängt. Es ist daher die Frage hier zunächst aufzuwerfen, inwiefern eine zielbewußte Vereinigung der beiden Exporte der Waren sowohl als auch des Kapitals ermöglicht werden kann, so daß dieser direkt in die Form jenes hineinschlüpft. Die Kapitalausfuhr braucht sich dann nicht auf andere Forderungen zu stützen. nicht auf fällige Eingänge, z. B. von Zinsen oder Dividenden, nicht auf nach dritten Ländern verschickte Ware oder Geld. Solche Ansprüche bleiben somit der Volkswirtschaft zur weiteren Verfügung, können in einer wünschenswerten Form zu gelegener Zeit eingezogen werden oder auch im Auslande stehen bleiben.

Wir beschränken uns in diesem Kapitel auf Deutschland als Gläubigerstaat.

Jene erwünschte Vereinigung kann an erster Stelle durch ein Zusammengehen der Banken, insbesondere der Großbanken, mit der Industrie erreicht werden.

Ein Beispiel bringt die Zeitschrift „Export“:[1])

„Der deutsche Export nach Mexiko ließe sich ausdehnen, wenn Bankgruppen resp. Bankiers, welche mit Mexiko in Verbindung stehen, mehr im Einvernehmen mit den interessierten Großindustriellen und verschiedenen Industriezweigen handelten. Die Berliner Banken haben Mexiko für staatliche Zwecke außerordentlich große Darlehen gegeben und sind in den schwierigsten Zeiten der lange Jahre hindurch fortdauernden Silberentwertung für den Staatskredit des Landes eingetreten. Die deutschen Kapitalisten haben auf diese Weise dem Staate Mexiko Geld geborgt, welches amerikanische und englische Unternehmer für staatliche Eisenbahnbauten, Maschinen, Eisenbahnmaterial usw. erhalten haben. Wenn in Zukunft daher die großen deutschen Banken den amerikanischen und englischen Standpunkt festhalten, daß man bei Geldinvestitionen in überseeischen Ländern den Finanzoperationen den Vorzug gibt, in welchen die Valuta des investierten Kapitals wenigstens teilweise zur Bezahlung der Industieprodukte des darlehengebenden Landes verwandt wird — dann würde der deutsche Industrieexport nach Mexiko, einem wirtschaftlich fortwährend aufblühenden Lande, noch größere Dimensionen annehmen.“

Bei uns sind heute alle großen Industrien und Industriekartelle mit den Effektenbanken eine Verbindung eingegangen, bald eine losere, bald eine festere, wobei es im einzelnen Falle dahingestellt sein mag. auf welcher Seite sich die größere Abhängigkeit befindet. Darüber kann jedoch kein Zweifel sein, daß jede Partei an dem Gedeihen der andern stark interessiert ist.[2]) Die Banken beschaffen

[1]) Nr. 38. 1898.

[2]) Eine mit reichem Material und mit Sachkenntnis ausgestattete Untersuchung: „Das Verhältnis der deutschen Großbanken zur Industrie“ von Otto Jeidels, ist 1905 erschienen; ferner ist hinzuweisen auf Dr. Riessers Buch „Zur Entwicklungsgeschichte der deutschen Großbanken mit besonderer Rücksicht auf die Konzentrationsbestrebungen 1905“, auf Paul Model, „Die großen Berliner Effektenbanken“, herausgegeben von Ernst Loeb, und auf Ernst Loeb, „Die Berliner Großbanken in den Jahren 1895—1902 und die

das Kapital zur Gründung von Industrien, sie wandeln Privatunternehmungen in Aktiengesellschaften um, sie besorgen Fusionen, Sanierungen, Erweiterungen durch Ausgabe junger Aktien und Obligationen, sie gewähren Kredit zur Zahlungserleichterung, zur Vorwegnahme kommender Einnahmen und zur Betriebsführung. Sie nehmen die disponiblen Gelder im Kontokorrentverkehr an, zahlen die Coupons aus und kassieren Forderungen ein. Man kann daher mit Recht sagen:[1]) „Die Banken müssen eine industrielle Unternehmung von ihrer Geburt bis zu ihrem Tod, von der Gründung bis zur Auflösung begleiten, ihr bei allen gewöhnlichen und außergewöhnlichen finanziellen Vorgängen des gewerblichen Lebens helfend und ihrerseits profitierend zur Seite stehen.“

Die Arbeitsteilung zwischen industrieller Technik und finanzieller Banktätigkeit hat sich in dem Maße als steigendes Bedürfnis erwiesen, als die Betriebe gewachsen sind, in Kapitalgrößen hinein, welche Hunderte von Millionen Mark unter einer Firma vereinigen.

Vermöge der gewährten Kredite ist der Bank schon viel daran gelegen, daß ihr Kunde geschäftlich gedeiht. Oft hat sie große Geldopfer für ihn bringen müssen, welche sie wieder einholen möchte, sie kann auch Aktien von ihm besitzen, so daß sie Teilhaberin an seinem Geschäft ist. Sie behält solche Aktien wegen ihrer hohen Rentabilität, oder weil sie sie nicht an das Publikum hat abstoßen können, oder um disponible Gelder vorübergehend zur Anlage zu bringen, oder um in den Generalversammlungen einen Einfluß auszuüben, oder um sich eine dauernde Geschäftsverbindung bei drohender Konkurrenz anderer Banken zu erhalten.[2])

Es ist somit verständlich, daß die Banken bei einer Kapitalanlage im Ausland, in welcher Form sie auch gemacht werden mag, die Materiallieferungen ihrer industriellen Kunden zu begünstigen Grund genug haben.[3]) Dabei ist allerdings nicht zu

---

Krisis der Jahre 1900 und 1902“ in den Schriften des Ver. f. Soc. Pol. 1903. In dem Buche von O. Jeidels weiterer Literaturnachweis.

[1]) O. Jeidels a. a. O. S. 50.

[2]) O. Jeidels a. a. O. S. 100, 110, 112.

[3]) Beispiele bei O. Jeidels a. a. O. S. 217. Eisenindustrie und elektrische Industrie.

übersehen, daß diese Erleichterung des Warenexportes nicht der kapitalistische Endzweck der Banken sein kann, also unter bestimmten Verhältnissen ausgeschaltet werden wird, dann, wenn die infolge des Anspruches an den Schuldner, bestimmte Waren zu nehmen, verschlechterten Bedingungen der Kapitalanlage ihnen den Vorteil mehr als aufwiegen, welchen sie durch die Protegierung ihres industriellen Klienten für sich erwarten. Bei einer solchen Abwägung wird für sie indessen die richtige Bewertung der Zukunft ausschlaggebend sein müssen. Sie werden sich also auch sagen, daß es für eine Industrie oft schwer ist, im Auslande Fuß zu fassen, daß aber, wenn es einmal geschehen ist, die weitere Entwicklung von selbst erfolgt. Volkswirtschaftliche Gesichtspunkte zu vertreten wird daher oft genug in ihrem wohlverstandenen Interesse liegen.

Sie sind bei uns kapitalkräftig, so daß sie ihre Finanzierungen weit über den Rahmen der deutschen Volkswirtschaft ausgedehnt haben. Sie haben daher auch die Macht, den Export zu befördern, und auch wegen ihrer Verbindung mit den Industrien ein genügendes Interesse daran. Je mehr das Bankkapital zentralisiert wird, eine um so vollkommenere Organisation des Exports läßt sich von ihrem planmäßigen Vorgehen erwarten. Sobald sie einzeln oder auch gemeinsam, selbst in Verbindung mit ausländischen Instituten Unternehmungen finanzieren, können sie darauf halten, daß bei der sachlichen Ausgestaltung ihrer Schöpfungen der deutsche Export genügend Berücksichtigung findet. Sie würden selbst noch über ihre festen Beziehungen zu bestimmten Industrien hinausgehen können, wenn sie gegebenenfalls leistungsfähigen anderen mit anderer Geschäftsart gegen Vergütung Exportofferten machten.

Die Banken hätten bei der Verfolgung solcher Pläne dem Ausländer das Kapital nur zur Verfügung zu stellen, wenn er die Bedingung einginge, von ihren Geschäftsfreunden Waren zu beziehen. Ähnlich könnten sie sich auch den borgenden Staatsregierungen gegenüber verhalten, worauf in einem späteren Abschnitt zurückzukommen ist.

Daß sie immer die Bedingung, daß der Kreditnehmer bei ihren industriellen Schützlingen einzukaufen habe, durchsetzen werden, läßt sich natürlich nicht annehmen. Es wird ihnen dies um so weniger gelingen, je mehr sie sich Konkurrenz machen, wie das bei besonders guten Geschäften und bei reichlichem Angebot von Kapital in der Weltwirtschaft öfters der Fall sein wird. Doch ist auch von diesem Standpunkt aus die nationale Konzentration in der Bankwelt nicht zu unterschätzen, durch welche das Auslandgeschäft eines Landes schließlich nur von einigen starken Gruppen abhängt, welche dem Kapitalsucher um so entschiedener entgegentreten werden, je mehr sie untereinander ihr Wirkungsgebiet abgegrenzt haben. Die Schuldnerländer können dann nur auf die der internationalen Konkurrenz rechnen.

Für die Kreditsuchenden kommt, sobald die Submission bei dem Wareneinkauf auf dem Weltmarkt durch den Kreditgeber ausgeschlossen ist, zweierlei in Betracht: 1. Die Anleihebedingungen, 2. die Preise, resp. die Qualität der zu beziehenden Materialien, deren Verkäufer die Bank protegiert. Beides werden sie zusammenfassen und mit dem Angebot anderer Bankgruppen vergleichen. Die Konkurrenz auf dem Weltmarkt ist also durch die Verbindung von Bank und Industrie keineswegs beseitigt, sondern hat nur eine andere Form angenommen.

Die weltwirtschaftliche Position des Gläubigerlandes ist demnach sowohl von seiner Warenexportfähigkeit wie von seiner Bankkraft zugleich abhängig. Dasjenige wird allen voraus sein, welches das Geldkapital am billigsten geben und die Waren zu dem niedrigsten Kostensatz herstellen und liefern kann. Die Vereinigung von Bank- und Industriekraft trägt für eine Volkswirtschaft den Charakter der Versicherung im Sinne der Gleichmäßigkeit des Exportes. Nicht zu allen Zeiten macht ihre Industrie dieselben Fortschritte wie in andern Ländern, oder hat auf günstige Produktionsbedingungen zu rechnen. In einer solchen Periode industrieller Ungunst können vielleicht die Banken reichlich über Kapital verfügen und durch ihre dem Schuldner günstigen Zins- und Zahlungsbedingungen den Gläubiger veranlassen, der zeitweise zurückgebliebenen oder notleidenden Industrie aufzuhelfen. Ist umgekehrt das Geldkapital rar und der Zinsfuß hoch, andererseits aber die Industrie technisch und ökonomisch ganz auf der Höhe, so wird der Schuldner die weniger günstigen Anleihebedingungen geringer veranschlagen können, da er Gelegenheit hat, mit dem geborgten Geld gut und billig einzukaufen.

Es ergibt sich auch vom Standpunkt der geschilderten Verbindung, daß die äußere Handels- und die Bank- und Börsenpolitik eng zusammenhängen. Der deutsche Zolltarif vom 25. Dezember 1902 trägt ein der Landwirtschaft freundliches Gepräge, und man hat behauptet, daß in den auf seiner Grundlage vereinbarten Handelsverträgen die Exportindustrie weniger gut als früher gestellt sei. Sollte es richtig sein, daß unsere Industrie durch Zollschranken anderer Länder in Schwierigkeiten geraten würde, so könnte ihr auch ohne Änderung der Handelspolitik eine Entlastung zuteil werden, wenn dem Börsengesetz einzelne Bestimmungen entfielen, welche dem Kapitalmarkte Fesseln anlegen. Durch die Beschränkung der Zeitgeschäfte in Effekten sind die Großbanken genötigt worden, größere Kassenbestände zu halten als früher, fiele sie fort, so würde mehr Kapital zum Auslandgeschäft vorhanden sein, von dem die Industrie wiederum Nutzen ziehen könnte.

In allen agraren Staaten, überhaupt in solchen, in denen die wirtschaftliche Ausbildung noch vergleichsweise rückständig ist, wird fortgesetzt, wenn auch nicht immer mit der gleichen Intensität, Kapital gesucht. Handelt es sich um große Summen, wie bei Eisenbahnunternehmungen, Fabrikanlagen, militärischen Rüstungen, so heißt es sich an Banken wenden, welche in der ganzen Welt bekannt sind. Sie werden die Auftragvermittler für ihre industrielle Kundschaft, welche ohne sie vielleicht gar nicht in Frage gekommen wäre. Nun wird man einwenden, daß das geschilderte System eine möglicherweise bedenklich wirkende Prämie denjenigen Industrien gewähre, welche sich den Banken angeschlossen haben. Das ist anfangs richtig, wird aber die Folge haben, daß sich alle großen industriellen Unternehmungen, welche auf den hier in Frage kommenden Export rechnen, mit den maßgebenden Banken feste Verbindung suchen werden. Voraussichtlich wird auch das industrielle Syndikatswesen damit gefördert werden, und die Banken können dann veranlaßt werden, ihre industriellen Klienten bei dem Exportzuschlag nach ihrer in Kartell kontingentierten Leistungsfähigkeit zu berücksichtigen.

So eröffnen sich weitere Perspektiven für eine volkswirtschaftliche Entwicklung, in deren Anfangsstadium wir uns heute noch bebefinden. Die Vereinigung von Bank- und industrieller Macht ist eine weltwirtschaftliche Kräftigung für das Land, welches sie durchführt, insbesondere ist sie nötig für Deutschland, welches auf den Export dauernd angewiesen ist, um sich mit Nahrungsmitteln und Rohstoffen zu versehen, die es selbst nicht oder nicht in genügender Menge herstellt.

Eine weitere Frage, welche der Zukunft angehört. ist die, ob der Kapitalexport nicht auch einem die ganze Volkswirtschaft fördernden Organisationsprinzip unterstellt werden kann. Es ist das nicht in dem Sinne gemeint, daß die Konkurrenz der Großbanken oder Bankgruppen überhaupt ausgeschaltet werden könnte. Denn so sehr sich auch die Zentralisationsbestrebungen unter den deutschen Banken geltend machen, so sind es doch gerade die stärksten, welche in einen gewissen Antagonismus zueinander beharren und ihre Selbständigkeit schwerlich opfern werden.

Für die Zukunft der deutschen Volkswirtschaft ist es indessen von Wichtigkeit, daß der Kapitalexport planmäßig im nationalen Sinne geleitet wird. Wenn wir den Vereinigten Staaten, den englischen[1]) und französischen Kolonien unsere Ersparnisse zuwenden, so kräftigen wir nur eine politische und ökonomische Gegnerschaft, je mehr wir hingegen in unserer chinesischen Einflußsphäre, in unseren Kolonien, in Mittel- und Südamerika, in Südosteuropa und Kleinasien investieren, um so mehr legen wir eine Grundlage für ein größeres Deutschland. nicht im politischen, wohl aber im nationalökonomischen Sinne.

---

[1]) „Eine Reihe englischer Kolonialbanken hat im Jahre 1904 den Versuch gemacht, in Deutschland festen Fuß zu fassen. In Hamburg haben die Standard Bank of South Africa und die Chartered Bank of India and China Zweigbureaus errichtet." D. Kolonialzeitung 1905 Nr. 2. Diese Banken betreiben allerlei Geschäfte, wie vor allem Bevorschussung von Waren und Einkassierung, können also unserem Export nach englischen Kolonien nützlich werden. Die Ableitung von Kapitalien durch sie aus deutscher Einflußsphäre hingegen ist nicht erwünscht. — Eine statistische Zusammenstellung der englischen Auslands- und Kolonialbanken im Sonderheft zur Marinerundschau 1905 a. a. O. S. 185f.

Die Meinung, daß unsere Kolonien keine Zukunft haben, ist durch Tatsachen widerlegt, u. a. dadurch, daß in ihnen zur Zeit mehr als dreihundert Millionen Mark angelegtes Kapital steckt, hauptsächlich deutsches, aber auch fremdes, über dessen Beteiligung keine statistische Angabe besteht. Daß das ausländische nicht zu einflußreich werde, dürfte als eine volkswirtschaftliche Aufgabe der deutschen Großbanken und Kaufleute zu bezeichnen sein.[1])

[1]) Das in den deutschen Schutzgebieten angelegte Kapital wird nach dem Kolonialhandels-Adreßbuch für 1904 in folgender Höhe angegeben:

	Unter-nehmungen	davon Handels-gesellschaften	Kapital in Mill. M.
Kamerun	39	16	16,6
Südwestafrika	207	20	59,2
Togo	39	2	1,2
Kiautschou	62	6	80,8
Südsee	131	6	10,0
Zusammen	594	74	186,2

„Rechnet man diesem Betrage die Betriebsmittel der übrigen 520 Unternehmungen und die Kapitalien der Ansiedler in Südwestafrika, Ostafrika und Samoa hinzu, so wird eine Schätzung des in den deutschen Kolonien investierten Gesamtkapitals auf 300 Millionen Mark noch hinter der Wirklichkeit zurückbleiben.“

Speziell über die Land- und Minengesellschaften in Deutsch-Südwestafrika gibt Auskunft die im März 1905 dem Reichstag vorgelegte Denkschrift des Reichskanzlers. Das Grundkapital beträgt nominell 85 762 100 M., von denen 54 625 360 M. eingezahlt worden sind. — Daß deutsches Kapital sich den Kolonien in höherem Maße als bisher zuwenden muß, betont und begründet u. a. der Jahresbericht der Handelskammer von Hamburg vom 31. Dezember 1903.

Bei der Drucklegung dieses Buches erschien die Denkschrift des Kolonialdirektors Dernburg „Die deutschen Kapitalinteressen in den deutschen Schutzgebieten.“ Nach ihr beträgt die Gesamtsumme der deutschen Kapitalien in den Schutzgebieten mit Ausnahme von Kiautschou 370 Millionen Mark. Davon sind 191 rentabel, 159 in der Entwicklung begriffen, 12 unrentabel und 8 in den Missionen angelegt. In diese 370 Millionen sind jedoch auch die Schiffe eingerechnet, welche dem Verkehr mit den Kolonien dienen (65 077 800 M.). Die Anlagen des Reichs sind mit 60 782 340 M., der Erwerbsgesellschaften mit 142 713 985, der Einzelunternehmungen mit 66 521 000 angegeben worden. Die Details und Vorschläge konnten hier nicht mehr Verwendung finden.

Es würde dem Prinzip der Arbeitsteilung entsprechen, daß die Bankgruppen für den Kapitalexport die Anlagegebiete untereinander abgrenzten. Wenn es zunächst auch nur zu einer stillschweigenden Vereinbarung käme, so müßten die Verhältnisse alsbald von selbst dafür sorgen, daß die Grenzen festere Gestalt annähmen. Denn die ökonomischen Vorteile der Spezialisierung sind unverkennbar: Die bessere Übersichtlichkeit des Geschäfts, die Ersparnis an Kosten, z. B. bei dem Aussenden von Sachverständigen und bei praktisch technischen Versuchen, der leichtere Vertragsabschluß bei gegenseitigem Bekanntsein der leitenden Persönlichkeiten des Gläubiger- und Schuldnerlandes.

Bei der bisher geschilderten Verbindung von Banken und Exportindustrie lag die Initiative, im Auslande Fuß zu fassen, in der Hand der ersteren. Der Gedanke nun, daß dieselben zunächst ein Geldkapital aufzubringen haben, mit dem dann die Exporteure bezahlt werden, gestattet die Frage aufzuwerfen, ob dieses nicht im Interesse volkswirtschaftlicher Ökonomik auszuschalten sei, so daß die Warenverkäufer zugleich die Kapitalverleiher würden. Bejaht wird sie in W. Kundts Buche „Die Zukunft unseres Überseehandels“,[1]) das für die Kenntnis des heutigen überseeischen Geschäftes in verschiedener Richtung lehrreich ist, da es auf eigener Anschauung der Verfassers beruht, und auch deshalb lesenswert ist, weil es sich von veralteten nationalökonomischen Theorien in eine Parteischablone nicht einzwängen läßt.

Die Kapitalausfuhr — so wird erläutert — könnte direkt von einem etwa die Warenproduzenten in der Eisenindustrie umfassenden Syndikate vorgenommen werden, welches sich nur zur formellen Ordnung der Angelegenheit der Dienste einer Bank bedient. Es beauftragt, falls es z. B. eine Eisenbahn zu bauen gedenkt, eine Bank, zunächst ein Projekt im Auslande aufzusuchen oder, wenn ein solches bekannt ist, es durch Sachverständige prüfen zu lassen. Es wird dann die Gesellschaft begründet, und einiges Kapital von der Bank in Form von Aktien oder Obliga-

---

[1]) Walter Kundt, Die Zukunft unseres Überseehandels, Berlin 1904. VII. Kap. Banken, Syndikate und überseeischer Handel, S. 124 ff.

tionen beschafft, das aber nicht höher zu sein brauchte, als daß damit die Löhne der Arbeiter, die Gehälter der Beamten und die Transportkosten der auszuführenden Gegenstände bestritten werden könnten.[1]) Die gesamten Sachgüter zum Bau, eventuell Lebensmittel, Werkzeuge, Maschinen, Hilfsstoffe, d. h. der größte Teil des nötigen Materials,- werden der Bahngesellschaft zugestellt und von dem Syndikat kreditiert, das natürlich die volle Kontrolle über die Neugründung ausüben muß, wenn es sich zu solchen im Verhältnis zu dem eingezahlten Kapital hohen Kredit entschließen soll. Diejenigen Hüttenwerke, welche auf alsbaldige Bezahlung ihrer Lieferungen Verzicht leisten, erhalten Aktien im Betrage ihres Guthabens, diejenigen, welche bare Zahlung beanspruchen, haben auf die Bank zu rechnen, welche Aktien in entsprechender Menge im Publikum unterbringt.

Es ist nun einleuchtend, daß das Glücken des Vorschlages wesentlich davon abhängig ist, in welchem Maße sich die Eisenindustrie auf solche Kredite, richtiger Kapitalanlagen, einlassen wird. Im allgemeinen ist ihr Geschäft zu solchen Transaktionen nicht geeignet, und die Erweiterung ihres Grundkapitals durch Ausgabe neuer Aktien zu diesem besonderen Zweck dürfte sich doch wohl kaum, da die statutenmäßigen Aufgaben des Unternehmens abgeändert werden müssen, empfehlen. Man kann zugeben, daß die in Zeiten der industriellen Depression in der Heimat disponibelen Kapitalien dieser Industrien dem Auslande so zufließen könnten, aber ob eine, möglicherweise lange dauernde, Verzichtleistung auf die Disponibilität in ihrem Interesse liegt, ist doch höchst fraglich.

Industrien sind Warenfabrikanten, und Effektenbanken Kapitalbesorger. Diese bewährte volkswirtschaftliche Arbeitsteilung preiszugeben, dazu würde die Praxis des wirtschaftlichen Lebens sich nicht entschließen.

Daneben ist wohl zu beachten, daß die Bank, wenn sie im Dienste und in der Abhängigkeit des Warenexportgeschäfts arbeiten soll, auch ein genügendes Interesse daran haben muß.

[1]) Das wäre wohl nicht ausreichend, denn schon die Konzession, der Erwerb von Grundbesitz in und bei den Städten erfordert meist nicht unerhebliche Summen.

Je mehr Aktien sie an das Publikum absetzt, um so mehr verdient sie, während die Vermittlung nur einer geringen Quote sie leicht von dem ganzen Geschäft fernhalten kann. Kundt klagt an mehreren Stellen seines Buches darüber, daß die überseeischen Unternehmen aus Geldmangel öfters nicht glückten, oder daß ihre Gründung hinausgeschoben werde, weil die einzahlenden Kapitalisten kleine Leute seien, welche auf baldige Dividende rechneten und daher von Zukunftswerten nicht viel wissen wollten. Daran ist gewiß viel Wahres, und der Vorzug, den deutsche Sparer festverzinslichen „exotischen" Staatspapieren vor guten deutschkolonialen und fremden Privatunternehmungen geben, mag teilweise so erklärt werden. Allein der Reichtum bei uns wächst rasch, so daß in Zukunft auch mehr Großkapitalisten da sein werden, welche auf sofortige und unmittelbare Gewinne Verzicht leisten können. In England, welches Land sehr viel reicher ist, hört man wenig von solchen Dividendensorgen der Sparer, und je mehr wir uns dem Wohlstande des Insellandes annähern werden, um so mehr wird der heutige kleinkapitalistische Standpunkt verschwinden.

Wenn der Kundtsche Vorschlag, nach dem die industriellen Syndikate ausländische Unternehmen in die Hand zu nehmen haben, sich verwirklichen ließe, so würde das sparende Publikum erst recht auf jene exotischen Staatswerte hingedrängt werden, welche dann Kurse enthalten könnten, mit denen der gewährte Zinsgenuß und das vorhandene Risiko einer Kapitaleinbuße nicht mehr im Verhältnis zu stehen brauchen.

Die Förderung des Exportes durch die kapitalausleihenden Banken wird sich in der Regel nur auf bestimmte Großindustrien erstrecken können. Die vielen tausend Kleinigkeiten zusammenzubringen, deren die ausländischen Konsumenten bedürfen oder zu deren Verbrauch sie „erzogen" werden sollen, bleibt immer noch Aufgabe des Handels, auf welche hier nicht weiter einzugehen ist.[1]) Namentlich wird die Textilindustrie, das große Bekleidungsgewerbe, die Luxusindustrie, das Kunstgewerbe, die Genußmittel-

[1]) Eine Anzahl dankenswerter Anregungen bei W. Kundt a. a. O. IV. Kap.

fabrikation von der Bankvermittlung nicht viel zu erwarten haben, während andererseits die Eisen- und Stahl-, die chemische, die Maschinen-, die elektrische, die Kabel-, Schiffbau-, Waggonindustrie auf sie rechnen dürfen. Es mögen nur etwa 15—25 Proz. der deutschen Ausfuhr berührt werden, es ist aber zu beachten, daß es sich um sehr wichtige Geschäftszweige handelt, deren durch regelmäßige und wachsende Ausfuhr gesichertes Wohlergehen auf die ganze Volkswirtschaft eine günstige Rückwirkung ausüben muß. Sie sind es gewesen, auf deren Grundlage der allgemeine große Geschäftsaufschwung von 1896—1900 erblüht ist, ihr Rückgang hat die Depression der kommenden Jahre eingeleitet, und 1904 ist wiederum die Besserung des allgemeinen Geschäftes von ihnen ausgegangen.

In der bisherigen Ausführung wurde vorausgesetzt, daß die Kapital- und die Warenausfuhr solchen ausländischen Unternehmern — eventuell dem Staat — zufließt, welche der ausleihenden Bank als ganz selbständig wirtschaftende Persönlichkeiten gegenüberstehen. Z. B. ein Privatmann begründet in einer südamerikanischen Stadt ein Elektrizitätswerk, oder Serbien baut eine Bahn in seinem Gebiete.

Das Gegenstück dazu ist, daß die Bank oder Bankgruppe im Ausland unter eigener oder auch unter neuer Firma selbst Unternehmer wird, entweder um den Besitz dauernd zu behalten, oder um ihn, wenn er später in andere Hände übergeführt wird, nachhaltig zu beeinflussen. Beispiele sind: die durch die Diskontogesellschaft gegründete Venezuelabahn, die durch mehrere Banken geschaffene Shantungbahn, die Shantungbergbaugesellschaft, die deutsch-chinesische Eisenbahngesellschaft. Die Aktien sind ganz oder zum großen Teil in der Hand der Banken. Eine Mittelstellung zwischen den beiden geschilderten Fällen nimmt eine Bank ein, wenn sie sich an der Gesellschaft im Auslande, sei es durch Zeichnung eines Teiles der Aktien, sei es als Kommandite, sei es durch Kreditgewährung beteiligt, wobei weiter unterschieden werden kann, ob diese neue Gesellschaft von Inländern — z. B. die Errichtung des russischen Werkes der Maschinenfabrik Hartmann in Chemnitz mit Hilfe der Dresdner Bank — oder von sogenannten finanziellen Trustgesellschaften, d. h. Gründungsgesellschaften für bestimmte Industrien[1]) — z. B. die Gründungen der Schweizerischen Gesellschaft für elektrische Industrie in Basel, welche mit der Deutschen Bank Beziehungen hält —, oder auch von Ausländern ausgeht — z. B. die Minengesellschaft A. Goerz and Co., Ltd., in Englisch-Südafrika, welche bei der Deutschen Bank Unterstützung gefunden hat.[2])

Die drei rechtlichen Möglichkeiten, in denen sich die Beziehungen der Kapital beschaffenden Bank und der Auslandsunternehmung abspielen: Vermittlung für Ausländer, Selbstübernahme, Beteiligung haben für die Vereinigung von Kapital- und Warenausfuhr ihre besondern Wirkungen. Ist die Bank nicht mehr als ein Vermittler, so entscheiden, wie oben angeführt worden ist, Konkurrenz und sonstige ökonomische — eventuell politische Machtverhältnisse, ob die Lieferung ihrem industriellen Klienten zugestanden wird. Bei der Selbstübernahme hat sie die Entscheidung allein in der Hand. Bei der Beteiligung ist ihr Einfluß bei der Wahl des zu beschaffenden Materials von der Größe ihres Aktienanteils abhängig. Durch Anstellung eines ihr genehmen Direktors im ausländischen Unternehmen oder durch Ernennung eines ihrer Beamten zum Aufsichtsrat kann dieser Einfluß verstärkt werden, der sich u. a. bei späteren Materialergänzungen im Interesse des Exportlandes verwenden läßt.

Die stärksten privatkapitalistischen Mächte in Deutschland sind die Großbanken, die Kartelle des Bergbaues und der Eisenindustrie. Daß beide Gruppen ihre geschäftliche Selbständigkeit behaupten mögen, ist ein Wunsch, der sich aus dem Gedanken der arbeitsteiligen Entwicklung begründen läßt. Wenn die eine Macht die andere sich zu unterwerfen verstünde, so würde allerdings Kapital- und Warenexport in ein dauerndes und festes System vereinigt werden, daß dies jedoch der nationalen Wirtschaftsführung von Segen sein würde, könnte nur dann behauptet werden, wenn die industrielle Produktivkraft dadurch an ihrer

---

[1]) Max Jörgens, Finanzielle Trustgesellschaften, Münchener volkswirtschaftliche Studien Nr. 54, 1902.

[2]) Beispiele und genauere Angaben über solche Beziehungen bei O. Jeidels, a. a. O. S. 189ff.

technischen und ökonomischen Expansionsfähigkeit nicht Schaden leiden würde.

Das ist aber zu bezweifeln. Die heutigen Beziehungen zwischen Bankwesen und Industrie bieten schon so günstige Voraussetzungen, daß die Warenausfuhr bei der Kapitalanlage im Auslande eine ausreichende Berücksichtigung finden kann. Diese Beziehungen weiter auszubauen, ist eine wichtige Aufgabe, welche in Angriff genommen werden sollte. Die Industrien ihrerseits werden leicht dazu bereit sein. Die Banken andererseits sollten sich vergegenwärtigen, daß jede Steigerung der Warenausfuhr direkt oder indirekt dazu beitragen wird, ihren Kundenkreis und ihr Geschäft zu vergrößern. Das ist eine volkswirtschaftliche Einsicht, welche über das nächste Geschäftsinteresse hinausgeht. Ihr gemäß zu handeln, ist zugleich volkswirtschaftliche Pflicht, welcher nachzukommen sie sich ganz und voll entschließen sollten, da der Nutzen, den sie aus dem Gesamtverkehr und dessen Konjunkturen ziehen, ein gewaltiger ist.

Aber wenn man auch vor der Hand darauf nicht rechnen wollte, so bleibt es doch unbestritten, daß es viele Fälle für sie gibt, bei denen die Exportförderung dem unmittelbaren geschäftlichen Vorteil der Banken entspricht. Indem an das Bestehende angeknüpft wird, läßt sich eine weitere Entwicklung aus der Verbindung zwischen Großfinanz und Warenausfuhr erhoffen.

Weit schwieriger ist es, die Finanzinstitute für eine volkswirtschaftlich nützliche Importtätigkeit zu gewinnen. Die Einfuhrbedürfnisse der einzelnen Länder sind je nach der Stufe ihrer ökonomischen Ausbildung verschieden. Die agraren und jungkolonialen Gebiete verlangen Werkzeuge, Maschinen, Verkehrsmittel für die Produktion und alle industrielle Fabrikate zum Konsum, welche sie selbst nicht herstellen, die Industrieländer hingegen Rohstoffe und Lebensmittel. Gemeinsam ist beiden Ländern der Wunsch, das, was sie gebrauchen, zu Konkurrenzpreisen zu beziehen.

Natur-, Produktions-, kaufmännische Monopole — nicht im rechtlichen sondern ökonomischen Sinn — sind die Feinde billiger Einfuhr. Handelspolitisch gegen sie anzukämpfen hat seine Schwierigkeit. Setzt man Einfuhrzölle herab, so werden nur diejenigen

Waren billiger, welche unter wirksamer Konkurrenz des Weltmarktes stehen. Der vollkommenste Freihandel bietet hingegen bei Monopolpreisen keine Garantie, daß die Konsumenten billig versorgt werden. Denn der ausländische Verkäufer rechnet mit der Zahlungsfähigkeit und der Bedarfstärke der inländischen Käufer. Verschwinden die Einfuhrzölle, so stehen ihm leistungsfähigere Abnehmer gegenüber, und er wird nicht zögern, die Verkaufspreise entsprechend zu erhöhen.

Wenn Deutschland seine Petroleumzölle beseitigen würde, so ist die Wahrscheinlichkeit eine große, daß der finanzielle Ertrag, den jetzt das Reich erzielt, in die Tasche des amerikanischen Erdöltrusts fließt. Die Freihandelsdoktrin mit ihrem Konsumentenstandpunkte mochte in der Zeit von A. Smith sich leidlich anhören lassen, in der Zeit der wirtschaftlichen Monopole wird die alte Begründung um so mehr durchlöchert, je zahlreicher und mächtiger sie werden.

Inwiefern der Staat zugunsten seiner Angehörigen gegen die Preisaufschläge der Syndikate des eigenen Gebietes vorgehen kann, ist eine Frage, die hier nicht zu erörtern ist. Ein gesetzgeberischer Erfolg im Innern würde jedoch noch keineswegs bedeuten, daß die ausländischen Konsumenten etwas davon profitierten.

Gegen auswärtige Monopole vorzugehen — es wurde schon in der Bilanzlehre erwähnt — ist eine wichtige Aufgabe des Exportkapitalismus und der Auslandsgeschäfte. Die Inländer, welche als Kapitalisten, als Unternehmer, als technische oder kaufmännische Leiter an ihm teilnehmen, verdienen mit ihm und verstärken die Forderungsbilanz der heimischen Volkswirtschaft. Davon haben freilich die importierenden Konsumenten, wenigstens direkt, nichts. Aber es ist auch möglich, daß das ins Ausland wandernde Kapital ihnen dadurch von Nutzen wird, daß es konkurrierend auftritt und die Weltmarktpreise herabsetzt.

Schuldnerstaaten können natürlich von diesem Schutzmittel nur einen sehr beschränkten Gebrauch machen, Gläubigerstaaten dann, wenn sie die fremden Produktionsstätten nicht schon ganz besetzt vorfinden.

An den Beziehungen Deutschlands zu der ausländischen Petroleumgewinnung, auf welche das Reich bei der Geringfügigkeit eigener Produktion angewiesen ist, so lange nicht ein ausreichendes billiges Ersatzmittel für diesen Brennstoff gefunden worden ist, soll das Problem der billigen Importversorgung durch das Auslandskapital zu erörtern versucht werden.

Deutschland führt seit 1902 jährlich mehr als eine Million Tonnen Erdöl ein, wofür durchschnittlich etwa 80 Millionen Mark zu bezahlen sind, eine Summe, welche 1902 1,2 Proz., 1903 1,4 Proz., 1904 1,2 Proz. des gesamten Einfuhrwertes ausmachte. Der Verbrauch ist seit 30 Jahren stark gestiegen. Denn während 1871/75 3,75 kg auf den Kopf entfielen, stieg der Bedarf 1881/85 auf 8,54, 1891/95 auf 14,82, 1898 auf 17,23. Seitdem hat eine langsame Abnahme stattgefunden, vermutlich infolge der Mehrverwendung der Elektrizität zu Beleuchtungszwecken. Indessen wird das Petroleum noch für lange Zeit das Licht der kleinen Leute bleiben, so daß aus sozialpolitischen Gründen Deutschland am künftigen billigen Import viel gelegen sein wird.

Etwa acht Zehntel der eingeführten Menge stammen aus den Vereinigten Staaten von Amerika:

Einfuhr von Erdöl in Deutschland in Tonnen.

Länder	1901	1902	1903	1904	1905
Vereinigten Staaten ...	819 144	795 015	792 648	803 023	807 239
Rußland	127 813	144 784	147 821	133 793	120 231
Österreich-Ungarn	17 335	26 034	44 986	48 546	53 186
Niederl. Indien usw. ...	238	3 667	34 818	46 327	60 543
Rumänien	16 261	22 714	28 359	30 692	21 040
Summe mit Einschluß des aus dem Freihafen Hamburg importierten	985 904	1 006 829	1 067 697	1 076 324	1 070 252

Das nordamerikanische Petroleumgeschäft, mit Einschluß der Ausfuhr, steht unter der Kontrolle der Standard Oil Company des Herrn Rockefeller. Es ist mustergültig organisiert, sowohl im Inlande wie im Auslande, es streckt seine Fangarme über die ganze Erde aus und besitzt eine Kapitals-Fundierung, welche ihm weitere Machtfülle und lange Dauer verheißt.

Der amerikanische Trust hatte im Anfang das Prinzip, nur Petroleum-Raffinerien unter seine Leitung zu bringen. Das Rohmaterial bezog er von kleinen Ölgesellschaften und Privatunternehmern, denen er als alleiniger Käufer die Preise vorschreiben konnte, und denen er das Risiko überließ, welches mit den Bohrungen verbunden ist. Gegenwärtig besteht er zu drei Vierteln aus Raffinerien und zu einem Viertel aus Produktionsgesellschaften.[1]) Er ist im alleinigen Besitz der Röhrenleitungen, die von den Quellen zu den großen Städten führen, wodurch die Entscheidung, ob das gewonnene Rohprodukt verschickt werden soll. seiner Entscheidung überlassen ist.[2]) Welche enormen Mittel in der Hand Rockefellers vereinigt sind, beweist u. a. die Tatsache daß die Gesellschaft auf ein Grundkapital von 100 Millionen Dollars jährlich 45—48 Proz. Dividende verteilt hat. Der hohe Wert der wirklichen Aktiva ist von Unbeteiligten nicht festzustellen.

Die Organisation im Ausland ist verschieden geartet, je nachdem sie sich bloß auf den Vertrieb oder auch auf die Gewinnung von Petroleum erstreckt. In den Ölgebieten Rumäniens haben die Amerikaner das Konzessionsrecht für einen Kondukt von 600 km erhalten, der sich über 61 Gemeinden der Prahova und Dombowitza ausdehnen wird, ferner haben sie eine Raffinerie in großem Stile errichtet und eine große Zahl von Sonden auf erworbenem Terrain aufgestellt.[3]) In Deutschland besteht die deutsch-amerikanische Petroleum-Gesellschaft mit dem Sitz in Bremen, deren Aktien zur guten Hälfte im Besitze Rockefellers sind.[4]) Sie verwaltet den Absatz des amerikanischen Produktes, indem sie unter Umgehung des Großhandels direkt mit den Kleinhändlern

[1]) Vgl. Berliner Morgenpost vom 24. Januar 1902 und vom 18. Januar 1904.

[2]) Neuerdings ist der Staat Kansas mit Röhren versehen. die bis Chicago geführt worden sind.

[3]) Berliner Tageblatt vom 27. Januar 1905. „Die Amerikaner werden ihr eigenes Öl zunächst leiten und die andern Produzenten müssen warten. bis der Kondukt disponibel sein wird. — Im Lande selbst wird nicht ein Nagel gekauft werden, sondern alles ist aus Amerika importiert worden. Vor Jahresfrist brachten die Amerikaner einen ganzen Dampfer mit allen erforderlichen Materialien, um Sondagearbeiten zu machen und eine Raffinerie zu bauen.“ Dies zugleich ein Beispiel amerikanischen Kapitalexportes. Näheres im 5. Kapitel.

[4]) Tägl. Rundschau vom 23. Januar 1904.

arbeitet, welchen sie einen kompletten Petroleum-Apparat kostenlos liefert und das Öl mittels Tankwagen zuführt.[1])

Die Mannheim-Bremer Petroleum-Aktien-Gesellschaft soll zu 98 Proz. in der Hand der Amerikaner sein, die Petroleum-Raffinerie-Aktien-Gesellschaft vorm. Aug. Korff zu 51 Proz.[2])

Es wird nun Petroleum nicht nur in den Gebieten gewonnen, welche unter dem direkten Einfluß der Standard Oil Company stehen. Andere Produktionsländer als die Vereinigten Staaten sind vor allem Rußland, dann Galizien, Rumänien, Niederländisch-Ostindien, Kanada, Birma, Japan. Die Zeitungen berichten fortwährend von neuen Funden aus vielen Teilen der Erde, so daß sich die Zukunft der Produktion noch keineswegs übersehen läßt. Der amerikanische Trust hat daher mit immer neuen Konkurrenzgefahren zu rechnen, und das ist der Punkt, in dem der Exportkapitalismus zugunsten der Konsumenten des eigenen Landes einzusetzen hat. Gelingt es, dem amerikanischen Monopolisten einen ernstlichen Wettbewerb durch neue Unternehmungen — Bohrungen, Raffinerien, Verkaufs- und Transportgesellschaften — zu bereiten, so ist eine begründete Aussicht auf niedrige Preise vorhanden.

Die stärksten Gegner, welche der Standard Oil Company entgegentreten könnte, sind die im russischen Bakugebiet bestehenden Unternehmungen (1904 produzierten die Vereinigten Staaten 4916, Rußland 3650 Milliarden Gallonen), welche aber nicht einheitlich zu einem Syndikat zusammengefaßt, sondern in zwei Gruppen getrennt sind. Die ältere, die Nobel-Rothschildsche, hat es bisher immer verstanden mit den Amerikanern sich zu einigen. Für viele Jahre haben die Kontrahenten den Erdball unter Ausschluß gegenseitiger Konkurrenz in zwei Absatzgebiete, ähnlich wie die Spanier und Portugiesen nach dem Schiedsspruch des Papstes Alexander VI. in zwei Eroberungszonen, geteilt. Die

[1]) Vgl. Deutsche Tageszeitung vom 11. Januar 1904. Einige städtische Verwaltungen haben den Tankwagenverkehr verboten aus Gründen der Feuergefährlichkeit, der Geruchsbelästigung, der Hemmung des Verkehrs. Hinter diesen Verordnungen glaubt man antreibende Großhändler zu erblicken. Vielleicht haben auch die Stadtväter die Tankwagen mit Automobilen verwechselt.

[2]) Tägl. Rundschau vom 23. Januar 1904.

jüngere russische Gruppe unter der Leitung der Firma Mantascheff, welche über einen größeren Naturschatz als die ältere verfügen soll, hat bisher ihre Selbständigkeit gewahrt, ist aber durch die russische Revolution in ihrer Tätigkeit gehemmt worden. Die Gefahr einer russischen Konkurrenz in Westeuropa ist für die Amerikaner jedoch nicht zu hoch zu veranschlagen, da Rußland 70 Proz. des erzeugten Produktes selbst verbraucht, und von den 30 Proz. Exportmaterial die Hälfte in Asien in Anspruch genommen wird.[1])

Dem gegenüber sind die zukunftsreichen Petroleumlager im niederländischen Ostindien, welche durch den englischen Kaufmann Samuel und die Shell Transport and Trading Comp. erschlossen werden, sowie die rumänischen bei dem mäßigen innern Bedarf stark auf den Weltmarkt angewiesen. Ihre ihm zugeführten Mengen sind aber bisher nicht so bedeutend gewesen, daß sie einen Einfluß auf die Preisbildung hätten ausüben können.

Das deutsche Kapital ist an der Gewinnung und dem Vertrieb von ausländischem Petroleum erheblich beteiligt.[2]) Haupt-

[1]) Berliner Tageblatt vom 19. September 1905. „Die Bedeutuug der russischen Petroleumindustrie für den internationalen Petroleummarkt liegt darin, daß sie einmal das gesamte russische Reich mit Leuchtpetroleum und mit Masut — zu Heizmaterial verwertete Rückstände — versorgt und zum andern Petroleumdestillate und Schmieröl nach der Türkei, Ägypten, Italien, Griechenland, Großbritannien, Belgien, Frankreich, Deutschland, China, Japan und Australien ausführt. Der Masut wird von den meisten Eisenbahnen Rußlands und von den Fabriken an der obern Wolga als Heizmaterial verwandt: im Jahre 1904 kauften die russischen Eisenbahnen 125 Mill. Pud. die Schiffe auf dem Kaspic 17 Mill. Pud, auf der Wolga 95, russische Fabriken an der Wolga 155, so daß die kaukasische Erdölindustrie für die gesamten Unternehmungen Südrußlands die notwendige Voraussetzung bildet."

[2]) Vgl. Kölnische Zeitung vom 18. Januar 1905. Von Banken sind am Petroleumgeschäft interessiert: Deutsche Bank, Diskontogesellschaft, Bleichröder, Dresdener Bank, Schaaffhausen, Mitteldeutsche Kreditbank, Nationalbank, Jakob J. H. Stern, Darmstädter Bank, Berliner Bank, A. Levy-Köln. — Von der Deutschen Bank sind finanziert: Die Pet.-Produkte-A.-G., D. Petr.-Maatschappy, D. A.-G. für Gewinnung von Naphtaprod. in Baku, Schw. Petr.-Lagerges. in Zürich. Von der Diskonto-Gesellschaft: Aurora, Telega, Bustenari, Internationale, Vega, Credit Pétrolifer, alle in Rumänien. Die Deutsche Bank hat zudem Beziehungen zu der Shell Co., die Diskonto-Gesellschaft zu Geb. Nobel.

sächlich dürften es in dem kommenden Jahrzehnt die rumänischen Petroleumgebiete sein, denen es sich weiterhin zuwenden wird. Zwar hat es auch in Rußland Verbindungen angeknüpft, allein die Unruhen in Baku im September 1905 waren zu sehr geeignet, es von weiteren Schritten abzuschrecken. Außerdem ist es fraglich, ob von dorther auf dauernde Zufuhr gerechnet werden kann, da das Zarenreich die eigenen Produkte in steigendem Maße in Anspruch nimmt und die Ausfuhr durch hohe Zölle erschweren kann. Auch in Galizien und vorübergehend in Sumatra sind deutsche Häuser tätig gewesen, doch treten diese Anlagen den rumänischen gegenüber zurück.

An der Südostecke der Karpathen, dort, wo das Gebirge aus seiner Hauptrichtung von Nordwesten nach Südosten scharf nach Westen umbiegt, liegen die rumänischen Ölbezirke Prahova und Dombowitza, ausgezeichnet durch ihren Reichtum, wie durch ihre günstige Lage zum Meere und zur Donau.[1]) Die Produktions- und Exportziffern lassen den raschen Fortschritt der Industrie erkennen. In zwei Jahren ist die Erzeugung um mehr als das Doppelte, die Ausfuhr auf das Dreifache gestiegen. Im Jahre 1904 betrug das gewonnene Rohpetroleum 500000 Tonnen, während es 1903 rund 400000 und 1902 nur 230000 erreicht hatte. Der Export an Petroleum und an Petroleumprodukten umfaßte 1904 den Wert von 18 Millionen Franken, 1902 erst 6 Millionen, von 1895—1903 ist er von 16000 auf 126000 Tonnen gestiegen.[2])

Dieser Aufschwung ist dem fremden Kapital zu verdanken. Im Jahre 1905 war nach der Angabe des früheren Finanzministers Sturdza das deutsche mit 92057000 Franken beteiligt, das

[1]) Post, 4. Juli 1904. Das rumänische Petroleum soll sehr gut sein und 80 Proz. Kernöl, welches das Leuchtmaterial bildet, enthalten. Das pennsylvanische verfüge hingegen nur über 60 Proz. Das rumänische Produkt werde zudem in geringerer Tiefe als das amerikanische gewonnen. Der Transport nach Deutschland sei billig. Von den Quellen bis Hamburg seien für 100 kg. 5,85 Franken zu zahlen, von Rußland hingegen 8,95 und von Nordamerika 9,07. Große Bassins zur Aufnahme der Exportware würden in Constanza gebaut. (Nach Angaben des früheren Ministers Sturdza.)

[2]) Detailangaben im Berliner Börsencourier vom 10. Februar 1904 und in der Allgemeinen Zeitung vom 22. Dezember 1903, 8. April, 8. August 1904, 28. März und 14. Dezember 1905.

holländische mit 8, das englische mit 5,2, das französische mit 6,5, das belgische mit 4, das italienische mit 7,5, das amerikanische mit 5. Die Überlegenheit Deutschlands geht aus diesen Zahlen hervor. Sie ist der Initiative der Effektenbanken zuzuschreiben, an erster Stelle der Deutschen Bank und der Diskonto-Gesellschaft.[1])

Die Banken haben Aktiengesellschaften sowohl zur Ölgewinnung und Raffinierung, z. B. die Steaua Romana, die Telega Oil Co., die Bustenari-Gesellschaft, geschaffen als auch zum Vertrieb und Transport, wie die Deutsche Petroleum-Aktiengesellschaft, deren erster Zweck die dem südosteuropäischen Petroleum bisher fehlende Exportorganisation ist.[2])

Die Standard Oil Company konnte in Rumänien, solange die Liberalen und ihr Finanzminister Sturdza am Ruder war, nur wenig erreichen, jetzt unter den Konservativen und dem Finanzminister Tacke Jonesco, dem früheren Advokaten der rumänisch-amerikanischen Gesellschaft, sind bessere Zeiten für sie gekommen.[3]) Sie hat sich die von ihm vertretene Gleichbehandlung aller Länder alsbald zu Nutzen gemacht, besitzt 15000 Hektar Petroleumfelder, errichtet eine Raffinerie in Bereasca, die jährlich 60000 Waggons zu verarbeiten imstande sein wird, d. h. die ganze jetzige Produktion Rumäniens, und durchzieht ihre Reviere mit Leitungen.[4])

[1]) Kölnische Zeitung vom 18. Januar 1905: Produktions-Gesellschaften in Rumänien:

Gesellschaft	Gründungsjahr	Kapital	Bankverbindung
Steaua Romana .	1896	31 750 000 Fr.	Deutsche Bank
Internationale . .	1899	12 480 000 „	Diskonto Gesellschaft
Bustenari	1900	10 000 000 „	„ „
Telega	1900	10 000 000 „	„ „
Campina Moreni	1904	5 000 000 „	Dresd. B., Schaaffhausen
Credit Pétrolifer	1904	3 000 000 „	Diskonto-Gesellschaft
Aurora	1899	6 000 000 „	„ „
Vega	1904	3 750 000 „	„ „

[2]) Vgl. Jeidels a. a. O. S. 192 ff. mit näheren Angaben über die deutschen Banken und die Petroleumindustrie.

[3]) Berliner Tageblatt vom 27. Januar 1905. Unter dem liberalen Ministerium hatten die Vereinigten Staaten mit Rumänien Streitigkeiten wegen der Einwanderung rumänischer Juden in Amerika.

[4]) Vossische Zeitung vom 21. September 1905.

Ihr Weltmonopol ist bisher noch nicht erschüttert, obgleich ihr eine Gegnerschaft entstanden ist, sowohl in Nordamerika, vor allem in Texas und Kanada, als auch in Europa und in Asien. Einstweilen ist sie noch allmächtig, und die Konkurrenten sind froh, überhaupt einen Platz an der Sonne zu haben und fordern zunächst nicht mehr.

Das Exportkapital ist also vor der Hand noch nicht in der Lage, die inländischen Konsumenten vor fremder Ausbeutung zu sichern. Doch ist eine Änderung in Zukunft denkbar. Die pennsylvanischen Quellen beginnen zu versiegen, und der Öltrust muß sich in Amerika mit neuen versorgen, die von Europa weiter entfernt sind als die alten. Die Gegner können sich einigen — die Deutsche Bank und die Diskonto-Gesellschaft gehen in Rumänien schon friedlich zusammen — und vor allem, es kann die europäische und asiatische Produktion stark wachsen. Einstweilen freilich erzeugen Rumänien und Galizien zusammen nicht mehr als ein Siebentel des deutschen Bedarfs, aber bei der Fülle des international verfügbaren Kapitals kann die außeramerikanische Ölgewinnung rasch zunehmen.

Es können dann bessere Zeiten für die Verbraucher kommen. Ob sie freilich anhalten werden, ist eine andere Frage. Denn die Syndikatsbildung siegreicher Gegner der Standard Oil Company ist ebensowenig ausgeschlossen als eine Verständigung aller Produzenten, ehe der Konkurrenzkampf aufs äußerste getrieben wird.

Unser Resultat ist also ein überwiegend negatives. Die freie Tätigkeit des Exportkapitalismus zugunsten des billigen Petroleumimports dürfte in den meisten Fällen versagen.

Es ist daher das Zunächstliegende zu fragen, ob von einer Staatshilfe etwas zu erwarten ist, welche hier jedenfalls prinzipiell zulässig ist, nachdem die privatwirtschaftliche als wirkungslos erkannt worden ist. Halten wir uns an das deutsch-rumänische Beispiel, so könnte an eine Differential-Handels- und Transportpolitik des Reiches gedacht werden. Indem das rumänische Petroleum zu geringerem Zollsatz als alles andere — eventuell, soweit deutsche Bahnen es zu transportieren haben, unter Tarifbegünstigung — importiert wird, könnte seiner Produktion ein solcher Anreiz und eine solche Sonderstellung gegeben werden, daß sie sich sehr rasch ausdehnte und von der internationalen Syndikatbildung fernbliebe.

Handelspolitisch ist diese Differenzierung auf Grund des bestehenden Zolltarifs und der Handelsverträge möglich. wenn auch mit großen Schwierigkeiten verbunden.

In dem heute geltenden Zolltarif vom 25. Dezember 1902 stehen dieselben Sätze für Mineralöle, welche bisher galten, nämlich 6 M. für Petroleum und 10 M. für Schmieröle. Der Zoll für das Leuchtmaterial ist auch in keinem der neuen Handelsverträge ermäßigt worden, so daß, wenn mit den Vereinigten Staaten kein Handelsvertrag zustande kommen sollte, für das amerikanische Petroleum auf Grund des Generaltarifs kein höherer Zoll zu entrichten ist als bisher und auch kein anderer als für dasjenige europäischer Herkunft. Nur für Schwerbenzin und Gasöl von spezifischen Gewichten sind, soweit diese Öle zum Motorenbetrieb, bei Gasöl auch zur Karburierung von Wassergas Verwendung finden, Österreich-Ungarn und Rumänien Zollermäßigungen zugestanden worden, indessen ist diese Einfuhr aus den Vereinigten Staaten gering.[1])

Dagegen ist der Zoll für mineralisches Schmieröl durch die Handelsverträge mit Rußland, Österreich-Ungarn und Rumänien von 10 auf 6 M. ermäßigt worden. Hier würde Amerika ungünstiger behandelt werden können, wenn ihm in Zukunft nach Ablauf des gegenwärtigen Provisoriums die Meistbegünstigung nicht zugestanden würde. Die Zolldifferenz würde, nach der Einfuhr von 1904 berechnet, jedoch nur 2,1 Millionen Mark betragen. In diesem Jahre brachte die Schmieröleinfuhr aus Amerika einen Zollertrag von 5 1/4 Millionen Mark und die vom amerikanischen Petroleum einen solchen von 48 Millionen.[2])

Kommt ein Handelsvertrag zwischen dem Reich und den Vereinigten Staaten nicht zustande, so wird das amerikanische Petroleum ungünstiger als das rumänische, galizische und russische nur behandelt werden können, falls ein neues Handelsabkommen Rumänien oder Rußland oder Österreich-Ungarn eine Tarifermäßigung z. B. von 2 M. gewähren sollte. Bei dem politischen Ein-

[1]) Hamburger Korrespondent vom 28. November 1905.

[2]) Ebendaselbst.

fluß der Standard Oil Company steht es zu erwarten, daß die Amerikaner daraufhin — nachdem sie nichts vertragmäßig haben zugestehen wollen, die Gekränkten spielen und mit Differenzierungen ihrerseits antworten werden. Ein Zollkrieg mit ihnen ist immerhin eine mißliche Sache, der auch politische Folgen haben kann, zumal sich bei ihnen mehr als in anderen Ländern Geschäft und Politik decken.

Wenn ein Tarifvertrag zwischen dem Reich und der nordamerikanischen Union zugleich auf Grund der Meistbegünstigung abgeschlossen werden sollte, so ist anzunehmen, daß der Petroleumzoll, ebenso wie in den europäischen Verträgen, nicht berührt wird. Ein Ausweg, Rumänien bezüglich der Petroleumeinfuhr zu begünstigen, ließe sich dann nur in einem zwischen ihm und Deutschland abzuschließenden Reziprozitäts-Vertrage[1]) finden, nach welchem beide Kontrahenten bestimmte als etwas Ganzes geltende Sondervorteile einander garantierten. Die den Rumäniern eingeräumte Petroleumzollermäßigung würden die in Deutschland meistbegünstigsten Länder dann nur in Anspruch nehmen können, wenn sie dafür als Äquivalent dasselbe wie Rumänien bieten würden, z. B. die zollfreie Einfuhr bestimmter bisher verzollter Produkte. Die Schwierigkeit eines solchen Verfahrens soll nicht verkannt werden und würde erst dann geringer bewertet werden, wenn sich der Reziprozitäts-Vertrag in dem System der europäischen Handelsverträge einen Platz erobert hätte.

Nun dürfte aber die Standard Oil Company ein Gegner sein, der, wie die Erfahrung gezeigt hat, es leicht versteht, sich den veränderten handelspolitischen Maßregeln anzupassen. Als Frankreich für Roh- und gereinigtes Petroleum verschiedene Zölle einführte, um das inländische Raffinierungsgeschäft zu begünstigen, machte sich das amerikanische Kapital sofort diesen Umstand zunutze, und die heutigen französischen Raffinerien sind Tochtergesellschaften des Rockefellerschen Trusts.[2]) Wenn es nun durch-

[1]) Die Vereinigten Staaten vereinbaren solche Reziprozitäts-Verträge, z. B. 1903 mit Cuba, von deren Mitgenuß sie die meistbegünstigsten Länder ausschließen.

[2]) Vgl. Verhandlungen des deutschen Reichstags 51. Sitzung, 1906 S. 1524—26, die Reden der Abgeordneten Heyl und Gothein.

führbar wäre, daß rumänisches Erdöl in Deutschland zu gegeringerem Zolle als amerikanisches einginge, so würde der Trust alsbald mittels seiner Kapitalmacht und Organisationsfähigkeit in Rumänien, nachdem er die dortigen Mitbewerber durch Preisschleuderei niedergedrückt oder ihren Besitz aufgekauft hätte, so festen Fuß fassen, daß ihm der Hauptvorteil der Zolldifferenzierung zugute käme. Dann könnte auch die zeitweise eingetretene Begünstigung der deutschen Konsumenten nach Belieben beseitigt werden, da der Verkäufer die Preise des amerikanischen Petroleums hinab-, die des rumänischen hinaufzusetzen vermöchte.

Um zu diesem Resultat zu kommen, brauchte in der Tat die deutsche Regierung nicht das mühsame Werk eines Reziprozitätsvertrages anzustreben. Sie würde dazu nur dann eine begründete Veranlassung finden, wenn der rumänische Staat die Amerikaner von seinem Gebiete mit allen ihm zustehenden Mitteln fernhielte, wie das Jahrelang geschehen ist, oder wenigstens, da sie nun einmal da sind, die Ausbreitung ihres Geschäftes verhinderte.

Die Vereinigten Staaten können handelspolitisch Rumänien nichts anhaben, höchstens die Einwanderung rumänischer Juden noch mehr erschweren, als sie es bisher getan haben.

Hingegen hat das Königreich von Deutschland wirtschaftlich viel zu erwarten. Deutsches Kapital ist jetzt nicht zum erstenmal dorthin gegangen. Große Posten der Staatsrente befinden sich in deutschen Händen, nachdem 1881 bei uns die Diskonto-Gesellschaft sie zuerst eingeführt hatte. Durch die Vermittlung deutscher Banken wurde im Frühjahr 1905 die 5proz. rumänische Rente konvertiert, womit dem rumänischen Budget eine namhafte Erleichterung zuteil geworden ist. Da das Land arm an Kapital, aber reich an Anlagemöglichkeiten ist, so wird es in Deutschland seinen natürlichen Verbündeten sehen, wenn es gilt, die Bodenschätze zu heben, die Landwirtschaft zur Blüte zu bringen, die Verkehrsstraßen zu bauen. Die Amerikaner werden ihr Geld nicht zu solchen Zwecken hergeben, da sie die wirtschaftliche Erschließung des westlichen Kontinents weit mehr interessiert. Nur soweit ihr Petroleumweltmonopol gefährdet ist, werden sie mit Kapital zur Stelle sein. Ob mit dieser überseeischen Machteinbürgerung dem Lande dauernd gedient sein wird, dürfte sehr fraglich sein.

Je mehr deutsches Kapital nach Rumänien geht, um so mehr Dividenden und Zinsen hat Deutschland zu beziehen, je mehr aber die Petroleumindustrie zugleich entwickelt wird, um so mehr kann die Zahlung in Petroleumform vorgenommen werden. Damit wird die Forderungs- und Zahlungsbilanz Deutschland gegenüber besser, die Gefahr des Geldexports vermindert, die Landeswährung gesicherter.

Auch der deutsche Warenexport wird, namentlich wenn sich die Banken seiner annehmen, bei diesem internationalen Verkehr seine Rechnung finden. Zur Gewinnung des Erdöls werden Maschinen aufgestellt, zu seiner Versendung Röhrenleitungen, Bahnen, Schiffe gebaut, zu seiner Verarbeitung Chemikalien, zur Beleuchtung des Arbeitsgebietes elektrische Einrichtungen bezogen werden.

Daß das deutsche Kapital, wenn es einmal in einem großen Geschäftszweig erfolgreich geworden ist, auch auf andere überspringen wird, ist wahrscheinlich, und so eröffnen sich neue Perspektiven für den deutsch-rumänischen Verkehr der kommenden Jahre.

Eine Kapitalanlage im Ausland ist auch die Filialengründung heimischer Banken. oder, da sich einem solchen Betrieb manche Schwierigkeiten entgegenstellen, die Schaffung selbständiger Auslandsbanken, welche mit inländischen enge Fühlung halten oder auch von ihnen ganz abhängig sind. Die Auslandsbanken überziehen je nach Bedarf ihr Wirkungsgebiet mit kleinen Zweigniederlassungen und vermehren in dem Maße ihre Kapitalien, als dieses wirtschaftlich fortschreitet. Sie sind in solchen Ländern tätig, deren eigene Kapitalkraft für Bankgründungen nicht ausreicht, oder wo der Sinn für das Bankgeschäft fehlt.

In England unterscheidet man die Colonial und die Foreign Banks, von welchen 1905 die ersteren über 2136 Niederlassungen und ein eingezahltes Kapital im Betrage von 35528420 Pfd. St., die letzteren über 175 Niederlassungen und ein Kapital von 17220498 Pfd. St. verfügten. Die französischen Kolonialbanken mit 136 Niederlassungen besaßen ein Kapital in der Höhe von 326884000 Franken, die holländischen mit 67 Niederlassungen ein solches im Betrage von 98260000 Gulden.

„Leider besitzen wir in Deutschland noch keine Bankinstitute von solcher internationaler Ausdehnung und Bedeutung, daß die im Interesse unseres Exporthandels dringend erwünschte direkte Finanzierung unserer überseeischen Geschäfte sich zurzeit ermöglichen ließe. Unser Außenhandel leidet hierunter empfindlich."

So schrieb M. Schraut im Jahre 1882.[1]) Seitdem ist Deutschland mit voller Kraft in die Weltwirtschaft hineingesegelt. 1884 entstand die Deutsche Überseebank, die 1893 in die Deutsche Überseeische Bank umgewandelt wurde, 1887 die Brasilianische Bank für Deutschland, 1889 die Deutsch-Asiatische Bank, 1895 die Bank für Chile und Deutschland, 1904 die Deutsche Orientbank, 1905 die Bank für Zentralamerika und die Südamerikanische Bank. In diesem letzteren Jahre hatte Deutschland im ganzen 13 Auslandsbanken mit 74 vorhandenen resp. in naher Aussicht stehenden Stellen und mit einem eingezahlten Kapital von ungefähr 60 Millionen Mark.[2])

Der Gedanke, aus welchem diese Auslandsbanken hervorgegangen sind, ist in dem obigen Zitat enthalten. Es kam darauf an, den deutschen Handel von dem indirekten Wechselverkehr, insbesondere von Englands Zahlungsvermittlung zu befreien und damit zugleich den Import und den Export zu fördern. Ohne Zweifel ist die Aufgabe erfolgreich gelöst worden, und die Dividenden, welche die Banken gezahlt haben, beweisen, daß sie sich geschäftlich nicht verrechnet haben.[3])

Je mehr nun diese Unternehmungen im Auslande Wurzel geschlagen haben, um so mehr neue Ziele haben sich ihnen erschlossen, insbesondere sind sie auch dazu übergegangen, deutsches

[1]) Die Lehre von den auswärtigen Wechselkursen. Leipzig 1882. S. 18.

[2]) Genaue statistische und historische Angaben: Die Entwickelung der deutschen Seeinteressen im letzten Jahrzehnt, Sonderheft zur Marine-Rundschau 1905, S. 180—187. — Ferner Richard Rosendorff, die Deutschen Banken im überseeischen Verkehr in Schmollers Jahrbuch 1904. und Emil Herz, Deutschlands ausländische Banken in den Annalen des Deutschen Reichs 1906. — Die Deutschen Banken im Auslande. N. Fr. Presse v. 30. I. 1906.

[3]) Die Entwicklung der Seeinteressen a. a. O. S. 183.

Kapital dem Auslande zuzuführen. So hat z. B. die Deutsche Überseeische Bank dem peruanischen Staate Vorschüsse gewährt und sich an einer Anleihe beteiligt.[1])

Es wurde im fünften Kapitel des ersten Buches ausgeführt, daß das im Auslande angelegte Kapital sowohl aus inländischen wie ausländischen Erträgen gebildet werden kann. Fließt das letztere von Ausländern finanzierten und geleiteten Banken zur Anlagevermittlung zu, so ist es ganz unsicher, ob der Export des Gläubigerlandes etwas davon profitieren wird, die genannten Auslandsbanken hingegen haben Grund genug, die heimische Industrie zu berücksichtigen. Denn je mehr Waren sie dem Niederlassungslande zuführen, um so mehr Provisionen werden sie in Ausübung ihres ursprünglichen Hauptgeschäftes verdienen.[2])

Die Auslandsbanken, obwohl Erwerbsinstitute, übernehmen mit ihrer Tätigkeit nationalwirtschaftliche Funktionen zugunsten des Waren- und Kapitalexportes. Sie mögen sich dessen anfangs nicht bewußt sein, aber in ihrer exponierten Stellung im Auslande, bedrängt von fremder Konkurrenz und angefeindet von einer den Fremden mißgünstigen Presse, bekommen ihre Leiter und Beamten einen scharfen Blick für nationale Vorteile und lernen schneller als zu Hause verstehen, daß politische Größe der stärksten Hebel einer für ihr ökonomisches Wohl ist. In den großen Verhältnissen des Weltverkehrs werden sie zu Staatsmännern erzogen. Die Rückwirkung auf die Banken daheim wird nicht ausbleiben können. Auch diese würden Sinn und Verständnis für allgemeine vaterländische Aufgaben aus ihrem Geschäfte ziehen und dann Ziele planmäßig verfolgen, die sich ihnen zuerst nur als unbeabsichtigte Folgen aufgedrängt haben. Und noch weiteres läßt sich für unser Volk erwarten. Wie die Kämpfe in Südwestafrika, an denen Offiziere und Mannschaften aus allen deutschen

[1]) Einzelheiten in den Hamburger Nachrichten vom 5. Januar 1906: Deutsches gegen englisches Kapital in Peru, ferner in der Information. Berlin, 1. Januar 1906: Deutschland und Peru.

[2]) Das Detail dieses Geschäftes ist hier nicht zu schildern. Es ist vortrefflich zur Darstellung gebracht in R. Rosendorffs Aufsatz a. a. O. S. 1246ff. Daselbst sind auch die Schwierigkeiten beleuchtet, welche sich für die internationalen Zahlungen aus den Valutadifferenzen ergeben.

Gauen teilgenommen haben, das deutsche Bewußtsein belebt haben, so haben auch wirtschaftliche Kämpfe und Strebungen, Welthandel und Kapitalanlage im Auslande unter fähiger Führung die Kraft in sich, einseitige partikularistische und parteistandpunktliche Ansichten daheim zu mildern. Mehr Süddeutsche vor die Front im Weltverkehr. mehr Weltverkehr, um alle Deutschen daran zu erinnern, daß sie national das Höchste leisten können, wenn sie nur wollen!

Drittes Kapitel.

Die Nationalisierung des Kapitals.

Während das werbende Kapital im Besitz von Personen verschiedener Nationalität sein kann, stehen die es zusammenfassenden Unternehmungen, wo sie auch immer ihren Sitz haben mögen, unter der Leitung von Angehörigen eines Landes. Man kann ein Kapital vom Standpunkt eines Landes national nennen, wenn es bei der Verwendung dem entscheidenden Einfluß seiner Bürger unterstellt ist und daher seinen Interessen dienstbar gemacht werden kann. Im Innern der Gläubigerstaaten ist dieser Zustand die Regel, während die Schuldnerstaaten neben fremdem Kapital auch mit fremden Unternehmern zu rechnen haben. Für jene ist es wichtig, daß ihr Auslandskapital dauernd von Landsleuten verwaltet wird, für diese, daß die von auswärts bezogenen Summen in eigne Verwaltung gelangen. Es ist ein großer Unterschied, ob deutsches Kapital in Brasilien in deutschen oder englischen oder in brasilianischen Unternehmungen steckt.

Ein Kapital kann entnationalisiert und kann nationalisiert werden. Belgisches ist z. B. nach Rußland gegangen, und ein belgischer Unternehmer begründet dort mit ihm eine Fabrik. Geht nun dies private Geschäft durch Verkauf in russische Hände über, denen die belgischen Kapitalisten ihr darin angelegtes Kapital zum Betrieb überlassen, so hat für diese eine Entnationalisierung stattgefunden. Umgekehrt — Franzosen können ihr Geld in ein spanisches Bergwerk gesteckt haben, welches von Engländern betrieben wird. Gelangt nun die Kapitalsmajorität in französischen Besitz, so kann auch die französische Verwaltung nachfolgen. Es ist vom Standpunkt der Franzosen nationalisiert worden. Diese sich ergänzenden Vorgänge, bei denen das eine Land an Unternehmertätigkeit gewinnt, was das andere verliert, sind in den gegebenen Beispielen insofern verschieden, als im ersteren ein privatwirtschaftliches Geschäft freiwillig abgetreten wird, im zweiten eine Gesellschaft die Mitglieder wechselt und die Direktion sich deren Willen fügen muß. Die Entnationalisierung wird in beiden Fällen in besonderer Weise vermittelt, und soll sie verhindert werden, so ist auch mit verschiedenen Mitteln gegen sie anzukämpfen.

Ein Land, welches die ausländische Unternehmertätigkeit von sich fernhalten will und doch fremdes Kapital gebraucht, muß es sich auf dem Wege des Kredites beschaffen. Ob ihm das glückt, hängt von seiner politischen Machtstellung und von der Tüchtigkeit seines Unternehmertums, aber auch von der Art des Geschäftes ab. Französische Kapitalisten können nicht erwarten, eine russische Eisenbahn, oder deutsche nicht, in einer englischen Kolonie eine Hafenanlage verwalten zu dürfen. Englische Gesellschaften werden es schwerlich erreichen, in den Vereinigten Staaten Telegraphen und Kabel zu betreiben. Kaufmännische und Bankunternehmungen, Fabriken und Landwirtschaft stehen den Fremden hingegen viel eher zur Bewirtschaftung offen als Eisenbahnen, Kanäle, Häfen und Telegraphen. Denn bei diesen tritt das öffentliche Interesse deutlich hervor, so daß es zu gefährlich erscheint, den Ausländern diese nationalen Machtmittel zu überlassen. Politisch und wirtschaftlich schwache Staaten, wie die mittel- und südamerikanischen, werden freilich froh sein müssen, überhaupt Geld zu solchen Anlagen zu erhalten, und werden die ausländischen Unternehmer und Geschäftsführer nicht abweisen können.

Wenn das Kapital gebende zugleich das verwaltende Land ist, so fließen ihm neben Zinsen auch Unternehmergewinne, Ruhegehalte und Ersparnisse von Direktoren und Angestellten und vielleicht auch Versicherungsprämien zu. Außerdem ist Arbeitskräften die dauernde Gelegenheit geboten, im Auslande sich zu betätigen, zu verdienen. Für die heimische Industrie eröffnen sich Absatzquellen, welche, richtig benutzt, von Jahr zu Jahr reichlicher fließen können. Die Zahl der Landesangehörigen im Auslande wächst mit dem Gedeihen der Unternehmungen, es entsteht eine Fremdenkolonie, die nach und nach ihre Wirksamkeit nicht allein auf die ursprünglichen Ziele erstreckt, sondern immer neue umfaßt. Eine starke landsmannschaftliche Repräsentation verleiht dem Mutterlande politisches Ansehen, das bei internationalen Verträgen wertvoll ist.

Das nationale Wesen wird im Auslande gepflegt und wirkt auch auf das Vaterland zurück, dem mit steigendem Selbstbewußtsein größere Aufgaben erwachsen, dessen Bürgern sich weitere Gesichtspunkte erschließen, dessen Kräfte ausgebildet werden, welche zu neuen ausländischen Unternehmungen führen. Die Bevölkerung des Schuldnerlandes ist von dem Tun und Treiben der Ausländer nichts weniger als entzückt, und Fremdenhaß und Verfolgung, gelegentlich auch Schikane und ungerechte Behandlung sind die bekannten Folgen. Eine einsichtsvolle Regierung, wie z. B. die mexikanische, wird sich indessen sagen, daß nichts verkehrter ist, als alles dies, solange dem Lande eigene Unternehmer und Kapitalien fehlen. Ihre Politik muß sein, die Einheimischen von den Ausländern lernen zu lassen und die fremden Mittel zu benutzen, um die eigenen ökonomischen Kräfte des Landes zu entwickeln und dann die Auslandsgeschäfte zu nationalisieren.

Der Übergang eines Geschäftes von einer Nation zu einer anderen hängt bei privatwirtschaftlichen Betrieben, kaufmännischen oder fabrikmäßigen, unmittelbar von der Persönlichkeit des Inhabers ab. Wenn dieser die Staatsangehörigkeit des Niederlassungslandes annimmt, so ist er nicht bloß national, sondern oft auch volkswirtschaftlich für sein Heimatland verloren. Die Einwanderungsländer üben verschiedene Anziehungskraft zum entgiltigen Dableiben aus. Die Vereinigten Staaten sind stark, die tropischen Gebiete des spanisch redenden Amerikas schwach darin. Außerdem setzen die Nationalcharaktere der Aufsaugung verschiedenen Widerstand entgegen. Die Engländer gehen nicht gern in einem fremden Volke auf, weil sie sich mehr als die anderen Europäer von angeborenen Gefühlsempfindungen leiten lassen, welche durch alles Fremdartige so leicht verletzt werden, die Deutschen, deren Wesen der Göttinger Philosoph Lichtenberg vor mehr als 100 Jahren mit den zwei Worten des Virgil „patriam fugimus" kennzeichnete, besitzen eine große weltbürgerliche, rationalistisch im einzelnen Falle begründete, individualistische

Anpassungsfähigkeit, die ihnen privatwirtschaftlich oft großen Vorteil gewährt hat, aber sie auch oft genug zum „Kulturdünger“ anderer Völker hat werden lassen. Engländer und Deutsche verhalten sich im Auslande demnach sehr verschieden, und das Merkwürdige dabei ist, daß Politiker und Schriftsteller in beiden Ländern die zu weit gehende Eigenart ihrer Landsleute tadeln. In England beklagt man, daß die jungen Leute in der Fremde die dortige Sprache nicht lernen wollen und jede gesellige Berührung mit den Eingeborenen vermeiden,[1] während die deutschen Konkurrenten beides vortrefflich verständen und damit Kundschaft gewännen. In Deutschland hingegen ertönt der Ruf: „Sprecht Deutsch im Auslande und vergeßt niemals, daß ihr Deutsche seid, anders wird das Deutsche Reich seine Weltmachtstellung niemals behaupten können.“

Zwei Prinzipien stehen einander gegenüber: Die Erfahrung lehrt in Anlehnung an die Naturwissenschaft, daß das lebensfähig ist, was sich den äußeren Verhältnissen schnell und sicher anzupassen vermag, die historische Politik, daß nur den Völkern Größe und Dauer verliehen ist, welche ihr eigenes Wesen im strengen nationalen Egoismus zu pflegen verstehen. Haben beide recht — und wer wollte es leugnen, daß es so ist —, so bleibt für den Einzelnen im Auslande die nicht immer leichte Aufgabe, beides verstandesgemäß zu vereinigen. Es ist daher eine der Aufgaben wahrhaft nationaler Erziehung in einem Volke, das zu mindern, was es von Natur zu viel, das zu mehren, was es von Natur zu wenig hat.

Wenn nicht alles täuscht, ist seit der Gründung des Reichs das deutsche Selbstbewußtsein gestärkt worden. Seine weitere Pflege bedeutet auch vom Standpunkt der Kapitalverwaltung im Auslande gesteigerte wirtschaftliche Macht, und jede erfolgreiche nationale auswärtige Politik ist gute Wirtschaftspolitik.

[1] P. R. Broemel, Geschichte des englischen Handels, London 1899, bespricht die Nachlässigkeiten der englischen Geschäftswelt. U. a. hebt er hervor „den Mangel an Sprachkenntnissen der englischen Geschäftsreisenden und die erstaunliche Tatsache, daß die Prospekte und Zirkulare nicht in der Landesprache der auswärtigen Konsumenten verfaßt sind“.

Die Entnationalisierung des Kapitals im Auslande kann auch durch den Druck einer konkurrendierenden fremden Übermacht hervorgebracht werden. Ein spanischer Bankier in Mexiko z. B. ist einer amerikanischen Großbank nicht gewachsen und gliedert sein Geschäft unter Aufgabe seiner Firma ihr an: oder eine deutsche Fabrik in den Vereinigten Staaten muß sich in einen Trust aufnehmen lassen und verliert damit ihre ökonomische Unabhängigkeit: oder ein italienisches Handelshaus in Nordafrika kommt durch andauernde Kredite unter französischen Einfluß, daß es genötigt wird, seine Waren aus Frankreich zu beziehen und seine Verbindungen mit der Heimat abzubrechen.

Es können auch Unglücksfälle, wie Mißernten, Handelskrisen. unerwartete Bankerotte sein, welche die Unternehmungen in der Fremde gefährden und dann ihr nationales Wesen zerstören. Hilfe ist dem Betroffenen nur durch wirtschaftliche Unterstützung aus der Heimat zu bringen, und unter Umständen kann es selbst die Pflicht des Staates sein, mit seinen Finanzmitteln einzugreifen.

Die Gewährung der Staatshilfe setzt jedoch den Nachweis voraus, nicht bloß daß die Gefahr der Entnationalisierung der Unternehmung droht. sondern daß die nationale Erhaltung einem allgemeinen heimischen Interesse entspricht.

Als im Jahre 1870 die Hamburger Firma J. C. Godeffroy & Sohn, welche in dem Südsee-Archipel einen ausgedehnten Handel betrieb und den Plantagenbau im großen Umfange, besonders in Samoa, begonnen hatte, durch die Beteiligung an anderweitigen Geschäften in pekuniäre Verlegenheit geraten war, und als zu befürchten stand. daß der Besitz in englische Hand übergehen werde, die Anstrengungen durch Hilfe befreundeter Häuser oder sonst durch Heranziehung von Privatkapital die Katastrophe abzuwenden vergeblich gewesen waren, legte der Reichskanzler Fürst von Bismarck nach Zustimmung des Bundesrats dem Reichstag ein Subventionierungsgesetz vor, nach welchem der Deutschen Seehandelsgesellschaft, welche den Godeffroy'schen Besitz übernehmen sollte, eine 4½proz. Dividendengarantie auf 20 Jahre zugesichert wurde.[1])

[1]) Stenographische Berichte über die Verhandlungen des Reichstags 1880.

„Zahlreiche", so heißt es in der Begründung der Vorlage „seit der Nachricht über die Krisis des Hauses Godeffroy hier eingegangene amtliche und Zeitungsberichte, Petitionen von in Australien und auf verschiedenen Südseeinseln etablierten Reichsangehörigen und Kundgebungen aus den verschiedensten Kreisen der Nation legen beredtes Zeugnis dafür ab, daß der Verzicht auf die Erhaltung jener Ländereien in deutschen Händen eine schwer zu verwindende Schädigung Deutschlands, seines Ansehens und seiner kommerziellen Stellung in der ganzen Südsee zur Folge haben würde. Die Reichsverwaltung, welche von dieser nationalen Bedeutung der Frage überzeugt war, durfte sich der Erwägung nicht entziehen, ob und wie die nationalen Interessen gegen die Folgen der Krisis des einzelnen Hauses zu bewahren seien."

Von der Begünstigung bestimmter Personen konnte hier nicht die Rede sein, denn der bisherigen Firma war der Besitz unwiderbringlich verloren, es handelte sich allein um eine zeitweise und mäßige Sicherung derjenigen, welche geneigt waren, ihr Kapital dem neuen Unternehmen zur Verfügung zu stellen.

Inwiefern allgemein wirtschaftliche und nationale Ziele hierbei zu verfolgen waren, trat in den Verhandlungen des Reichstags weiter hervor. So wurde zunächst hervorgehoben, was der starke geschäftliche Einfluß in Samoa für Deutschlands Handel und Schiffahrt bedeutete. Die Insel sei der Zentralpunkt des Handels mit dem ganzen Archipel. „Wenn wir diesen Zentralpunkt aufgeben, so ist dies gleichbedeutend mit dem Verlust des Generalstabs in dem Momente, wo man sich zu einer Schlacht vorbereiten will. Es würde dann kaum noch möglich sein, daß die kaiserliche Regierung in derselben Weise wie bisher durch Konsulate, maritimen Schutz und diplomatische Verhandlungen die zerstreuten Kräfte des deutschen Handels in der Südsee sammelte und ebenso wirksam beschützte, falls uns dieser Zentralpunkt verloren gehen sollte."[1])

B. II u. B. IV Anlagen Nr. 101, Entwurf eines Gesetzes betreffend die Unterstützung der Deutschen Seehandelsgesellschaft.

[1]) Aus der Rede des Bundesrats-Kommissars von Kusserow, Stenographische Berichte a. a. O. II. S. 960.

Daneben sei die große kommerzielle Zukunft der Länder nicht zu übersehen, welche den Stillen Ozean umgürten, insbesondere diejenige der Vereinigten Staaten mit dem zu bauenden Panamakanal, des Festlandes von Australien und Japans. Bei dem Austausch dieser Länder werde den Inselstationen mancher Gewinn erwachsen.

In der Gegenwart sei der deutsche Handel in dem Gebiete der Südseeinseln über alle anderen Handelsbeziehungen seefahrender Nationen dominirend. „Wenn wir eine derartige handelspolitische Stellung gefährden müssen, so würden wir sicher in politischer Beziehung einen Fehler begehen.“[1])

Der deutsche Handel und die deutsche Schiffahrt seien aber nicht bloß daran interessiert, deutsche Waren in jenen Gebieten abzusetzen, sondern auch an den Importen und den Rückfrachten, welche aus dem reichen Plantagenbau sich ergeben würden.[2]) Wenn diese Produkte auch der Menge nach nicht ganz dafür ausreichen sollten, so würden die Schiffe durch das Anlaufen des australischen Festlandes ihre Ladung vervollständigen können, so daß die direkten Beziehungen mit den dortigen englischen Kolonien sich lebhafter gestalten müßten.[3])

Die nationale Seite der Angelegenheit fand aber auch noch eine andere Begründung. Der Regierungsvertreter erklärte: „Von dem materiellen Schaden, der dabei dem deutschen Handel zugefügt würde, ist völlig untrennbar eine nachteilige Rückwirkung auf das Ansehen und den Einfluß Deutschlands in jenem Teile der Erde und wohl über denselben hinaus. Alle die mühsam gepflogenen Verhandlungen und erzielten Vereinbarungen zugunsten unserer Landsleute in der Südsee werden zum Teil geradezu gegenstandslos werden, zum Teil im auffälligen Kontraste erscheinen zu dem leichten Preisgeben der wichtigsten materiellen Grundlagen unseres dort erlangten Rechts.“[4])

---

[1]) II. S. 859, Rede des Abgeordneten Fürst zu Hohenlohe-Langenburg.

[2]) II. S. 946, Rede des Abgeordneten Fürst von Hohenlohe-Schillingsfürst.

[3]) II. 952, Rede des Bundesratsbevollmächtigten Reuleaux.

[4]) II. 858, Rede des Unterstaatssekretärs Scholz.

Es war also zu befürchten, daß ein großer Aufwand Gefahr lief, nutzlos gemacht zu werden, die Errichtung von Konsulaten, das Hinaussenden von Kriegsschiffen, der Abschluß von Verträgen mit eingeborenen Häuptlingen und europäischen Mächten, wie Spanien und England.[1]) Eine sorgfältig und planvoll betriebene Wirtschaftspolitik drohte in nichts zu verfallen.

Die Gegnerschaft der Regierungsvorlage im Reichstage bestand aus freihändlerischen Doktrinären auf der linken Seite des Hauses, die darauf sannen, für die große zollpolitische Niederlage von 1879 eine kleine Revanche zu nehmen und in ihrer Verbissenheit nationale Gesichtspunkte für nichts erachteten, eine geringe Rentabilität der zukünftigen Plantagengesellschaft in Samoa behaupteten, welche zu erhöhen den Steuerzahlern nicht aufgehalst werden dürfe. Außerdem hatten sie große Sorge, daß das Reich die Gelegenheit benutzen werde, Kolonialpolitik zu treiben, mit der sie in ihrer kleinbürgerlichen Beschränktheit den Anfang vom Ende der sparsamen deutschen Haushaltungsweise eines braven Familienvaters emporsteigen sahen. Sie wurden darin bestärkt, als der Abgeordnete Mosle die prophetischen Worte ausrief — 4 Jahre, bevor die deutsche Flagge in Lüderitzland gehißt wurde — und die heute nach 27 Jahren verdienen wiederholt zu werden: „Ich habe die Überzeugung, daß die Kolonialpolitik mit Naturnotwendigkeit in ganz kurzen Jahren an uns herantritt, und daß sie dann zuerst mit Fehlern und später mit Erfolg betrieben werden wird. Das ist noch niemals dagewesen, daß ein Staat, wenn er einen ganz neuen Weg unternommen hat, nun gleich auf diesem Wege die reichsten Früchte überall erntet. Auch bei der Kolonialpolitik werden Erfahrungen zu machen sein, große und schwere Erfahrungen, aber das letzte Ende wird segensreich für Deutschland sein.“[2])

Die Samoavorlage des Jahres 1880 wurde mit 128 gegen 112 Stimmen unter der Hilfe des Zentrums abgelehnt, dessen Führer bei den Verhandlungen schwiegen, aber wohl empfinden mochten, daß es sich hier nicht bloß um eine wirtschaftliche Angelegenheit, sondern auch um eine eminent nationale handelte.

---

[1]) II. 850 und 888. [2]) II. S. 879.

Der Reichskanzler griff in die Verhandlungen nicht ein, woraus geschlossen wurde, daß ihm an der Durchbringung der Vorlage nichts gelegen sei, allein der Schluß war nicht begründet, wie die Erklärung des Fürsten von Hohenlohe-Schillingsfürst ausdrücklich hervorhob.[1]) Im Jahre 1884 begannen die kolonialen Erwerbungen des Reichs, welche dem Fürsten von Bismarck um so wertvoller waren, als er mit dieser Politik das deutsche Nationalbewußtsein zu erregen und zu heben unternahm, das nach dem Aufschwung von 1870 in Lethargie zu versinken in Gefahr war.

Die Entnationalisierung eines Auslandsgeschäftes, welches die Form der Aktiengesellschaft hat, kann entweder durch einen Beschluß der Aktionäre durchgeführt werden, auf Grund dessen sie ihren ganzen sachlichen Besitz, z. B. eine Fabrik mit Inventar, mit vorhandenen Roh- und Hilfsstoffen an Ausländer verkaufen und den Erlös nach Liquidation der Gesellschaft unter ganzer oder teilweiser Rückerstattung des eingebrachten Kapitals unter sich verteilen; oder sie vollzieht sich in der Weise, daß die Gesamtheit, wenigstens aber die Majorität der Aktien in die Hand fremder Staatsangehöriger gelangt, welche mittels der Generalversammlung die Verwaltung des Unternehmens nach ihren Landesbedürfnissen einrichten. Ein solcher Vorgang kann dem Emissionslande vielleicht ganz erwünscht sein, wenn es sich um Abstoßung eines Geschäftes handelt, von dem nichts zu erhoffen ist, es kann aber auch, obgleich vielleicht seine Kapitalisten bei dem Aktienverkauf einen guten Gewinn realisiert haben, seine allgemeinen Handels-, Transport- und politischen Interessen außerordentlich schädigen und eine verheißungsvolle Zukunft zerstören; z. B. es gelangte die überwiegend von Deutschen besessene anatolische Bahn in die Hand französischer Aktionäre, oder die Schatungbahn in diejenige der Japaner.

Es gibt auch national gefährdete Unternehmungen, welche zugleich in zwei Ländern zum Zwecke des gegenseitigen Verkehrs betrieben werden. Das bekannte Beispiel der Gegenwart bilden

[1]) II. S. 946.

die Schiffahrtsgesellschaften, welche Europa mit Amerika verbinden. Ihre Kapitalisten haben im Ausland immer einen Teil ihrer Betriebseinrichtungen in Wirksamkeit: Docks, Hafenanlagen, Häuser, Bureaux, Schiffe. Ähnlich ist es bei Kabelgesellschaften, welche einen internationalen Dienst besorgen, jedoch kapitalistisch nur einem Lande unterworfen sind.

Lassen sich nun bei der Internationalität des heutigen Börsengeschäftes Maßregeln finden, welche einer Entnationalisierung solcher Betriebe und des Kapitals vorbeugen können?

Zunächst könnte man an den Patriotismus der Aktionäre appellieren. Es ist zuzugeben, daß es Großaktionäre gibt, welche sich einer solchen Pflicht bewußt sind und ihr gemäß handeln. Sind sie reich, wird ihnen die schwankende Börsenkonjunktur wenig anhaben können, sie realisieren den Kursgewinn nicht, welchen sie durch die andauernde ausländische Nachfrage aus ihren Effekten ziehen können, verkaufen auch nicht, wenn den Baissiers ein Vorstoß an der Börse glückt. Aber nicht alle verfahren so, und am wenigsten diejenigen, welche berufsweise Käufer und Verkäufer von Aktien sind. Von den Effektenbanken kann man nicht erwarten, daß sie ihren Aktienbesitz halten, wenn sich eine gute Gelegenheit bietet, ihn auf dem Markt zu veräußern.

Vielfach ist das Aktienkapital dezentralisiert und die Kleinaktionäre werden der Verlockung zur Abgabe in einer Hausse schwerer widerstehen können als die großen, oder bei andauernd schlechter Konjunktur nicht den Mut haben, wie diese, die Papiere durchzuhalten.[1]) Dazu kommen besondere Momente der Verkaufsnotwendigkeit: Börsenspekulanten müssen verkaufen, um sich im Geschäft zu decken, bei Erbesteilungen, bei der Anlage des Mündelvermögens, bei dem Ankauf von Grundbesitz usw. ist die Veräußerung oft nicht zu umgehen.

[1]) Hamburger Nachrichten v. 21. November 1901. In den schlechten Zeiten 1901 waren die Aktien der Hamburg-Amerika-Linie billig, und die Gefahr lag damals nahe, daß das Ausland viele von ihnen erwarb. Der Marktwert der Dampfer wurde am 1. Januar 1901 auf 134 Millionen Mark veranschlagt, während der Buchwert nur 83 angab. Auch darin lag ein Anreiz zum Kaufen.

Von der privaten Initiative ist nach alledem nur ausnahmsweise etwas zu erwarten.

Weit mehr sind die betroffenen Gesellschaften selbst zu leisten imstande. Sie haben unter Erweiterung des Geschäftes die Möglichkeit, neue Aktien an Landesangehörige auszugeben, wenn die Vermutung besteht,. daß das Ausland stark die alten gekauft hat. Doch darf dieser Schutz nicht zu spät kommen und muß vorbereitet, eventl. von früheren Generalversammlungen bewilligt sein. Eisenbahngesellschaften können z. B. im Auslande Konzessionen zur Anlage von Nebenbahnlinien erworben haben, mit deren Bau sie bis jetzt gewartet haben, nun aber beginnen.

Als es im Herbst 1901 in der Presse bekannt wurde, daß die englische Leyland-Linie durch amerikanische Kapitalisten erworben sei, daß 5 Millionen Mark Lloyd-Obligationen an die amerikanische Versicherungsgesellschaft Mutual überlassen worden, daß durch die Hamburger Firma M. Warburg & Co. mehrere Millionen Mark Paketfahrt-Aktien an die amerikanischen Bankiers Kuhn, Loeb & Co. und J. Schiff verkauft worden, daß ferner durch Wiener Banken ebenfalls solche Aktien für amerikanische Rechnung erworben seien, außerdem die Hamburg-Amerika-Linie und der Norddeutsche Lloyd einen Vertrag mit dem amerikanischen Reeder Morgan zur Abgrenzung der Geschäftssphären abgeschlossen hätten, wurde in Deutschland mehrfach der Besorgnis Ausdruck gegeben, daß die deutschen Linien, welche bisher der eigenen Volkswirtschaft so hervorragende Dienste geleistet hatten, unter amerikanischen Einfluß geraten und ihren nationalen Charakter verlieren könnten.

Obgleich die beiden Gesellschaften diese Befürchtung für unbegründet erklärten, hielten sie es doch für erwünscht — wohl nicht bloß zur Beruhigung des Publikums —, ihre Statuten mit solchen Abänderungen zu versehen. daß nun die Entnationalisierung ungemein erschwert wurde. In diesem Sinne sprach sich der Generaldirektor Ballin von der Hamburg-Amerika-Linie aus:[1]) „Herr Morgan wird nicht daran denken, sich der Hamburg-Amerika-Linie oder des Lloyd bemächtigen zu wollen. Trotzdem

[1]) Interview. Hamburger Börsenhalle vom 11. Nov. 1901.

wollen aber die Gesellschaften den vielfach ausgesprochenen Befürchtungen Rechnung tragen, indem sie ihren Aktionären demnächst vorschlagen werden, in die Statuten solche Bestimmungen aufzunehmen, welche die Wahl von Persönlichkeiten, die nicht deutsche Reichsangehörige sind, in den Aufsichtsrat oder den Vorstand unmöglich machen. Sie werden ferner durch entsprechende Abänderungsvorschläge Fürsorge dafür treffen, daß nicht durch eine zufällige Majorität Beschlüsse gefaßt werden können, die auf den Charakter der Nationalität und die ganze Geschäftsgebarung des Unternehmens einen im nationalen Sinne unerwünschten Erfolg haben."

Demgemäß haben die Generalversammlungen vom 28. Mai und 23. Juni 1902 beschlossen.[1])

[1]) Im § 11 des Statuts der H.-A.-L. heißt es jetzt: Die Mitglieder des Vorstandes müssen deutsche Reichsangehörige sein und ihren Wohnsitz innerhalb des Deutschen Reichs haben. Ebenso in § 15 bezüglich des Aufsichtsrats. In § 19 wird gesagt:

„Bei den Abstimmungen entscheidet die absolute, bei den Wahlen die relative Majorität der abgegebenen Stimmen mit folgenden Ausnahmen:

Bei Beschlußfassung über Abänderung des Gegenstandes des Unternehmens oder über die Vereinigung der Gesellchaft mit einer anderen inländischen Gesellschaft ist eine Mehrheit von drei Vierteln des bei der Beschlußfassung vertetenen Aktienkapitals erforderlich.

Über folgende Gegenstände:

1. Verlegung des Sitzes der Gesellschaft nach einem außerhalb des Deutschen Reiches belegenen Orte;
2. Abänderung der in den §§ 11 und 15, Absatz 1, der Statuten enthaltenen Bestimmungen, nach welchen die Mitglieder des Aufsichtsrats und des Vorstandes die deutsche Reichsangehörigkeit besitzen und innerhalb des Deutschen Reiches ihren Wohnsitz haben müssen;
3. Abänderung der Bestimmungen des § 19 der Statuten mit Ausnahme des ersten Absatzes;
4. Die Auflösung der Gesellschaft

liegt ein gültiger Beschluß nur dann vor, wenn derselbe in einer Generalversammlung mit einer Mehrheit von vier Fünfteln des in derselben vertretenen Aktienkapitals gefaßt und dieser Beschluß in einer zweiten Generalversammlung, welche frühestens sechs Wochen und spätetens acht Wochen nach der ersten Generalversammlung stattzufinden hat, mit einer Mehrheit von gleichfalls vier Fünfteln des vertretenen Aktienkapitals bestätigt worden ist. Der nämlichen erschwerten doppelten Beschlußfassung bedürfen Beschlüsse der Generalversamm-

In der Hamburger Generalversammlung waren 30220 Aktien vertreten, d. h. etwa 30 Proz. der Gesamtheit. Diese Tatsache zeigt, wie bedenklich es ist, wenn eine jede Generalversammlung endgültig eine Verfassungsänderung der Gesellschaft beschließen kann, selbst wenn etwa $^5/_6$ Majorität der anwesenden Stimmen dazu erforderlich sein sollten. Aus diesem Grunde wurde für alle wichtigen Statutenänderungen die Genehmigung durch eine zweite Generalversammlung eingeführt, die einige Wochen nach der ersten stattzufinden hat und den auf dieser nicht vertretenen Aktionären Gelegenheit gibt, ihren Willen kund zu tun.

Es wurden auch andere Maßregeln besprochen, welche zum Schutze gegen die Entnationalisierung ergriffen werden könnten. Der Ersatz der Inhaber-Aktien durch Namens-Aktien wurde als unpraktisch verworfen.[1]) Ebenso wurde der Gedanke der Verstaatlichung a limine von der Direktion mit den Worten abgelehnt: „Die Verstaatlichung der Hamburg-Amerika-Linie würde das größte Unglück sein, das uns betreffen könnte."

Die Verstaatlichung von Schiffahrtsgesellschaften hat schon darum ein großes Bedenken gegen sich, als im Falle eines Seekrieges der neutrale Staat, als Besitzer von Handelsschiffen, leicht in eine politische Verwicklung geraten kann, wenn er sich eine Untersuchung auf Kontrebande durch fremde Kriegsschiffe gefallen lassen muß.

Die Verwaltung der Reedereien hat zudem so manches Eigenartige an sich, für welches die staatlichen Einrichtungen wenig passen, so daß mit den bekannten Gründen zugunsten der Eisenbahnverstaatlichung hier nichts bewiesen werden kann:

1. Der Etat eines Staatsbahnnetzes kann ohne Bedenken der öffentlichen Beratung der Volksvertretung übergeben werden, der-

---

lung, welche den Verlust oder die Einschränkung der Selbständigkeit der Gesellschaft zugunsten ausländischer Unternehmer zur Folge haben würden."

Ähnliche Bestimmungen finden sich in dem Statut des Nordd. Lloyd in den §§ 8, 13, 26, 31.

[1]) Hamburger Börsenhalle vom 28. Mai 1902: „Eine Gesellschaft von 100 Millionen Mark kann die Übertragbarkeit der Aktien nicht dadurch erschweren, daß sie sie auf den Namen stellt." — Äußerung des Generaldirektors Ballin.

jenige der internationalen Schiffahrt aus Gründen der fremden Konkurrenz in der Regel nicht.

2. Der jährliche Wirtschaftsplan jenes läßt sich in der Hauptsache regelmäßig dem Willen des Gesetzes gemäß durchführen, bei dieser können Abänderungen des Betriebes rasch wünschenswert werden, so daß auf die Zustimmung der Volksvertretung nicht gewartet werden kann. Man erinnere sich z. B. an die Transportleistungen der Hamburger Gesellschaft während des russisch-japanischen Krieges.

3. Die Eigenart des internationalen Seegeschäftes verlangt oft rasche Entschlüsse, bei denen Millionen auf dem Spiel stehen. Hier kann der Staatsbeamte die Verantwortlichkeit nicht übernehmen, und auch die Regierung kann in konstitutionellen Staaten niemals so frei sein, um ihn zu so weitgehenden Entschlüssen zu ermächtigen.

4. Überall dort, wo eine schematische Verwaltung angezeigt ist, wie z. B. im durchgebildeten Postwesen, ist der Staatsbetrieb deshalb empfehlenswert, weil die Regierung hier die Möglichkeit und die Macht hat, auf das Beamtenheer gleichmäßig durch Instruktionen zur Ordnung des Verkehrs einzuwirken. Der internationale Seeverkehr hingegen verschiebt sich von Jahr zu Jahr und ist heute weit davon entfernt, irgendwie den Charakter des Stabilen zu tragen.

Wenn also hiernach einer Verstaatlichung der Reederei keineswegs das Wort geredet werden kann, so folgt jedoch daraus nicht, daß es für den Staat außerhalb jeder Möglichkeit liegt, zugunsten der dauernden Nationalisierung der Reederei einzugreifen. So könnte er eine Quote des Aktienbesitzes — z. B. ein Fünftel — erwerben und sie dauernd festhalten. Die Gesellschaft bliebe eine private, die Regierung hätte Gelegenheit, ein Wort bei der Verwaltung mitzusprechen, und Ausländern würde es niemals gelingen, die Generalversammlung zu beherrschen. Um das finanzielle Risiko nach Kräften für den Staat auszuschließen, wäre Sorge dafür zu tragen, daß er sich an nicht gut fundierten Unternehmungen — welche übrigens die Ausländer auch meiden — nicht beteiligt, und daß er bei anderen, falls er nicht schon bei der Gründung mitgewirkt hat, einen Aktienkurs zum Kauf abwartet, bei dem die Gefahr, die Zinsen seiner dazu erforderlichen Schuldaufnahme aus den durchschnittlichen Dividenden nicht decken zu können, auf ein Minimum reduziert ist.

Da bei solchen Reedereien ein Teil des Kapitals im Auslande tätig ist, wird der Staat jetzt auch ausländischer Kapitalbesitzer. Die Wirtschaftspolitik des Exportkapitalismus wird ihm daher um so näher gelegt werden, als ihm selbst finanzielle Erfahrungen zu machen Gelegenheit gegeben sein wird.

Einen Einfluß hat der Staat auf die Schiffahrtsgesellschaften bereits dort, wo er sie subventioniert hat. Daß dieser so weit geht, ihre Entnationalisierung sicher verhindern zu können, läßt sich für die deutschen Linien jedoch nicht behaupten. Die vorhandene Verbindung darf aber als ein Grund angesehen werden, daß der Staat mit allen ihm verfügbaren Mitteln einer drohenden Gefahr entgegentritt.[1])

In England sind nicht bloß private Dampfer-, sondern auch Kabelgesellschaften mit erheblichen Zuschüssen für bestimmte Routen bedacht worden, nachdem dort längst anerkannt worden ist, welchen großen Wert eigene Seetelegraphen für ein Land in militärischer, politischer und kommerzieller Hinsicht besitzen. Die Subvention war dem Staat der Vermittler, um die Gesellschaften dauernd nationalen Zielen dienstbar zu machen. Die Leitungen dürfen in kein fremdländisches Bureau laufen, und Ausländer dürfen nicht als Betriebsbeamte angestellt werden. Ferner haben alle Staatsdepeschen den Vorrang vor den privaten, und im Kriegsfalle kann die Regierung alle Stationen übernehmen und mit eigenen Beamten besetzen. Daran würde sich auch nichts ändern, wenn Ausländer die Aktien erwürben, und das ist Grund genug für sie, sich auf solche Geschäfte gar nicht einzulassen.

Die meisten Kabel der Welt, etwa 90 Proz., sind in der Hand von Privatunternehmern, und zwar gerade darum, weil sie

[1]) Hamburger Börsenhalle vom 4. Dezember 1901: „Der Ankauf der deutschen Linien durch Morgan würde seine Schwierigkeiten haben ...... Der Staat hat beim Lloyd durch Subventionen gewisser Linien doch einen so bedeutenden Einfluß auf die Verwaltung, und die Paketfahrt-Gesellschaft ist auch in mancher Beziehung auf den Staat angewiesen.“

meist einen internationalen Charakter tragen.[1]) Ein Staat gestattet einem anderen nicht gern, öffentliche Befugnisse in seinem eigenen Gebiete auszuüben, wie sie mit der Landung und Benutzung von Kabeln verbunden sind. Diesen telegraphischen Verkehr zu besorgen ist daher dem privaten Exportkapitalismus vorbehalten, womit zugleich die Aufgabe für den Staat besteht, die Einrichtung vor ausländischer Beeinflussung zu schützen.

[1]) Mehrere französische Staatskabel verbinden Frankreich mit Algier, einige englische England mit nahe gelegenen eigenen Inseln. Deutsche Staatskabel gehen hingegen nach Dänemark und Schweden.

Viertes Kapitel.

Die Fabrikgründung im Auslande.

Wenn eine Bank, ein Groß-Handelshaus, eine Fabrik eine Zweigniederlassung im Auslande errichtet, so ist es die Regel, daß es mit eignem, also inländischem Kapital geschieht. Es kommt aber auch vor, daß das Kapital des Niederlassungslandes oder dritter Länder beteiligt wird, weil es an genügend eigenem mangelt, wesentlich bleibt immer, daß die Stammunternehmung die Filiale in der Hand behält, um sie den eignen Plänen unterordnen zu können.

Wir haben uns in diesem Abschnitt nur mit der Industrie zu beschäftigen, welche in der Gegenwart, wenn auch nicht so beweglich wie das Geldkapital, doch den Standort leicht wechseln kann, weil Techniker und Fabrikleiter heute ebensogern das Ausland aufsuchen wie früher nur der Kaufmann, Lohnarbeiter ebenfalls gern wandern oder auch am Niederlassungsort zu finden sind, um sich anlernen zu lassen, Einrichtung und Material zum Betrieb unschwer transportiert werden können.

Der Zweck solcher Filialegründungen ist die Ausdehnung des bisherigen Betriebes, eigne Erfahrung, Routine, Geschäftsbesonderheiten und Geheimnisse, für deren Verwendung die Betätigung im eignen Lande nicht ausreicht, auf ein fremdes Gebiet zu übertragen, und damit den Warenabsatz sich dauernd zu erhalten oder ihn auszudehnen.

Nicht aus dem Bedürfnis, Kapital an sich anzulegen, gehen solche Gründungen hervor, obgleich solches nötig ist, und obgleich seine internationalen Wirkungen in Bilanz, Warenausfuhr usw. nicht ausbleiben, sondern aus der treibenden Kraft der Unternehmungslust, welche Hindernisse bezwingt, die sich der

Erweiterung daheim entgegenstellen. Diese Hindernisse sind verschiedener Art: die Höhe der Transportkosten für Rohstoffe, Ganz- und Halbfabrikate, die Eisenbahn- und Kanaltarifpolitik, Schutzzölle und Einfuhrverbote fremder Staaten. Zugleich können Einrichtungen im Auslande und dort gegebene Zustände einen direkten Anreiz ausüben Fabriken dort zu errichten, z. B. dann, wenn die ausländische Industrie rückständig geblieben ist und sich nicht aus eigner Kraft zu neuen Produktions-Methoden aufraffen kann. Das privatwirtschaftliche Ergebnis der erfolgreichen Filiale statt des Warenexportes bedeutet eine höhere Gewinnquote des ausgelegten Kapitals, welche in das Heimatland zu remittieren ist oder im Auslande weitere Verwendung findet. Das volkswirtschaftliche Ergebnis besteht im folgenden: bei dem Export von Waren werden heimische Hilfsstoffe, Halbfabrikate, vielleicht auch Rohstoffe, Arbeitskräfte, Fabrik- und Transporteinrichtungen in produktive Bewegung gesetzt, die Filiale im Auslande begünstig, wenn auch nur wenig im Anfang, so doch nach und nach, in ähnlicher Weise die fremde Volkswirtschaft. Wird die Filiale schließlich nationalisiert, so ist unbestritten eine Steigerung der wirtschaftlichen Kraft des Landes, in welchem die Industrie eingewandert ist, vorhanden. Die meisten Einwanderungsländer haben die Vorteile auch eingesehen, welche ihnen die Filialengründung bietet, und suchen sie zu fördern, ebenso wie in der Zeit des Merkantilismus der Zuzug der im Auslande konfessionell bedrängten Gewerbetreibenden begünstigt wurde. Das Importland saugt die Zweigniederlassungen schneller oder langsamer auf, je nachdem es durch seine wirtschaftliche und soziale Entwicklung industriell befähigt ist, also z. B. schneller Österreich als Rußland, schneller die nordamerikanische Union als Mexiko.

Wenn auf der ganzen Erde ein vollständiger Freihandel eingeführt würde, so würde zweifellos eine große Verschiebung in der Lagerung der Industrien eintreten. Dennoch würden an vielen Orten solche fortbestehen, die unter ungünstigeren Bedingungen produzierten als andere, weil sie in den der Konkurrenz engegenstehenden Transportschwierigkeiten einen Schutz genössen. Es läßt sich dies bereits innerhalb eines größeren, mit guten Transportmitteln ausgestatteten Wirtschaftsgebietes bei innerem Freihandel nachweisen. Z. B. werden die Nahrungs- und Genußmittel, welche unter Verpackung und langer Transportzeit zu leiden haben, nur ausnahmsweise aus großen Entfernungen bezogen. Allerdings leistet in Deutschland die Post Außerordentliches in Schnelligkeit und Zuverlässigkeit der Beförderung, so daß in den forellenreichen Waldtälern des Schwarzwaldes frische Seefische den Sommerfrischlern vorgesetzt werden, und pommersche Gänse und ostfriesische Hämmel ihre Verzehrer in Straßburg und Basel finden. Andere Produkte, wie Kartoffeln, Rüben, billiges Obst, sind zu wenig wertvoll, um hohe Transportkosten tragen zu können, und suchen daher entferntere Absatzzonen nicht auf. Ähnlich liegt es mit billigem Bier und Wein, und auch die Produktion von Branntwein rentiert sich in manchen Orten Süddeutschlands — ganz abgesehen von etwaigen Steuerbegünstigungen —, obgleich der Norden und Osten vermöge des landwirtschaftlichen Großbetriebes weit mehr dafür geeignet ist. Neben der Transportschwierigkeit sind es gelegentlich andere mehr sekundäre Faktoren, welche die lokale Produktion trotz allgemeiner ungünstiger ökonomischer Bedingungen lebensfähig halten, wie die Bequemlichkeit und Unkenntnis der Verbraucher, die auswärts unbekannte Individualisierung der Ware nach den Bedürfnissen der einzelnen, die herkömmliche Geschmacksrichtung, die Stärke der persönlichen Reklame usw.

Sehen wir also im innerstaatlichen Verkehr schon starke Schranken gegen die örtlich nach den günstigen Produktionsbedingungen gegliederte Arbeitsteilung aufgerichtet, so wird dies im internationalen, auch bei vollem Freihandel, in noch weit höherem Maße der Fall sein, und der Fabrikant eines Landes wird daher, wenn er an dem Markt eines anderen teilnehmen will, unter Umständen besser tun, hier eine Filialfabrik zu errichten, als sich auf den Handel mit seinen in der Heimat erzeugten Waren zu verlassen. So haben amerikanische Unternehmer in dem freihändlerischen England einzelne Fabriken, in welchen sie zu einer besonderen Fertigkeit und Organisation gelangt sind, errichtet.[1]

[1]) P. Dehn, Weltwirtschaftliche Neubildungen a. a. S. 286.

Die Pittsburger Westinghouse Electric Co., welche sich mit der Fabrikation von elektrischen und automatischen Luftbremsen hauptsächlich befaßt, hat 1903 in der Nähe von Manchester eine große Zweigniederlassung errichtet, deren geschäftliche Erfolge sehr günstig gewesen sind. Die neue Fabrik, die mit Hilfe amerikanischer Bauführer und der Einführung amerikanischer Arbeitsmethoden gebaut werden mußte, da die englischen Arbeiter ihre Tagesleistung über ein geringes von ihrem Verbande vorgeschriebenes Maß nicht zu erhöhen geneigt waren, hat ihre Ausrüstung fast gänzlich aus den Vereinigten Staaten bezogen, teils von der Muttergesellschaft selbst, teils mittels Ankäufe auf offenem Markte. An elektrischen und sonstigen Maschinen, an Apparaten und Werkzeugen wurde ein Wert von $2^1/_2$ bis 3 Millionen Dollars zu dem Zwecke nach England importiert. Da sich für die spezielle Technik brauchbare Arbeiter hier nicht vorfanden, entsandte die Pittsburger Fabrik einen Stamm in ihr geschulter Leute, welche nicht bloß vorübergehend dort bleiben sollen.[1])

Auch Liverpool besitzt eine amerikanische Großfabrik, welche von der Diamond Match Co., dem amerikanischen Streichhölzer-Trust, errichtet worden ist. Im Jahre 1902 endete ein scharfer Konkurrenzkampf zwischen der Liverpooler Firma Bryant u. May, welche bisher in der Streichholzbranche eine dominierende Stellung eingenommen hatte, und der Chicagoer Gesellschaft damit, daß die letztere die Kontrolle des Konkurrenzunternehmens erwarb. Die große Fabrik wurde von dem amerikanischen Trust mit den modernsten Maschinen ausgestattet, was zu einer solchen Erweiterung des Absatzes führte, daß zur Verdoppelung der Kapazität in Liverpool eine neue Anlage geplant worden ist.[2])

[1]) Allgemeine Zeitung v. 28. Aug. 1903 und Deutsche Bergwerkzeitung.

[2]) Ebendaselbst. Diese Neuanlage wird etwa eine Million Dollars Kosten verursachen und imstande sein, täglich 300 Millionen Streichhölzer zu liefern. Auch der mit Ausbruch des Krieges in Südafrika aufgegebene Plan der Gesellschaft, in Johannesburg eine große Streichholzfabrik zu errichten, ist nach der Beendigung des Krieges wieder aufgenommen worden. Die Gesellschaft hat ferner in Manila 1904 eine Fabrik gebaut und rechnet auf ein bedeutendes Geschäft auf den Märkten der Philippinen und Ostasiens.

Diese englischen Beispiele[1]) zeigen, daß, wenn auch ein allgemeiner internationaler Freihandel bestände, die Filialbildung im Auslande nicht fehlen würde, indem diejenigen Länder, welche technisch und betriebsökonomisch an der Spitze marschieren und zugleich reichlich über Kapital verfügen, zur Anlage von Zweigniederlassungen greifen würden, wenn diese sich ihnen vorteilhafter als der Export erweisen sollten.[2])

Der Schutz, welchen die schwächeren Industrien unter Voraussetzung des Freihandels in den von den begünstigten Konkurrenten zu überwindenden Transportschwierigkeiten genießen, ist um so größer, je weiter die Standorte der Industrien voneinander liegen, und nimmt ab in dem Maße, als die Transportmittel leistungsfähiger werden. Fr. List glaubte noch, daß die westeuropäische Landwirtschaft keiner Zölle gegen junge Agrarländer bedürfe, da die voluminösen Lebensmittel in den Transportkosten eine unüberschreitbare Schranke bei der Einfuhr finden würden. Es ist daher begreiflich, daß, wenn man den Schutz heimischer Produktionszweige überhaupt für richtig erachtet, man einer Erhöhung der Zölle in der Weise zustimmen wird, als der Transportschutz sinkt.

Ähnlich wie Schutzzölle kann die Tarifpolitik von Eisenbahnen, Dampfschiffen, Kanälen wirken, wenn sie die aus dem

---

[1]) Über eine amerikanische Maschinenfabrik in Hull vgl. Monthly Consular and Trade Reports, Washington 1905, Oktober. Ferner hat der amerikanische Tabaktrust in England eine Anzahl Niederlassungen unter seine Kontrolle gebracht, bei welchem Geschäft jedoch der Zoll mitsprechen kann. Vgl. Bradstreet's 1906, 28. April: „Since the American invasion, leading to the formation of the Imperial Tobacco Company, which includes many of the leading manufactures of England and Scotland, the conditions prevailing in the tobacco trade have undergone considerable change."

[2]) The Nation, New York, B. 73, 1901, S. 295 schreibt über das Vordringen der amerikanischen Unternehmer in England: „Even the most casual observer could not fail to be impressed by the weakness of english municipal transportation as compared with our own (die neue Untergrundbahn in London, die Tube, ist z. B. ein amerikanisches Unternehmen) while the situation in other lines may perhaps be fairly represented by the state of the iron trade, in which many processes, that were discarded by American manufactures, ten years ago, are still employed." Außerdem wird auf die amerikanischen Trusts als vollendete Betriebsorganisation hingewiesen.

Ausland eingeführten Waren ungünstiger als die inländischen behandelt. Sie ist jedoch für den Importeur lästiger als der Zoll, da sie schwieriger zu übersehen ist, Schwankungen leicht unterliegt und der schikanösen Anwendung leichter zugänglich ist. Sie kann auch für die Finanzen des Staates andere Folgen haben, da sich die Verkehrsmittel ganz oder teilweise in privatem Besitz befinden können. Sie ist daher, zumal sie auch praktisch schwieriger zu handhaben ist, ein unvollkommenes Mittel des Schutzes und dürfte bei ehrlicher, offener internationaler Handelspolitik mehr und mehr verschwinden. Für die Anlage von Filialfabriken im Auslande ist sie nicht anders als wie die Zollschranke zu beurteilen.

Der alte, bisher nicht zu schlichtende Prinzipienstreit zwischen Freihändlern und Schutzzöllnern, welcher dem Ansehen der nationalökonomischen Wissenschaft nicht gerade förderlich gewesen ist, läßt sich nicht aus der Welt schaffen, wenn nicht beide den gleichen Maßstab zur Beurteilung des Wirtschaftlebens gebrauchen. Beide behaupten zwar, ihr Ziel sei die Förderung des Gesamtinteresses, aber sie gehen weit auseinander, wenn man sie fragt, was sie darunter verstehen. Während jene es einem möglichst großen Reichtum oder Einkommen gleichsetzen, wollen diese das historisch gegebene, wirtschaftlich soziale und politische Ganze mit seiner Eigenart nicht bloß erhalten, sondern auch im Sinne größerer Vollständigkeit und Vielseitigkeit ausbilden. Das freihändlerische Ideal ist also rein ökonomischer Art, das schutzzöllnerische geht in der Betonung sozialer und politischer Anforderungen weit darüber hinaus, wie denn Fr. Lists „produktive Kräfte", mit denen er sein nationales Schutzzollsystem rechtfertigte, mehr als spezifisch wirtschaftliche Kräfte sind, indem er Unabhängigkeitssinn, nationales Selbstbewußtsein und Stolz, politische Macht, politische Einrichtungen und Grundrechte hinzurechnet, auf welcher Basis sich erst Arbeit und Sparsamkeit lebensvoll gestalten können. Auch H. C. Careys Harmonie der Interessen zwischen Arbeit und Kapital, zwischen den Erwerbszweigen Landwirtschaft, Industrie, Handel und Transport innerhalb der sich frei entwickelnden volkswirtschaftlichen Assoziation ist ein weitgestecktes kulturelles Ziel, das über Tauschwertberechnungen hinausgeht. Der Chamberlainsche Plan des „größeren England" verfolgt ebenfalls nicht bloß wirtschaftliche Ziele in der dauernden Weltmachtstellung, und das „amerikanische System" des Schutzzolles hat sich zum Imperialismus erweitert. Der Schutz der Landwirtschaft ist seit 1879 in Deutschland außer mit ökonomischen Gründen, mit solchen der Erhaltung der Wehrkraft, der Getreideversorgung im Kriegsfalle, der Staatserhaltung im Kampfe gegen die Sozialdemokratie verteidigt werden. Die Freihändler bemühen sich diese einzelnen politischen und sozialen Begründungen zu widerlegen. Ihre Kritik mag hier und da noch so glücklich ausfallen, das Grundprinzip ihrer Gegner wird damit nicht angetastet.

Der Kampf um die Theorie ist seit dreißig Jahren in Deutschland mit jener doktrinären Verbissenheit und persönlichen Gereiztheit geführt worden, wie es in Glaubenssachen seit alter Zeit üblich ist und der eigentümlichen Rassenmischung in unserem Vaterlande entspricht. Unterstützt und immer wieder angefacht wurden die Gegner durch das praktische Interesse, das sich an den Streit für die großen Gruppen des Erwerbslebens anknüpft[1]) und durch die politischen Parteien, denen daran liegt, daß die Streitaxt niemals begraben wird, weil sonst eine Verarmung des Parteiprogramms und der Parteiphrase bevorsteht.

Die Volkswirtschaftspolitik hat wie jede Politik, abstrakt ausgedrückt, die Aufgabe, das reale und klar erfaßbare Gesamtinteresse des staatlich organisierten Volkes zu verfolgen. Daß sie im Innern des Landes die Produktion und den Erwerb an erster Stelle berücksichtigt, ist selbstverständlich, daß sie eine Sozialpolitik mit eigenen Zielen auf allen Gebieten des Erwerbslebens mit einschließt, ist längst anerkannt.

Auch die äußere Wirtschaftspolitik kann gar nicht anders als über das enge Gebiet der ökonomischen Interessen hinausgehen, sobald sie national sein will. Ihre letzte Aufgabe ist, das Ganze unabhängig, kräftig, widerstandsfähig zu machen. Sie bedeutet Kraftentwicklung überhaupt, im einzelnen Wehrkraft, Finanzkraft, geistige und wirtschaftliche Produktionskraft, Mut Völkerkampf

[1]) „Der Kampf zwischen Zöllen und Handelsfreiheit ist der Kampf der Feldflur gegen die Kontore", Worte Napoleons, herausg. von R. Rehlen 1906.

und Konkurrenz zu bestehen, Vorwärtswollen auf allen Gebieten des Lebens und Glauben an die Zukunft des Volkes.[1])

Für Staatswirtschaft ist jedes staatliche wirtschaftliche Tun zu halten, welches diesen weiten Ausblick nie verliert. Eine Wirtschaftspolitik, welches nur wirtschaftliche Ziele kennt, wie Reichtumsvermehrung, Einkommenserhöhung, Kapitalbildung, Überschuß der Produktion über die Konsumtion und dergl. ist eine naive Spezialistenauffassung, welche einer entstehenden, alles ihr Unverständliche eliminierenden Wissenschaft entspricht, und welche übersieht, daß Abstraktionen Denkschemen sind, mit denen es möglich wird, in einen neuen, erst zu bewältigenden Stoff einzudringen.

Von diesem Standpunkte aus ist mehr oder weniger Freihandel durchaus keine Frage des Prinzips, vielmehr nur eine der zeitweisen Zweckmäßigkeit, ein gelegentliches Mittel, die Beziehungen eines Volkes zu einem anderen zu regeln. Wir sind daher auch weit entfernt davon, die Filialgründung von Fabriken im Auslande von der niedrigen Warte der Schutzzölle aus allein betrachten zu wollen und uns durch einen selbstgeschaffenen Horizont zu bornieren.

Trotz der Überlegenheit der Industriestaaten bemühen sich die rein agraren die Anfänge einer Industrie zu schaffen, und diejenigen Länder, welche schon in dieser Richtung fortgeschritten sind, möglichst vorwärts zu kommen. Solange die Weltwirtschaft in staatlich organisierte, selbständige Volkswirtschaften zerfällt, und der internationale Verkehr dafür sorgt, daß der Konsum auf den vielen Gebieten der Erde gleichartige Züge trägt, wird sich daran nichts ändern. Das Ausland ist für jedes Land ein Gegensatz mit wirtschaftlichen Sonderinteressen und daher gilt auch hier die Regel, daß die Kriegsrüstung der beste Friedensbewahrer ist. England ohne Landheer, Deutschland ohne Flotte gleichen Agrarstaaten ohne Industrie, und das Bestreben beider Staaten nach einer vollständigen Landesverteidigung ist ebenso elementar, wie

---

[1]) Wir sprechen hier nicht von den weitgesteckten Zielen der Menschheit überhaupt, welche die Philosophie aufstellt und begründet. Die Politik kann nur das von ihnen aufnehmen, was sich in festumgrenzte Forderungen umgesetzt hat und vom Staate erreichbar ist.

dasjenige Ungarns, Rußlands, Kanadas, Mexikos die gewonnenen Rohprodukte selbst weiter zu verarbeiten. Jede große und lebensfähige Industrie hat nun in sich das Bestreben, zunächst den inneren Markt zu gewinnen und dann auf den fremden überzugreifen. Aus diesen beiden Kräften, dem Schaffen eigner Industrien, wo sie fehlen, und dem Hinausdrängen geschaffener, fertiger auf den fremden Markt erwächst die Erscheinung der industriellen Filialgründung.

Der industrielle Schutz, der so bemessen ist, daß die ausländische Ware den Markt neben der inländischen behaupten kann, bietet für den Ausländer keine Veranlassung, innerhalb der Zollgrenze eine Fabrik zu errichten. Erst wenn der Zoll so hoch wird, daß der fremde Fabrikant und Importeur seines Absatzes teilweise oder ganz verlustig geht, tritt der Zeitpunkt ein, in welchem die immer mit großen Kosten und Gefahren verbundene Gründung im Auslande in Angriff genommen wird. Prohibitive Tarife mit solcher Wirkung sind in der Mac Kinley- und Dingley Bill der Vereinigten Staaten aus den Jahren 1890 und 1897, ferner in der russischen Gesetzgebung von 1877, 1881, 1885 und 1891 und in der französischen von 1881 und 1892 enthalten.[1])

[1]) Eine längere Reihe von Beispielen bei Dr. Eugen Moritz, Eisenindustrie Zolltarif und Außenhandel. Berlin 1902. S. 31 ff.: Feldbahn-, landwirtschaftliche Maschinen-, Stahlguß-, elektrische, Draht-, Lokomotiven-, Armaturen-, Textil-, Wäsche-, Papierindustrie. Es bleibt hierbei offen, inwiefern noch andere Gründe bei der Filialenbildung mitgewirkt haben. — Schriften des Vereins für Sozialpolitik, B. 113 S. 278, Deutsche Fabriken im Auslande; B. 106 S. 32, Belgisches und französisches Kapital in Lothringen, S. 190 Filialen in Rußland und in Österreich. — Allg. Zeitung vom 6. Juli 1905. Deutsche Unternehmungen in Amerika. Unter der Firma German-American Co. wurde eine Gesellschaft, zumeist durch deutsche Kapitalisten, gebildet, die mit einem Aktienkapital von 500000 Doll. in Spray. N.C. eine Baumwollspinnerei errichten wollen, in der vorerst 12000 Spindeln und 360 Webstühle aufgestellt werden sollen. Über die Gründung einer Wollkämmerei und Spinnerei durch zwei große sächsische Firmen teilt der Confectionär folgende Daten mit: Die Firmen Ernst Fr. Weiseflog in Gera und Heinrich Dietel in Wilkau haben in Garfield, N.J., umfangreiche Terrains an sich gebracht, um daselbst eine große Wollkämmerei und Spinnerei zu errichten. Die New Jersey Worsted Spinning Co., wie dieses zweite neue deutsche Unternehmen in Amerika heißt, wird schon Anfang Juli mit dem

Ist die Konzession zur Fabrikgründung erlangt, so wird Direktoren, Technikern, Werkführern, Arbeitern des früheren Exportlandes der Zutritt gestattet, ebenso geht das Kapital unbelästigt über die Zollgrenze, soweit es die Form von Geld oder Forderungsrechten angenommen hat. Kommt das Kapital als Fabrikeinrichtung, so wird der Zoll dafür, falls er nicht als Prämierung neuer Unternehmen erlassen werden sollte. einmal entrichtet werden, und nun können mit ihr jahrelang durch die Zollinie geschützte Fabrikate erzeugt werden. Auf den ersten Blick sieht nun die Sache ganz kurios aus: Der ausländische Konkurrent, gegen den die Zollmauer errichtet worden ist, profitiert von dem gleichen Zoll, der ihm früher das Geschäft zu verderben drohte. und erwirbt sich in dem verschlossenen Lande eine gewinnbringende Kundschaft. Das Kapital hat die Schranken übersprungen, welche gegen sein Wirken errichtet worden sind, so daß es mit Dante sagen kann: „Meine Heimat ist die Welt überhaupt."[1]) Gleichzeitig hat der Staat, welcher seinen Industrien einen Schutz hat gewähren wollen, dazu beigetragen, daß sich neben ihnen Konkurrenten angesiedelt haben. Nun ließe sich einwenden, der Staat, welcher die Filialen nicht will, brauche ja nur die Konzession nicht zu erteilen, und dann sei ja der vollkommenste Schutz den eingeborenen Industriellen zuteil geworden. In der Tat ist dieser chauvinistische Ratschlag gelegentlich erteilt worden, aber die Regierungen haben ihn doch nur ausnahmsweise befolgt. Und zwar aus guten Gründen. Wird die Konzession einem Ausländer nicht gewährt, so tritt für ihn ein Inländer mit seinem Namen ein. und die Filiale — obgleich sie dies im ökonomischen Sinne bleibt — erscheint in der Form einer selbständigen Gesellschaft. Ein solcher Strohmann muß zwar von dem ausländischen Kapital bezahlt werden, so daß die Gründungsspesen erhöht werden, verhindert wird hiermit die Unternehmung nicht. Aber sehen wir auch von dieser Umgehung ab, so haben jedenfalls im allgemeinen die industriell niedriger stehenden, aber bereits für Industrien entwicklungsreifen Länder

Bau der Fabrikgebäude beginnen, damit der Betrieb im Laufe des Jahres 1906 in vollem Umfange aufgenommen werden kann.

[1]) De vulgari eloquio Bd. I cap. 6.

ein großes Interesse daran, daß sich ausländische Fabrikanten bei ihnen niederlassen. Sie verschaffen sich damit neue Produktivkraft, welche weiterhin zu einer allgemeinen auch von Inländern geübten werden kann.

Nehmen wir an, daß anfangs die Filiale alle Arbeitskräfte und Kapitalien aus dem Heimatlande mitgebracht habe, so hat doch das Einwanderungsgebiet in der Regel den Vorteil, daß seine Bauarbeiter bei dem Bau der Fabrik beschäftigt werden, daß seine Angehörigen Grundbesitz verkaufen oder verpachten, daß seine Roh- und Hilfsstofflieferanten, wie die Kohlen-, Eisen- und Holzhändler, ebenso wie die Verkäufer von Lebens- und Genußmitteln, die Gastwirte, Detailisten, die Inhaber der Verkehrsmittel, endlich der Staat als Empfänger von Steuern und Gebühren verdienen. Im Verlaufe der Zeit werden einheimische Arbeitskräfte herangezogen und angelernt und später auch Werkführer und Aufsichtsbeamte. Die Fabriksprache wird die des Landes, die Ware hat sich dem Geschmack seiner Bewohner angepaßt, und selbst das Kapital, das bei dauernder Prosperität des Unternehmers vergrößert worden ist, braucht kein ausschließlich ausländisches mehr zu sein. Da die Bezeichnung der Firma vielleicht schon von Anfang den fremden Ursprung nicht verriet, so ist dann ausländisch allein die kaufmännische und technische Leitung und der Gewinnbezug. Dieser letztere wird freilich oft genug angefochten und mit einem rücksichtslosen Beutezug verglichen, aber abgesehen davon, daß er bei dem Risiko und der Mühseligkeit des Geschäfts höher sein muß als im Ursprungslande des Kapitals, so entfällt ein gutes Stück der Übertreibung auf den Fremdenneid, welcher sich hier oft als recht kurzsichtig erweist.

Die russische Industrie ist sehr gefördert worden durch die Einwanderung belgischer, französischer, deutscher Kapitalien und Unternehmer. Die Presse ist oft von Haß und Mißgunst gegen sie erfüllt gewesen, wenn die Ausländer einmal ordentlich verdient hatten, während sie die schlechten Jahre vergaß, welche vorausgegangen waren. Die Regierung[1]) teilte solche Anschauung

[1]) „Der Zufluß ausländischer Kapitalien wirkt auf Rußland wie der Regen auf den Acker: er belebt die Industrie und befruchtet die Wirtschaft des

meist nicht und wußte sehr wohl, was das Land der westeuropäischen Verschuldung zu danken gehabt hat.

Daß die Einnahmen der Belgier durchaus nicht immer glänzend gewesen sind, ist in dem nachstehenden Bericht der Deutschen Exportzeitung[1]) nachgewiesen. „Belgisches Kapital ist in Rußland in Höhe von 494306000 Franken an 148 industriellen Unternehmungen beteiligt. Trotz der ungünstigen Geschäftslage im Jahre 1898, die vielen Gesellschaften Verluste brachte und einige sogar veranlaßte, ihre Geschäfte zu liquidieren, sind 1899 doch gegen 40 neue Unternehmungen mit einem Grundkapital von 135000000 Franken ins Leben getreten. Die Aktien dieser Gesellschaften stehen im allgemeinen nicht günstig, was die belgischen Geschäftsleute damit erklären, daß es ihnen an Absatz mangele Es mag jedoch auch der Umstand nicht ohne Einfluß sein, daß ein großer Teil der Aktionäre aus kleinen Leuten besteht, die gleich im ersten Jahr sehr hohe Dividende erhofften, und als zunächst die Einnahmen ausblieben, alle ihre Aktien auf den Markt warfen, was auf deren Kurs den allerungünstigsten Einfluß ausüben mußte. — Die Hauptmasse des belgischen Kapitals hat sich der Bergwerks- und metallurgischen Industrie im Südwesten und im Zentrum des Reiches zugewandt. Die Resultate der Tätigkeit von 73 Gesellschaften (über die genaue Angaben beschafft werden konnten), stellten sich für 1899 wie folgt: Das Kapital betrug 265685000 Franken, 56 Unternehmungen lieferten Reinerträge, 17 waren verlustbringend. Der Gesamtertrag betrug 17532750, der Gesamtverlust dagegen 4014638 Franken, mit anderen Worten der Gesamtgewinn überstieg den Gesamtverlust um 13518118 Franken, was für alle belgische Unternehmungen in Rußland zusammen 2,7 Proz. Reingewinn ergab. Wenn man hingegen diesen erwähnten Gewinn

ganzen Landes. Daß durch geflissentliches Ignorieren dieser Vorteile und durch Aufstöbern von Gefahren dem Lande und den Interessen des Volkes keine guten Dienste erwiesen werden, liegt klar auf der Hand. Wir brauchen nicht zu erwähnen, daß die russische Regierung die Bedeutung des ausländischen Kapitals stets richtig gewürdigt hat." Der Russisch-Deutsche Bote 1901, Nr. 21.

[1]) Deutsche Exportzeitung vom 5. November 1900.

auf die eigentlich nur in Frage kommenden 73 Gesellschaften verteilt, so ergibt sich ein Reingewinn von mehr als 5 Proz."

Den französischen Unternehmungen ist es ebenfalls nicht besonders ergangen und „sie würden es als eine arge Ironie empfinden, wenn man in ihren Geldschränken nach fetten Dividenden suchen wollte."[1])

Der Haß gegen das Ausländertum ist in Rußland keine neue Erscheinung. Es war wohl nie stärker als zur Zeit Peter des Großen, der mit rücksichtsloser Brutalität und der Knute die westeuropäische Zivilisation auf das in christlichem und anderem Aberglauben tief versunkene und auf asiatischer und orientalischer Halbkultur aufgebaute Zarenreich aufzupfropfen suchte. Wie damals kein Volk des Westens ein Bildungsmonopol ausübte, indem holländische, französische, deutsche Einrichtungen, Lebensgewohn-

[1]) Der Russisch-Deutsche Bote 1901 Nr. 47 schreibt:

„Der St. Petersburger Herold macht darüber folgende Mitteilungen: Als eine der einträglichsten Anlagen Südrußlands wird die von der Cockerill-Gesellschaft gegründete „La Dnjéprovienne" oder, wie sie in Rußland genannt wird, Metallurgische Dnjepr-Gesellschaft bezeichnet, deren Dividenden schon oft als ein Beispiel dafür hingestellt wurden, wie vorteilhaft es sei, Kapitalien in Rußland zu plazieren. Trotz der kürzlich erfolgten Erhöhung des Grundkapitals macht sich bei dieser Gesellschaft ein akuter Mangel an Betriebskapital bemerkbar; ihre Aktien sind um die Hälfte im Preise zurückgegangen. Die französische Donez-Gesellschaft zahlt schon das neunte Jahr keine Dividende, obwohl sie ständig Staatsbestellungen auszuführen hat. Dies sind die vornehmeren unter den metallurgischen Unternehmungen Südrußlands; mit den übrigen sieht es noch schlechter aus. Die Wolga-Ural-Gesellschaft befindet sich unter Administration und beschäftigt statt 4000 nur 1200 Arbeiter. Die Pariser Bank, welche jene Gesellschaft finanziert hatte, mußte ihre Zahlungen einstellen. In einer ähnlichen Lage befindet sich die Wolga-Wischera-Gesellschaft, deren Aktien von 730 auf 30 Franken zurückgegangen sind. Die französische Gesellschaft „Kriwoi Rog" hat einen Hochofen außer Betrieb gesetzt, die Aktiengesellschaft „Hauts Fourneaux de Toula" hat die Arbeit eingestellt und ist außerstande, die Zinsen ihrer Obligationen zu zahlen. Die Donez-Jurjewer Gesellschaft ist unter Administration gestellt, während die Gesellschaft „Hauts Fourneaux de Biélaia" keine Mittel findet, ihre Fabrik fertig zu bauen. Nachdem die Fusion der „Ateliers Franco-Russes" mit der „Estampage du Donetz" mißlungen war, mußte das erstgenannte Unternehmen seine Zahlungen einstellen. Die Gesellschaften „Métallurgique du Nord" und „Mines de fer Rakhmanowka" befinden sich in einer prekären Lage."

heiten, Wissenschaft und Philosophie sich gleichzeitig einbürgerten, so ist auch heute nicht ein einzelnes Land, von dem Rußland seine modernen technischen und kapitalistischen Anregungen empfangen hat. Sobald in einem Lande einige Filialen oder Gründungen eines anderen bestehen, kommen die unternehmenden Kapitalisten dritter Länder herbei, um an den eben erschlossenen Gelegenheiten teilzunehmen. Auch wenn die Erwerbsaussichten nicht die besten sind, so fehlt es, sobald die Konjunktur es nur einigermaßen gestattet, nicht an Versuchen, da jede blühende Industrie, welche den Inlandmarkt bereits beherrscht, ein starkes Bedürfnis nach Expansion im Ausland fühlt. So haben seit dem Jahre 1900[1]) auch Nordamerikaner angefangen, in Rußland Fabriken anzulegen, und wenn diese gedeihen sollten, so würde nicht einmal mehr von einem westeuropäischen Monopol die Rede sein können.

Der Krieg gegen Japan 1904 bis 1905 und die Revolution haben der ausländischen Invasion einen starken Dämpfer aufgesetzt. Die fremden Unternehmungen, besonders in der Metallbranche, sind gefährdet, und soweit sie in Konkurs geraten, ist das Ausland zunächst geschädigt. Für Rußland wird eine solche Krise ökonomisch zwar auch bedenklich, und der industrielle Entwicklungsgang kann für Jahre gehemmt werden. Aber was die Fremden übrig lassen an Bauten, Einrichtungen, Schulung der Arbeiter, werden die Einheimischen sich billig zu eigen machen und bei wiederhergestellter Ruhe zu neuem Leben erwecken.[2])

Die bisherige Betrachtung der ausländischen Fabrikgründung ist von dem Gedanken ausgegangen, daß die inländischen Unternehmer das Ausland aufsuchen. Es ist das sowohl die Folge der kapitalistischen Ausdehnungsbedürftigkeit als auch des Um-

[1]) Eine Anzahl Beispiele bringt die Illinois Staatszeitung vom 28. Februar 1900. Westinghouse Electric and Mfg. Co., Standard International Pump Co., Singer Nähmaschinen.

[2]) Die russische Textilindustrie hat bis jetzt — Herbst 1906 — die Revolution besser überstanden, als man vermutete. Die Nachfrage für Militärbekleidung ist groß, und die vorhergehende Überproduktion ist durch die vielen Streiks beseitigt.

standes, daß die Anlage in fremden Gebieten rentabler als im eigenen ist, oder wenigstens so erscheint.

Ein damit zusammenhängendes Motiv ist die ungünstige Lage der einheimischen Industrie, deren Gewinne immer mehr geschmälert werden, weil die Ansprüche der Arbeiterschaft ihr unerträglich werden,[1]) oder weil die Rohstoffe bei den niedrigen Weltmarktpreisen der Fabrikate ihr zu teuer sind,[2]) oder weil sie die Bewegungskraft ihrer Maschinen an ihrem Sitz höher als an anderen Orten bezahlen muß. Die Motorkraft für die Industrie war während des neunzehnten Jahrhunderts vornehmlich durch den Kohlenpreis bestimmt, am Ende desselben beginnt die Wasserkraft für elektrische Anlagen konkurrierend aufzutreten. Die Lage der natürlichen Wasserläufe wird für die Filialanlagen von Industrien in Zukunft bedeutungsvoll werden, mag nun die gesunkene Produktionskraft des Mutteretablissements oder auch deren Ausdehnungsbestreben die nächste Veranlassung dazu sein.

Ist es die privatwirtschaftliche Not, nicht der Druck von überschüssigen Mitteln oder der Wunsch, den Gesamtbetrieb zu erweitern, was die Industrie ins Ausland treibt, so kann es die Aufgabe der Handelspolitik sein, dagegen anzukämpfen. Wenn

[1]) z. B. Erklärung des Verbandes Bayerischer Metallindustrieller (Allgem. Zeitung 7. Juni 1905): „Wird durch Erhöhung der Arbeitslöhne, durch Verkürzung der Arbeitszeit die Produktion noch ungünstiger gestaltet, so wird der bayerischen Metallindustrie der Boden für ihre Existenz entzogen, und sie muß ernstlich eine Verlegung der Arbeitsgebiete in Erwägung ziehen." Die Möglichkeit, das Ausland aufzusuchen, ist hierin eingeschlossen.

[2]) Zu den teueren Rohstoffen ist z. B. die Baumwolle zu rechnen, deren Preis amerikanische Spekulanten schon wiederholt so in die Höhe getrieben haben, daß die englischen Fabrikanten in die ärgste Verlegenheit gekommen sind. Im Hinblick darauf schrieb die „Daily Mail" im Sept. 1904: „Wenn die englische Industrie auf sicherer Basis arbeiten will, so muß sie ihren Bedarf aus einem größeren Gebiete beziehen. In der Vergangenheit hat das Reich relativ viel größere Quantitäten von Rohbaumwolle fabriziert als heute, und in Westindien, Westafrika und Ägypten besitzen wir Gebiete, die außerordentlich geeignet sind zum Bau von Baumwolle. Wenn wir aber nicht energische Schritte tun, und wenn wir uns, wie in der Vergangenheit, auf unser Glück verlassen, so können wir erleben, daß unsere gewaltige Baumwollindustrie zwischen der Auswanderung nach Amerika und dem Untergang zu wählen hat."

der Schutzzoll das geeignete Mittel sein sollte, so haben wir hier die auffallende Erscheinung, daß er die unmittelbare Veranlassung ist, die Auswanderung der Kapitalien zu verhüten, während man ihm sonst das Gegenteil vorwirft.

Es ist oben erwähnt worden, daß Länder mit industriellen Schutzzöllen einerseits die Absicht haben, den Eingang fremder Waren zu erschweren, andererseits denjenigen der Kapitalien und neuer Unternehmungen zu erleichtern. Sie können indessen in ihrer Bedürftigkeit nach eignen Industrien noch über die Erlaubniserteilung hinausgehen und die Industriellen anderer Länder geradezu auffordern, sich unter ihrem Schutze niederzulassen.

Im Sommer 1905 nach dem Abschluß des deutsch-österreichischen Handelsvertrages wurde es für eine Reihe deutscher Industrieller zweifellos, daß die Wareneinfuhr nach Österreich erschwert werden würde, und es gehörte keine besondere Prophetengabe dazu, vorauszusetzen, daß die Filialbildung deutscher Unternehmungen in Österreich, welche schon eine mehr als zwanzigjährige Geschichte hinter sich hat, in verstärkter Weise als bisher aufgenommen werden würde. Da auch Deutschland höhere Zölle auf verschiedene Fabrikate gelegt hat, so ist es nicht ausgeschlossen, daß auch österreichische Fabrikanten in Deutschland Zweiganstalten anlegen werden, doch ist eine Kompensation gegenseitiger Kapitalanlagen nicht zu erwarten, da die industriellen Kräfte, wenn auch untereinander vielfach verschieden, doch nicht kapitalistisch und technisch gleich fortgeschritten sind. Je mehr ausgebildet und hochstehend die Industrie ist, um so mehr beherrscht sie die Tendenz, das Ausland in Waren oder Kapitalform aufzusuchen.

Schon im März 1905 ging durch bayerische Zeitungen die Notiz, daß das Staatsministerium des Königlichen Hauses und des Äußeren infolge der vom österreichischen Erzgebirge ausgehenden Propaganda zur Errichtung von deutschen Zweigfabriken daselbst die bayerischen Handels- und Gewerbekammern ersucht habe, über Wahrnehmungen einer etwaigen Folgeleistung Bericht zu erstatten. In einem Rundschreiben des Zentralkomitees zur Beförderung der Erwerbstätigkeit der böhmischen Erzgebirgsbewohner in Prag an sämtliche deutsche Handelskammern wird u. a.

folgendes hervorgehoben:[1]) „Da unser böhmisches Erzgebirge die besten Unterlagen für Errichtung derartiger Zweigfabriken bietet, die vielfachen Bahnanschlüsse namentlich sächsischerseits eine bequeme, billige und rasche Überwachung von den Hauptfabriken aus ermöglichen und zudem Wasser- und Arbeitskräfte reichlich und verhältnismäßig billig vorhanden sind, erlauben wir uns auf dieses Gebiet ganz besonders aufmerksam zu machen. Noch einen Umstand möchten wir hervorheben, der nicht zu unterschätzen ist. Unser ganzes Erzgebirge liegt im geschlossenen deutschen Sprachgebiet und ist infolgedessen von slawisch-nationalen Streitigkeiten ganz verschont. Unser Komitee, das seit nahezu fünfzig Jahren die Mission der kulturellen und volkswirtschaftlichen Hebung des böhmischen Erzgebirges übernommen hat, würde in bereitwilligster Weise zur Seite stehen und mit Rücksicht der Kenntnis der lokalen Verhältnisse mit Rat an die Hand gehen, welche Orte sich für einzelne Industrien besonders eignen würden. Unsere höfliche Bitte geht nun dahin, die geehrte Handelskammer möchte die Industriellen ihres Gebietes auf unsere Intentionen aufmerksam machen und eventuelle Interessenten direkt an unser Komitee verweisen."

In einer Zuschrift des Bürgermeisteramtes von Bodenbach an eine Reihe deutscher Fabrikanten wird dieser Ort für die Anlage industrieller Etablissements als besonders geeignet hingestellt.[2]) Von Linz aus hat die Handels- und Gewerbekammer für Oberösterreich ihr Gebiet besonders angepriesen.[3]) „Dieses Land zwischen Bayern und Niederösterreich, Böhmen und Steiermark gelegen, bietet infolge seiner reindeutschen Bevölkerung und seiner Kulturentwicklung, günstiger Eisenbahnknotenpunkte, elektrischer Kraftanlagen und noch vieler unbenutzter Wasserkräfte für diese industriellen Niederlassungen solche Vorteile, daß ihm der Vorzug vor allen andern, bei der Wahl des Ortes der Niederlassung in Betracht kommenden Ländergebieten gebührt, sowie bereits vor 25 Jahren aus demselben Anlasse die Ansied-

[1]) Mitteilungen des Handelvertragsvereins, Nr. 9 v. 5. Mai 1905.
[2]) Frankfurter Zeitung Nr. 115 vom 26. April.
[3]) Im Mai 1905. mitgeteilt in der Allgemeinen Zeitung vom 8. Juni 1905.

lung großer deutscher Fabriken in Oberösterreich speziell in Linz stattgefunden hat." Im Hinblick auf diese und andere Anpreisungen schrieb die Allgemeine Zeitung:[1]) „Die Anlockung reichsdeutscher Industrien zur Auswanderung bezw. Filialengründung auf österreichischem Gebiete wird österreichischerseits geradezu systematisch betrieben. Es tritt ja bei dieser Agitation nur selten zutage. wie die deutschen, namentlich die bayerischen Fabrikanten mit allen Mitteln der Überredung und mit den verlockendsten Verheißungen zur Übersiedelung auf österreichischen Boden bearbeitet werden. Die böhmischen und oberösterreichischen Gemeinden und wirtschaftlichen Korporationen überbieten sich dabei an Lobpreisungen der wirtschaftlichen Vorzüge ihrer speziellen Orte oder Gegenden. Die Zirkulare an die reichsdeutsche Industrie gehen fast alle Tage hinaus." Die hier gegebenen Einzelheiten sind beweiskräftig für den oben ausgesprochenen Satz. daß das Streben aller zurückgebliebenen Länder ihre Industrie möglichst zu entwickeln, auch als eine stark mitwirkende Triebkraft der Filialbildung anzusehen ist. Die Zollmauer ist eine Erleichterung des Gelingens, aber auch ohne dieselbe würde die Bestrebung vorhanden sein.

Nun ist es unverkennbar, daß durch die Verlegung solcher Fabriken über die Landesgrenze dem Ursprungslande Ausfälle entstehen an Steuern, an gezahlten Arbeitslöhnen, in der Nachfrage nach Lebensmitteln usw. Wenn der bisherige zollpolitische Zustand in Österreich geblieben wäre, so würde die deutsche Industrie zunächst besser daran gewesen sein. Aber das Bestreben Österreichs, seine Industrie weiter auszubauen. würde dadurch nicht berührt worden sein. Voraussichtlich würde sich nur der Vorgang langsamer vollzogen haben, aber ausgeblieben wäre er nicht. Entweder hätte er sich ganz auf österreichische wirtschaftliche Kräfte stützen, oder ausländisches, vor allem deutsches Kapital zu Hilfe nehmen müssen. Im Hinblick darauf werden wir sagen dürfen, daß sich der gegenwärtige dem als Eventualität gesetzten vorzuziehen ist. Denn er gibt den deutschen Unternehmern eine gewisse zeitweise Kontrolle im Ausland, das Kapital

[1]) vom 30. Mai 1905.

ist national geblieben, wie wir den Zustand im vorigen Kapitel bezeichnet haben.

Die Schutzzollpolitik im Anfang des zwanzigsten Jahrhunderts ist in ihrem inneren Wesen anders zu verstehen als in den Jahren, in welchen der deutsche Zollverein gegründet wurde. Damals wurden die Zölle — von ihrer finanziellen Seite wird hier abgesehen — in der Theorie als Erziehungszölle gerechtfertigt, wobei der Erwachsene, der dem Kinde zum Vorbild zu dienen hatte, England sein sollte. Die Anschauung war insofern verfehlt, als in der Zeit der technischen Wissenschaften und der wissenschaftlich gehandhabten Technik die Industrie keinen Höhepunkt kennt, der als Abschluß gelten könnte. Die Fortschritte gehen immer weiter, und diejenigen Völker, welche im allgemeinen Weltlauf zurückbleiben, suchen, so gut sie können, durch Schutzzölle und andere Mittel ihre Konkurrenzkraft zu stärken. Man könnte folgern, daß diejenigen Länder, welche industriell den übrigen voraus sind, auf den Schutz Verzicht leisten würden, wie das z. B. Deutschland und den Vereinigten Staaten empfohlen worden ist. Allein es besteht erstens die industrielle Überlegenheit eines Landes niemals auf allen Gebieten, sondern umfaßt nur Spezialitäten, zweitens hat der einseitige Freihandel eines Landes nur dann einen Sinn, wenn die geschützten Länder, mit denen es im internationalen Verkehr steht, industriell so zurück sind, daß sie einerseits in das Freihandelsgebiet nicht eindringen können, andererseits trotz ihrer Zölle die Fabrikate aus ihm noch aufnehmen. Eine solche Differenz unter den Volkswirtschaften besteht indessen heutzutage nicht. Es mag sein, daß England von 1850—1880 einer solchen Überlegenheit sich rühmen konnte, seit dem Schluß dieser Periode hat der Freihandel in England fortgesetzt an Anhängerschaft verloren.

Die Schutzzollpolitik hat in der Zeit des billigen Transportes und des Exportkapitalismus noch einen anderen Sinn als zurückgebliebenen Industrien das Leben zu erleichtern. Sie sorgt dafür, die Kapitalmassen in den einzelnen Wirtschaftsgebieten zu dezentralisieren. Bestände ein industrieller Freihandel z. B. zwischen den europäischen Staaten und Nordamerika, so würde dies die Folge haben, daß sich eine ungeheure Konzentration der Betriebe auf Grund internationaler Kapitalien und Auswanderungen so lange vollziehen würde, als nur die Transportraten den Absatz der Fabrikate gestatteten. Die so entstehenden Weltmonopole, die sich keineswegs gleichmäßig über die Länder verteilen würden — die Vereinigten Staaten würden den Löwenanteil der Eisen-, Stahl-, Textilfabriken an sich reißen —, müßten einen schweren Druck auf alle Konsumentenländer ausüben, so daß sie alsbald wieder zum Zollschutz zu greifen sich genötigt sehen würden.

Die Völker haben also guten Grund, sich mit Zöllen gegeneinander abzugrenzen, solange sie ihre wirtschaftliche Selbständigkeit bewahren wollen. Es wird daher auch die Filialbildung fortbestehen und bis auf weiteres noch einen größeren Umfang als bisher annehmen.

Eine Gegenwirkung kann von den Kartellen und Trusts ausgehen. Daß internationale Gesellschaften mit einheitlicher Leitung der Produktion geschaffen werden und Bestand haben, ist unwahrscheinlich. Wohl aber ist zu erwarten, daß unter den großen nationalen Verbänden Abmachungen über die Grenzen der Absatzgebiete zustande kommen. Soweit von solchen kartellierten Industrien die internationale Konkurrenz ausgeschaltet wäre, würde auch die Filialbildung im Auslande nicht weiter fortschreiten können. Es ist aber zu vermuten, daß sich diese internationalen Verträge nur auf wenige, wenn auch wichtige Industrien erstrecken werden.

Fassen wir kurz zusammen: Die Filialbildung von Fabriken liegt sowohl im Interesse des kapitalgebenden als auch des empfangenden Landes. Das erstere verstärkt sein Besitzeinkommen und gewinnt auf die ausländische Industrie einen gewissen, wenn auch nur temporären Einfluß. Das zweite erhält mehr industrielle Kraft, welche es in die eigene Volkswirtschaft völlig einzugliedern hofft.

Die zunehmende Industrialisierung der Welt ist eine Tatsache, mit welcher jede Weltwirtschaftspolitik zu rechnen hat. Manche Gebiete mögen ungeeignet sein, in anderen mag der Vorgang nur ausnahmsweise oder langsam glücken, aber im ganzen können die heutigen Industriestaaten auf eine andauernde Vorherrschaft nicht rechnen. Den Gang der Entwicklung kann niemand aufhalten, und sollte ein Staat seinen Untertanen die Gründung in einem anderen verbieten, so würden davon die Geschäftsleute eines dritten nur Nutzen ziehen. Das Richtige ist daher, die Hand rechtzeitig im Spiele haben. Soweit der Weltverkehr erschlossen ist, wird auch — die natürlichen Bedingungen vorausgesetzt — die Verallgemeinerung jeder Art von Produktionstechnik nicht zu verhindern sein. Die Filialbildung ist nur eine Form dieses allgemeinen Prozesses. Wir haben in dem vorigen Abschnitt der „Nationalisierung des Kapitals" das Wort geredet, und das ist in der Tat das einzige, was den Staaten, welche Geld und Menschen fortgeben, als praktische Maßregel empfohlen werden kann. Es ist in ihrem Interesse, so lange wie möglich den Einfluß zu wahren, für ewig sind wirtschaftliche Zustände nicht haltbar. Die ökonomische Welt steht nicht still, eine Neuerung schiebt die andere. Für ein tatkräftiges Volk bietet sich immer wieder Gelegenheit zuzugreifen. „Carpe diem" heißt es auch hier.

Fünftes Kapitel.

Die internationale Kapitalbewegung und die allgemeine volkswirtschaftliche Konjunktur.

Während des neunzehnten Jahrhunderts hat in den ökonomisch fortgeschrittenen, d. h. mit Großindustrie, Großhandel und Auslandsgeschäft besonders ausgestatteten und auch als Reflexbewegung in vielen niedriger entwickelten Volkswirtschaften eine Periodizität der allgemeinen Konjunktur bestanden, gekennzeichnet durch die Phasen: Beginn des Geschäftsaufschwungs, lebhafte Tätigkeit, Übertreibung, Krisis, chronischer Niedergang bis zum Tiefpunkt. Dann beginnt wiederum dieselbe Bewegung. Der neue Kreislauf ist in seinen Details niemals derselbe als der vorhergehende, andere Industrien, andere Formen der Unternehmung können in den Vordergrund treten, die Zeitdauer der einzelnen Abschnitte und des ganzen Vorganges kann verschieden lang sein, die Krisis sich plötzlich, gewaltsam oder schleichend offenbaren, andere vom Verlaufe dieser Dinge unabhängige Ereignisse können hemmend oder fördernd eingreifen, wie z. B. großes Edelmetallzuströmen, Währungs- und handelspolitischer Wechsel, Kriege und Revolutionen, der Grundcharakter ist aber immer derselbe geblieben, so daß er als das Normale in unserem sich auf rasch fortschreitender Produktions- und Verkehrstechnik und auf wachsendem Kapitalreichtum aufbauenden wirtschaftlichen Zeitalter gelten muß. Ein dauerndes Gleichgewicht zwischen Produktion und Konsumtion kann es, solange die Expansion der Industrie und des Fernabsatzes fortdauert, nicht geben, und die Politik vergreift sich vollständig, wenn sie eine Stabilität des volkswirtschaftlichen Lebens als eine Forderung hinstellt, solange die es beherrschenden Kräfte nicht ruhige Bahnen eingeschlagen haben.

Das Wachsen des Reichtums ist auch unter dem Zustand der Periodizität vorhanden. Schon K. Marx erkannte vor fünfzig Jahren, daß jeder Aufschwung auf einer viel breiteren Basis als der vorhergehende einsetzt, und W. Sombart sieht in der Zeit des Niederganges eine solche des Ausruhens, der Sammlung, um Kraft zu gewinnen zu neuem stärkeren Vorstoß.

Diejenigen, welche die heutigen wirtschaftlichen Konjunkturen beseitigen wollen, geben kein zureichendes Mittel dafür an. Und wenn sie es besäßen, so würde es auch psychologisch nicht richtig sein, es anzuwenden. Denn die heutigen nervösen, erwerbsbedürftigen Menschen würden sich gar nicht glücklich fühlen, wenn das ökonomische Leben ebenmäßig dahinflösse, wenn also das sozialistische Ideal in dieser Hinsicht verwirklicht würde. Hoffen und Wagen gehört zu ihrem Wohlbefinden. Ein dauerndes ökonomisches Gleichgewicht würde selbst der heutigen Arbeiterklasse eine Quelle der Unzufriedenheit werden. Unter der Decke der dauernd fixierten Lebenshaltung würden an ihr, der begehrlichen, zum verzweifeln hoffnunglose Wünsche nagen.

Worauf es bei der volkswirtschaftlich-politischen Therapie der industriellen Zyklen allein ankommt, das ist die Schärfe und das Sprungweise des Überganges von unten nach oben und besonders von oben nach unten zu mildern. Dies zu erreichen scheint innerhalb bestimmter Grenzen durch ein organisch ausgebildetes und gesetzlich geordnetes Vereinswesen der Unternehmer nicht ausgeschlossen zu sein.

Der industrielle Zyklus wird langsamer von der Weltbühne abtreten, als er gekommen ist. Für ihn wird dann keine so ausgiebige Gelegenheit mehr zu agieren vorhanden sein, wenn die technischen Erfindungen seltener werden, wenn sich alle Länder, in denen die Großindustrie überhaupt gedeihen kann, mit ihr ausgestattet haben, wenn infolgedessen der internationale Güteraustausch ein mehr stabiler ist, die Kapital- und Konjunkturgewinne bescheidener sind und das neugebildete Kapital stärker in die Landwirtschaft drängt, als gegenwärtig.

Dieser Zustand kann noch in weiter Ferne liegen, und das wird man um so mehr glauben müssen, als der Entwicklungsgang zu ihm durch Kriege und soziale innere Umwälzungen aufgehalten wird. Doch läßt sich schon in der heutigen Zeit die Richtung zu ihm nicht verkennen, man müßte denn kein Auge für die rasch zunehmende Industrialisierung der Erde und für die besonderen von dem Zyklus unabhängigen Stockungen haben. Ob die Menschen jener Tage die heutigen beklagen oder beneiden werden, das wollen wir dahingestellt sein lassen.

Nun besteht ein Zusammenhang zwischen den einzelnen Volkswirtschaften der ganzen Erde, welcher Weltwirtschaft heißt. Er ist jedoch nicht insoweit zu etwas einheitlichem verflochten, als daß er zu einer Gleichzeitigkeit des geschilderten wirtschaftlichen Verlaufs geführt hätte. Vielmehr entwickeln die einzelnen großen Volkswirtschaften die Phasen in der Hauptsache selbständig aus sich heraus. wenn auch ein fortwährendes Übergreifen in störendem oder förderndem Sinne von einer Volkswirtschaft zur anderen da sein mag. Tatsache ist, daß die Zeitpunkte des Eintrittes der einzelnen Abschnitte in den verschiedenen Ländern nicht oder nur selten zusammenfallen. Intervalle von Monaten, selbst von Jahren sind vorhanden. Tatsache ist ferner, daß die Intensität des zyklischen Verlaufes nicht in allen diesen Ländern, wenn wir etwa den Zeitraum von zehn Jahren übersehen. die gleiche ist. Schließlich ist, um zu einem weltwirtschaftlichen Verständnis der periodischen Hausse- und Baisseerscheinung zu gelangen, festzuhalten, daß eine größere Anzahl von Gebieten eine überwiegend agrare Produktion besitzt oder den Kapitalismus noch nicht das ganze Wirtschaftsleben hat durchdringen lassen, daher nicht aus sich selbst heraus Geschäftsaufschwung und Krise erzeugen kann. sondern, da sie von der Nachfrage nach Rohmaterialien und Lebensmitteln durch die Konsumenten-Länder abhängig ist. mit den vereinigten Rückwirkungen, die von den einzelnen, nicht parallelen Phasen in diesen ausgehen. zu rechnen hat.

Das Problem, das uns in diesem Abschnitt zu beschäftigen hat. besteht darin: Wie werden die Kapitalwanderungen von Land zu Land durch die einzelnen volkswirtschaftlichen Phasen beeinflußt, wobei wir dauernde und vorübergehende Anlagen unterscheiden können. Es kommt also stets auf einen Vergleich des Gläubiger- und des Schuldnerlandes in bezug auf die allgemeine

Lage an, z. B. wenn in einem die Krise bevorsteht, in dem anderen überstanden ist. An diese grundlegende Erörterung knüpft sich die Frage an, ob die Tatsache der internationalen Kapitalverschiebung die einzelnen Abschnitte des kapitalistischen Kreislaufes extensiv oder intensiv beeinflußt, z. B. ob sie die Depression abkürzt, oder ob sie der Krise einen akuteren Charakter verleiht. Schließlich soll auch noch in Untersuchung gezogen werden, ob ein zielbewußtes, wirtschaftliches Vorgehen in diese Dinge eingreifen und das oben erwähnte Ziel fördern kann, welches überhaupt innerhalb der volkswirtschaftlichen Bewegung des Auf- und Niederganges zu erreichen möglich und wünschenswert ist, das Unvermittelte. Plötzliche von einem Stadium zu dem anderen auszuschalten.

Es ist unseren Betrachtungen der Zeitraum von 1894 bis 1902 zugrunde gelegt worden. Wir beschränken uns demnach auf den vollendeten letzten Kreislauf, in welchem zugleich der internationale Kapitalismus den weitesten Umfang gewonnen hat.

Die Weltwirtschaft unserer Zeit ist, wie bemerkt wurde, durchaus nicht so einheitlich geartet, daß sich der Aufschwung und der Niedergang des Geschäftes überall gleichzeitig vollzieht. Die Volkswirtschaften sind vielmehr Individualitäten, d. h. durch eigene Kräfte und Ereignisse derart bestimmt, daß sie den industriellen Kreislauf in sich vollenden. In dem Laden eines Uhrmachers hängen, zahlreiche, verschiedene Zeiten angebende Uhren — jede ist ein geschlossener Mechanismus für sich — und, wenn auch einige von ihnen nach dem Willen des Meisters dieselbe Stunde zeigen, so schlagen sie doch niemals genau zusammen. Ebenso zeigt in der Weltwirtschaft die volkswirtschaftliche Uhr nicht überall stets dieselbe Stunde. Auch hier ist zu beobachten. daß wenigstens vorübergehend gewisse Parallelbewegungen bestehen, obgleich kein Uhrmacher vorhanden ist, welcher für die Regulierung auf die gleiche Zeit gesorgt hat. Statt dessen greift die Bewegung des einen Organismus direkt in die des anderen über, die stärkeren Schwingungen zwingen die schwächeren, sich ihnen anzupassen oder wenigstens sich in gewissem Grade nach ihnen zu richten.

In der nachfolgenden Tabelle wird der Versuch gemacht, die Abweichung und die Übereinstimmung der volkswirtschaftlichen

Kreisläufe in den Jahren 1894—1902 in einigen Ziffern zur Anschauung zu bringen. Es wird unter 0 der Tiefpunkt der Depression verstanden, der einige Monate hindurch, länger oder kürzer in den einzelnen Gewerben, eingehalten wird, unter + 1 der Anfang der Besserung und die langsam aufsteigende Bewegung, welche nach und nach ein rascheres Tempo annimmt, unter + 2 die Hochkonjunktur in den meisten oder allen Gebieten der Industrie in weiterem Sinne, des Handels, des Bankgeschäftes, auch mit Rückwirkung auf die Landwirtschaft. + 3 bedeutet die Überspekulation, die Übertreibung, und den Umschlag, die Zeit der Krise, — 1 das mildere, meistens das erste Stadium der Depression, in dem vielleicht noch Erträge aus früherer Zeit verteilt werden, während zugleich schon Einschränkung der Produktion und Konsumtion das allgemeine Losungswort geworden ist, — 2 das tiefgreifendere Stadium, in dem es überall trübe aussieht, wo niemand das Ende abzusehen meint, und immer weitere Beschränkung der ökonomischen Tätigkeit und der Lebenshaltung notwendig wird:

Jahre	Deutschland	England	Frankreich	Österreich-Ungarn	Vereinigte Staaten von Amerika
1894	0	— 1	— 1	— 1	— 2
1895	+ 1	0	0 + 1	+ 3 — 2	— 2
1896	+ 2	+ 1	+ 1	— 2	— 2 0
1897	+ 2	+ 1	+ 1	— 2	+ 1
1898	+ 2	+ 1	+ 1	— 2	+ 2
1899	+ 2	+ 2	+ 1	— 1	+ 2
1900	+ 3 — 2	+ 3	+ 1	— 1	+ 1
1901	— 2	— 1	— 1	— 2	+ 2
1902	— 2	— 1	— 1	— 1	+ 1

Wir vergleichen die fünf Länder Deutschland, England, Frankreich, Österreich-Ungarn, die Vereinigten Staaten und geben zunächst eine Übersicht über die Eigenart der Volkswirtschaften, insoweit sie in dem industriellen Kreislauf einen Ausdruck gefunden hat.

Deutschland.[1])

Im Jahre 1894 war die Geschäftsstockung, welche seit 1890 die deutsche Volkswirtschaft heimgesucht hatte, auf ihren Tiefpunkt angelangt. Die Effektenbörse brachte die Tatsache durch stabile und niedrige Kurse einige Monate hindurch zum Ausdruck, die zweite Hälfte des Jahres läßt den Eintritt des Konjunkturumschlages erkennen. Der Abschluß der Handelsverträge, zuletzt der mit Rußland, für einen Zeitraum von 10—12 Jahren flößte der Industrie einiges Vertrauen auf ein besseres Auslandsgeschäft ein. und der billige Geldstand regte zu einer, wenn auch zunächst nur mäßigen, Betriebsausdehnung und Neugründung an. In den nächsten 5 bis 6 Jahren erlebte dann Deutschland einen gewaltigen industriellen Aufschwung, wie er seit 1871 nicht mehr dagewesen war. Führend waren die Eisenindustrie und in ihrem Gefolge der Bergbau, dann die elektrische, die chemische, die Maschinen- mit Einschluß der Fahrradindustrie. Ihre Tätigkeit brachte Luft und Bewegung in die ganze Volkswirtschaft hinein, indem die sie berührenden Hilfsgewerbe, dann auch der Handel und die Transportunternehmung ergriffen wurden, welche ihrerseits die empfangene Anregung wellenförmig weiter fortpflanzten. Auch die deutsche Landwirtschaft empfand die Rückwirkung guter Tage, am wenigsten freilich der Körnerbau, soweit er der Konkurrenz des Weltmarktes ausgesetzt war.

Die ganze Periode zeigte zweifellos, daß Deutschland den vollen Charakter eines Industriestaates insofern erreicht hatte, als die große Industrie die volkswirtschaftliche Konjunktur beherrschte. Ihr Aufschwung wie ihr Niedergang waren bestimmend für das Befinden des ganzen Organismus. Wenn wir hinzufügen, daß der produktive Vorstoß mit einer Intensität und Dauer erfolgte, wie ihn die Wirtschaftsgeschichte des 19. Jahrhunderts selten oder gar nicht erlebte, so kann es nicht wundernehmen, daß uns hier der industrielle Zyklus in vollkommenster Folgerichtigkeit und

[1]) Benutzte Quellen: Volkswirtschaftliche und Handelsbeilage zur Allgemeinen Zeitung 1894—1902; Jahrbücher für Nationalökonomie und Statistik, volkswirtschaftliche Chronik 1898—1902; der Deutsche Ökonomist 1894—1902.

durchsichtiger Klarheit entgegentritt. Der Geschäftsaufschwung ging sicher seinen Weg und wurde durch mißgünstige und erschwerende Verhältnisse, die sich ihm in den Weg warfen, von seiner Bahn nicht abgelenkt. 1895 war ein Jahr langsam steigender Warenpreise, während die Börsenkurse, getrieben durch die weiter unten zu besprechende Spekulation in Wien und Pest, dem Ertragswert stark vorausliefen, so daß ein Rückschlag nicht ausbleiben konnte. Das Geldleihkapital war billig, der inländische Konsum und der Export wuchsen. Der Zusammenbruch des Goldminenmarktes dieses Jahres und die daran sich anknüpfende Börsenkrise schädigten zwar zahlreiche Personen, aber weder Neugründungen noch Kapitalerhöhungen wurden dadurch wesentlich beeinträchtigt. Ebensowenig wirkte der Krieg zwischen Japan und China störend auf den ruhigen Fortgang des Geschäftes, das andererseits durch die Änderung des nordamerikanischen Zolltarifs unter Clevelands Administration eine gewisse Anregung erhielt, welche aber nicht stark genug war, um die Spekulation zur Übertreibung zu drängen.

Die nächsten 4½ Jahre standen gleichmäßig im Zeichen der Hochkonjunktur, ein ungewöhnlich ausgedehnter Zeitraum, dessen Länge durch besondere Umstände hervorgebracht wurde. Im Innern von Deutschland war bedeutungsvoll das Entstehen technisch neuer Industrien für elektrische Anlagen und Maschinenkonstruktion, die zu ihrer Entfaltung einige Jahre gebrauchten und daher anders zu beurteilen waren als die Ausdehnung vorhandener Einrichtungen, welche in relativ kurzer Zeit möglich ist. Gleichzeitig vollzog sich der Ausbau eines Netzes von Kleinbahnen und die Vergrößerung der Kriegsflotte, was sich beides über Jahre erstreckte und eine dauernde Nachfrage in der Eisen- und Stahlbranche brachte. Ein anderes die Dauer förderndes Moment war die fortgesetzte Zufuhr von Gold infolge gesteigerter Weltproduktion, wodurch sowohl die Umsätze zu höheren Preisen möglich wurden, als auch die Notenausgabe eine verstärkte Basis erhielt. Ein drittes Moment dürfte in der Gestaltung des deutschen Börsenverkehrs zu sehen sein, da die dem Börsenumsatz mißgünstige Gesetzgebung die Effektenspekulation einschränkte, verfügbare Kapitalien diesem Handelszweig entzog und der Industrie zuführte.[1]) Das geschah zwar nur zum geringeren Teil direkt, zum größeren vermittelst des Emissionsgeschäftes, dem das Publikum ein übergroßes Vertrauen entgegenbrachte, nachdem die Gesetzgebung es einer besonderen Fürsorge unterstellt hatte. Ein vierter Umstand ist in der besonderen Lage anderer Volkswirtschaften zu finden. Die bisher in Deutschland stets so stark wirkende englische Konkurrenz auf dem eigenen wie auf dem Weltmarkt wurde in dieser fünfjährigen Periode weniger gefühlt, was sowohl aus der geringeren Anspannung der englischen produktiven Tätigkeit als auch aus dem siegreichen Vordringen der deutschen Industrie auf den Auslandsmärkten und zuletzt 1899 aus dem Hemmnis des Burenkrieges für England folgte. Bis 1897 war der industrielle Aufschwung der Vereinigten Staaten zurückgehalten, und der Krieg mit Spanien wirkte 1898 auf ihn etwas retardierend. Österreich war von 1895 bis 1899 kein gefährlicher Nebenbuhler, und auch Frankreichs industrieller Aufschwung war weit weniger intensiv als der deutsche. Endlich erschloß sich der deutschen Produktion eine Reihe ausländischer Märkte, besonders der russische infolge der dortigen, bis 1899 anhaltenden industriellen Gründungstätigkeit. So konnte Deutschland für einen Zeitraum mehrerer Jahre führend auf dem Weltmarkt sein, wodurch die Hochkonjunktur immer neue Stützen erhielt.[2])

[1]) Im Jahresbericht für 1896 der Allg. Zeitung heißt es, daß die Börsenkurse die industrielle Hausse nicht in vollem Maße zum Ausdruck gebracht haben: „Die Börse hat sich der Aufgabe, dem Jahrhundert und Körper der Zeit den Abdruck seiner Gestalt zu zeigen, nicht recht gewachsen gezeigt.“

[2]) Von den von R. Liefmann — Über den Einfluß des internationalen Kapitalverkehrs auf die Krisen, Jahrbücher für Nationalökonomie und Statistik, III. Folge, B. 27. S. 180 — angeführten Gründen der exzeptionell langen Hochkonjunktur in Deutschland: dem in der langen Depression anfangs der 90er Jahre stark gestiegenen Kapitalreichtum, der besseren Organisation der Industrie in Kartellen, der größeren Solidität des Bank-, Gründungs- und Börsenwesens, kann ich nur dem ersten und zweiten eine gewisse Bedeutung beimessen. Die großen Prozesse, die noch in jedermanns Erinnerung sind, gestatten hinter das Wort „Solidität“ vielmehr ein Fragezeichen zu setzen. Der gewachsene Kapitalreichtum Deutschlands bedurfte zu seiner Verwendung der steigenden Warennachfrage auf dem Markt (Eisen, Kohle etc.), ohne

Aber schließlich war der Bogen zu stark angespannt worden und brach. Nachdem im Frühjahr 1900 noch einmal eine stürmische Tätigkeit eingesetzt hatte, trat im April der Umschwung ein, welcher im Juni sich als äußerst heftiges Unwetter allgemein fühlbar machte und sofort in die tiefe Depression hinabführte. Von nun an waren sinkende Preise der Halb- und Ganzfabrikate, fallende Löhne,[1]) abgeschwächte Börsenkurse, sinkender Zinsfuß, zahlreiche Bankerotte die Signatur des Tages. 1901 und 1902 wurde es eher schlechter als besser, in dem folgenden Jahre wurde der Tiefstand erreicht und damit der zehnjährige Zyklus zum Abschluß gebracht.

England.[2])

Früher als in Deutschland ist der industrielle volkswirtschaftliche Kreislauf in England zur Erscheinung gekommen, entsprechend der Tatsache, daß uns das Inselreich etwa 50 Jahre in der Entwicklung des Großgewerbes und des Kapitalismus voraus gewesen ist. Die englische Krisis von 1847 berührte uns nur wenig, die von 1857 empfanden wir, sie wurde aber als Geld- und Handelskrisis gedeutet, seit 1873 waren wir bereits so weit fortgeschritten, daß wir uns eine Volksentrüstung gegen den inländischen Gründungsschwindel leisten konnten. In der ersten Hälfte des Jahrhunderts war in Großbritannien die Baumwollindustrie tonangebend, daher denn Schriftsteller wie Marx und Engels die Stockungen im kapitalistischen System an ihr demonstrieren, später marschiert, wie bei uns, die Eisen- und Stahl-

welche er das Ausland aufgesucht haben würde. Er kommt daher nur sekundär in Frage. Die Organisation der Industrie hat gewiß Gutes gebracht, aber an ihrer Vollendung fehlte doch noch viel, anderenfalls würde sie die Krise von 1900 nicht mit solcher Gewalt haben hereinbrechen lassen.

[1]) Über die Lohnbewegung 1894—1902 im Oberbergamtsbezirk Dortmund, im Saarbezirk und Oberschlesien vgl. die Kurvenaufzeichnung in der Allg. Zeit. vom 28. Oktober 1906.

[2]) Als hauptsächlichste Quelle ist der Economist 1894—1902 benutzt worden. Nach Ablauf des Jahres veröffentlicht er zusammenfassende Berichte über Industrie, Schiffsbau, auswärtigen Handel, Clearingverkehr, Kapitalemissionen. Um den Umfang unserer Übersicht nicht zu sehr anschwellen zu lassen, ist das näher erläuternde Zahlenmaterial fortgelassen worden.

industrie an der Spitze und die ganze Volkswirtschaft in ihrem Gefolge. So lange England eine unbestrittene industrielle Suprematie in Europa und Nordamerika besaß, konnte es die Periodizität des Geschäftsaufschwunges und Niederganges aus den eigenen Kräften heraus in musterhafter Klarheit entfalten, seit dem Beginne der achtziger Jahre wird die industrielle Bewegung durch die internationale Konkurrenz, welche die Hausse hemmt und die Baisse verstärkt, mitbestimmt. Die Grenzen der einzelnen Abschnitte im Kreislauf verwischen sich dementsprechend, so daß wir bei nationalökonomischen und sozialistischen Schriftstellern der Behauptung begegnen, die Depression sei zu einer permanenten Erscheinung geworden. Das ist jedoch unrichtig, denn unter Benutzung des vorhandenen statistischen Materials längerer Zeiträume ist es möglich, sich über das Nebelmeer der Tagesmeinungen zu erheben und aus ihm, wie die Gipfel einer Gebirgskette, die bedeutenden Punkte der fortlaufenden volkswirtschaftlichen Linie hervorragen zu sehen.

Wenn man Englands heutiges Wirtschaftsleben als ganzes beurteilen will, wäre es jedoch einseitig, davon auszugehen, daß das Land seine industrielle Alleinherrschaft verloren hat. Es ist vielmehr in bezug auf seine Handelsmarine immer noch allen Konkurrenten weit voraus und zudem im Besitz eines gewaltigen Reichtums an Kapital und Grundbesitz in den Kolonien und fremden Ländern, der ihm so große Einnahmen sichert, daß es über die heimische Einbuße an landwirtschaftlichen und industriellen Reinerträgen verhältnismäßig leicht hat hinwegkommen können.

Wir haben hier nur die Periode von 1894 bis 1902 zu untersuchen, in welcher wir das Gesagte bestätigt finden werden. In dem ersten Jahre ist die Depression, welche mit dem Baring-Bankerott Ende 1890 eingesetzt hatte, noch keineswegs an ihrem Tiefpunkt angelangt. Noch immer fallen die Warenpreise im Großhandel, die Clearingumsätze werden geringer, im Eisen- und Stahlgeschäft wird nichts verdient, man sagt, die deutsche und amerikanische Konkurrenz lasse den erwarteten Aufschwung nicht zu. Auch während der ersten Hälfte des folgenden Jahres halten die schlechten Zeiten noch an. Erst jetzt wird der tiefste

Stand erreicht. In der zweiten Hälfte wachsen die Einnahmen aus den Bahnen, der Export, die Emissionen und der Clearing-Verkehr. In Eisen und Stahl werden die Preise besser, aber der Verkauf in den Vereinigten Staaten läßt sich nicht heben, so daß der Umsatz beschränkt bleibt. Der Schiffsbau zeigt zwar absolut betrachtet hohe Ziffern, aber der Umfang, wie er vor 1890 war, ist noch lange nicht wieder gewonnen.

Die nächsten drei Jahre 1896 bis 1898 bringen zweifellos eine bessere Tendenz, aber das Geschäft ist keineswegs glänzend. Man klagt über den Mangel an Unternehmungsgeist. Die Börse ist im ganzen fest, aber ohne viel Leben. Die Preise im Eisen- und Stahlhandel sind wohl gestiegen, der Export indessen erreicht nur mäßige Ziffern. Man spricht mehr denn je von dem amerikanischen Wettbewerb. Die Baumwollspinnerei ist seit 1898 nach längerer Depression günstiger disponiert. In wirklicher Hausse verkehrt allein die Fahrradindustrie.

Endlich im Jahre 1899 ist die schon so lange erwartete allgemeine Hochkonjunktur eingetreten. Die Eisen- und Stahlindustrie ist zufrieden, wenn auch die Ausfuhr an Ganzfabrikaten nicht recht vorwärts will, der Schiffsbau hat eine Tonnenziffer, wie sie seit 1889 nicht vorgekommen ist, die Baumwollindustrie hat seit zwanzig Jahren keinen so lohnenden Umsatz gehabt. Die Freude dauert nicht lange. Der Burenkrieg drängt zwar Handel und Industrie aus ihrer günstigen Lage nicht eigentlich heraus, allein die Börse leidet durch das Sinken der Konsols und der afrikanischen Goldshares. Im folgenden Jahre 1900 bleibt die Effektenbörse in der Stagnation, aus der sie selbst die starke Aufwärtsbewegung in Wallstreet nicht zu reißen vermag. Die Eisen- und Stahlpreise haben ihren Höhepunkt überschritten und sinken mit der Krise in Deutschland. Die Kapitalemission ist zwar größer als im Vorjahre, sie verdankt dies aber wesentlich den Kriegsanleihen. Nur im Schiffsbau vollzieht sich noch ein großes Geschäft.

Die beiden folgenden Jahre 1901 und 1902 stehen im allgemeinen unter dem Zeichen des Niederganges. Die Stahlindustrie beklagt sich über die billige Einfuhr aus Deutschland. Der Schiffsbau wird 1902 auch rückgängig. Für die Baumwollindustrie geht die gute Zeit zu Ende. Der Export ist im allgemeinen in der Abnahme. Im ganzen indessen kann man sagen, daß der Rückschlag kein gewaltiger ist, entsprechend der Tatsache, daß der vorhergehende Aufschwung nur kurz und nicht besonders intensiv gewesen ist. Das Jahr 1902 war etwas besser als das vorhergehende.

Bilden wir im Anschluß an unsere obige Tabelle zwei Kurven, eine für Deutschland, eine für England, so tritt uns die Verschiedenheit der allgemeinen Konjunktur in beiden Ländern offenkundig entgegen:

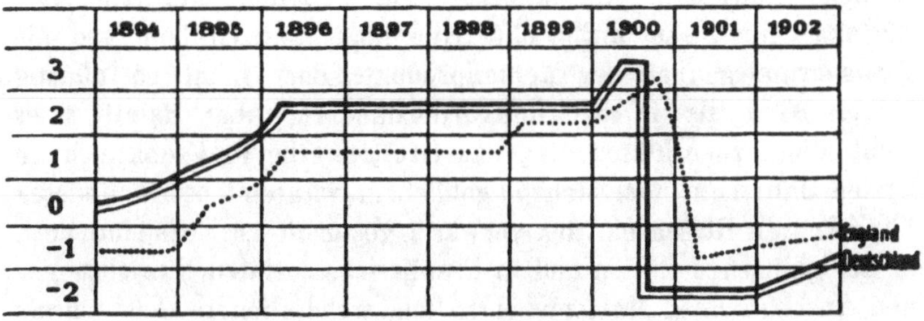

Frankreich.[1]

Die große Eisen-, Stahl- und Maschinenindustrie ist für Frankreichs Volkswirtschaft, wenn sie auch in einzelnen Spezialgebieten, z. B. in Automobilen und Fahrrädern vorzügliches leistet, in der Gegenwart durchaus nicht so ausschlaggebend wie für Deutschland, die Vereinigten Staaten, England. Sie besitzt lange nicht den Umfang, sie ist technisch nicht auf der Höhe des jeweilig Modernsten, sie ist nicht von einem Unternehmungsgeist getragen, dem das Ringen nach weltwirtschaftlicher Suprematie das Höchste ist. Herr Charles M. Schwab, der frühere Direktor der U. S. Steel Trust Co. hat 1902 in Paris einem Berichterstatter gegenüber das Resultat seiner Beobachtungen in einer an Grobheit grenzenden Offenheit zusammengefaßt: „Die französischen industriellen und kommerziellen Methoden sind veraltet, in der Routine

[1]) Jahresberichte und Übersichten des Journal des Economistes 1894—1902; Le Marché financier von A. Raffalovich.

erstarrt. Es ist das reine Mittelalter hier. Ich sage es Ihnen frei heraus: Sie sind weit zurück. Von allen europäischen Ländern ist es Deutschland, das sich auf industriellem Gebiete den Forderungen des Fortschrittes anzupassen verstanden hat. Der deutsche Industrielle ist ein Neuerer. Und zudem wird er nicht, wie sein englischer Kollege, durch die Tyrannei der Trades Unions gelähmt. Hier dagegen ist das Milieu widerspenstig gegen den Geist der Neuerung und Verjüngung."

Der Dämon der großen Industrie, welcher die deutsch-angelsächsische Welt beherrscht, ist wohl niemals in Frankreich recht heimisch geworden. Es ist zuzugeben, daß die natürliche Ausstattung mit Eisen und Kohle, die Lage der Gruben und die Transportgelegenheit der Montanprodukte dort nicht so günstig geartet sind als in den Konkurrenzländern, aber damit ist es nicht allein zu erklären, daß das Großgewerbe in Frankreich im letzten Jahrzehnt fast stehen geblieben, während es in anderen Ländern mit Riesenschritten vorwärts gestürmt ist. Es sind auch in der gallischen Nation und in Frankreichs sozialen Einrichtungen und Anschauungen Momente enthalten, welche jenem Geiste direkt widersprechen.[1]) Daß jemand für nichts anderes Sinn hat als für sein Geschäft, ist in Deutschland und England viel häufiger anzutreffen als in Frankreich. Der Franzose sieht auf es herab und fühlt sich erst stimmungsvoll, wenn er zum Zweck der Geselligkeit oder der Politik sein Bureau verlassen hat. Er befindet sich nur wohl in seinem Lande und ist daher nicht der Kosmopolit, der in der Weltwirtschaft sich rasch orientiert, in ihr lernt und sie geschäftlich ausnützt. Daß trotzdem sein Land einen erheblichen und wenig schwankenden auswärtigen Handel besitzt, verdankt es wesentlich seinen Kunst- und Luxusindustrien, einigen Spezialitäten der Textilindustrie und der Landwirtschaft.

Die relativ hohe Bedeutung dieser letzteren im Vergleich zu England und Belgien, auch zu Deutschland, ist eine weitere Besonderheit Frankreichs, welches daher nicht in dem Maße wie jene Gebiete als Industriestaat bezeichnet werden kann.

---

[1]) Vielerlei interessante Vergleiche zwischen Frankreich und Deutschland zieht in bezug auf den modernen Unternehmungsgeist Georges Blondel, L'essor industriel et commercial du peuple allemand. 1900.

Frankreich ist sehr reich an Kapitalvermögen, es hat mehr als 30 Milliarden Franken im Auslande stehen, und daß sich dieser Betrag seit Jahren immerfort vermehrt, ist in einem früheren Kapitel gezeigt worden. Die Renten- und die Dividendenpapiere des Inlandes wurden 1897 auf 60 Milliarden geschätzt.[1]) Man kann daraus ermessen, wie sehr das Wohl und Wehe des französischen Einkommens von der Börse, und, da von dem im Auslande angelegten Kapital etwa $^3/_4$ in öffentlichen Fonds besteht, wie sehr es von der Politik fremder Staaten abhängig ist.

Aus alledem ergibt sich, daß die französische Volkswirtschaft im Weltverkehr nicht führend sein kann. Der ausländische Konsum ihrer Luxuswaren wird durch die Kaufkraft des Auslandes, also auch durch die dortige allgemeine Konjunktur beeinflußt.[2]) Die Montan-, die Eisen-, Stahl- und Maschinenindustrie ist in fortwährender Abhängigkeit von England, Deutschland, den Vereinigten Staaten.

Der industrielle Zyklus ist natürlich in Frankreich auch vorhanden, die Ausdehnung und Einschränkung der großen Industrie wird auch hier von dem kapitalistischen System vorgeschrieben. Aber erstens können die Kontraste niemals so groß werden als in den Industrieländern par excellence, und zweitens ist der Eintritt der einzelnen Abschnitte von den Vorgängen des Auslandes beeinflußt, wenn auch nicht mit ihnen zusammenfallend. Die Börse in Paris wird im Gegensatz zu der Berliner und Frankfurter nicht an erster Stelle durch die industrielle Lage, sondern durch den Rentenmarkt bewegt, dessen Verschiebungen die Bedeutung der industriellen Konjunktur in den Hintergrund drängen können.

Das Jahr 1894 war in Europa und Amerika für die Weltindustrien ein ungünstiges, so daß auch Frankreichs Anteil daran

[1]) Neymark im J. d. E. 1897.

[2]) Wenn die Ausfuhr an diesen Waren eine relativ konstante ist, so erklärt sich dies sowohl daraus, daß die Haussen und Depressionen nicht in allen Ländern zusammenfallen, wie der Unterschied von agraren und industriellen lehrt, als auch daraus, daß der Verkauf vorwiegend an reiche oder wohlhabende Konsumenten erfolgt, die unter der Konjunktur weniger zu leiden haben als die großen Volksmassen.

in dem Zeichen des Niederganges stand. Da aber das Renteneinkommen unvermindert floß, und da nach wie vor gespart wurde, waren Kapitalien reichlich auf dem Markte angeboten, so daß Zinskonvertierungen des eigenen Landes und auch Rußlands möglich werden konnten, und zugleich für den Ankauf fremder Werte reichlich Geld zur Verfügung stand. So wurden die nach der Krisis der Banca Generale geworfenen italienischen Papiere stark gekauft, auch Russen, Serben, Spanier von Deutschland, Holland, England aufgenommen. Das Jahr 1895 wurde durch den Handel in italienischen, türkischen und spanischen Papieren und Goldminenaktien beeinflußt, die Besserung der allgemeinen Lage in Deutschland und England führten auch Frankreich über den Tiefpunkt der Depression hinweg, aber eine Besserung kam erst ganz allmählich, und die französischen Unternehmer ergingen sich in der Klage, daß das heimische disponible Kapital gar keine Neigung habe, sich ihnen zuzuwenden, vielmehr die festverzinslichen Papiere des Auslandes fortwährend begünstige.

Die folgenden Jahre 1896 bis 1899 brachten im Anschluß an die Steigerung der Eisen-, Stahl-, Kohlen-, Textilpreise auf dem Weltmarkt auch für Frankreich eine gute Geschäftszeit, welche jedoch weder umfangreiche Neugründungen, noch stürmische Bewegungen an der Börse und auf dem Geldmarkte veranlaßten. Die industriellen Werte gerieten wiederholt in Abhängigkeit von den Schwankungen anderer Wertpapiere, die von der Politik beeinflußt waren, der französischen Rente, welche durch die sich lange hinziehende Dreyfuß-Angelegenheit, der spanischen Papiere, welche durch den amerikanischen Krieg, den Goldminenaktien, welche durch den Burenkrieg gedrückt wurden.

Die Krisis von 1900 in Deutschland und England griff auch auf Frankreich über und führte hier zu sinkenden Großhandelspreisen. Die Weltausstellung mit ihren 47 Millionen Besuchern machte den Umschlag der Konjunktur zwar in Paris weniger fühlbar, übte aber auf das Land nur eine schwache Gegenwirkung aus. Die beiden folgenden Jahre waren solche allgemein schlechten Geschäftsganges, indessen waren die Ausfälle nicht so stark wie in Deutschland und trotz der Arbeiterentlassungen, Streiks und Bankerotte durchaus nicht mit solchen Kapitalverlusten verbunden wie dort. Große Beträge zu Anlagezwecken waren auch jetzt disponibel und gingen, da die französische Volkswirtschaft sie nicht aufnehmen wollte, in fremde Länder.

Daß die französische Großindustrie schon seit manchen Jahren nicht recht vorwärts kommen kann, führt der bekannte Politiker und Nationalökonom Jules Méline[1]) auf eine industrielle Weltüberproduktion zurück. Es ist richtig, daß die Fülle an verfügbarem Kapital sich in allen Industrieländern seit 50 Jahren mit Heftigkeit in die Großindustrie gedrängt und diese oft genug über die Möglichkeit des zeitweiligen Absatzes ausgedehnt hat. Allein in Deutschland und in den Vereinigten Staaten hat sich die Industrie den veränderten Verhältnissen anzupassen verstanden, was ihr in Frankreich nicht genügend gelungen ist. Sie zeigt hier den Zustand des Überkapitalisiertseins, welchen allgemein anzunehmen man erst dann befugt sein dürfte, wenn die in der Weltwirtschaft führenden Länder auch nicht mehr recht vorwärts zu kommen vermöchten. Auch das wird eintreten und vielleicht früher als man erwartet, heute besteht es jedoch noch nicht.

Österreich-Ungarn.[2])

Geschäftsleute und Nationalökonomen verschiedensten Berufes und jeder Parteirichtung haben sich in Österreich oft in dem Sinne ausgesprochen, daß das ökonomische Leben ihres Landes während der letzten 30 Jahre weit hinter dem des Deutschen Reiches zurückgeblieben sei. Man beobachte dies an den großen Industrien, dem auswärtigen Handel, der Seeschiffahrt, der Effektenbörse. Über die Bewertung der Ursachen gehen die Ansichten auseinander. Während die einen die ungünstige Lage des Landes zum Weltmeer in der Zeit des überseeischen Geschäftes betonen, finden andere in dem Alpengebiete ein Hindernis einheitlicher

[1]) Jules Méline, Die Rückkehr zur Scholle, deutsch von Konrad zu Putlitz, Berlin 1906.

[2]) Volkswirtschaftliche und Handelsbeilage zur Allg. Zeitung 1894 bis 1902; Anton Reitler, Die deutsche Wirtschaftskrise und der Österreichische Effektenmarkt, Schriften des Vereins für Sozialpolitik Bd. 112; der Deutsche Ökonomist 1894 bis 1902.

Verkehrswirtschaft, während die einen die Währungssorgen, klagen andere die Handelspolitik an. Indessen sind doch alle insofern der gleichen Meinung, daß die innerpolitische Lage, die fast ausschließlich durch den Nationalitätshader bestimmt wird, ein dauerndes und schwerwiegendes Hemmnis des wirtschaftlichen Fortschrittes ist.

Großindustrie und Kapitalismus bestehen auch in dem Donau-Kaiserstaate, da aber der Osten vorwiegend agrarisch ist, so bildet sich der industriell-kommerzielle Zyklus in der westlichen Hälfte selbständig aus, während die östliche genötigt ist, sich ihm anzuschließen. Da nun die erstere mit tausend Fäden mit der deutschen Volkswirtschaft verknüpft ist, müßte man erwarten, daß sie in der Zeit von 1894 bis 1902 von der wirtschaftlichen Wellenbewegung des Reichs stark berührt worden ist. Nun ist allerdings unverkennbar, daß die schlechten Jahre in Deutschland von 1890 bis 1894 und 1900 bis 1902 auch eine Depression in Österreich zur Seite gehabt haben, hingegen hat der große Aufschwung von 1895 bis 1900 eigentlich nur im Jahre 1899 übergegriffen, während die übrigen vier Jahre eine Stagnation bekunden, welche der auswärtigen Anregung unzugänglich geblieben sind.

Die Jahre 1894 und 1895 brachten Wien eine Hausse an der Effektenbörse, wie sie seit 1873 nicht erlebt wurde, aber das Merkwürdige dabei war, daß diese Bewegung sich nicht in Übereinstimmung, sondern „wenigstens teilweise in Widerspruch mit der volkswirtschaftlichen Entwicklung" vollzog.[1]) Sie hatte ihre Anregung zunächst aus der Valutaregulierung empfangen, verstärkt wirkte die große Rentenkonvertierung des Staates von 5 Proz. auf 4 Proz., welche eine ungeahnt große Nachfrage nach Dividendenpapieren schuf, endlich kam das Projekt der Bahnverstaatlichung, welches den Bahnaktienmarkt belebte. Es entstand so eine gewaltige Spekulation in vorhandenen Werten, welche hoch über ihre Ertragschancen hinausgetrieben wurden, hauptsächlich unter Benutzung des Kredites, der durch Zukunftshoffnungen zu maßlosen Ausschreitungen verleitet wurde. Die Kurshinaufsetzung

[1]) Bericht der Wiener Börsenkammer für das Jahr 1894.

griff auf die Pariser und Berliner Börse über, nachdem berufsmäßigen Börsenmännern, dem auf mühelosen Gewinn erpichten Publikum, und Schwindel-Bankunternehmungen das Gebiet in Wien zu eng geworden war. Der Rückschlag konnte nicht ausbleiben und vollzog sich mit einer Heftigkeit, daß die Folgen noch um 1902 fühlbar waren. „Das Jahr 1895, das Geburtsjahr der Börsenkrise, ist auch für die innere Politik von Bedeutung geworden, denn dieses Jahr brachte das Ministerium Badeni ans Ruder, das dann dem Reiche die politische Krise als Erbschaft hinterließ.“ [1])

Als nun gleichzeitig in Deutschland die industrielle Besserung einsetzte, und die Preise zu steigen anfingen, waren die österreichischen Industriellen außer Stande, in die Produktion tätig einzugreifen. Sie mußten unbeteiligte Zuschauer bleiben, weil das Kapital in festverzinsliche Anlagen flüchtete, eine Aktien-Emissionstätigkeit von Umfang unmöglich wurde, und keine Börsengewinne realisiert werden konnten, welche der Industrie Geld hätten zuführen können. Das Jahr 1896 war fast noch schlechter, das folgende um ein kleines besser, während 1898 wiederum eine vollständige Lethargie auf allen Gebieten aufwies. In den beiden folgenden Jahren[2]) brachte die deutsche Hochkonjunktur für die nördlichen Eisenwerke Österreichs einige Exporttätigkeit, auch die Ausfuhr an Braunkohle nach Deutschland, jedoch gehemmt durch einen drei Monate dauernden Streik von 60000 Arbeitern,[3]) nahm zu, und einige Industrien empfanden eine Erleichterung im Nachlassen der deutschen Konkurrenz, da diese für den eigenen Markt ganz in Anspruch genommen war. Doch reichte dies nicht aus, um die allgemeine Depression zum Abschluß zu bringen, und als nun auch in Deutschland die rückläufige Bewegung einsetzte, mußte der Keim zum bessern auch in Österreich alsbald erstickt werden, so daß wiederum tiefer Druck auf dem ganzen Wirtschaftsleben lag, wenn auch der Rückschlag nicht so akut wie im Nachbarlande eintrat. Die Börse in Wien war gegen das

[1]) Reitler a. a. O. S. 218.
[2]) Reitler S. 237, 238.
[3]) Jahrb. f. Nat. u. St., volksw. Chr. von 1900 S. 540.

Ausland widerstandslos und hatte zudem nur mit mäßigen Umsätzen zu rechnen, so daß ihre Zusammenschrumpfung als eine fortschreitende Verarmung von der Fachpresse bezeichnet wurde.[1])

Die Vereinigten Staaten von Amerika.

Die Vereinigten Staaten gelten in wirtschaftlichen Angelegenheiten während der letzten 50 Jahre mit Recht als ein Land der Extreme: viel verdient und viel verloren, Fortschritt und Armut, zügellose Konkurrenz und Trustmonopole, nervenzerreibende Arbeit und Zeiten unbedingter Ruhe. Die hieraus zu gewinnende soziale Psychologie gestattet einen beurteilenden Schluß auf die Stärke der Gegensätze, welche dem industriellen Zyklus in Nordamerika eigen gewesen sind. Werden in guten Zeiten Millionen gewonnen, so gibt es in der Periode des Niederganges rücksichtsloses Niedertreten der Mitmenschen, brutale Arbeiterentlassung, äußerste Geschäftseinschränkung, häufiger Bankerott, größte Entwertung von Effekten.

Nun waren bis in die neunziger Jahre hinein die Vereinigten Staaten bei ihrem Export überwiegend auf den Verkauf von Rohprodukten, wie Getreide, Baumwolle, Tabak, Erze, Petroleum angewiesen. Das hatte für die industrielle Stockung im Innern die Bedeutung, daß sie bei schlechten Ernten und schlechten Rohstoffpreisen verstärkt, hingegen bei guten abgeschwächt wurde. Auch in den letzten zehn Jahren hatte die landwirtschaftliche Ausfuhr auf die allgemeine Geschäftslage einen unverkennbaren Einfluß. In dieser Periode ist aber auch die industrielle Ausfuhr eine so große geworden, daß wir mit einer in der heutigen Weltwirtschaft einzigen Tatsache zu rechnen haben, daß ein Land seinen Export größten Umfanges zugleich auf Rohstoffe, Halbfabrikate und Ganzfabrikate stützen kann. Damit ist eine hohe Anpassungsmöglichkeit an die jeweilige weltwirtschaftliche Lage gegeben, die keinem anderen Lande, wenn auch nur in annähernder Weise möglich ist. Wenn wir hinzusetzen, daß die Organisation des Exportes in der Form von Trusts immer weiter verbessert wird, so werden wir nicht übersehen dürfen, daß der jeweilige

[1]) Jahrb. f. Nat. u. St., Jahres-Chronik 1901 S. 589.

Stand der Konjunktur mit einer Ausfuhr verbunden ist, durch welche stets besondere Vorteile erreicht werden.

Die Krise, von der im Jahre 1893 die Union ergriffen wurde, war eine äußerst schwere, natürlich wurde auch die Hochschutzpolitik Mac Kinleys dafür verantwortlich gemacht, so daß die wirtschaftliche Lage von der demokratischen Partei politisch ausgenutzt werden konnte, um eine Zollherabsetzung in der Gorman-Wilson-Bill zu erreichen. Aber die damit geschaffene Unsicherheit der Handelspolitik führte nur zu Störungen des Geschäftes. Im Herbst 1896, nach dem Sieg der schutzzöllnerischen Republikaner und bei einer guten Getreideernte, welche bei dem Ausfall der indischen auf dem Weltmarkt einen sicheren Export nach Europa verhieß, wurde der Tiefpunkt der Depression durchschritten, und nach einem raschen allgemeinen Vordringen begann eine glänzende Geschäftszeit, welche, wenn sie auch einigen Schwankungen unterworfen war, eine sechsjährige Dauer genoß und damit den Wohlstand des Landes in einer Weise hob, daß die Rückwirkung für Europa nicht ausbleiben konnte. Das Schlagwort „der amerikanischen Gefahr“ wurde damals geprägt, und mit vollem Recht wurde auf die ökonomischen Veränderungen hingewiesen, welche in Verbindung mit der imperialistischen Politik jenseits des Atlantischen Ozeans vor sich gingen. Hiergegen in Europa die Augen sich zu verschließen wäre eine Überhebung gewesen, die sich bitter hätte rächen müssen.

War das Jahr 1897 schon ein gutes, so wurde das folgende noch besser. Der Krieg mit Spanien brachte eine kurze Unterbrechung, sein günstiger Ausfall für die Union aber nur eine verstärkte Geschäftstätigkeit. Das Jahr 1899 mit seinem enormen Export zur Unterstützung der europäischen Hausse verlief ebenso. 1900 zeigte eine Schwankung infolge der Krisen in Deutschland und England, aber nach wenigen Monaten war die Unsicherheit durch Produktionsminderung überstanden, so daß der Export ein gewaltiger blieb, und auch, als die Handelspolitik durch die Wiederwahl Mac Kinleys Stetigkeit versprach, der innere Markt von neuem aufnahmefähig wurde. Die Nachfrage im Innern steigerte sich im Jahre 1901 noch weiter, so daß zu seiner Deckung die europäische Eisenindustrie herangezogen werden mußte, während gleichzeitig eine gute Weizenernte als Bezahlung zur Verfügung stand. Im nächsten Jahre schien wiederum eine Krise hereinzubrechen, aber noch einmal wurde sie durch gute Ernten, bessere Exportziffern. und zweckmäßige Organisation der Industrie überwunden.

Die Übersicht über die einzelnen Länder, welche wir hier abschließen, lehrt uns, daß der industrielle Kreislauf zwar in allen besteht, sich aber nach Zeit und Art verschieden vollzieht, bestimmt durch die Stellung der Landwirtschaft, durch die Stärke des industriellen und kommerziellen Fortschrittes und durch die besondere innere und äußere politische Lage.

Für die internationale Kapitalbewegung ist bei den so geschaffenen Intervallen zwischen den Phasen in den einzelnen Ländern ein großes Feld zur Betätigung gegeben, welche auf den ersten Blick einen bunten Wechsel des Hin- und Herschiebens zeigt, aber doch auch dauernde Folgen nach sich zieht, die sich in dem dichten Gewirr der angeknüpften Beziehungen erst nach und nach erkennen lassen.

Die Stärke des Geschäftsaufschwunges und Niederganges kann an verschiedenen statistisch zu erfassenden Vorgängen des Wirtschaftslebens gemessen werden, wobei man festhalten muß, daß dieser Maßstab zwar mehr oder minder unvollkommen ist, aber, kritisch gewürdigt, doch der Brauchbarkeit nicht ermangelt. Eine solche quantitative Ausdrucksweise der allgemeinen Konjunktur sind die Kurse der Effektenbörse, die für Quartale oder Jahre berechneten Warenpreise des Großhandels (Index Numbers), die Clearing-Umsätze, der aus den Stempelbeträgen ermittelte Umfang begebener Wechsel, die an den Börsen vorgenommenen Emissionen.

Die uns hier besonders interessierenden Emissionen geben insofern ein unmittelbares Abbild der allgemeinen wirtschaftlichen Bewegung, als der Umfang der Gründung und der Erweiterung von Unternehmungen in Form der Aktien- und der Obligationenausgabe in ihnen einen Ausdruck findet. Die Emissionen, welche diesen Zweck nicht verfolgen, wie die Mehrzahl der staatlichen und kommunalen Anleihen haben ebenfalls eine Beziehung zu der Wirtschaftslage, jedoch eine andersartige und indirekte. Wir dürfen ferner nicht übersehen, daß neben der durch die Emissionsstatistik erfaßbaren Geschäftsausdehnung die rein privatwirtschaftliche in Industrie, Handwerk. Groß- und Kleinhandel einhergeht. Das Größenverhältnis zwischen beiden ist schwer zu ermitteln, und außerdem ist es fraglich, ob ein Parallelismus der Bewegung zwischen beiden immer vorhanden ist.

Für unsere Untersuchung ist die Emission auswärtiger Effekten von besonderer Wichtigkeit, um der Beantwortung der Frage näher zu kommen, inwiefern die allgemeine Konjunktur eines Landes für die Kapitalanlage im Auslande bestimmend ist. Zunächst haben wir auf die formellen Bedenken hinzuweisen. welche der Benutzung dieser Emissionsstatistik entgegenstehen. Brauchbar ist nicht die Registrierung der Nominalwerte, sondern diejenige der von den Emittenten erzielten Kurswerte, welche die wirkliche dem Auslande hingegebene Kapitalsumme annähernd ausdrücken. Ihre statistische Feststellung ist möglich. Ferner deckt sich die in einem Lande vollzogene Emission keineswegs immer mit der Tatsache, daß die Kapitalgeber nur Inländer sind, da die vermittelnden Banken auch die Zeichnungen von Ausländern berücksichtigen und ihnen nicht selten große Beträge überlassen.[1]) Was also das Inland effektiv fortgibt. muß unter Berechnung dieses Abzuges wenigstens schätzungsweise festgestellt werden.

Materiell ist bei der Beurteilung des Zusammenhanges der allgemeinen Geschäftslage und der Emission ausländischer Werte zu beachten, daß in ihr nur ein Teil der ausländischen Kapitalanlage sichtbar wird. Sie hat daher nur neben dem sonstigen Kapitalexport eine Bedeutung. falls man den Versuch einer Gesamtskizzierung machen will. Eine solche hat den internationalen Effektenhandel, den Wechselverkehr, die Edelmetallbewegung, die Beteiligung der Inländer an im Auslande vorgenommenen Emissionen, die inländische nicht börsenmäßig vollzogene Emission. die direkte Gründung von Unternehmungen und Filialen im Auslande

[1]) Auch ist nicht zu übersehen. daß manche Anleihen zugleich in verschiedenen Ländern aufgelegt werden, so daß für die Statistik eines Landes von vornherein entsprechende Abzüge gemacht werden müssen. Der Ausschluß von Konversionen versteht sich von selbst.

außerdem zu umfassen. Auf eine statistische Genauigkeit wird eine solche Skizze keinen Anspruch erheben wollen, ihr wissenschaftlicher Wert liegt allein in einer geschichtlichen Beschreibung von Vorgängen, deren relative Größenverhältnisse im Überblick sichtbar werden.

Wenden wir uns zunächst zu der Emission ausländischer Werte. Die nachfolgende erste Tabelle ist zusammengestellt nach den von W. Christians im Deutschen Ökonomisten veröffentlichten Angaben und bezieht sich auf die Kurswerte, welche von dem deutschen Publikum bezahlt worden sind.[1])

Der auf Deutschland entfallende Anteil der zugleich in mehreren Ländern erfolgten Anleihen ist durch Schätzung ermittelt worden.

In der dritten Reihe der zweiten Tabelle sehen wir die an sich verständliche Tatsache zum ziffernmäßigen Ausdruck gebracht, daß die Kapitalanlage in der Form der Emission überhaupt dem allgemeinen Aufschwung des volkswirtschaftlichen Lebens zur Seite geht. Von 1894 bis 1899 hat eine Zunahme von 1269,66 auf 2414,27 Millionen Mark stattgefunden. Das Krisenjahr 1900 bringt den starken Rückschlag auf 1777,11 und das folgende Depressionsjahr einen solchen auf 1631,34 Millionen. Die Emission deutscher Wertpapiere — Tabelle II, Reihe 2 — ergibt die gleiche Tatsache im allgemeinen, nur ist die Bewegung von Jahr zu Jahr eine andere, namentlich ist der Sprung von 1898 auf 1899 groß, ebenso wie der Rückschlag von diesem letzten ganzen Überspekulationsjahre zu dem Krisenjahre, das kaum zur Hälfte noch in die Hochkonjunktur fällt.

Aus der verschiedenen Bewegung der beiden besprochenen Reihen ergibt sich dann rechnungsmäßig der Summenabschluß der ersten Tabelle. Sachlich hat sie ihre eigene Bedeutung und Begründung. In den Jahren 1894 und 1895, in denen die Geschäfte wieder besser wurden, gibt Deutschland ein Drittel bis ein Viertel des gesamten emittierten Kapitals an das Ausland ab. Während

[1]) Dieser Kurswert stellt nicht völlig exakt den Betrag dar, der tatsächlich in das Ausland von Deutschland abgeführt worden ist, weil davon, die Provision, welche die Banken bezogen haben, in Abzug zu bringen ist Für die Jahresvergleiche ist dies von wenig Bedeutung.

Tabelle I.

Millionen Mark

Emission ausländischer Papiere in Deutschland.

	1894	1895	1896	1897	1898	1899	1900	1901	1902
Staatsanleihen	188,59	73.10	261,74	166,87	230,88	102,24	168,36	29,26	339,00
Kommunalanleihen	6,85	24,83	2,80	65,89	47.30	—	2,85	12,86	61,22
Pfandbriefe		46,54	66,51	78,10	42,82	30,86	5,50	7,16	6.16
Eisenbahnobligationen	142,51	155,85	139,49	262,44	369.91	70,40	9.00	148,93	29,30
Industrieobligationen	—	—	18,12	34,75	—	—	—	0,97	3,20
Eisenbahnaktien	31,03	5,21	44,66	—	—	—	65,06	—	6,68
Bankaktien	4,26	9,11	0,66	13,86	9,48	10,00	20,90	9,00	7,43
Indusrieaktien	10,75	3,26	34,89	11,00	9,33	20,32	3,60	1.85	0,51
Summa	384,99	317,90	568,27	632,91	709.72	233,82	275,27	210,03	453,50

Tabelle II.

Millionen Mark

Summa des Nominalbetrages auswärtiger Werte	396,31	319,34	648,65	718,33	709,72	232,09	280,39	225,83	481,86
Emission deutscher Papiere (Kurswert)	875,67	1056.72	1290,01	1311.79	1697,43	2180,45	1501,84	1421,31	1596,15
Gesamtbetrag deutscher u. ausländischer Papiere (Kurswert)	1269,66	1374,62	1858,28	1944,70	2407,15	2414,27	1777,11	1631,34	2049,65

der nächsten drei Jahre bleibt die Quote ungefähr dieselbe, es wächst aber entsprechend dem steigenden Einkommen die in das Ausland gehende Summe von 568,27 auf 709,72 Millionen. Im letzten vollen Haussejahre 1899, in welchem die wirtschaftliche Tätigkeit in Deutschland am höchsten angespannt war, sinken die ausländischen Emissionen auf 233,82 Millionen herab, da das Kapital im Inlande nicht entbehrt werden kann und daselbst große Einnahmen erwarten läßt — wurden doch dem Kurswert nach in Deutschland für 276,50 Millionen Bankaktien, für 74,02 relativ hoch verzinsliche Industrieobligationen, für 861,39 Industrieaktien ausgegeben.[1]) Im Krisenjahr wird das Vertrauen der Kapitalgeber zu der deutschen Volkswirtschaft heftig erschüttert, jedoch gehört das erste Semester noch zum größeren Teil der Spekulation mit starker Nachfrage nach Kapital an. Dementsprechend sinkt in diesen sechs Monaten die Emission ausländischer Papiere auf die niedrigste Ziffer von 60,82 Millionen, während gleichzeitig Deutschland 966,52 in Anspruch nahm, darunter für Industrieaktien 209,30, Bankaktien 115,10, Industrieobligationen 114,03.[2]) Im zweiten Semester verändert sich mit der Krise das Verhältnis der inländischen zur ausländischen Anlage. Auf letztere entfallen 214,63, auf die erstere 609,22 Millionen. Die Nachfrage des Inlandes hat nachgelassen, im allgemeinen haben im Vergleich zu den Vorjahren die Kapitalgeber weniger zum Ausleihen zur Verfügung, und zudem fehlt ihnen nach den grossen Verlusten der Mut zu neuen Unternehmungen. Das zeigt in bezug auf das Ausland auch noch das folgende Jahr, während der geschädigte deutsche Kapitalist mit seinen Ersparnissen in gesicherte deutsche Anlagen flüchtet — 505,57 Millionen Staatsanleihen, 293,58 Kommunalanleihen, 250,00 Pfandbriefe werden übernommen. Erst im Jahre 1902, in der Zeit der Depression und bei sinkendem Zinsfuß, ist wieder mehr Geld für das Ausland zur Verfügung.

Ob die geschilderte Anlage im Auslande, zeitlich betrachtet, immer im Interesse der deutschen Volkswirtschaft gewesen ist,

[1]) Deutscher Ökonomist v. 20. I. 1900. Daß der Andrang der deutschen Kapitalisten zu neuen Bank- und Industrieaktien groß war, ergibt sich daraus, daß im Jahre 1900 das Emissionsagio im Durchschnitt 30,6 und 66,9 Proz. betrug.

[2]) Der Betrag der Industrieobligationen ist hoch, weil die Emission junger Aktien durch das weichende Vertrauen erschwert war. Bedeutend ist auch der Betrag an Pfandbriefen, 150 Millionen, und Kommunalanleihen, 119,50 Millionen, die jetzt bei dem steigenden Zinsfuß, den sie zu zahlen hatten, vielfach 4 Proz., von vorsichtigen Kapitalisten gesucht waren.

kann fraglich erscheinen. In der Periode ungünstiger Konjunktur, in welcher das Inlandsgeschäft das disponible Kapital nur teilweise gebraucht und nur niedrige Gewinne in Aussicht stellt, handelt der Kapitalist, wenn er sich ein gutes Auslandspapier sucht, auch volkswirtschaftlich korrekt. In der Hochkonjunktur ist das Kapital im Inlande sehr begehrt, so daß, wie wir weiter unten noch sehen werden, der Wechselkredit im Auslande stark in Anspruch genommen wird. Aber diese kurzfristige Verschuldungsform kann den Eintritt der Krisis beschleunigen oder die eingetretene Krise verschärfen. Wäre das in das Ausland als feste Anlage gleichzeitig abwandernde Kapital im Inlande festgehalten worden, so würden jene auswärtigen Kredite nicht oder jedenfalls in geringerem Umfange nötig geworden sein. Nun kann natürlich nicht davon die Rede sein, dem Privat-Kapitalisten vorzuschreiben, wie er sein Geld verwenden soll. Aber man könnte von den Emissionsbanken die Einsicht verlangen, daß sie während der Hochkonjunktur dem Publikum möglichst wenig Auslandswerte anbieten und schmackhaft machen. Den vorsichtigen Kapitalisten, welche die Krise kommen sehen, wird damit nicht wehe getan, da sie ihre Ersparnisse oder Kursgewinne auch in früher emittierten, im Inlande börsengängigen, ausländischen und inländischen sicheren, bei der hohen Verzinsung billigen Werten anlegen können. Die Verkäufer werden dann aber den Erlös dem heimischen Geldmarkte zuführen und ihn entlasten, während die Kapitalausfuhr umgekehrt wirkt.

Oft genug werden die Banken in einem solchen Verhalten auch ihr geschäftliches Wohl wahrnehmen, da der überhohe Diskont auch für sie bedenklich ist, aber sollte dies auch im einzelnen Falle nicht zutreffen, so ist daran zu erinnern, daß ihnen innerhalb des heutigen Wirtschaftslebens eine solche Macht eingeräumt worden ist, welche ethisch nur als zulässig erscheint, wenn sie mit der Pflichterfüllung gegen die Allgemeinheit verbunden ist.

Die an inländischen Börsen emittierten Wertpapiere vermitteln nur einen Teil der Kapitalien, welche ins Ausland gehen. Es kommen zunächst hinzu diejenigen ausländischen Effekten, welche im Inland vertrieben werden, ohne an der Börse zugelassen zu sein. Der Betrag derselben ist in Deutschland nur gering, und es kann nur dringend gewünscht werden, daß die Banken im

Interesse des Publikums sowie im wohlverstandenen eigenen von solchen Geschäften absehen, und daß es, wie es schon meist geschieht, allgemein geschäftlich nicht als anständig gilt. wenn Börsenprospekt und Notiz umgangen werden.[1])

Eine große Summe hingegen machen in verschiedenen Ländern diejenigen Wertpapiere aus. welche im Ausland zur Ausgabe gelangt sind. dort von Inländern gezeichnet und bezahlt worden sind und an inländischen Börsen nicht notiert werden. Für Deutschland kommen an erster Stelle die Effekten der Londoner und Newyorker Börse in Frage, Goldminen-Aktien. afrikanische Landgesellschaften und Banken. nordamerikanische Eisenbahn- und Industriepapiere. gelegentlich auch Staatspapiere. Von geringerer Bedeutung sind in dieser Hinsicht die Börsen von Wien. Paris und Amsterdam. Eine Schätzung dieser Summen ist nicht möglich,[2]) da zuverlässige statistische Grundlagen fehlen. Eine zu irgend einem Zeitpunkt gelungene Aufnahme würde auch keinen wesentlichen Nutzen bringen, da die Schwankungen im Besitz dieser Objekte außerordentlich groß sind. Sie sind im ganzen wohl stärker als bei den daheim emittierten auswärtigen Werten, weil sie weniger als diese zur festen Anlage gesucht, d. h. jedenfalls zu einem recht erheblichen Teil zu Spekulationszwecken gehalten werden.

[1]) Deutscher Ökonomist v. 3. Mai 1902: „Die Emission ohne Prospekt und Börsennotiz wird sich gesetzlich nicht verbieten lassen: aber die Bankwelt sollte darin übereinkommen. daß dieselben wieder. wie es früher der Fall war. als unfair betrachtet und von anständigen Häusern vermieden wird.“ Einige Beispiele auswärtiger Emissionen mit Umgehung der Börse gibt der Deutsche Ökonomist vom 9. u. 16. Juni 1894 — vgl. auch Allgem. Zeitung. Volkswirt. u. Handelsbeilage v. 5. April 1895. Ein Vorgang aus dem Jahre 1905, bei dem die nachträgliche Einholung der Zulassung versprochen u. auch ausgeführt wurde, in der Allgem. Zeitung v. 25. Mai. Die Fälle, in denen die Nichtzulassung an der Börse unterlassen wird. weil es das Interesse der Bank verlangt. obwohl das zeichnende Publikum nicht geschädigt werden soll. werden nur selten vorkommen.

[2]) Soweit die Stücke nach Deutschland importiert werden, haben sie den Emissionsstempel zu tragen. von dessen Betrag aus eine Berechnung ihrer Menge wenigstens denkbar wäre. Die meisten bleiben. um diese Ausgabe zu vermeiden. im auswärtigen Depot unter Haftung des vermittelnden inländischen Bankhauses.

In dem Nachfolgenden, in dem wir den Zusammenhang der allgemeinen volkswirtschaftlichen Konjunktur mit dem Kauf und Verkauf bereits emittierter ausländischer Effekten im Auslande resp. nach demselben zu untersuchen haben, lassen sich die einzelnen Arten, je nachdem sie im Inlande, im Schuldnerlande, in einem dritten Lande oder gleichzeitig in verschiedenen Ländern zur Ausgabe gelangt sind, nicht unterscheiden. Wir fassen sie als einheitliche Masse zusammen, um eine Vorstellung von dieser Art der internationalen Kapitalbewegung zu gewinnen, wie sie sich bei Geschäftsaufschwung, Hausse, Krise, Depression vollzieht, wobei wir natürlich die jeweilige ökonomische Lage des kaufenden und des verkaufenden Landes zu berücksichtigen haben werden. Nun kann allerdings, z. B. infolge verschiedener Würdigung des auswärtigen Staatskredites, ein großes Geschäft, sagen wir in russischen Papieren an der Berliner Börse gemacht werden, ohne daß dadurch die Verschuldungsgröße Rußlands verändert wird. Dieser Fall, bei dem nur die Gläubigerpersonen wechseln, interessiert uns hier nicht.

Wir haben das Problem noch weiter zu vereinfachen. Ein Papier, das an verschiedenen Börsen gehandelt wird, ist z. B. die italienische Rente. Sie wird an italienischen Plätzen, in Paris, in London, Berlin, Frankfurt a. M. notiert. Als im Frühjahr 1887 die Lombardierung russischer Papiere durch die Reichsbank von dem Reichskanzler verboten wurde, übernahm Frankreich große Beträge russischer Werte aus Deutschland, welches seinerseits dafür viel Italiener erwarb. Seit der Mitte der neunziger Jahre sind von der italienischen Rente erhebliche Posten nach Italien zurück gewandert. Die Stärke der Verschiebung läßt sich in der Regel aus den laufenden Börsenberichten nur ungenau, zuverlässig erst bei den Couponeinlösungen ersehen. Durchsichtiger erscheint die internationale Kapitalverschiebung durch Effektenhandel, wenn die beiden Länder, die miteinander Börsengeschäfte betreiben, direkt an den beiderseitigen Börsen kaufen und verkaufen, z. B. wenn Deutsche in New-York dort notierte Eisenbahnobligationen und Amerikaner nur in Deutschland notierte Staats- und Kommunalpapiere erwerben. Halten wir uns bei der nachfolgenden allgemeinen Betrachtung stets diesen letzteren einfachen Vorgang vor Augen.

Ausländische Effekten werden entweder zum Zweck des Kursgewinnes oder zur dauernden Anlage gekauft. Um in den definitiven Besitz von fremden Werten zu kommen, muß das kaufende Land Kapitalmittel zur Verfügung haben, mag auch der Kredit vorläufig mithelfen. Auch zu dem allein auf Kursgewinn berechneten Kauf sind Kapitalien nötig, wenn auch hier dem Kredit eine größere Rolle zufällt.[1])

Bei dem Verkauf ausländischer Effekten ist ebenfalls zu unterscheiden: der Dauerbesitz wird aufgegeben, weil er gefährdet oder nicht genügend rentabel erscheint. Hohe wie niedrige Kurse können die Voraussetzung dazu bilden. Dasselbe gilt bei der zweiten Art des Verkaufs der rein spekulativen Abgabe, welche ausschließlich unter der Meinung des Kursfalles vorgenommen wird.

Die allgemeine volkswirtschaftliche Konjunktur beider Länder greift nun in solche ökonomische Erwägungen in mannigfacher Weise ein. Wird viel verdient, so ist Kapital zum Ankauf ebenso wie bei der bisher besprochenen Beteiligung an Emissionen vorhanden. In schlechten Zeiten ist die Kaufkraft erheblich verringert. In den Depressionsmonaten nach der Krise fehlt das Vertrauen zu neuen Geschäften oder Umtäuschen, und das Geschäft stockt. Verlängert sich die Depression und herrscht im Auslande rege Tätigkeit, so fehlt es nicht an Anregung, dort Effekten zu erwerben. Während der Überspekulation in der Hochkonjunktur hat das Kapital in der eigenen Volkswirtschaft genug zu tun und weniger Interesse für das fremde. Ebenso in der Krise selbst, in welcher der Kredit erschüttert ist, und Barzahlungen gemacht werden müssen. Wichtig für die Stärke des internationalen Wertpapierkaufes ist der Zinsfuß in beiden Ländern, der allerdings mehr oder minder unter dem Einfluß der allgemeinen Konjunktur steht, aber auch von jährlich wiederkehrenden Vorgängen abhängig ist, z. B. in den Vereinigten Staaten von der Erntebezahlung (crop moving). Steigt er andauernd und hält sich hoch, so haben die nicht bloß fest verzinslichen, sondern

[1]) Diese Papiere werden oft auf Kredit gekauft, bleiben aber zur Sicherheit des Kreditgebers in dessen Besitz, so daß der Käufer nur für Kursdifferenzen aufzukommen hat.

oft auch die Dividenden-Effekten eine sinkende, fällt er, eine steigende Tendenz. Der Zustand einer blühenden Volkswirtschaft veranlaßt die Ausländer, durch Effektenkauf an ihren Gewinnen teilzunehmen, steigen aber die Kurse der Dividendenpapiere hier unverhältnismäßig hoch im Vergleich zum Gewinn, so strömen die Effekten alsbald ihr wieder zu. Gehen die Geschäfte des Schuldnerlandes andauernd schlecht, so werden die Kapitalien durch Verkauf der Dividendenpapiere ebenfalls zurückgenommen, um jedoch evtl. wiedergebracht zu werden, wenn man den Tiefpunkt als überschritten erachtet.

Diese verschiedenen wirtschaftlichen Motive lassen sich in den tatsächlichen Vorgängen keineswegs immer deutlich erkennen. Denn die Schwankungen an den Börsen sind bekanntlich nicht bloß ökonomischen Erwägungen zuzuschreiben. Die internationale Politik kann die Wirtschaftslage völlig verdunkeln, die heimischen Staatsfinanzen mit ihren Anleiheansprüchen machen sich ebenfalls geltend. Börsenmanöver, Corner. Zwangsverkäufe sind nicht zu übersehen.

Wir wollen es versuchen, einige besonders wichtige, Deutschland berührende, internationale Effektenverschiebungen aus dem großen Börsenmaterial der Periode 1894—1902 herauszuheben, soweit als ein Zusammenhang mit der allgemeinen Konjunktur nachweisbar ist. Wir haben dabei stets auf die im Beginne des Kapitels geschilderten Tatsachen in den einzelnen Ländern und auf die dort entworfene Tabelle zurückzugreifen.

Im Jahre 1893 war an der Wiener und Pester Börse unter Anregung der Valutaregulierung und der Rentenkonvertierung eine solche Kurssteigerung eingetreten, dass die Zeitungspropheten wiederholt verkündeten, der Rückschlag stehe unmittelbar bevor. Aber sie wußten nicht, daß in Österreich-Ungarn, wo seit 1873 die Gründungstätigkeit gestockt hatte,[1]) viel Kapital zur Verfügung stand, mit dem die Börsenoperationen fortgesetzt werden konnten, und daß Deutschland seit vier Jahren seinen Geldmarkt

[1]) In dem letzten Jahrzehnt waren in Österreich nur 11 Aktiengesellschaften mit einem Kapital von nicht einmal 1 Mill. Gulden gegründet worden. Allg. Zeit. Volksw. u. Hand.-Beilage v. 16. II. 1896.

geschont hatte, welcher, wenn er Wien unterstützen wollte, so leicht nicht erschöpft werden konnte. Da nun Deutschland der hauptsächliche Effektengläubiger Österreich-Ungarns war, so mußte ihm an den Vorgängen der östlichen Börsen viel gelegen sein. Kursschwankungen von Tag zu Tag vermochten es, um Millionen reicher oder ärmer zu machen. Der Deutsche Ökonomist[1]) veröffentlichte über den deutschen Besitz in Berlin gehandelter österreichisch-ungarischer Wertpapiere nachfolgende Schätzung für das Jahr 1884:

Effekten	Millionen Mark nominell
1. Österr. u. ung. Staatspapiere	3170,0
2. Pester u. Wiener Anleihe	12,0
3. Österr. u. ungar. Eisenb.-Obligationen	1735,0
4. Österr. u. ungar. Eisenbahn-Aktien	650,2
5. Österr. u. ungar. Pfandbriefe	10,3
6. Bankaktien, Industriepapiere, Industrieoblig.	74,0
Summa:	5651,5

Nach neueren Berechnungen dürfte dieser Betrag wohl zu hoch gegriffen gewesen sein. Die vom K. K. Finanzministerium 1904 veröffentlichten „Daten zur Zahlungsbilanz" von Österreich-Ungarn[2]) bringen für das Jahr 1903 folgende Schätzung:

1. österr. Wertpapiere	2862	Millionen Kronen
2. ung. Wertpapiere	1731	„ „
3. bosnische Wertpapiere	60	„ „
Summa:	4653	Millionen Kronen

Da nun der gleichen Quelle gemäß in den Jahren 1892—1901 die Verschuldung des Kaiserstaats an das Ausland sich schätzungsweise um 500 Mill. Kronen vergrößert, in den Jahren 1902 und 1903 jedoch keine wesentliche Veränderung erfahren hat, so würde dieser Betrag von 4653 Mill. für 1892 noch etwa um 250 Mill. zu ermäßigen sein, wenn man davon ausgeht, daß

[1]) W. Christians, Wie hoch beläuft sich der deutsche Besitz in ausländischen Wertpapieren? Deutscher Ökonomist v. 27. I. 1894. Die unter 6 angegebene Ziffer enthält die Hälfte der ausländischen, nach Ländern nicht gesonderten Wertpapiere, die wenigstens auf Österr.-Ungarn entfallen dürfte.

[2]) Tabellen zur Währungsstatistik, verfaßt v. K. K. Finanzministerium, zweite Ausgabe, zweiter Teil, 3. Heft, Wien 1904, S. 779.

etwa die Hälfte des ausländischen Besitzes an österreichisch-ungarischen Effekten auf Deutschland entfällt.[1]) Wir würden demnach immer noch den stattlichen Betrag von 4403 Mill. Kronen für das Jahr 1892 zugrunde zu legen haben.

Aber aus dem Vorhandensein eines großen Besitzes folgte zunächst noch keineswegs für die deutschen Kapitalisten, daß sie sich mit Käufen an der Wiener Hausse beteiligten. In Deutschland lag der Spekulationsgeist danieder, und die üblen Erfahrungen mit der italienischen Rente nach der Zahlungseinstellung der Banca Generale und den starken durch die Abneigung gegen den Dreibund hervorgerufenen Pariser Verkäufen — vom 1. bis 19. Januar 1894 ein Kursfall um 6 Proz. — wirkten auf das ausländische Effektengeschäft überhaupt hindernd ein. Als jedoch in den ersten Monaten des Jahres 1894 die österreichischen Kurse weiter stiegen, man in Wien äußerst optimistisch war, z. B. erklärte, daß für Kreditaktien der Vierhunderter, d. h. der Kurs von 400 fl., der vor 12 Jahren bestanden hatte, winke, in Deutschland bald große Gewinne realisiert wurden, und der Geldstand dauernd ein sehr niedriger war — im Februar betrug der Privatdiskont in Berlin $1^3/_8$ Proz. —, hielten hier die Kapitalisten nicht mehr zurück, fingen an zu kaufen, und, um an den höheren Zinsen in Wien und Pest zu profitieren, größere Darlehen zur Erleichterung des dortigen Geschäfts hinzugeben. Eine Rückwirkung auf die Pariser, Berliner und Frankfurter Börse infolge der andauernden großen Tätigkeit in Wien machte sich in steigender Weise durch die Jahre 1894 und 1895 geltend. In Deutschland wurden daher auch heimische Bankaktien und Montanpapiere nach oben getrieben, und selbst österreichische Spekulanten halfen dabei mit ihren Käufen, nachdem ihnen das Arbeitsfeld an der eigenen Börse zu eng geworden war.

In Österreich war die Börsenbewegung von Konversionen ausgegangen, das Jahr 1894 brachte nun auch in Rußland solche der 5proz. Eisenbahnobligationen. Außerdem wurde in

[1]) Ebendaselbst S. 775 u. 779. Der gesamte Besitz des Auslandes ist auf 9809 Mill. Kronen angegeben. Daran nehmen teil Deutschland mit 4653, Frankreich mit 3270, England mit 356, Holland mit 647, Belgien mit 243, die Schweiz mit 242.

Deutschland von der Konvertierung der heimischen 4proz. Staatsanleihen und der Pfandbriefe auf $3^1/_2$ Proz. gesprochen. die man mit Recht als nahe bevorstehend ansah. Gleichzeitig begaben Österreich und Ungarn neue 4proz. Renten zum Zweck der Goldbeschaffung für die Valutaverbesserung. So kam es, daß deutsche Kapitalisten, zumal viele Mittel zur Verfügung standen, sich sowohl an österreichisch-ungarischen Emissionen beteiligten, als auch andere Rentenpapiere des Kaiserstaates erwarben. um sich gegen die mit den Konvertierungen drohenden Zinsausfälle zu decken. Von der österreichischen Goldrente von 1895. im Betrage von 119047620 Kr. nominal, übernahm Deutschland 80054760 Kr., von den 3proz. Prioritätsobligationen der Dux-Bodenbacher Bahn im Betrage von 51200000 Kr. nom. emittiert behufs Reduktion des Aktienkapitals der Bahn, 30720000 Kr., von der 4proz. ungarischen Kronenrente von 1894 im Betrage von 45 Mill. nom. die Summe von 30834000 Kr.[1])

Es stimmt mit diesem Kauf österreichisch-ungarischer Zinspapiere überein. daß von Deutschland zur Einlösung gelangten 1894 38797000 Kr. aus österreichischen Staatsschuldtiteln und 1895 45867000, ferner 1894 32650000 und 1895 41770000 Kr. aus der ungarischen Staatsschuld.[2])

Wir haben demnach zunächst daran festzuhalten, daß der niedrige Geldstand in Deutschland während der allgemeinen Depression, dann das Sinken des Zinsfußes im allgemeinen. ferner ein gewisses, durch die Belebung des Börsenverkehrs veranlaßtes Vertrauen zu der österreichischen Volkswirtschaft dahin wirkten, daß aus Deutschland erhebliche Kapitalien nach Österreich-Ungarn durch Effektenerwerb abgeführt werden.

Indessen zeigte alsbald die andauernde Hausse in Wien und Pest eine andere, und zwar entgegengesetzte Wirkung.

An den deutschen Börsen. sowohl in Berlin als auch in Frankfurt, bestand eine einflußreiche Partei, welche die Vorgänge in Wien andauernd pessimistisch beurteilte. Ihr Argument, welches der Wahrheit an sich nicht entbehrte, bestand darin,

[1]) Tabellen zur Währungsstatistik S. 434 und 493.
[2]) Ebendaselbst S. 251 und 464.

daß das volkswirtschaftliche Leben in Österreich-Ungarn durchaus nicht in Blüte stehe, der dortigen Börsentätigkeit daher die innere Kraft fehle, was zu einem baldigen Zusammenbruche führen müsse. Daraufhin kam es schon 1894, aber mehr noch 1895 zu bedeutenden Verkäufen österreichischer und ungarischer Werte, welche eine Effektenrückwanderung zur Folge hatten.[1]) Viele deutsche Kapitalisten haben hierbei zweifellos verdient, gleichzeitig auch deutsche Spekulanten viel Geld verloren. Denn es wurden zugleich große Verkäufe nicht besessener Effekten in der Hoffnung auf baldigen Kurssturz vorgenommen. Da nun aber noch manche Monate hindurch die gute Konjunktur in Wien anhielt, hatten diese Leerverkäufer erhebliche Differenzen zu bezahlen, welche die Effektenausfuhr noch verstärkt haben mögen.[2])

Während so Effektenspekulanten ihr Geld verloren, verdiente der deutsche Geldmarkt bei der Unterstützung der Wiener Prolongationen. Der dauernd hohe Zinsfuß veranlaßte französische und deutsche Bankiers in Wechselform ihre Guthaben in Wien zu vergrößern, wodurch die dortigen Ultimoschiebungen nur möglich wurden.

Als Ergebnis können wir also festhalten, daß die starke und dauernde Börsenhausse in Österreich-Ungarn die Eigenschaft gehabt hat, aus anderen Ländern, welche entweder in der Depression verharrten, oder eben den Tiefpunkt überschritten hatten, sowohl hochgetriebene Effekten, besonders Aktien, als auch Geldkapitalien zu sich heranzuziehen.[3])

[1]) z. B. Im November 1894 wird von einer starken Rückwanderung der Kreditaktien berichtet, im Februar 1895 von Bank- u. Eisenbahn-Aktien. Aus Frankfurt wird v. 28. VII. 1895 geschrieben, daß an der dortigen Börse die Aktien der Elisabeth-Bahn, der Franz-Joseph-Bahn, die Galizier keine Rolle mehr spielten. Lombarden bleiben jedoch noch in großen Beträgen in Deutschland, da sie früher hoch übernommen worden waren und diesen Kurs nicht wieder erreicht hatten. (Bericht v. Dezember 1894.)

[2]) Allg. Zeitung, Volksw.- u. Hand.-Beilage v. 7. II. 1895: „Die fortgesetzten Graulereien haben dazu geführt, daß der dem süddeutschen Publikum ehemals vollständig unbekannte Begriff des Kontreminierens daselbst auch verstärkt verbreitet worden ist.“ Von den Baisseengagements in Berlin berichtet der Deutsche Ökonomist im Febr. 1895, Wochenberichte „Fondsbörse“.

[3]) Vgl. auch die statistische Zusammenstellung des Effektenverkehrs

Das scheint an sich widerspruchsvoll zu sein. da der Effektenerwerb einer Kapitalausfuhr gleichzusetzen ist: es ist aber dadurch verständlich, daß in den gleichen zwei Jahren eine große Emission österreichischer nnd ungarischer Staatspapiere erfolgte. an der sich das Ausland zu hohen Quoten beteiligte. Wäre das nicht der Fall gewesen, so hätten die Wechsel in Wien auf Deutschland, Frankreich, Holland, England schon 1894 andauernd so teuer werden müssen, daß die Geldkapitalsströmung sich nicht nach Wien, sondern umgekehrt von Wien her bewegt hätte. Dann wäre die dortige Hausse wohl bald zum Ende gebracht worden, da niemand die Reports, welche sich zeitweise schon auf 15—20 Proz. in Wien beliefen, mehr hätte bezahlen können.[1])

Welche große Gefahr indessen für eine Volkswirtschaft in dem Borgen von fälligem oder in kurzem fälligem Geldkapital liegt, sollte der Wiener Börse im Oktober und November 1895 zum vollen Bewußtsein kommen.

Der Zufluß vor allem aus Deutschland, aber auch aus Frankreich geriet nicht nur ins Stocken, sondern die Guthaben wurden zurückgezogen, als sie im Gläubigerlande nötig wurden. Dies Bedürfnis war wiederum das Ergebnis mehrjähriger internationaler Verschuldung, insbesondere zwischen England und Frankreich, infolge der Spekulation in südafrikanischen Goldminen. Der Zusammenhang der Dinge war nach dem Deutschen Ökonomisten dieser:[2]) „Nach

---

österr. Banken mit dem Auslande in den Jahren 1892—1901 in den Tabellen zur Währungsstatistik S. 463. Nach der Angabe der 12 wichtigsten Bankinstitute des Landes betrug der

		Effektenimport u. der	Effektenexport
in den Jahren:	1893	171 042 300 Kr.	89 776 800 Kr.
	1894	228 172 400 „	123 828 700 „
	1895	234 357 100 „	180 604 400 „

Emissionen sind hier nicht eingerechnet, vgl. Anm. S. 463.

[1]) Deutscher Ökonomist v. 19. Jan. 1895: „Die berufsmäßigen Wiener u. Pester Spekulanten spielen seit geraumer Zeit am hiesigen Platze (Berlin), sie legen das geforderte Sicherheitsdepot hierher und prolongieren ihre Engagements zu 3—4 Proz., während sie zu Hause ihren Kunden 15—20 Proz. berechnen können. Die Möglichkeit dieses kolossalen Zwischengewinnes stachelt das optimistische Völkchen an der Donau dazu an, ihre leichtgläubige, leichtsinnige, hoffnungsfrohe Kundschaft immer wieder anzuregen.

[2]) Vom 26. Oktober 1895.

den großen Erfolgen des Goldbergbaues stiegen in London und Paris die Aktien der betreffenden Gesellschaften ganz reell im Wert, und der Kreis der Käufer dieser Papiere erweiterte sich, wodurch auch die Kurse derselben immer höher stiegen. Diese Entwicklung der älteren Goldbergwerke regte zu zahllosen neuen Unternehmungen gleicher Art an, wozu das Geld durch Aktienemission leicht zu beschaffen war. Die so in Fluß gekommene Bewegung hat in England und sodann in Frankreich allmählich alle Schichten des Publikums ergriffen, man kaufte nicht nur Aktien notorisch guter Unternehmungen, sondern auch solcher, welche nichts weiter als Hoffnungen aufzuweisen hatten; man zahlte für beide phantastische Preise, und es beteiligten sich an dieser Spekulation endlich nicht nur diejenigen, welche Geld hatten, sondern auch diejenigen in größter Zahl, denen solches fehlte und welche nur eine Anzahlung zu leisten hatten. Die Spekulation mit fremdem Gelde hatte in Frankreich den größten Umfang erreicht. Die Banken vermochten die Reportierung der Goldshares nicht mehr mit den ihnen zur Verfügung stehenden Kapitalien zu bewerkstelligen, und sie verschafften sich die ihnen fehlenden Mittel durch eine Art von Wechselreiterei, höflicher ausgedrückt durch Finanzwechsel, welche sie auf Londoner Häuser zogen und bei Verfall erneuerten. Den Engländern wurde es endlich bedenklich, die Aktien nach Frankreich zu verkaufen und sodann das Geld zur Bezahlung des Kaufpreises zu liefern. Die großen Diskontobanken, voran die Bank von England, nahmen die Finanzwechsel nicht mehr zum Diskont an. Für die Reportierung der ohne Bezahlung gekauften Aktien fehlte das Geld, sie mußten verkauft werden, aber Käufer fanden sich nur zu sehr viel niedrigeren Kursen — alles durchaus regelrecht, so wie jede auf Kredit aufgebaute Überspekulation und Überemission zu Grunde geht. Eine solche weit umfassende Bewegung nun kann bei den heutigen Verkehrsbeziehungen nicht lokal verlaufen, sie läßt sich nicht an den Landesgrenzen aufhalten. Wenn in Paris Geld für Spekulationszwecke knapp wird und hoch bezahlt wird, so greift man von dort auch nach Berlin herüber und holt es von hier, sei es auf Grund von Guthaben, sei es durch Verkauf von auch hier marktgängigen Papieren oder auf welche Weise sonst. Daß auch weite Kreise des deutschen und österreichischen Publikums sich an der Spekulation in Goldaktien beteiligt haben, kommt hierbei natürlich mit in Betracht, aber es ist nicht ausschlaggebend."

Wir haben hier diesen Vorgang eingehend zur Darstellung gebracht, um den Zusammenhang zwischen dem internationalen Kapitalismus und dem Ausbruch einer Börsenkrise zu beleuchten. Immer, ehe sie ausbricht, mag sie nun Ursachen haben, welche sie wolle, ist eine sogenannte Geldversteifung andauernder und sehr entschiedener Art vorhanden, und zwar gilt dies ganz allgemein, sowohl für Gläubiger- als für Schuldnerstaaten, z. B. für England und Frankreich ebenso wie für Rußland und Italien. Aber es ist doch ein Unterschied vorhanden. In den Zeiten der Hochkonjunktur eines Landes, welche dem Umschlag vorausgehen, ist der Zinsfuß schon hoch, so daß andere Länder, welche niedrigeren Diskont haben, Kapitalien dorthin leihen. Insofern kann man sagen, daß jedes Land vor der Krise Schuldnerland ist. Aber diese Schuldenlast ist doch weit gefährlicher für diejenige Volkswirtschaft, welche überhaupt den Charakter des Dauerschuldners hat. Wird das ausstehende Geld gekündigt, so hat dieser kein Mittel, sich zu helfen, und ist der Gnade des Auslandes preisgegeben, während ein Gläubigerland als solches durch den Verkauf von Effekten anderer Länder — die Effekten des eigenen sind wegen der Krise weniger brauchbar — der Geldklemme entgegentreten kann. Gläubigerland wie das Schuldnerland können ihren industriellen Zyklus aus sich heraus entwickeln, aber während das erstere seinen Gang immer selbständig geht, kann das andere durch einen Schlag des Nachbars aus der Bahn herausgeworfen und zu einer Katastrophe gebracht werden, die vielleicht sonst erst nach Monaten oder Jahren eingetreten wäre.

In Österreich-Ungarn war die Überspekulation allerdings schon so weit fortgeschritten, daß sie dem Ende zu eilte, aber die furchtbare Erschütterung, welche das Land jahrelang nachfühlen mußte, wäre doch wohl mit dieser Gewalt nicht hereingebrochen, wenn es nicht ganz hilflos auf dem Geldmarkte gewesen wäre und nicht Zwangsverkäufe jeder Art hätte erdulden müssen.

Auch die deutschen Börsen blieben im Herbst 1895 von einem starken Rückschlag nicht verschont, sie erholten sich indessen rasch, weil der allgemeine volkswirtschaftliche Aufschwung sich anzubahnen gerade im Begriff war. Daß dieser nicht im Keime erstickte, ja nicht einmal ernstlich gehemmt wurde, dürfte der weltwirtschaftlichen Gläubigerkraft des deutschen Geldmarktes zugute zu rechnen gewesen sein, welche die vorhandenen Schwierigkeiten spielend bewältigte. Auch in Österreich zeigte die Industrie 1895 Zeichen der Belebung, aber von diesen Ansätzen zum Bessern war dann in den nächsten Jahren nicht mehr die Rede. Es fehlten nach der Börsenkatastrophe die Mittel, die Produktion zu heben. Sie waren an der Börse verspielt worden. Bald nach dem Wiener Krach wurden stark gesunkene österreichisch-ungarische Aktien und Obligationen von Deutschland zurückgekauft, doch wurde der Besitzstand, wie er 1893 war, nicht wieder erreicht. Es fehlte einerseits das Vertrauen zu der Leistungsfähigkeit des Nachbarlandes, andererseits bedurfte man zu Hause des eigenen Kapitals, so daß die Käufe nicht energisch fortgesetzt wurden.

Die oben auf S. 196 mitgeteilte Tabelle läßt ersehen, daß die Vereinigten Staaten von 1897—1902 Erwerbsverhältnisse gehabt haben, welche sich zur einen Hälfte mit „recht gut“, zur anderen mit „gut“ zensieren lassen. So lange der Aufschwung in Europa währte, d. h. bis in den Sommer 1900, bestanden hier auch die umfangreichen Käufe amerikanischer Waren fort, als er nachließ, sich hingegen der in den Vereinigten Staaten verstärkte, brauchte der heimische Absatz nicht eingeschränkt zu werden. Das Resultat ist gewesen, daß die amerikanischen Produktivkräfte, besonders die industriellen, eine gleichmäßig andauernde Ausdehnung erfahren haben.

Die Handelsbilanz der Vereinigten Staaten, auf deren Bestandteile und Ursachen hier nicht näher eingegangen werden kann,[1]) verfügte im ganzen und Europa gegenüber über nachfolgende Ziffern:[2])

---

[1]) Vgl. darüber des Verfassers Schrift: „Die Handelsbilanz der Vereinigten Staaten von Amerika“, Berlin 1901, auf welche in dem Nachfolgenden mehrfach Bezug genommen wird.

[2]) Statistical Abstract of the United States, Washington 1905.

Jahre, endigend am 30. Juni	Ausfuhr aus den Ver. Staat.	Einfuhr in die Ver. Staat.	Überschuß zugunsten der Ver. Staat., 2 u. 3	Ausfuhr nach Europa	Einfuhr von Europa	Überschuß zugunsten der Ver. Staat., 5 u. 6
1	2	3	4	5	6	7
			Millionen Dollars.			
1897	1050,9	764,7	286,2	813,3	430,1	383,2
1898	1231,5	616,0	615,4	973,8	305,9	667,9
1899	1227,0	697,1	529,8	936,6	353,9	582,7
1900	1394,4	849,9	544,5	1040,1	440,5	599,6
1901	1487,7	823,1	664,5	1136,5	429,6	705,9
1902	1381,7	903,3	478,3	1008,0	475,1	532,9
1903	1420,1	1025,7	394,4	1029,2	547,2	482,0
1904	1460,8	991,0	469,7	1057,9	498,6	559,3

Für das europäische Wirtschaftsleben hat man mit Recht aus diesen Zahlen das Vorhandensein einer amerikanischen Gefahr abgelesen: „Facts are apt to alarm us more than the most dangerous principles“ (Junius). Freilich müssen diese Zahlen richtig verstanden werden, die sie erregende Besorgnis ist nicht die Passivität der europäischen Handelsbilanz und die in ihr steckende Verpflichtungsbilanz schlechthin, sondern die Kraftentwickelung, welche hinter ihr steht und welche sich auch einmal anders äußern kann.[1])

Um die amerikanische Verpflichtungs- und Forderungsbilanz richtig zu würdigen — wobei wir nur teilweise auf exaktes statistisches Material zurückgreifen können, hauptsächlich auf Schätzungen uns stützen müssen —, ist zunächst als Ergänzung

Die Jahre sind v. 1. Juli bis 30. Juni gerechnet. Die Gold- und Silber-Ein- und -Ausfuhr ist nicht einbezogen.

[1]) Gegen das Bestehen einer amerikanischen Gefahr hat sich neuerdings wieder Heinrich Dietzel gewandt — Jahrb. für Nat. u. Stat., III. Folge. B. 30. — in den Aufsätzen „Die enorme Überbilanz der Vereinigten Staaten“. Dem Verfasser ist dabei besonders daran gelegen, auseinander zu setzen, daß man in Europa keinen Grund hat, die amerikanische Zollpolitik zu bewundern. Bei dem Problem der amerikanischen Überlegenheit kommt es aber an erster Stelle auf ganz andere Dinge an, als auf Handelspolitik. Die Dietzelschen Ausführungen bezügl. der amerikanischen Forderungsbilanz sind ziemlich einseitig ausgefallen, wie in dem Nachfolgenden gezeigt werden soll.

zu dem mitgeteilten Warenhandel die Aus- und Einfuhr des Edelmetalles hinzuzufügen:[1])

Jahr, endigend am 30. Juni	Gold- und Silberausfuhr überhaupt	Gold- und Silbereinfuhr überhaupt	+ Mehrausfuhr — Mehreinfuhr	Gold- und Silberausfuhr nach Europa	Gold- und Silbereinfuhr von Europa	+ Mehrausfuhr — Mehreinfuhr
			Millionen Dollars.			
1897	102,3	115,5	— 3,2	85,9	60,3	+ 25,6
1898	70,5	151,4	— 80,9	49,2	74,9	— 35,7
1899	93,8	119,6	— 25,8	69,1	35,3	+ 33,8
1900	105,0	79,7	+ 25,3	81,0	4,5	+ 76,5
1901	117,3	102,3	+ 15,0	102,0	8,6	+ 93,4
1902	98,3	80,2	+ 18,1	77,8	1,7	+ 76,1
1903	91,2	69,1	+ 21,1	58,0	8,7	+ 49,3
1904	130,9	126,7	+ 4,2	112,1	23,9	+ 88,2
1897/1904			— 3,2			+ 50,9

In den sechs guten Jahren 1897—1902 umfaßte die Ausfuhr 7773,2 Millionen Dollars, die Einfuhr 4654,1. Nun ist von F. A. Vanderlip[2]) die Behauptung aufgestellt worden, die amerikanische Importstatistik sei zu niedrig bemessen, weil sie auf Unterwertdeklarationen der Importeure beruhe. Es mag daran früher etwas Wahres gewesen sein, allein wenn man die seit dem Dingley-Gesetz von 1898 vorhandenen endlosen Klagen der europäischen Importeure über die amerikanischen Zollschikanen, insbesondere von den willkürlichen Wertzuschlägen seitens der Appraiser hört, so wird man dieser Behauptung starke Zweifel entgegenbringen.[3])

[1]) Statistical Abstract a. a. O.

[2]) Frank A. Vanderlip, Amerikas Eindringen in das europäische Wirtschaftsgebiet, Berlin 1903, S. 14.

[3]) Walther Borgius, Deutschland und die Vereinigten Staaten, 1899, S. 64 u. 70: „Derartige willkürliche, mehr oder weniger unberechtigte Erhöhungen des zollpflichtigen Warenwertes durch die Appraiser sind keineswegs seltene Ausnahmefälle. Im Gegenteil, sie sind beinahe zur Regel geworden." H. Dietzel a. a. O. S. 203 übernimmt die Vanderlipsche Meinung ohne weiteres und schätzt die Importminderung, einbegriffen den Schmuggel bei den Personeneffekten, auf 25 Millionen Dollars pro Jahr ein. — Der Ansicht desselben Verfassers, die Exportziffern seien zu reduzieren, weil die Amerikaner

Aus der zweiten Tabelle über die Edelmetall-Ein- und Ausfuhr ergibt sich für die Union in den genannten sechs Jahren eine Mehr-Einfuhr von 61,5 Millionen Dollars. Rechnen wir diese zu dem Warenimporte hinzu, so beträgt der Saldo zugunsten der Vereinigten Staaten 3057,6 Millionen Dollars.

Um aus dieser gewaltigen Summe den aktiven Saldo der Forderungsbilanz herauszuschälen, ist noch eine Reihe erheblicher Abzüge zu machen. Zu dem Zweck sind folgende Spezialbilanzen aufzustellen:

1. Die Bilanz der Frachtleistungen. Zuerst bei dem Güterverkehr. Da die Handelsflotte der Union durchaus nicht ausreicht, die Waren ihres auswärtigen Handels zu befördern, haben die Amerikaner, soweit sie importieren, an ausländische Reedereien Zahlungen zu machen. Dem gegenüber stehen die Beträge, welche Ausländer an die Amerikaner zu entrichten haben, sowohl an Reeder, als auch an Eisenbahngesellschaften im Auslande, welche amerikanischen Bürgern gehören.[1]) Das Verhältnis dessen, was die Union zu fordern hat, zu dem, was sie zu zahlen hat, ergibt sich aus folgenden Zahlen[2]) (siehe nebenstehende Tabelle):

Stellen wir die Gesamtsummen von 2 und 3 aus den Jahren 1897—1902 als Bilanz einander gegenüber, so hat die Union an Seefracht 12,7 Proz. dessen zu fordern, was sie an das Ausland

vielfach unter dem heimischen Marktpreis verkauft hätten, der in der Statistik figurierte, ist zuzustimmen. Indessen ist zugleich darauf aufmerksam zu machen, daß seit dem Jahre 1900 Waren von Europa nach den Vereinigten Staaten ebenfalls vielfach unter dem Herstellungskostensatz verkauft wurden. Da nun der europäische Exporteur (Borgius a. a. O. S. 70) dem amerikanischen Zollbeamten eine eingehend substantiierte Deklaration unterbreiten und alle Kostenelemente aufführen muß, so konnten die Appraiser von ihrem Rechte der Höherbewertung oft genug Gebrauch machen. Soweit dies der Fall gewesen ist, ist der statistische Import höher bewertet worden, als der wirkliche.

[1]) Bei den Transportzahlungen ist Aktivum und Passivum gegenüberzu stellen. Dies ist von Vanderlip und von Dietzel übersehen worden. Von den mexikanischen Bahnen gehört der größte Teil den Amerikanern; der Handel nach Ostasien und im Golf, z. B. nach Veracruz und Havanna, wird vielfach auf amerikanischen Schiffen besorgt.

[2]) Statistical Abstract S. 485.

schuldet. Dazu kommt noch die Transportleistung auf dem Landweg, welche bez. des Importes und Exportes in Mexiko zugunsten der Amerikaner auf Grund des gesamten Handels zwischen beiden Staaten (240 Mill. Doll.) zu 4 bis 5 Proz. zu rechnen ist, die zu jenen 12,7 hinzuzufügen sind. Wie groß der Betrag dieser Frachtleistungen zu setzen ist, ist nur ungefähr zu ermitteln.[1])

Jahre, endigend mit dem 30. Juni	Waren in ausl. Schiffen eingeführt	Waren in am. Schiffen eingeführt	Warenexport auf dem Landwege	Warenimport auf dem Landwege
1	2	3	4	5
	Millionen Dollars			
1897	619,7	79,9	65,0	35,8
1898	492,7	67,7	73,2	30,4
1899	581,6	78,5	83,8	33,4
1900	701,2	90,7	110,4	44,4
1901	683,0	84,3	111,9	47,1
1902	744,0	83,6	123,8	56,3
1903	835,8	91,0	138,8	66,2
1904	790.5	97,4	152,7	68,2
1897—1902	3822,2	484,7	588,1	248,4

Die Einfuhr in die Vereinigten Staaten besteht etwa zu 70 Proz. in Fabrikaten i. w. S., zu 30 Proz. aus Rohstoffen für die Industrie. Nach der deutschen Handelsstatistik von 1897—1902 kostete durchschnittlich eine Tonne Exportfabrikat etwa 1000 M., und die Tonne importierter Rohstoffe für Industriezwecke 73 M., und der Nahrungs- und Genußmittel 230 M.

Der Transport einer Tonne Eisen- und Stahlfabrikate von Hamburg nach Baltimore kostete um die Jahrhundertwende 12—14 M., der Tonne Zement nur 7—9 M., der Tonne Zucker 8—13 M. (1897 und 1898), der Tonne Getreide von New York nach Großbritannien und dem Kontinent durchschnittlich etwa 14 M. (1897—1900).[2])

[1]) Es steht uns nur die Wertstatistik, nicht die Gewichtsstatistik zur Verfügung, welche bei der Transportberechnung brauchbarer wäre.

[2]) Nach den Angaben von R. Schachner, Seeverkehr u. Reederei,

Wenn wir die Tonne zu 13 M. Fracht nach den Vereinigten Staaten rechnen, so hätten diese zu zahlen von Waren im Werte von 3822,2 Millionen Dollars, welche mit fremden Schiffen gebracht worden sind: sieben Zehntel Fabrikate, d. h. 2675,5 Millionen Dollars (= 11291 Millionen Mark) = 146,7 Millionen Mark: drei Zehntel Rohstoffe für die Industrie,[1]) d. h. 1146 Millionen Dollars (= 4613 Millionen Mark) = 599,7 Millionen Mark.

Die Forderung der Amerikaner beträgt dagegen (s. o. jene 12,7 Proz. + 4—5 Proz. = 650 Millionen Dollars gesetzt), 75 Proz. für Nahrungs- und Genußmittel und Rohstoffe für die Industrie und 25 Proz. Fabrikate gerechnet (Durchschnittswert 150 und 1000 Mark), 49,7 Millionen Mark, d. h. ihr Passivsaldo ist 696,7 Millionen Mark oder rund 166 Millionen Dollars.

Diese Summe haben die Amerikaner in den sechs Jahren für den Gütertransport dem Auslande zu zahlen gehabt.

Damit sind aber ihre Frachtzahlungen keineswegs erschöpft. Es sind weiter hinzuzurechnen die Beträge, welche die Kajütenpassagiere amerikanischer Nation an ausländische Dampferlinien zu zahlen gehabt haben. In der amerikanischen Statistik waren von 1897—1902 701000 als U. S. citizens returning bezeichnet.[2]) Davon sind abzurechnen ungefähr ein Sechstel, welche amerikanische Schiffe benutzt haben.[3]) Rechnen wir die Passage — hauptsächlich kommt die Überfahrt nach und von Europa in Betracht — zu 400 M., für jeden Amerikaner 2 Fahrten und 100 M. für Extra-Ausgaben an Bord dazu, so ist die Gesamtverpflichtung der Amerikaner an fremde Gesellschaften 125,5 Millionen Dollars.[4])

Schriften des Vereins für Sozialpolitik S. 108, u. T. Lenschau. Die amerikanische Gefahr, 1902.

[1]) Gummi, Jute, Hanf, Zinn, Farbhölzer, Wolle, Baumwolle, Rohseide. Diese Rohprodukte sind mit 70 M. zu niedrig bewertet, sind daher mit 100 M. pro Tonne angesetzt worden.

[2]) Für 1897 fehlt die Angabe, die Zahl ist hier wie 1898 gesetzt worden. Die Einwanderung war in beiden Jahren die gleiche.

[3]) Stat. Abst. S. 484 gibt das Verhältnis der Schiffe wie 24 : 3,8, d. h. nicht ganz ein Sechstel Ein volles Sechstel ist aber nicht zu hoch gegriffen, da auch amerikanische Schiffe unter fremder Flagge fahren.

[4]) Nicht alle Amerikaner fahren 1. Klasse, in der 2. befinden sich viele Deutsch-Amerikaner, welche im Sommer ihre alte Heimat besuchen (Mitteilung seitens der Hamb.-Am.-Linie.)

Diese Summe dürfte aber auf 120 Millionen zu ermäßigen sein, weil die ausländischen Linien mancherlei Ausgaben in den amerikanischen Häfen zu entrichten haben, z. B. für Reparaturen, und auch eine Anzahl ausländischer Passagiere auf amerikanischen Schiffen, namentlich im Golf und im Stillen Ozean, fährt.

Eine dritte Ausgabe erwächst den Amerikanern aus ihrer Einwanderung. Dieselbe umfaßte nach ihrer Statistik folgende Ziffern:

Jahr	Einwanderung im ganzen	Einwanderung aus Europa
	In Tausenden	
1897	230,8	216,3
1898	229,2	217,7
1899	311,7	297,3
1900	448,5	424,7
1901	487,9	469,2
1902	648,7	619,0
Summa	2358,8	2244,2

Die Frage ist nun, wer die Reise über den Ozean bezahlt. Schon im 18. Jahrhundert wurde sie oft für die indented servants von den ansässigen Kolonisten übernommen.[1] Ferner ist durch das 19. Jahrhundert bis zu der amerikanischen Gesetzgebung von 1885[2]) die Kontraktarbeit zulässig gewesen, welche gemäß in Europa abgeschlossenen Verträgen zu leisten war. Auch hier wurde die Passage von dem amerikanischen Unternehmer entrichtet. Endlich bestehen die Prepaids, welche besonders von früheren Einwanderern ihren Landsleuten überwiesen werden, um sie nach ihrem neuen Wohnsitz nachkommen zu lassen.

Andererseits gibt es auch viele Einwanderer, welche die Reisekosten selbst tragen. Dahin gehören zunächst die mit etwas Geld ausgestatteten, welche sich als Landwirte in der Union

[1]) Vergl. die Schrift des Verfassers, Die Arbeitsverfassung der englischen Kolonien in Nordamerika, 1894, Kap. V.

[2]) Handwörterbuch für Staatswissenschaften, Supplement z. ersten Auflage, B. I, S. 303.

niederlassen wollen, Deutsche, Schweizer, Niederländer, ferner der größere Teil der Wanderarbeiter, — unter ihnen viele Italiener[1]) — deren Ziffer im Anwachsen begriffen ist. Auch aus Ungarn und Rußland kommen Leute mit eigenen Mitteln, welche sie zu Hause durch den oft beklagten Verkauf ihres Grundbesitzes gewonnen haben. Die Einwanderer aus Asien, insbesondere die Chinesen erhalten das Reisegeld von ihren Landsleuten, welche aus solchen Vorschüssen ein Geschäft machen,[2]) vorgestreckt und kommen zudem überwiegend in amerikanischen Schiffen.

Wir können annehmen, daß in der Gegenwart ein Drittel der Auswanderer mittels amerikanischen Geldes über den Atlantischen Ozean befördert wird. Die Passage zu 40 Doll. gerechnet, hätten die Amerikaner in den sechs Jahren 1897 bis 1902 30 Mill. Doll. den fremden Schiffahrtsgesellschaften zu zahlen gehabt.[3])

Wir kommen somit zu dem Resultat, daß die Vereinigten Staaten in der Transportbilanz einen Passivsaldo von 316 Mill. Doll. gehabt haben, welcher sich zusammensetzt aus:

166 Mill. für den Warentransport.
120 „ „ Ausgaben der Kajütenpassagiere
30 „ „ „ „ Einwanderer.

2. Bilanz der Ausgaben der Amerikaner im Auslande und Ausgaben seitens der Ausländer in den Vereinigten Staaten. Nach den obigen Angaben wurden von 1897—1902 700 000 Amerikaner gezählt, welche in ihre Heimat zurückkehrten. Nehmen wir an, daß sie sich durchschnittlich 50 Tage in Europa aufgehalten und für die Person 40 M. täglich verausgabt haben, so ist das ein Betrag von 350 Mill. Doll. Dazu kommen die

[1]) Vgl. des Verfassers Schrift: Die italienischen Wanderarbeiter, 1903, S. 12. 39 Proz. der Italiener sind als Wanderarbeiter zu bezeichnen.

[2]) Des Verfassers Schrift: Die Chinesen in den Vereinigten Staaten, Zeitschr. f. d. ges. Staatsw., 1883, S. 397.

[3]) Die Passagepreise für die dritte Klasse variieren zwischen 150—160 M. — Die Prepaids sind Billets, welche in Amerika gekauft und dann nach Europa geschickt werden. Ihre Quote ist daher leicht festzustellen. Nach Mitteilung des Herrn Direktor Storm von der H.-A.-L. betragen sie durchschnittlich etwa ein Drittel der Auswandererbillets.

Ausgaben derjenigen, welche sich dauernd in Europa[1]) nicht des Erwerbs wegen, sondern zu Studien und Vergnügungszwecken aufhalten, welche man auf 50—60000 veranschlagen kann und welche ihre regelmäßigen Rimessen, vielleicht im Betrage von 40 Mill. Doll. jährlich, aus der Heimat erhalten. Was die Amerikaner im Auslande einkaufen und in die Heimat senden oder als Passagiergut mitnehmen. wird in ihrer Importstatistik gebucht, ausgenommen das, was sie bei ihrer Ankunft an der Zollgrenze, trotz der strengen Durchsuchung des Gepäckes, defraudieren. Wir sind außerstande, diesen Betrag genauer zu schätzen, und setzen ihn etwas willkürlich für die sechs Jahre auf 24 Mill. Doll.

Dem allen stehen als Forderung gegenüber die Ausgaben der Ausländer in der Union. Sie halten sich hier nur zum geringen Teil als Vergnügungsreisende (nur die Weltausstellungen üben eine starke Anziehungskraft aus), weit mehr als Geschäftsleute auf. besonders als Handelsreisende, Versicherungsagenten, Techniker. Ein Teil von ihnen mag im Lande sich den Unterhalt verdienen, die meisten werden auf Kosten ihrer Auftraggeber zu reisen haben, Die Statistik gibt für non Imigrant aliens:[2])

1897	21000 (geschätzt)
1898	21062
1899	22885
1900	25429
1901	30057
1902	30092
Summa	150525

[1]) Die Amerikaner in den übrigen Erdteilen sind dort hauptsächlich als Unternehmer und Angestellte und verdienen ihren Unterhalt. Ihre Ersparungen kommen der amerikanischen Volkswirtschaft zugute. — Am 1. Dezember 1900, an welchem Tage die Touristen schon wieder fort waren. lebten in Deutschland 17848 Bürger der Vereinigten Staaten, in Frankreich nach der Ausländer-Zählung von 1891 7024, davon zwei Drittel im Departement de la Seine, auf England wird man so viel wie auf diese beiden Länder zusammen rechnen dürfen.

[2]) Stat. Abstr. S. 428; für das Jahr 1897 fehlt die Angabe, die Ziffer ist gleich der des folgenden Jahres gesetzt worden. Die Wanderarbeiter sind nicht mit einbegriffen, sie kommen als Zwischendeckreisende und sind von den eigentlichen Einwanderern nicht zu trennen, zumal sie oft nicht wissen,

Das Reisen in den Vereinigten Staaten ist teuer,[1]) und der Aufenthalt der Geschäftsreisenden ist wegen der Größe des Gebietes auf Monate zu bemessen. Rechnen wir, daß die Hälfte der obigen Summe auf Europas Kosten reist, täglich nur 10 Dollars gebraucht und 150 Tage dort bleibt. so machen dies etwa 113 Millionen Dollars aus.

Als Fazit haben wir demnach festgehalten: Passivum der Amerikaner 614 (350 + 240 + 24) Millionen Dollars, Aktivum 113. Die Bilanz gibt eine Schuld für sie von rund 500 Millionen.

3. Die Geldbilanz der Einwanderer. In früherer Zeit rechnete man ganz allgemein bei der internationalen Wanderung einen Kapitalverlust zuungunsten des Abzuglandes, welcher durch die Mitnahme von Geld, Hausrat, Kleidung, Werkzeugen usw. verursacht wurde. In der Gegenwart ist, soweit die Vereinigten Staaten als Einwanderungsland in Frage kommen, eine Gegenrechnung aufzustellen. Denn erstens ist die Auswanderung nicht mehr wie früher durchweg eine definitive; ein Teil, schätzungsweise $^1/_7$ der Einwanderung, darunter die Hauptmasse Italiener und Chinesen, kehrt mit Ersparnissen zurück und sendet während der Wanderarbeit Wertbeträge nach Hause. Was dann zweitens die definitiven Einwanderer heimschicken, sind vor allem die Prepaids, welche oben bereits in Rechnung gestellt sind. Was von Wanderarbeitern als Metallgeld verschickt wird, ist in der Edelmetallbilanz bereits enthalten.[2])

Im Hinblick auf die einwandernden Slowaken und Italiener wird man heute das durchschnittlich mitgebrachte Vermögen nicht über 10 Dollars veranschlagen dürfen.[3]) Die in den sechs Jahren

---

ob sie bleiben oder zurückkehren werden. Im Frühjahr ist die 2. Klasse der deutschen Ozeandampfer stark von solchen europäischen Geschäftsreisenden besetzt.

[1]) Bädecker v. 1904 rechnet 10 Dollars per Tag und bemerkt, daß der Aufenthalt $^1/_2$ mehr kostet, als in Europa. Dazu die Eisenbahnfahrten, welche bei der großen Entfernung der Städte voneinander viel mehr als in Europa kosten, die Tagesfahrt etwa 20 Dollars.

[2]) Geschieht vor allen von den Asiaten. Die Europäer kaufen europäische Wechsel. Schecks, Noten.

[3]) Vgl. oben Buch I, S. 72. Wir haben hier diesen Betrag der vollen Übersichtlichkeit wegen in die Forderungsbilanz mit eingesetzt. Unterlassen wir es, so ist das Passivum der Amerikaner 20 Millionen Dollars größer.

angekommenen 2 Millionen (ohne die 250000 Wanderarbeiter) hätten also die Union um rund 20 Millionen Dollars bereichert. Veranschlagen wir das Ersparnis des Wanderarbeiters auf jährlich 60 Dollars und seinen Aufenthalt auf drei Jahre, so ständen jener Summe dreißig Millionen gegenüber. Der Passivsaldo der Union aus der Wanderung beläuft sich demnach auf 10 Millionen.

Zu den Ausgaben, welche die Vereinigten Staaten außerhalb des Landes zu machen gehabt haben, sind auch die staatlichen zu zählen. Zunächst diejenigen, welche von 1898—1901 für die Pazifizierung der Philippinen gemacht worden sind.[1] Es ist dabei vorausgesetzt, daß die annektierte Inselgruppe als Ausland angesehen wird. Ferner sind hierher zu rechnen einige Ausgaben während des Krieges von 1898, während des Boxeraufstandes in China und die Zahlung an Spanien, welche im Friedensvertrag zu Paris übernommen worden ist. Alles zusammen wird mit 60 Millionen nicht zu hoch veranschlagt sein.

Fassen wir nunmehr zusammen: Der aktive Saldo aus der Handels- und Edelmetallbilanz betrug für die Union 3057,6 Millionen Dollars. Davon sind zur Beurteilung der Forderungsbilanz in Abzug zu bringen;

a) für Frachtleistungen	316	Millionen Dollars
b) für Amerikaner im Auslande	500	„ „
c) für Einwanderer	10	„ „
d) für Staatsausgaben	60	„ „
Summa:	886	Millionen Dollars

Aus dem Rest mit 2171 Millionen sind nun zunächst die Kapitalzinsen, Dividenden, Grundrenten zu entrichten, welche Ausländer aus ihrem Kapitalexport zu beanspruchen haben. Auch diese Summen sind nur schätzungsweise zusammenzustellen, kommen zudem nicht als solche in Betracht, sondern erst nach Abzug derjenigen kapitalistischen Verpflichtungen,[2] welche das Ausland den Amerikanern gegenüber zu erfüllen hat. Es sind demnach vier Reihen zu untersuchen:

---

[1]) Hervorgehoben von Dietzel a. a. O. S. 200.

[2]) Von Dietzel übersehen.

1. der Besitz amerikanischer Effekten im Auslande,

2. der Besitz der Amerikaner an ausländischen Effekten,

3. das sonstige in anderer Form in der Union angelegte Kapital der Ausländer,

4. das sonstige im Ausland angelegte Kapital der Amerikaner.

1. Europa hat im Verlauf des 19. Jahrhunderts sehr bedeutende Mengen von Kapitalien nach Nordamerika hingegeben. Vor dem Sezessionskriege war der Betrag an staatlichen, städtischen und Eisenbahnschuldverschreibungen noch nicht stark angewachsen, mit den Kriegsanleihen seit 1862, welche in London, Amsterdam und Frankfurt zum Handel gelangten, einerseits, und mit dem Bau des großen Bahnnetzes andererseits ging die Verschuldung rasch vorwärts. Am Ende der 80er Jahre war der größte Teil der staatlichen Schuldverschreibungen jedoch über den Ozean zurückgewandert, während die Bahnobligationen noch weiter gekauft wurden, ohne indessen die Lücke jener im europäischen Besitz auszugleichen.[1])

Die Größe der amerikanischen Effektenschuld wird in einer offiziellen Publikation am Ende des Jahres 1900 auf 2 Milliarden Dollars bewertet.[2]) Vom 1. Januar 1898 bis 1. August 1899 sind 500—600 Millionen,[3]) weiter bis Ende 1900 gut 400 Millionen in die Union zurückgeströmt. Hiernach hat die Schuld zum Beginn der von uns betrachteten sechs Jahre etwa 3 Milliarden ausgemacht. Im Herbst 1901 und im Jahre 1902 ist sie wiederum durch europäische Anlagen vergrößert worden, wir vermuten um 250 Millionen, teils durch Emissionen der Eisenbahnbonds, teils durch europäische Börsenkäufe.[4])

2. Der Besitz der Amerikaner an auswärtigen Effekten dürfte um 1897 300 Millionen Dollars schon überschritten haben und in den sechs folgenden Jahren auf wenigstens 500 angewachsen sein.

---

[1]) Die Handelsbilanz der Vereinigten Staaten a. a. O. S. 43.

[2]) Final Report of the industrial commission B. 19 S. 39.

[3]) Einzelheiten, Handelsbilanz a. a. O. S. 51.

[4]) Z. B. Emission der 4proz. St. Louis and San Francisco Ref-Bonds vom März 1902.

Sie setzen sich zusammen aus mexikanischen, mittelamerikanischen und kanadischen Eisenbahn- und Bergwerkswerten, welche zum Teil in New York und Boston gehandelt werden.[1]) Im Jahre 1899 kamen hinzu eine Emission von 25 Millionen Dollars mexikanischer Anleihe, 1900 eine englische Anleihe von 50 Millionen, eine schwedische von 10, eine deutsche von 20, die von Montreal mit 3, von Frankfurt a. M. mit $3^1/_2$ und 25 Millionen 4proz. Wladiskawkas-Eisenbahnobligationen,[2]) 1901 $1^1/_4$ Millionen Obligationen des Norddeutschen Lloyd. Daneben stehen dauernde Ankäufe deutscher Effekten, z. B. Anleihen der Städte Köln und Hamburg. In den letzten Jahren 1903—1906 hat das ausländische Emissionsgeschäft in den Vereinigten Staaten noch zugenommen. Es sei erwähnt die mexikanische Anleihe von 1904 mit 40 Millionen, die kubanische von 1904 mit 35 Millionen, die japanische von 1904/1905, von denen auf Amerika 170 Millionen Nominalwert entfielen, und die beiden für die Philippinen.

Wenn man fragt, warum die Kapitalisten der Vereinigten Staaten Besitzer ausländischer Effekten werden, obgleich die Union noch über 2 Milliarden dem Auslande in gleicher Form schuldet, so gibt es dafür eine politische und eine ökonomische Antwort. Es entspricht der Politik des Imperialismus, überall in Amerika und auch in Ostasien Gläubiger zu werden, weil die damit gewonnene Macht in kritischen internationalen Momenten verwendbar ist, ferner an den ökonomischen Interessen der aufblühenden Volkswirtschaften rechtzeitig teilzunehmen, um die künftige weltwirtschaftliche Stellung zu kräftigen. Die Abzahlung der auswärtigen Schulden erfolgt in geeigneten Momenten. Nicht formell, aber reell werden sie jedoch auch durch jede Neuanlage im Auslande vermindert.

---

[1]) Z. B. Aktien und Obligationen der Mexican Central, der Panamabahn, der Canadian Pacific und Canadian Southern. Einzelheiten sind aus New-Yorker und Bostoner Kurszetteln zu ersehen. In Boston werden auch Bonds kanadischer Elektrizitätswerke gehandelt.

[2]) Diese letzteren sind ganz in die Hände einer großen New-Yorker Lebensversicherungsgesellschaft gelangt, welche sich dadurch in Rußland Zutritt verschaffte. Auch die Lloydobligationen befinden sich im Besitz der Versicherungsgesellschaft Mutual. Vgl. Hamb. Nachrichten v. 17. Nov. 1901

3. Außer in Wertpapieren hat nun Europa in den Vereinigten Staaten ein großes Vermögen in der Landwirtschaft, in Industrien, Bergwerken, kaufmännischen Unternehmungen und Banken zur Anlage gebracht. Nach der Zusammenstellung des Reichsmarineamtes von 1898 kommen auf Deutschland zwei Milliarden Mark, auf Frankreich nach der Statistik von 1902 450 Millionen Franken. Auf England ist gewiß gut das Doppelte wie auf Deutschland zu rechnen, einiges noch auf die übrigen europäischen Länder, auf alle genannten Gebiete zusammen etwa zwei Milliarden Dollars für den Beginn unserer sechs Jahre umspannenden Periode. Innerhalb derselben ist das Vermögen dieser Unternehmungen nicht wie bei den Effekten geringer, sondern größer geworden, da ihnen von dem wachsenden europäischen und amerikanischen Reichtume ein entsprechender Anteil zugeflossen ist. In amerikanische Hände überzugehen. fehlte für sie, welche überwiegend privatwirtschaftlich, teilweise als Filialen betrieben werden, die Veranlassung. Die Kapitalzunahme in den Geschäften, welche von Deutschen, Engländern, Franzosen usw. in den Vereinigten Staaten betrieben werden, kann erfolgen, ohne daß es an der Handelsbilanz irgendwie sichtbar wird, da die erzielten Gewinne und Grundwertsteigerungen, nicht eingeführte Werte, die Quelle der Vermehrung sein können. Die europäisch-amerikanische Handelsbilanz könnte sich ganz ausgleichen, und doch könnten Europa und die Union sich gegenseitig oder auch nur einseitig immer mehr verschulden, wenn die im Auslande erzielten Gewinne weder in Waren noch in Geld einkassiert würden.

Wenn wir die Reichtumsvermehrung der Union von 1890 bis 1900 nach den Zensusberechnungen auf 35 Proz. bemessen, so dürfen wir den sechsjährigen Zuwachs der hier in Frage stehenden Geschäfte auf 20 Proz. oder auf 400 Millionen Dollars ansetzen.

4. Die allgemeine Prosperität dieser Periode zwingt nun aber auch zu dem Schluß, daß die Amerikaner das Kapital ihrer Unternehmungen im Auslande entsprechend erweitert haben, was ebenfalls sowohl mit heimischen Mitteln wie mit im Auslande realisierten Gewinnen geschehen sein kann. Die Anlagen be-

finden sich in Kanada,[1]) Mexiko,[2]) Mittel- und Südamerika,[3]) in

[1]) Über Kanada: Monthly Consular Reports: April 1905: in Ontario, Juni: in New Brunswick und Ontario, Juli: New Scotland und Ontario, Oktober: eine ganze Liste neuer Gründungen. — Ferner Bradstreet's 13. August 1904, Bankwesen. Vgl. auch M. Schwab, Chamberlains Handelspolitik, 1905, S. 107.

[2]) Über Mexiko: H. Lemcke, Mexiko, Das Land und seine Leute, 1900, S. 43: „Die Amerikaner haben alle anderen Nationen der Zahl nach überflügelt. Sie haben den größten Teil des Export- und Importhandels mit Mexiko an sich gebracht. Sie besitzen die meisten Eisenbahnen im Lande. Sie sind stark beteiligt im Bergbau und auch in den Industrien. — Das Kapital der Amerikaner in Mexiko wurde durch ihren Generalkonsul Barlow 1902 auf 500 Millionen Dollars geschätzt, die Hälfte davon sei in den letzten fünf Jahren angelegt worden, das Ganze in den letzten fünfundzwanzig Jahren. Bradstreet's, d. 22. April 1905. —

Ankauf der Mexican National Gonstruction Co. durch Amerikaner, Bradstreet's, 23. September 1905. Ausbeutung der Asphaltlager im Staat Veracruz durch die Pan American Co., Allgem. Zeit., 31. August 1904. Amerikanische Zuckerfabriken in Cordoba (Staat Veracruz) und bei St. Lucrecia, Allgem. Zeit., 5. Juni 1905. Übergewicht der Amerikaner im Bankwesen der Hauptstadt, Export 1903, S. 142, und 1904, S. 461. Amerikanische Schmelzwerke in Sonora, Monthly Consular and Trade Reports, 1905, S. 61. Bau amerikanischer Hotels ebend. — Am. Trusts in Mexiko, Hamburger Börsenhalle, 5. September 1901. Schmelzwerke, Bergbau, Schuhfabriken, Packing Houses, Tabak und Petroleum, Kohlengruben und Eisenbahnen, ebend. April 1905, S. 129 und 149; Einwanderung amerikanischer Bürger vgl. Hamburger Börsenhalle, 24. Juni 1901.

[3]) Amerikaner in Costarica als Bahnbesitzer, Consular Rep., März 1905, S. 141, in Nicaragua, ebend. April, S. 104, und Allgem. Zeit., 23. August 1906, in Brasilien, The Sao Paolo Light and Power Co. im Commercial and financial Chronicle, New York 1903, B. 76, S. 402. — Andere amerikanische Straßenbahnen und elektrische Lichtgesellschaften in Mexiko, Trinidad, Havanna, Toronto, Montreal, Consul. Report, 1905, S. 75. — Vgl. American Opportunities im South America, Bradstreet's, 1906, S. 259. — Die Amerikaner haben seit 1900 enorme Fortschritte in Brasilien gemacht: die Gummi Flint Co., Zuckerraffinerien, Kaffeeplantagen, Straßenbahnen, Eisenbahnen sind in ihrem Besitz. Sie haben, als die Valuta niedrig stand, mit ihrem Golde sich billig angekauft und auch fremde Kapitalisten verdrängt. Mitteilung des Herrn Arnold in Hamburg. Über Chile Bradstreet's 20. Januar 1906. — Über Peru. Cons. Rep. 1905, S. 308. — Über Ecuador, vgl. die Handelsbilanz der Vereinigten Staaten a. a. O. S. 51; ferner Bradstreet's 22. September 1906. Anleihe in Frankreich und in den Vereinigten Staaten.

Westindien, besonders in Kuba,[1]) auch in San Domingo, ferner in China,[2]) den Philippinen, in Japan — kurz in der großen unmittelbaren Einflußsphäre des amerikanischen Kapitals; in vergleichsweise geringeren Beträgen in Europa, z. B. in Rußland, Rumänien, in England und Deutschland.[3]) Die acht Millionen Pfund Sterling, welche an die französische Panamagesellschaft zur Übertragung ihrer Rechte von der Vereinigten-Staaten-Regierung gezahlt worden sind, sind einer freilich erst in Zukunft Gewinn verheißenden Kapitalanlage in der neu gegründeten Republik Panama gleichzusetzen.

Die Befruchtung Kanadas, Mexikos, Westindiens, Süd- und Zentralamerikas durch amerikanisches Kapital ist ein Symptom dafür, daß ihm das eigne Land anfängt, zu eng zu werden. Zwar findet bei weitem das Meiste hier noch Verwendung, aber ganz abgesehen von imperialistischen Vorstößen, hat die Tatsache seiner Fülle dahin geführt, neben den inländischen auch besonders günstige Exportchancen zu berücksichtigen. Die Grenzländer der Union spielen gegenwärtig eine ähnliche Rolle im Denken ihrer Kapitalisten, wie der große eigene Westen vor fünfzig Jahren. Der Osten ist der Gläubiger gegenüber dem jüngeren Westen, und von dem ersteren stammt auch die Kapitalzufuhr in dem heutigen „neuen Westen“ jenseits der Unionsgrenze. Hand in Hand mit der Kapitalausfuhr geht die Wanderung amerikanischer Bürger, welche im mittleren Kanada und in Mexiko seit einigen Jahren in starker

[1]) Über Kuba, Bradstreet's 7. April 1906, Cubans Crops and Credit Conditions. — Plantagenbau in amerikanischen Händen, Consular Report April 1905, S. 239, 294, 300. — Amerikanisches Kapital in Rohrzuckerindustrie seit 1891, Allgem. Zeit. 18. Juni 1906. Nach Appelton's Magazine (mitgeteilt in Bradstreet's 29. September 1906) belief sich 1906 die amerikanische Anlage in Kuba auf folgende Summen: Banken 4 Millionen Dollars, Eisenbahnen 24, elektrische Bahnen 15, Zuckerplantagen 30, Tabakplantagen 30, Telegraphen und Telephone 2,5, Obst und Obstländer 6, Grundbesitz und ungenutztes Land 11,5, Vieh 30, Bergwerke 3, Hypotheken 2,5, Dampfschiffe 1. Alles zusammen 159500000 Dollars. — Über San Domingo, Allgem. Zeit. 31. August 1906. Anleihe bei Kuhn Loeb und Co. in New York von 20 Millionen Dollars, vgl. Bradstreet's 22. September 1906.

[2]) Consular Report, Juli 1905, S. 45.

[3]) Amerikanische Schuhfabriken bei Frankfurt a. M. Bradstreet's, 10. Dezember 1904. Über England s. o. S. 174 u. 175.

Zunahme begriffen ist. Alles ein instinktives Arbeiten im Sinne der Monroelehre auf wirtschaftlichem Gebiete, wie sie heute oft gedacht wird.

Es ist nur möglich, innerhalb reichlich dehnbarer Grenzen den Wert der amerikanischen ausländischen Unternehmungen zu veranschlagen. Es ist wohl nicht zu hoch gegriffen, für 1897 600—800, für 1902 1300—1500 Millionen Dollars anzusetzen.[1])

Auf Grund der unter 1 bis 4 zusammengestellten Posten läßt sich eine ungefähre Übersicht über die Bilanz des Import- und Exportkapitals der Vereinigten Staaten geben. Für die Effekten rechnen wir eine 4prozentige, für sonstige Vermögensanlage eine 6prozentige Verzinsung.[2])

Ende des Jahres	Effekten-schuld	Zinsen und Dividenden im Jahre	Sonstige Vermögens-schuld	Zinsen und Erträge	Effekten-forderungen	Zinsen und Dividenden	Sonstige Vermögens-forderung	Zinsen und Erträge	Gesamtschuld	Gesamt-zinsverpflich-tung
	Millionen Dollars									
1897	3000	120	2000	120	300	12	700	42	4000	186
1898	2700	108	2100	126	300	12	900	54	3600	168
1899	2200	88	2200	132	350	14	1000	60	3050	146
1900	2000	80	2300	138	450	18	1100	66	2950	134
1901	2000	80	2350	141	450	18	1300	78	2700	125
1902	2250	90	2400	144	500	20	1500	90	2650	114

Als Ergebnis hätten wir also, daß sich in der besprochenen Periode die gesamte ausländische Schuld der Vereinigten Staaten um 1350 Millionen infolge von Effektenzurücknahme und Neuinvestierungen verringert hat. Gleichzeitig ist die Zinszahlung von 186 auf 114 Millionen zurückgegangen.[3])

---

[1]) 1897 Mexiko etwa 250 Millionen Dollars, Kanada 150, Westindien 150, Mittel- und Südamerika 50, Europa und Asien 100.

[2]) Die guten Eisenbahnobligationen geben nicht ganz 4 Proz., die zweiter Qualität darüber, von den Eisenbahnshares haben viele 1897—1902 keine Dividende gegeben, die staatlichen Bonds gaben durchschnittlich weniger als 4 Proz.

[3]) Um Mißverständnisse zu vermeiden, sei noch einmal darauf hingewiesen, daß die angeführten Zahlen auf Schätzungen aus demjenigen Material beruhen, welches zur Verfügung stand. Die Untersuchung der amerikanischen

Wir haben oben festgestellt, daß den Vereinigten Staaten aus der Handelsbilanz ein Aktivum von 2171 Millionen übrig blieb, nachdem alle Verpflichtungen mit Ausnahme derjenigen von laufenden Zinsen, Gewinnen und Dividenden gedeckt waren. Der Betrag derselben belief sich nach der Schätzung in der letzten Spalte der obigen Tabelle auf 873 Millionen, so daß schließlich ein Plus von 1200 Millionen übrig war, aus dem Abzahlungen und Neuanlagen bezahlt werden konnten.

Diese sechs Jahre haben somit die weltwirtschaftliche Lage der Union gründlich verändert. Die Weltschuldnerschaft ist noch vorhanden, aber zweifellos zum Aussterben bestimmt. Es folgt dies einerseits aus der schon stark verminderten Zinszahlung an das Ausland, andererseits aber vor allem aus der Pflege des Exportkapitalismus seitens der Amerikaner, welcher progressiv wächst, je mehr die Unternehmungen im Auslande gedeihen, und je mehr die Amerikaner entschlossen sind, in der Weltwirtschaft ein gewichtiges Wort zu sprechen. Selbst wenn das Handelsbilanz-Aktivum im Jahre 1903—1908 den Durchschnitt der vorausgehenden sechs Jahre nicht erreichen sollte, so ist es wahrscheinlich, daß bis dahin das Passivum um weitere 12—1500 Millionen herabgesetzt sein wird, und daß dann nur noch wenige Jahre fehlen werden, bis auch der Rest verschwunden sein wird. Sollten die europäischen Staaten in einen großen Krieg untereinander verwickelt werden, so würde dieser Zeitpunkt selbstverständlich noch rascher erreicht werden. Schon während des japanisch-russischen Feldzuges hat Amerika glänzende Geschäfte gemacht und seine Weltgläubigerstellung verstärkt.

Wir haben in den bisherigen Ausführungen über die amerikanische Handelsbilanz gesehen, wie die glänzende Konjunktur von sechs Jahren auf das ausländische Kapitalgeschäft nicht ohne tiefgreifende Folgen bleiben konnte. Es sind nun noch in chronologischer Reihenfolge einige Ergänzungen hinzuzufügen.

Wenn wir in Gegensatz zu der allgemeinen Handelsbilanz der Vereinigten Staaten ihre spezielle Europa gegenüber stellen

---

Forderungsbilanz verfolgt an erster Stelle methodologische Ziele, welche durch die gesonderten Zifferreihen schärfer hervortreten.

(vgl. S. 230 Spalte 2—4 und 5—7), so ergibt sich, daß für Amerika die letztere noch erheblich günstiger ist als die erstere, eine von denjenigen Nationalökonomen übersehene Tatsache, welche die weltwirtschaftliche Überlegenheit des westlichen Kontinents für ein pessimistisches Phantom halten.

Es folgt daraus, daß die europäischen Geldmärkte in zeitweilige Abhängigkeit von dem transatlantischen Gläubiger kommen mußten, da er seine aktive Forderungs- in eine Zahlungsbilanz verwandeln konnte. Es fragt sich nun, wann das Interesse dafür vorlag.[1])

Im Herbst 1897 und Anfang 1898 ließen die amerikanischen Häuser ihre Forderungen sowohl in England als auch in Deutschland stehen, da hier der Diskont höher war als daheim. Das änderte sich aber sofort, als der Krieg mit Spanien drohte und die New Yorker Banken sich auf kommende finanzielle Schwierigkeiten vorzubereiten begannen. Das Ergebnis ihrer Anstrengungen war erfolgreich, so daß in dem Monat April, in welchem der Krieg ausbrach, in New York Geldflüssigkeit herrschte und die in solchen Zeiten üblichen privaten Geldaufspeicherungen unterbleiben konnten.[2])

Die Geldbestände der Banken waren so gestärkt, daß Ende des Monats weitere Geldverschiffungen aus Europa unterblieben, und für weitere Bedürfnisse dort Reserven zurückgelassen wurden. Nach dem Kriege vollzog sich ein neuer wirtschaftlicher Aufschwung in den Vereinigten Staaten, der um so vielseitiger und energischer wirkte, als ihm eine Geldflüssigkeit zur Seite stand, welche durch das Jahr 1898, da immer Ergänzungen aus Europa möglich waren, ununterbrochen anhielt.

Es stellte sich sogar bald heraus, daß die disponiblen Summen so bedeutend waren, daß ein Ankauf eigener Wertpapiere besonders

---

[1]) Es ist kein Widerspruch, daß die Union ein Schuldnerstaat war und zugleich über eine aktive Forderungsbilanz verfügte. Denn in dieser kommen an erster Stelle die Zinsen und Dividenden der angelegten Kapitalien in Frage, diese selbst nur insoweit, als sie liquid, gemacht werden können, was bei privaten Unternehmungen meist ausgeschlossen, bei Effekten nur in beschränkter Weise der Fall ist.

[2]) Volksw. Chronik. Jahrbüch. für Nat. u. Stat., 1898, S. 92.

in London und Frankfurt praktisch erschien, zumal der Zinsfuß in New York niedriger als in Europa blieb. Der Kursstand sowohl für die Obligationen als auch für die Aktien war den Käufern günstig, für jene, weil sie bei steigendem europäischem Zinsfuß eine ruhige Tendenz an der Börse hatten, für diese, weil sie, wie die folgende Tabelle zeigt, während des Krieges stark gesunken waren.[1])

Eisenbahn-Aktien	Höchster Kurs 1897	Niedrigster Kurs 1898 im April
Atchison Com.	$17^{1}/_{8}$	$10^{3}/_{8}$
do. Pref.	$36^{1}/_{4}$	$23^{5}/_{8}$
Baltimore and Ohio	$20^{5}/_{8}$	13
Central Pacific	$18^{5}/_{8}$	11
Chicago-Milwaukee	$105^{1}/_{8}$	$85^{1}/_{2}$
Denver Rio Grande	$15^{1}/_{2}$	10
Erie first Pref.	$46^{1}/_{2}$	$29^{1}/_{2}$
Illinois Central	$112^{1}/_{8}$	99
New York Central	$118^{1}/_{8}$	108
New York Ontario	$20^{9}/_{16}$	$13^{3}/_{8}$
North. Pacific Pref.	$61^{3}/_{4}$	59
Wabash Pref.	$21^{3}/_{4}$	$14^{3}/_{4}$

Obligationen	3. I. 1898	6. IV. 1898	4. VI. 1898
Calif. Pacific 1. M. $4^{1}/_{2}$%	100.80	103,10	104.90
Calif. Oregon 5%	102	102	102,90
Chicago Burlington Quincy	108.60	108 (13. April)	106
Chicago-Milwaukee 5%	114.70	111,50	112,90
Illinois Central 4%	99.40	99	98,30
North. Pacific G. Lien 3%	60.10	59,40	60,50
Southern Pacific of Cal. 1. M.	106.40	106,60	106.50 (7. Juni)

Die amerikanischen Käufe in der Folgezeit hoben den Kurs der begehrten Papiere, was übrigens bei einer Anzahl von Bahngesellschaften auch darin seinen Grund hatte, daß sie finanzielle Sanierungen mit Nachzahlungen und Zusammenlegungen durchgemacht hatten.

[1]) Die Kurse der Shares nach einer Zusammenstellung des Economist vom 27. Aug. 1898. Es sind nur die bekanntesten mitgeteilt worden. — Die Kurse der Obligationen nach Frankfurter Notierung in der Allg. Zeitung.

In der zweiten Hälfte des Jahres 1899 stand die Weltwirtschaft unter dem Zeichen einer Geldversteifung; auf beiden Seiten des Atlantischen Ozeans herrschte hochgradige industrielle Tätigkeit, welche die Kassen der Banken leerte und das Geld zerstreute. Dazu kam der Burenkrieg, welcher in Kriegsanleihen hohe Ansprüche an den Geldmarkt stellte und zugleich die Goldzufuhr aus Afrika ins Stocken geraten ließ.

In New York schnellte der Diskont jetzt auch in die Höhe, so daß der Effektenverkauf in Europa zum Stillstand kam, ja sogar Gold auf Grund auswärtiger Guthaben herangezogen wurde. Damit dieser Bezug nicht größere Dimensionen annahm, mußten die europäischen Banken zu sehr energischen Restriktionen greifen, unter denen ihre Volkswirtschaften zu leiden hatten. Die aus dem günstigen Export hervorgehende Gläubigerschaft der Union wurde in Europa auch hierin empfunden, und als es nun an der New Yorker Börse nach der dortigen Überspekulation zu starken Liquidierungen kam, und die Kurse geworfen wurden, waren die europäischen Kapitalisten nur beschränkt in der Lage, durch Effektenkäufe die niedrigen Kurse auszunutzen.

Die Börsenbaisse war indessen nicht anhaltend, wie die nachfolgenden Aktien-Notierungen zeigen:[1])

	2. Sept. 1899	25. Okt. 1899	23. Dez. 1899	10. Febr. 1900
Atchison Pref.	$68\frac{3}{4}$	$66\frac{1}{4}$	58	$64\frac{5}{8}$
Baltimore Ohio	$58\frac{1}{4}$	$54\frac{1}{4}$	$50\frac{3}{4}$	$60\frac{1}{4}$
Central Pacific	$60\frac{5}{8}$	60	—	—
Erie Com.	$14\frac{3}{8}$	$13\frac{1}{2}$	$10\frac{3}{4}$	12
North. Pac. Pref.	80	$77\frac{3}{4}$	$72\frac{1}{2}$	$76\frac{7}{8}$
Union Pref.	$48\frac{1}{2}$	$48\frac{1}{2}$	$42\frac{3}{4}$	$47\frac{7}{8}$

Im Frühjahr 1900 stiegen die Kurse, zumal eine Erleichterung des Geldstandes Platz gegriffen hatte, welche sich alsbald, als die Krisen in Europa einsetzten, für die Vereinigten Staaten als ein nicht zu unterschätzender Vorteil erwies.

Die Depositen der New Yorker Banken schwollen an, besonders nachdem auch das Geld aus dem Westen zurückgekommen war, welches alljährlich im Herbst dorthin zu wandern pflegt.

[1]) Nach dem Economist.

Die Landwirte brauchen zur Erledigung ihrer Zahlungen dann viel Bargeld, welches sie auf Grund der Ernteverkäufe heranziehen können. Der Geldstrom ergießt sich damit über das weite Gebiet des Landes, teilt sich in tausend Arme, sickert in den Boden nährend ein, sammelt sich in unsichtbaren Kanälen, welche in die großen Banken des Ostens einmünden.

Zugleich waren die Banken vorsichtig mit den Neuanlagen in Erwartung der Dinge, die sich in Europa vorbereiteten.

Im März war vorübergehend bei dem Frühlingsbedarf für Landwirtschaft und Industrie das Geld etwas knapp, im April und Mai war es wieder reichlich. Begünstigt wurde diese Lage noch durch das am 11. März in Kraft getretene Goldwährungsgesetz, durch welches die häufige Unsicherheit des Marktes infolge der Agitation der Silberleute endgültig beseitigt werden konnte.

Inzwischen waren in Deutschland die letzten Anstrengungen gemacht worden, die Hochspekulation zu halten. Der Geldmangel, hier hervorgebracht sowohl durch die Einzahlungen bei Neugründungen und Geschäftserweiterungen, als auch, sobald sich die ersten Symptome der Krise zeigten, durch die starke Nachfrage zur Ergänzung der Kassenbestände in industriellen und kommerziellen Unternehmungen, war selten so fühlbar gewesen als jetzt und griff auf die Börsen von London, Paris, Wien über, wo zudem aus dem eigenen Wirtschaftsleben sich ergebende Zahlungsschwierigkeiten, wenn auch geringerer Art als in Deutschland, zu bekämpfen waren. Unter diesen Umständen brachten die amerikanischen Kredite und Goldsendungen Erleichterung, den Darlehensgebern aber auch hohe Zinsvergütung.

Gleichzeitig wurde von seiten der Amerikaner der Effektenkauf in Europa wieder aufgenommen, der bei den dort geworfenen Kursen und bei dem eigenen günstigen Geldstand lohnend sein mußte. In dieser Weise zogen sich die Geschäfte durch den Mai, Juni hin, im Juli ist die akute Krise in Deutschland überstanden, die dringendsten Zahlungen sind geleistet, aber der Mut zu neuen Geschäften ist gebrochen.

Daher können die Kredite und Geldentnahmen aus Nordamerika sistiert werden. Im August muß sich London, bisher immer als unerschöpflicher Weltmarkt des Geldes gepriesen, hilfesuchend an New York wenden. Die Hälfte der Kriegsanleihe, zehn Millionen Pfund Sterling in Schatzscheinen, wurde von New Yorker Banken übernommen. „Vermöge ihrer gewaltigen liquiden Mittel haben die Vereinigten Staaten den internationalen Geldmarkt im August vollständig beherrschen können. Bei der starken Verschuldung Europas an die Union wird dies auch wohl noch in Zukunft der Fall sein. New York gab an Europa, namentlich an England, größere Summen Geldes als in den Vormonaten, ohne daß hierdurch der amerikanische Geldmarkt in irgendeiner Weise beeinflußt worden wäre.“[1]) Wie hatte sich in wenigen Jahren die Geldmacht nach dem Westen verschoben! Noch 1897 konnte Karl Peters schreiben: „In Wallstreet offenbart sich die Souveränität von Lombardstreet.“[2])

Doch muß man sich vor Übertreibungen hüten. Die Alleinherrschaft Londons ist zwar erschüttert gewesen, aber New York ist noch nicht an die Stelle getreten. Die englische Stock-Exchange ist universeller; immerhin bedeutet die Stimmung in Amerika ihr oft so viel, daß sie die ganze Tendenz bestimmen kann. London war im neunzehnten Jahrhundert das große Geld- und Effektendepot des Kontinents für alle diejenigen Kapitalisten, welche ganz sicher gehen wollten. Für die englischen Inseln galt ein Angriffskrieg für ausgeschlossen. Enthronte Könige und politische Refugiés gaben ihr Geld dorthin, und wenn revolutionäre Unruhen die europäischen Länder heimsuchten, so flüchtete sich das Geld in die englischen Bankgewölbe. Das hat sich geändert. Das Staatswesen in Deutschland hat sich konsolidiert, und die nordamerikanische Union gilt als ein unzerstörbares Gebilde für die Zukunft. Die großen Geldmärkte halten sich heute oft die Wage, aber unter besonderen Umständen ist bald in London, bald in Paris, bald in New York das Schwergewicht.[3])

[1]) Volksw. Chronik, 1900, S. 302.

[2]) Die Zukunft, 1897, Nr. 18.

[3]) Banker's Magazine, New York 1905. Februarheft. — „But even with the imperfect means now available, New York' the great commercial centre of the United States is rapidly gaining as a market where capital may be obtained for cosmopolitan entreprise. Enough foreign securities are

Im Sommer 1900 kam den Amerikanern die allgemeine ökonomische Konjunktur Europas und der Krieg, in welchen England verwickelt war, sehr gelegen. Im September borgt das Deutsche Reich 80 Millionen Mark von einem Konsortium New Yorker Bankiers, um den geschwächten Geldmarkt des eignen Landes zu schonen,[1]) und gleichzeitig erfahren wir, daß die amerikanischen Guthaben bei europäischen Häusern noch im Wachsen begriffen sind.

Inzwischen war in den Vereinigten Staaten die führende industrielle Tätigkeit, nachdem ihr die Trusts einige Monate hindurch eine starke Beschränkung auferlegt hatten, von neuem kräftig aufgenommen worden. Da nun die weitere Entwicklung in die Zeit der herbstlichen Geldnachfrage fiel, also die Banken sich starke Entziehungen gefallen lassen mußten, wurden viele Guthaben in England und Frankreich gekündigt, was zu Edelmetallexporten führte und sich in dem eben von der Krise heimgesuchten Europa recht fühlbar machte.

Eine Erleichterung trat erst wieder im November und noch mehr im Dezember ein, als Amerika von neuem eigene Effekten zurückkaufte, nachdem die Wiederwahl Mac Kinleys zum Präsidenten das Vertrauen zu dauernd gutem Geschäft, also auch zu steigenden Eisenbahneinnahmen hob, und bei dieser Aussicht der Kursstand der Papiere als niedrig angesehen wurde. Die Größe der Rückkäufe ist oben auf Grund von Schätzungen mitgeteilt worden. Die Effekten überhaupt ganz zurückzunehmen, liegt schwerlich im Interesse des amerikanischen Börsengeschäfts, zumal auch ohne diesen Rückkauf die Union Gläubigerstaat in der Weltwirtschaft werden kann. Wenn auf dem Markt von London, Paris, Amsterdam, Berlin und Frankfurt die New Yorker Papiere regelmäßig gehandelt werden, so bleibt den amerikanischen Börsenmännern die Möglichkeit, dort die Werte nach oben oder nach unten zu treiben, um das europäische Publikum zum Kauf oder Verkauf zu animieren. Ferner — nur wenn die europäischen Kapitalisten im Besitz einer größeren Masse amerikanischer Wert-

listed on its exchange to prove that it will not be long before it will be a recognised market equal to any."

[1]) Volksw. Chronik, 1900. S. 335. „Die deutschen Schatzanweisungen sind fast ganz in amerikanische Hände übergegangen."

papiere sind, haben sie ein dauerndes Interesse an den Kursbewegungen in Wallstreet und stellen ihre Mittel der dortigen Spekulation zur Verfügung.

Das Jahr 1901 beginnt in den Vereinigten Staaten mit einer allgemein gesteigerten und gewinnbringenden Produktion, welche durch einen leichten Geldstand unterstützt wird. Wiederum strömen Eisenbahnpapiere zurück, und deutsche Stadtanlehentitel gehen in amerikanischen Besitz über, eine Frankfurter Anleihe wurde in New York emittiert. Im April wird ein Teil einer englischen Anleihe übernommen, ohne daß der Geldmarkt Schwierigkeiten zeigt, da die europäischen Guthaben immer noch sehr bedeutend bleiben. Die jetzt folgenden Kurssteigerungen, von denen einige Beispiele hier gegeben werden,

	15. Dez. 1900	2. März 1900	4. Mai 1901	5. Okt. 1901
Atchison Pref.	86½	90½	107⅛	98½
Baltimore-Ohio	82⅝	87	118⅞	101¾
Erie Com.	19⅞	29	42⅞	41⅜
Illinois Central	128½	134½	157½	147
North. Pacific	84½	88½	102¾	97
Union Pacific	73⅝	95⅜	107	98½
Wabash St. Louis . .	26⅜	31¼	48½	38½

veranlaßten die europäischen Kapitalisten zu Gewinnverkäufen, so daß der Rückfluß der Effekten jetzt nicht mehr der amerikanischen Initiative allein entspringt, sondern die Folge einer Börsenhausse ist, welche ihren Machern vorübergehend über den Kopf wächst und am 9. Mai zu einer Katastrophe führte.[1]) Bald wird aber der Kauf von neuem aufgenommen.

Im Juni wird ein Geldexport von New York aus nötig, der aber von Juli bis Oktober durch die Warenausfuhr, namentlich infolge einer guten Ernte zum Stillstand kommt, zumal Frankreich seinen Bestand an Wechselforderungen, welche aus Effektenverkäufen stammen, nicht einkassiert. Erst als im November die

[1]) Die Veranlassung des Börsenkrachs war der Corner in North. Pacific Aktien, welcher durch den Kampf von zwei Finanzgruppen herbeigeführt wurde, von denen sich jede Majorität den Aktienbesitz verschaffen wollte. (Volksw. Chronik 1901 S. 196.)

Prolongation nicht erneuert wird, muß Amerika wiederum in großen Barbeträgen einen Ausgleich schaffen.

Inzwischen hatte das europäische Wirtschaftsleben in andauernder Stockung verharrt, so daß die disponiblen Kapitalien in ihm keine Verwendung finden konnten. Als nun die Hausse in amerikanischen Bahnwerten 1902 anzuhalten schien, der Diskont in den Krisenländern niedrig, der Wechselkurs auf die Union günstig stand, wurden in England, Deutschland, Frankreich amerikanische Effekten zurückgekauft, so daß ungefähr der Betrag, welcher im Frühjahr 1901 über den Ozean gegangen war, im Herbst 1902 über denselben zurückwanderte. Da jedoch inzwischen die Kurse gestiegen waren, mußte bis in den November hin teurer gekauft werden als früher verkauft worden war. Die im November und Dezember weichenden Kurse erleichterten dann den europäischen Käufern das Geschäft, schränkten es aber auch ein, da die Aussichten auf Kursgewinne zweifelhaft geworden waren.

Wenn wir auf die ganze Periode der Effektenrückwanderung in die Union zurückblicken, so dürfte es wohl als sicher angenommen werden, daß die europäischen Besitzer durch den Verkauf namentlich in den Jahren 1899—1901 kein schlechtes Geschäft gemacht haben. Im Jahre 1898 werden indessen die Amerikaner überwiegend gut eingekauft haben, und auch in den Herbstmonaten 1899, als die Kurse fielen, keineswegs schlecht. Im Herbst 1902 kaufen die Europäer teurer zurück als sie verkauft haben. In den folgenden Jahren 1903 und 1904 hingegen kaufen sie billiger ein, immerhin aber erheblich teurer als sie von 1898 bis 1902 verkauft haben.

Die außerordentliche Kurssteigerung der Aktien ist in der Hauptsache nicht durch die Hochkonjunktur hervorgebracht, sondern durch die Reorganisation der Aktiengesellschaften. Die Rückwirkung auf die Obligationen konnte nicht ausbleiben, wenn sie sich naturgemäß auch in einer weit schwächeren Bewegung geltend macht. Die europäischen Besitzer, welche ihre Papiere bis 1902 behalten haben, haben bessere Geschäfte gemacht als die früheren Verkäufer, welche den entgangenen Gewinn den Amerikanern überlassen haben.

H. Dietzel[1]) hat hervorgehoben, daß bei der internationalen Forderungsbilanz in der heutigen Weltwirtschaft auch die Gewinne gebucht werden müßten, welche ein Land durch den Verkauf ausländischer Wertpapiere verdiene. Das ist völlig richtig, nur muß hinzugesetzt werden, daß dies stets auf beiden Seiten geschehen muß, so daß die Gewinndifferenz schließlich nur entscheidend ist, wenn eine Erklärung der Handelsbilanz versucht werden soll. Diese Differenz ist in dem europäisch-amerikanischen Fall der Jahre 1897—1902 ziffernmäßig nicht festzustellen: 1. weil Aufträge hin- und hergehen und bei den täglichen Kursschwankungen diesseits und jenseits des Ozeans verdient sein kann; 2. weil sich Perioden gegenüberstehen, in denen entweder hüben oder drüben verdient worden ist, wie oben gezeigt worden ist. Im Allgemeinen dürfte indessen die Meinung begründet sein, daß der Gewinnsaldo zu Gunsten der Europäer gelautet hat, weil die für sie erfolgreiche Verkaufsperiode die längere gewesen ist. Ein solches Plus ist jedoch zum größten Teil aufgewogen worden: 1. Durch den Kapitalverlust an notleidenden Bonds. In Frankfurt a. M. wurden im Jahre 1900 so genannt die Obligationen der Linien: Atlantic und Pacific Trust, Kansas Pacific, North. Pacific, Union Pacific, West New-York and Pennsylvania. 2. Durch Verpflichtungen aus den Jahren 1893—95, in welchen die amerikanischen Effekten starke Preisminderungen erlitten hatten. Sie bestanden in der Form von Prolongationen, welche jetzt ausgeglichen wurden, ohne daß die Verkäufer einen Vorteil gehabt zu haben brauchten.

H. Dietzel hat im Hinblick auf die hier besprochenen Bilanzverschiebungen im europäisch-amerikanischen Verkehr eine allgemeine Regel für die Beziehungen von Agrarstaaten zu Industriestaaten aufgestellt:[2]) „Die Zahlungsbilanz (in unserem Sinne die Forderungsbilanz) der Industriestaaten gestaltet sich vielfach wesentlich günstiger dann, wenn ihre Warenbilanz gegenüber den Rohstoffstaaten ungünstiger wird. Nämlich vor allem dann, wenn letztere dank Füllernten mehr Korn, Baumwolle usw. an erstere verkaufen können als bisher. Dann geht dort die Börse en hausse,

[1]) a. a. O. S. 194.
[2]) a. a. O. S. 196.

wird dort das Publikum aufnahmefähiger für nationale Effekten. Während und weil die Rohstoffstaaten mehr Waren exportieren, während und weil die Warenbilanz der Industriestaaten demzufolge sich verschlechtert, importieren jene mehr Werte, die sie damals, als sie unter Mißernten litten, billig weggaben, nunmehr teurer zurückerwerben; so bessert sich die Zahlungsbilanz dieser. Die gleiche Erscheinung stellt sich auch dann ein, wenn umgekehrt in den Industriestaaten Prosperität herrscht; dadurch wird hier die Tendenz ausgelöst, fremde Effekten, die nunmehr geringere Chancen bieten, als nationale Dividendenpapiere loszuschlagen. Infolge der Hochkonjunktur werden mehr Waren — Materialien für Industriezwecke vor allem; aber auch anbetracht der steigenden Löhne, Lebensmittel — aus den Rohstoffstaaten importiert; dagegen mehr Werte dahin exportiert."

Diese Theorie würde für das europäisch-amerikanische Bilanzproblem nur zutreffend sein, wenn die Vereinigten Staaten ein Agrarland wären. Da sie aber zugleich eine ausgebildete Industrie in Verbindung mit einem höchst ausgebildeten Handel, mit Bank- und Geldwesen haben, so entwickelt sich der industrielle Cyklus in ihnen selbständig, wenn er auch durch den Ausfall der Ernten beeinflußt wird. Die Ernten sind für die allgemeine Konjunktur jedoch nur Motive zweiten Ranges; gute Ernten bedeuten keine Höhepunkte und schlechte keine Tiefpunkte der allgemeinen Konjunktur, sondern nur Verstärkungen und Verflauungen. In den Jahren 1874, 1877, 1878 hatte die Union Weizenernten in einem Umfange, den sie bis dahin nicht gekannt hatte, und doch verharrte die Volkswirtschaft mit Einschluß der Effektenbörse seit der Börsenkatastrophe vom 20. September 1873 bis zum Herbst 1879 in tiefer Depression. Im Jahre 1884 erfolgte eine neue Börsenkrisis in New-York, und doch war gleichzeitig die Weizenernte die größte in den achtziger Jahren überhaupt. Im Jahre 1893 fiel die Krise mit einer schlechten Ernte zusammen, das folgende Jahr stand unter dem Zeichen der Verkehrsstockung und sinkender Effektenpreise, obgleich die Weizenernte von 399,7 auf 611,7 Millionen Bushels gestiegen war.[1])

---

[1]) Statistical Abstract of the U. S.; Mit der Baumwolle stimmt

Für reine Agrarstaaten hat die Dietzelsche Theorie überhaupt keinen rechten Sinn, da in diesen die Effektenbörse eine untergeordnete Rolle spielt, z. B. in Rumänien, Serbien, Bulgarien. Sind hier die Ernten gut, so werden nicht Effekten, sondern Waren aus dem Auslande bezogen — zum Luxuskonsum oder zur Verbesserung der Landwirtschaft.

Bei einer Hochkonjunktur in Deutschland bringen freilich Kapitalisten Obligationen agrarer Staaten auf den Markt, allein nur mit der sicheren Folge, daß diese Effekten im Kurs so lange sinken, bis sie sich dem zeitweiligen Gewinnsatz angepaßt haben, nicht mit der Wirkung, daß sie in die verschuldeten Agrarländer zurückströmen.

In der kritisierten Theorie steckt der alte freihändlerische Optimismus, daß sich im internationalen Verkehr alles automatisch zur Harmonie ausgleicht. Auf ihm beruht auch der in der Zeit des Exportkapitalismus antiquierte Satz, daß Produkte nur mit Produkten gekauft werden können. Im 18. Jahrhundert mochte er für zwei Länder, die untereinander keinen andern ökonomischen Verkehr als den Warenhandel kannten, leidlich erscheinen. Aber heutzutage liegt die Sache so, daß wenn Waren nicht mit Waren bezahlt werden können, weil das Land mit Aktivsaldo die des anderen nicht braucht, der Mehrimport schuldig geblieben wird, wenigstens solange, als Kredit vorhanden ist. Das ist der eigentliche Sinn des Vorganges, daß ausländische Waren mit inländischen Effekten bezahlt werden.

Wir verlassen jetzt die Vereinigten Staaten mit ihrer exzeptionellen Handelsbilanz, um noch ein weiteres Problem des Exportkapitalismus zu untersuchen, welches im engsten Zusammenhang mit der allgemeinen Konjunktur steht.

Im Gegensatz zu dem auswärtigen Effektengeschäft mit dem Grundgedanken der dauernden Kapitalanlage steht dasjenige, welches prinzipiell auf kurze Fristen, mögen sie auch gelegentlich

die Dietzelsche Theorie ebenfalls nicht. Gute Baumwoll- und Weizenernten fallen keineswegs immer zusammen, sondern folgen öfters aufeinander, weshalb die Börsen recht oft en hausse gehen müßten.

die üblichen Wochen und Monate überschreiten, berechnet ist. Es hat die Form des internationalen Wechselkredites, bei dem Gläubiger und Schuldner verschiedenen Ländern angehören. Es ist mit dem Emissionsgeschäft, mit dem Waren- und Effektenhandel in steter Fühlung, aber auch als Darlehen von selbständiger Bedeutung und daher in seiner Abhängigkeit von der allgemeinen Konjunktur der Darstellung fähig und bedürftig.

Wir wählen zu dem Zweck die Beziehungen zwischen Frankreich und Deutschland in der Zeit von 1898 bis 1902, in welcher, wie die Tabelle auf S. 196 zeigt, die allgemeine Wirtschaftslage beider Länder mehrfach voneinander abgewichen ist. In Kurven ausgedrückt erscheinen die dort gegebenen Zahlen in dieser Weise:

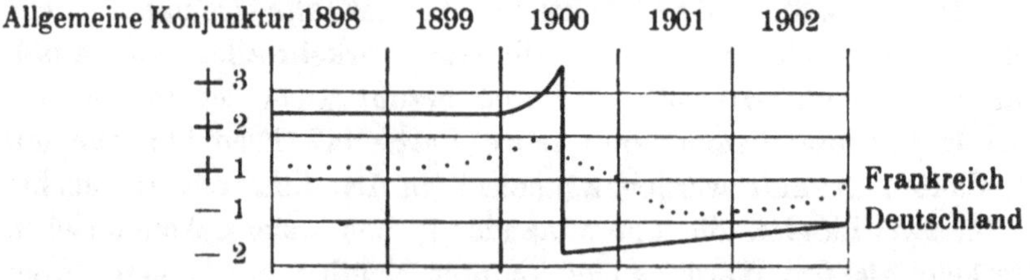

In Deutschland war von 1898—1900 der volkswirtschaftliche Aufschwung außerordentlich kräftig, endigte in einer Katastrophe, welche eine tiefe, Ende 1902 jedoch schon etwas gemilderte Niedergeschlagenheit zur Folge hatte. In Frankreich hingegen hatte die Hausse eine solche Kraft nicht gehabt, der Rückgang vollzog sich zwar gleichzeitig, ohne indessen gewaltsam und ruckweise zu werden.

Das wichtigste Mittel, im internationalen Verkehr Zahlungen zu erledigen, ist der Wechsel. Während sich in früherer Zeit in dem Handelswechsel sichtbar der zwischenstaatliche Ausgleich vollzog, ist in dem letzten Jahrhundert der Bankwechsel mehr und mehr in den Vordergrund getreten, hinter welchem der erstere, aber auch der aus anderen Forderungen — z. B. aus dem Effektengeschäft — abgeleitete, verborgen ist. In dem Handelswechsel ist die spezielle Art des vorausgegangenen Warenkaufes ausgelöscht, in dem Bankwechsel ist, dem Zuge der Zeit entsprechend, die Abstraktion noch weiter getrieben, und es ist nicht mehr der Schluß gestattet, daß der Warenverkehr ihm zu Grunde liegt, vielmehr läßt sich nur sagen, daß eine Geldforderung aus irgend einem ökonomischen Vorgang beglichen werden soll. An diese Zahlungsart kann nun der internationale Kredit anknüpfen. Hat jemand eine Zahlung an das Ausland zu machen, so beauftragt er entweder seinen Gläubiger oder durch diesen dessen Bankier, auf ihn resp. seinen Bankier zu trassieren, oder er kauft einen Wechsel auf das Ausland, welchen er dorthin remittiert. In beiden Fällen kann der Gläubiger dem Schuldner Kredit geben durch Gewährung z. B. einer Dreimonatsfrist, während welcher der Wechsel läuft, auch kann nach Ablauf dieser Zeit eine Prolongation auf weitere drei Monate verabredet werden.

Eine von der Zahlungsverpflichtung abgelöste Form des internationalen Kreditierens besteht darin, daß z. B. ein Franzose einem Darlehen suchenden Deutschen einen kurzfristigen oder Sichtwechsel auf Frankreich oder auf ein anderes Land, etwa England lautend zur Verfügung stellt und dafür natürlich unter entsprechender Zinsvergütung, deren Höhe den Gläubiger veranlaßt das Geschäft abzuschließen, einen langfristigen Wechsel, der ebenfalls prolongiert werden kann, hineinnimmt. Der Empfänger des Sichtwechsels kann ihn zur Zahlung verwenden, oder Ware dafür beziehen, oder auch Geld oder Edelmetalle sich einschicken lassen. Die Verschuldung kann große Summen umfassen, wenn sie auch nur ausnahmsweise diejenigen der ausländischen Emissionen überragen wird. Sie ist von der internationalen Effektenschuld insofern verschieden, als sie nach kurzer Zeit fällig ist, und es bei dem Gläubiger steht, ob er das Verhältnis erneuern will oder nicht. Der Inhaber von ausländischen Aktien und Obligationen kann seinen Besitz an der Börse des Schuldnerlandes gegen Währung veräußern und sich das Geld einschicken lassen. Das geschieht aber nur, wenn der Kurs es gestattet. Die Wechsel sind hingegen durch ihre Fälligkeit und durch die Diskontierungsmöglichkeit ein stetes parates Mittel zu Gold- resp. Geldentzügen, die in ihnen gewährte Kreditierung wird daher als gefährlicher für die Geldzirkulation des Schuldnerlandes gelten müssen. Es wird stets die allgemeine volkswirtschaftliche Konjunktur beider Länder mit ihrem schwankenden Zinsfuß in diese Kapitalübertragungen eingreifen, aus ihnen Erleichterungen schöpfen können, aber auch mit ihren besonderen Schwierigkeiten rechnen müssen.

Im Verkehr zwischen dem schuldenden Deutschland und dem fordernden Frankreich können im Zusammenhang mit dem Wechselkredit aus je zwei Gründen von dem einen zum anderen Lande Goldsendungen erfolgen:

1. Wenn der Diskont in Deutschland im Vergleich zu dem Kapital anbietenden Frankreich hoch ist, so steigt der Kurs der langfristigen Wechsel auf deutsche Plätze. Er kann eine solche Höhe erreichen, daß es billiger wird Gold nach Deutschland zum Darlehen zu schicken. Diese Sendung ist nur lohnend, wenn der Diskont so hoch ist, daß er trotz der wachsenden Unkosten einen angemessenen Nutzen läßt.

2. Die französischen Häuser geben deutschen kurze oder Sichtwechsel auf heimische Plätze gegen langfristige auf Deutschland lautende. Die Sichtwechsel können in Gold umgesetzt werden, welches dann ausgeführt wird.

3. Die langfristigen Wechsel in den Händen der französischen Gläubiger werden fällig. Werden sie nicht prolongiert, oder nimmt der Gläubiger keine Papierwerte in Zahlung, so muß in deutschem Gelde gezahlt werden, und die Goldausfuhr nach Frankreich ist möglich.

4. Die auf deutsche Plätze lautenden Wechsel werden von den Franzosen in Deutschland verkauft und das Gold zur Versendung nach Frankreich beordert.

Ob und in welchem Umfange diese Goldsendungen vorgenommen werden, wird durch das jeweilige Bedürfnis nach Tausch- und Zahlungsmitteln in beiden Ländern bestimmt werden.

Im Herbst 1898, als in Deutschland die Hochkonjunktur in voller Blüte stand, stellte Frankreich dem deutschen Geschäft erhebliche Summen zur Verfügung, da es zu Hause derselben nicht bedurfte.[1]) Die an die Bank von Frankreich gestellten Anforderungen waren jedoch nicht bedeutend, ihre Anlagen und

[1]) Vgl. Volksw. Chronik der Jahrbücher für Nat. u. Stat. 1898 bis 1901. Die vom Auslande, namentlich von Frankreich an Deutschland überlassenen Beträge wurden auf viele hundert Millionen Mark von sachkundiger Seite veranschlagt. Vgl. Chronik 1898, S. 157.

der metallisch ungedeckte Notenbetrag seit Anfang September im Abnehmen begriffen, während die deutsche Reichsbank in beiden Beziehungen das Gegenteil zeigte.[1]) Daß für Frankreich das Geschäft sich lohnte, ergibt sich unmittelbar aus der Differenz des Bank- und Marktzinsfußes an deutschen und französischen Börsenplätzen:

Diskont im Durchschnitt Prozent		September 1898	Oktober 1898	November 1898	Dezember 1898
Paris	Bankdiskont.....	2	2,367	3	3
	Marktdiskont....	1.799	2.667	2,94	3
Berlin	Bankdiskont.....	4	4,70	5,567	6
	Marktdiskont....	3.635	4.02	4.9	5,26

Am 20. Oktober erhöhte die Bank von Frankreich den Diskont von 2 Proz. auf 3 Proz., da sie es trotz ihrer Goldprämienpolitik nicht verhindern konnte, daß sich ihr Goldbestand jetzt erheblich verminderte.[2]) Da aber gleichzeitig auch in Deutschland der Markt- und Bankdiskont stieg, wurden Frankreich im November von neuem erhebliche Beträge entzogen. Kurze Wechsel auf Paris waren billig (80,75 bis 80,60) in Deutschland zu kaufen, d. h. ihr Angebot zum Zwecke des Darlehens war bedeutend, und, da es auch benutzt wurde, trat im Dezember die Bank von Frankreich mit einer neuen Schutzmaßregel zur Erhaltung des Goldes hervor, dergemäß sie Finanzwechsel, d. h. auf Kredit gezogene, mit Unterschriften auswärtiger Häuser zurückwies, Der Erfolg blieb nicht aus, und es wurde gleichzeitig ein Teil der Guthaben in Deutschland zurückgenommen, was hier nur deshalb als nicht zu schwerwiegend empfunden wurde, da das sonstige Ausland

[1]) Verwaltungsbericht für die Reichsbank für das Jahr 1898. Die Reichsbank war in der Notensteuer am 7. 15. 23. 31. Oktober, am 7. 15. 23. 30. November, am 23. 31. Dezember 1898.

[2]) Seit dem 31. Februar 1895 war der Bank über 300 Millionen Franken an Gold entzogen. Das für das Ausland erforderliche Gold — in den ersten neun Monaten 1898 89 Millionen Franken — wurde aus dem inländischen Verkehr genommen, der dann nach Bedarf auf die Bank zurückgriff, so daß deren Prämien den Abfluß in das Ausland nicht beseitigten, wenn auch etwas erschwerten.

besonders England den Ausfall durch Goldzufuhren deckte. Immerhin blieb Deutschland noch stark im Wechselkredit verschuldet.

Während der ersten acht Monate des Jahres 1899 ist der Geldmarkt in den europäischen Ländern durchweg stark angespannt, aber weil die industrielle und die Handelstätigkeit außer in Deutschland und England auch in Frankreich erstarkt, selbst in Österreich einige Lichtpunkte aufweist, nähern sich die Zinssätze aneinander so an, daß jetzt nur eine geringe internationale Goldbewegung eintreten kann. Nachdem jedoch die französischen Guthaben in Deutschland im Anfang des Jahres erheblich reduziert werden, kommen nach und nach, je besser sich der Pariser Goldstand macht, mäßige Beträge zurück. Von Anfang September bis zum Schluß des Jahres wächst die industrielle Geldnachfrage in Deutschland von neuem, während zugleich der beginnende Burenkrieg in England starke Ansprüche erhebt. Beide Länder bemühen sich um das französische Kapital, welches namentlich im November und Dezember nach England strömt, während das Ausbleiben des erwarteten Zuflusses in Deutschland unlieb empfunden wird.

Die nachfolgende Tabelle gibt einen Einblick in die Diskontosätze dieser vier Monate:

Monat	Paris	Berlin	London	Wien	St. Petersburg	Amsterdam
September . .	3	5	3.5	4.7	5,5 —6,5	4,5
	2,864	4.845	3,575	4.688	6,5 —7,5	—
Oktober	3	5.93	4.87	5,82	5,9 —6.9	4,5
	3	5.062	4,603	5.59	6,5 —7,5	—
November . .	3	6	5.003	6	6 —7	4,95
	3	5,65	4.808	5,585	6.5 —7,5	—
Dezember . .	3,733	6,40	6	5.60	6.29—7,15	5
	3,672	5.969	6,19	5.19	7 —8	—

Die Differenzen zwischen den einzelnen Börsenplätzen sind andauernd in diesen Herbsmonaten bedeutend, aber es wäre verkehrt daraus zu schließen, daß eine gegenseitige Beeinflussung der Märkte nicht stattgefunden hätte. Trotz gegenseitiger Einwirkung bleiben große Unterschiede bestehen. Beschränken wir uns hier auf Frankreich und Deutschland. Die Differenz beträgt 2 bis 3 Proz., gewiß ein starker Anreiz von Frankreich nach Deutschland Kapital zu leihen, dennoch erfolgte kein Ausgleich, vielmehr hielt die Spannung fortwährend an.

Zunächst ist zum Verständnis dieses Vorganges zu bemerken, daß diese Differenz zum Teil nur eine scheinbare ist. Die Bank von Frankreich berechnet sehr oft bei Goldentnahmen eine Prämie, die bei starker Nachfrage für das Ausland bis zu 8, ja bis zu 10 Prom. hinaufgesetzt wird, und da das Ausland nur Gold gebrauchen kann, so muß der Diskonteur diesen Betrag dem heimischen Diskont hinzurechnen. Im allgemeinen kann man sicher sein, daß bei hohen Auslandsdiskonten und erheblich tieferem Pariser Stande die Goldprämie zur Anwendung gelangt. Sie verteuert in der Höhe von 5 Prom. bei einem Dreimonatwechsel den Zins um 2 Proz. im Jahr.[1]) Dazu kommt noch, daß in Frankreich im allgemeinen die Laufzeit der Wechsel eine kürzere und der Betrag durchschnittlich geringer ist als in Deutschland, daher wegen geringeren Risikos und geringerer Inanspruchnahme der Kasse der Diskont niedriger sein kann.[2]) Andererseits ist nicht außer acht zu lassen, daß die Bank von Frankreich im Verlaufe der Jahre ihr Diskontgeschäft eingeschränkt hat, während es die großen Privatinstitute, wie der Crédit Lyonnais verstärkt betreiben. Es ist daher für die Beurteilung des französischen Diskont im Allgemeinen eher die Marktrate zu berücksichtigen, welche in der Regel niedriger als die Bankrate steht. Doch wird bei einem Vergleich mit Deutschland dieser Abschlag die zuerst genannten Zuschläge zum französischen Diskont nicht aufwiegen.

Nach den Berechnungen von Karl Helfferich[3]) aus den Jahren 1881 bis 1896 ist der offizielle Diskont der Reichsbank 0,84 Proz. höher gewesen als derjenige der Bank von Frankreich, während die tatsächliche höhere Rentabilität bei der Wechselanlage nur 0.54 Proz. betragen hat. Es ergibt sich daraus, daß

[1]) Näheres bei R. Maync, Der Diskont, Jena 1899, S. 67 und Heiligenstadt, Beiträge zur Lehre von den auswärtigen Wechselkursen, Jahrbücher für Nat. u. Stat. III F. B. 5.

[2]) R. Maync a. a. O. S. 69.

[3]) K. Helfferich, Die Reform des deutschen Geldwesens nach der Gründung des Reichs, Leipzig 1899 II. S. 498.

die Differenzen im Durchschnitt garnicht so groß sind, wenn sie auch zeitweise weit größere Abweichungen voneinander aufweisen.

Woher stammt nun dieser reelle Unterschied, und warum gleicht er sich im internationalen Verkehr nicht aus? Ein Ausgleich könnte nur durch Zuströmen großer Goldbeträge herbeigeführt werden, welches in Paris das Angebot verringerte, in Deutschland vermehrte. Die Versendung und Versicherung ist aber immer noch ziemlich teuer, so daß die Diskontverschiedenheit schon ziemlich bedeutend sein muß, wenn sich das Geschäft lohnen soll.[1] Nun ist bekanntlich jedem Lande daran gelegen seine Edelmetallzirkulation nicht geschwächt zu sehen, weshalb die großen Banken in Deutschland, Frankreich, England zu Diskonterhöhungen schreiten, sobald der Geldabfluß fühlbar wird. Sie können also der Verwirklichung der Ausgleichsendung, schon ehe die durch Versendungs- und Versicherungskosten bestimmte Schranke erreicht ist, Einhalt gebieten und damit die volkswirtschaftlich vorhandenen internationalen Unterschiede innerhalb bestimmter Grenzen festhalten.

In dem ersten Buche ist die Bildung der internationalen Differenz des Zinsfußes erörtert worden. Sie folgt aus der Besonderheit der Volkswirtschaft und besteht solange fort, als diese vorhanden ist. Das heißt, durch Zuströmen von Gold kann der Diskont ermäßigt, durch Abströmen erhöht werden, allein die volkswirtschaftlichen Zustände wirken derart, daß sie alsbald ihre latente Kraft in Bezug auf die Ordnung von Gewinn und Zins zueinander zur Geltung bringen, also entweder den zu tief gebrachten Zins erhöhen, oder den zu sehr erhöhten herabsetzen.

Die Zufuhr von Edelmetall hat nun außerdem ihre Grenze. Das empfangende Land einerseits kann nur ein durch die Gründungs- und Unternehmertätigkeit bestimmtes Quantum verdauen, das gebende andrerseits nur einen bestimmten Teil seines Schatzes entbehren und wird zudem mit dritten Ländern zu rechnen haben, welche ihre Darlehnsansprüche noch durch günstigere Bedingungen unterstützen können.

---

[1]) Angaben und Berechnungen bei Heiligenstadt a. a. O.

So wird es verständlich, daß im Herbst 1899 Deutschland von Frankreich nicht fortwährend Geld heranziehen konnte. Einmal war England ein starker, erfolgreicher Konkurrent, dann hatte der Gläubiger nicht genug zur Disposition, um nach Deckung des eignen Bedürfnisses viel hergeben zu können. So blieb die Spannung fortbestehen.

Immerhin waren die französischen Guthaben in Deutschland anfangs 1900 noch ziemlich bedeutend, und da sie nun zum Teil eingefordert wurden, stiegen die Wechselkurse auf Frankreich erheblich und Goldausfuhren wurden nötig. In Frankreich brauchte man sowohl Geld für die eigenen Geschäfte, welche in diesen Monaten ausgedehnt worden waren, als auch wiederum für England, dessen Ansprüche während des sich fortsetzenden Burenkrieges nicht nachließen. Für Deutschlands inneren Zahlungsverkehr waren diese Zustände höchst unerwünscht, und die Hochkonjunktur würde vielleicht noch länger angehalten haben, wenn dem Handel und der Börse diese Gelder nicht entzogen worden wären.

Im März stieg der Zinsfuß in Deutschland noch weiter, offenbar in der Vorahnung der kommenden Krisis, für welche Banken und Private sich mit Bargeld zu versehen bemühten. Wurden jetzt wohl auch einige Kapitalien von Frankreich an Deutschland hingeliehen, so wurden sie doch schon wieder im April zurückgezogen,[1]) da in Paris die Börsenspekulation mit ihrem hohen Report, ferner die Weltausstellung, vor allem aber neue Emissionen, besonders infolge von Kapitalserhöhungen der großen Pariser Banken

[1]) Volksw. Chronik a. a. O. S. 123. „Größere Posten von Wechseln, die von deutscher Seite ins Ausland, namentlich nach Frankreich und Holland in Pension gegeben werden, sind wieder nach Deutschland zurückgelangt, ohne daß diese Pensionen in vollem Umfange erneuert worden sind. — Es handelt sich hierbei um Transaktionen, die darin bestehen, daß das Ausland langsichtige deutsche Wechsel zu einem ermäßigten Zinssatz auf eine bestimmte Zeit gegen Rimesse, d. h. Sichtwechsel oder andere kurzfristige Papiere auf das Ausland erwirbt. Bis Ablauf der Pension sind die in Kost gegebenen Wechsel zurückzunehmen, und zwar gegen Beschaffung des Gegenwertes. Findet aber eine Erneuerung statt, so werden die ursprünglich in Pension gegebenen, jetzt kursfälliger Wechsel durch einen gleichen Betrag langsichtiger Wechsel ersetzt, selbstverständlich unter neuer Berechnung der Zinsen.“

Ansprüche erhoben, welche eine Versteifung des Geldmarktes zur Folge hatten.

Es ist vielleicht zu viel gesagt, daß die deutsche Krise im April 1900, die den Niedergang der Geschäftstätigkeit einleitete, durch diese Kapitalzurückziehungen geschaffen wurde. Vielmehr hatten die Preisherabsetzungen von Eisen und Stahl in den Vereinigten Staaten die Kurse der Montanpapiere an der Börse ins Wanken gebracht und damit das Signal zum allgemeinen Rückzug gegeben. Aber zweifellos kam den deutschen Schuldnern die Rückforderung der Kapitalien höchst unbequem und verschärfte die Situation. Die Gefahren eines solchen internationalen Kapitalismus liegen auf der Hand, wenn auch die Vorteile der gegenseitigen Unterstützung auf der anderen Seite nicht zu unterschätzen sind. Zwar wird auch eine eingetretene Krise panikähnliche Erscheinungen zeigen können, wenn große Wechselsummen im ausschließlich inländischen Geschäft unerwartet fällig werden, allein hier kann mit der Zahlung von Banknoten, deren Kredit nicht erschüttert ist, zunächst ein Ausgleich gegeben werden, bis sich die Gemüter wiederum beruhigen. Das Ausland nimmt in der Regel aber nur Gold und ist insofern ein wenig nachsichtiger Gläubiger. Sind so schon in wirtschaftlichen Krisen Bedenken gegen diese Form der internationalen Verschiebung nicht zu unterdrücken, so werden sie in politischen erst recht zu betonen sein, besonders wenn eine zielbewußte Schädigung des Schuldnerlandes durch den Gläubiger zu gewärtigen ist.

Die Goldausfuhr in Deutschland betrug allerdings im April nur 7½—8 Millionen Mark, eine Summe, die in ruhiger Zeit keine Sorgen bereiten, aber dann, wenn überall das Geld zurückgehalten wird, und die Zirkulation leer ist, schon aufs empfindlichste einwirken kann.

Im Mai und Juni hielt der hohe Geldstand in Deutschland noch an, und da nun in Frankreich der Bedarf vorläufig auch durch Zufuhr aus Amerika gedeckt worden war, konnte es bei der bestehenden Zinsdifferenz wiederum als Darlehengeber kommen und so zur Erleichterung der Zahlungen beitragen. Doch wurde hierdurch die Verschärfung der Krise in Deutschland nicht verhindert, deren Existenz jetzt zum allgemeinen Bewußtsein gelangte.

Im Juli ließ die „Zahlungsklemme" nach, aber der Zinsfuß blieb während der folgenden Monate hoch, so daß der französische Kredit weiterhin zur Verfügung stand, welcher jedoch nun in weit geringerem Maße als ein Jahr vorher benutzt wurde. Die Prolongationen deutscher Wechsel in Frankreich begegneten jetzt keiner Schwierigkeit mehr, und die Gläubiger konnten froh sein bei der allgemeinen Ermattung des Geschäftes in Westeuropa ihrem Gelde eine erträgliche Anlage zu verschaffen.

Wenn wir die Ergebnisse dieses Kapitels zusammenfassen, so haben wir zunächst zu betonen, daß die allgemeinen volkswirtschaftlichen Konjunkturen die internationale Kapitalbewegung in stetem Fluß halten. Der Nachfrage in einigen Ländern steht das Angebot in andern gegenüber. Die Nachfrage wächst mit dem geschäftlichen Aufschwung durch die Hausse hindurch bis zur Krise und nimmt ab in der Zeit des Niederganges bis zur Erreichung des Tiefpunktes. Das Angebot, umgekehrt, ist in der Periode der Depression groß, in derjenigen der aufsteigenden Konjunktur in der Abnahme. Soweit die Phasen des industriellen Cyklus in den einzelnen Ländern parallel gehen und sich gleichkräftig entwickeln, heben sich die anziehenden oder abstoßenden Kräfte gegenseitig auf. Aber meist sind sowohl zeitliche Intervalle als auch verschiedene Kraftäußerungen vorhanden, welche die internationalen Schiebungen nie zur Ruhe kommen lassen. Am deutlichsten läßt sich dieser Vorgang an dem kurzfristig angelegten Kapital verfolgen.

Diese Regel hat nun aber in der Praxis immer damit zu rechnen, daß vermöge ihrer Stufe volkswirtschaftlicher Ausbildung die Länder mehr oder minder Gläubiger resp. Schuldner sind. Jene sind überwiegend gebend, diese die überwiegend empfangend. Jene kreditieren sich je nach der Konjunktur untereinander, aber auch diese haben wechselnden Bedarf, während ihr weltwirtschaftliches Kapitalangebot nur gering sein kann. Eine besondere Stellung nehmen die Vereinigten Staaten in der Gegenwart ein, da sie im Begriff vom Schuldner- zum Gläubigerstaat überzugehen und in diesem Übergangsprozeß Schuldner und Gläubiger im Großen zugleich sind.

Modifiziert wird die Regel durch politische, insbesondere durch weltpolitische Ereignisse mit starkem Kapitalbedarf, wie dies der spanisch-amerikanische, der Buren-, der russisch-japanische Krieg gezeigt haben. Die produktiven Bedürfnisse nach Kapital werden durch die konsumtiven beiseite gedrängt. Allein die allgemeine volkswirtschaftliche Konjunktur läßt sich dabei durchaus nicht als eine quantité négligeable behandeln. Die Kapitalattraktion zu politischen Zwecken stößt auf einen um so stärkeren Widerstand, je mehr die gebenden Länder ihre Mittel selbst gebrauchen, d. h. je mehr sie im wirtschaftlichen Aufschwung begriffen sind.

Modifiziert wird die Regel ferner dadurch, daß, da der großen Industrie in der Hochkonjunktur das eigne Wirtschaftsgebiet zu eng wird, Gründungen und Erweiterungen im Auslande vorgenommen werden, in denen die Fabrikate Verwendung finden können; z. B. Anlage von elektrischen Werken, Eisenbahnen, von Fabriken mit großer maschineller Einrichtung. Indem also einerseits Geldkapital aus dem Auslande herausgezogen wird, wird andererseits Warenkapital im Auslande investiert.

Modifiziert endlich wird die Regel der Anziehung und Abstoßung des Kapitals gemäß der weltwirtschaftlichen Konjunktur durch die Effektenbörse. Sie ist oft, aber keineswegs immer mit ihrer Tendenz ein Gradmesser des volkswirtschaftlichen Lebens. Sie hat — von der auswärtigen Politik ganz abgesehen — vermöge ihrer besondern Gewinn- und Spekulationsinteressen der an ihr wirkenden Personen, sowie wegen des großen in allen hochstehenden Volkswirtschaften angesammelten und von ihr beeinflußten Reichtums, eine zeitweise, von außen unabhängige Selbstständigkeit, welche ihr Vorstöße und Rückzüge im Gegensatz zu der allgemeinen Geschäftslage möglich macht. Sie erzeugt daher auch sekundäre Haussen und Baissen aus sich heraus, welche zu internationalen Käufen und Verkäufen und damit zu Verschiebungen in den Schuldenlasten der Länder führen können.

Man hat die Frage aufgeworfen, ob der Kapitalexport resp. Import die Eigenschaft besitzt die Phasen des industriellen Cyklus extensiv und intensiv zu beeinflussen, insbesondere im nachteiligen Sinne, also ob der Umschlag heftiger, die Depression tiefer und länger, der beginnende Aufschwung verlangsamt wird. K. Oldenberg[1]) hat sie vom Standpunkt der von ihm vertretenen Theorie, daß die Krise in der Unterkonsumtion wurzele, teilweise bejaht: Mit dem Geldkapital wandere ebensoviel Kaufkraft aus dem Lande, so daß man annehmen könne, daß die lange Dauer der Stockung mit dem anhaltenden Kapitalabfluß zusammenhänge. Es ist hier nicht der Ort, auf die Unterkonsumtionstheorien einzugehen. Sie werden von jedem als unrichtig verworfen werden, der im volkswirtschaftlichen Organismus die Produktion als den grundlegenden, die Konsumtion als einen sekundären Vorgang erkannt hat, eine Anschauung, welche eine der Grundlagen der deutschen wissenschaftlichen Wirtschaftsgeschichte ist. Wir wollen hier nur fragen, ob der Kapitalabfluß wirklich die Depression vertieft oder zeitlich verlängert. Geht man von der unbestrittenen Erfahrungstatsache aus, daß in der der Krise unmittelbar vorausgehenden Periode die Produktions- und Spekulationstätigkeit in falsche Bahnen gewaltsam getrieben worden ist, so kann Hilfe nur von ihrer Einschränkung erwartet werden, d. h. das in Geldkapital durch Verkauf verwandelte Warenkapital wird dem produktiven Erwerb zunächst nicht wieder zugeführt. Es strömt in die Banken als Depot und wartet auf Anlage. Daher denn der Zinsfuß nach der Krise sinkt und während der Stockung niedrig verbleibt. Geht ein Teil dieses Geldleihkapitals ins Ausland, so verdienen die Besitzer höhere Zinsen, eine innere Kaufkraft wird ihm jetzt gar nicht zugeschrieben werden können, da er im Zirkulationsprozeß des Kapitals einstweilen überflüssig geworden ist.

Wir sehen in dem Geldkapitalexport während der Stockung demnach eher ein Mittel zur rascheren Wiederherstellung der Geschäftstätigkeit. Nehmen wir einmal an, er wäre durch staatliches Eingreifen ganz unterbunden, so würde die Einschränkung der Produktion nur erschwert und die Depression verlängert werden, weil dann der exzeptionell sinkende Zins die Unternehmer zum Weiterproduzieren bestimmen könnte, ehe die Absatzmärkte eine Gesundung zeigten.

---

[1]) Schmollers Jahrbuch 1903 S. 833 ff. Zur Theorie der volkswirtschaftlichen Krisen.

Geht die Tendenz wieder nach oben, so kommt das Kapital, soweit es nicht dauernd festgelegt ist, vom Ausland zurück, so daß kein Mangel an ihm vorhanden ist; ein solcher macht sich erst in der Hochkonjunktur bemerkbar, während welcher das Ausleihen in fremde Länder unterbleibt. Oldenberg stellt nun ferner diesen Satz auf: „Jedenfalls muß die internationale Beweglichkeit der Kapitalien den Wechsel der Konjunktur schärfer akzentuieren, sowohl Hausse wie Baisse länger hinziehen; die Hausse zieht die Kapitalien ins Land, die Baisse stößt sie ab."

Der Schlußsatz ist unter den oben gegebenen Modifikationen zuzugeben; daß die Baisse durch die Abstoßung verschärft wird, ist soeben bestritten worden. Es fragt sich also weiter, ob die Hausse durch den Kapitalimport verstärkt wird. Nach alledem, was in dem vorstehenden Kapitel an Detail mitgeteilt ist, muß im Sinne einer Zustimmung darauf geantwortet werden, mag das Kapital in Waren- oder Edelmetallform eingeführt werden. Ob dieser Vorgang der Volkswirtschaft nützlich ist oder nicht, ist eine andere Frage. In die Oldenbergsche Anschauung, daß die Unterkonsumtion die Krise hervorbringt, paßt die Annahme der Schädlichkeit nicht hinein. Denn der Import verstärkt die Kaufkraft und müßte der Krise entgegen wirken.

Eine genauere Untersuchung des Problems von der Einwirkung des internationalen Kapitalverkehrs auf die einzelstaatliche Konjunktur hat R. Liefmann angestellt.[1] Er nimmt den Ausgang von dem Satze, „daß nicht nur der Einfluß des Kapitalexportes auf die Krisen, sondern allgemein der Einfluß der internationalen Beweglichkeit des modernen Kapitals auf Konjunkturschwankungen" darzustellen ist.

---

[1]) Jahrbücher für Nat. u. Stat. III. dritte Folge 27. B. S. 169 ff. Die Ergebnisse des ersten Abschnittes dieses Aufsatzes über die Frage, in wie weit die allgemeine Konjunktur den Kapitalexport beeinflußt, stimmen mit den Schlüssen der vorstehenden Unternehmungen im ganzen überein, wenn sich die Begründungen auch nicht immer decken. Es heißt S. 177: „Zusammenfassend darf man wohl sagen, daß manche Formen des Kapitalexportes ihrem Umfange nach nicht von der augenblicklichen Konjunktur des Inlandes bestimmt werden, andere wahrscheinlich in der Hausse und wieder andere in der Baisse die größte Ausdehnung annehmen." Im Text haben wir es mit dem zweiten Abschnitt der Abhandlung zu tun.

Die allgemeine Hausse wird nach seiner Meinung durch den Kapitalimport in ihrer Intensität verstärkt, vielleicht auch verlängert. Dieser Vorgang ist ihm eine bedenkliche Erscheinung, weil er die Hausse in der Volkswirtschaft als etwas Krankhaftes ansieht, weil ihm „die sogenannte Zeit der Stagnation, die, nachdem die Erschütterungen der Krisis vorüber, wieder eine größere Ruhe und Gleichmäßigßeit des Wirtschaftslebens bringt, der eigentliche naturgemäße Zustand der Volkswirtschaft ist."

Die Stagnation soll das normale sein und der Aufschwung die Krankheit. Entspricht dieser Satz der Idee der Entwicklung, welche unser ganzes soziales Denken beherrscht? Wer wirtschaftlichen Fortschritt will, kann nicht in einem Zurückschrauben der vorhergehenden Uebertreibung auf einen Ruhestand ein begehrenswertes Ziel sehen. Die oft Jahre dauernde Depression nach der Krise ist eine Periode der geschäftlichen Einschränkung, der Arbeiterentlassung, der Abkürzung der Arbeitszeit bei sinkendem Lohn. In England hat man in den achtziger Jahren, als sich die industrielle Weltstellung verschlechterte, in Frankreich neuerdings, da die große Industrie nicht wie in den Konkurrenzländern fortschreitet, von einer andauernden Stagnation gesprochen. In beiden Ländern wird dieser Zustand lebhaft beklagt. Vielleicht hat dem Verfasser die Phase des beginnenden Aufschwunges vorgeschwebt, als er sich einen wünschenswerten Dauerzustand der Volkswirtschaft mit mittleren Gewinnen, Löhnen und Preisen vorstellte.[1]) Ihn aber mit Stagnation zu bezeichnen ist nicht möglich, denn es käme darauf an etwas aufzuhalten, was nicht zu halten ist. Es liegt in der Verbindung des heutigen Kapitalismus mit den steten technischen Fortschritten auf dem Gebiete der Gütererzeugung und Bewegung, daß, wenn der Anstoß einmal gegeben ist, die Lawine in's Rollen kommt und sich durch Aneignung dessen, was ihr auf dem Wege liegt, fortwährend vergrößert.

Das Normale ist der industrielle Cyklus als Ganzes, in dessen aufsteigenden Phasen der Produktionsfortschritt zur Verwirklichung gelangt. Er vollzieht sich oft gewaltsam sprungweise und das gegenwärtig am auffälligsten in den industriell führenden Ländern,

---

[1]) Dies läßt sich nach den Ausführungen auf S. 81 vermuten.

Deutschland und den Vereinigten Staaten. In der Hausse wird ein neues volkswirtschaftliches Niveau erklommen, das dauernd behauptet wird, wenn auch die minder kräftigen Unternehmungen auf ihm nicht zu atmen vermögen, zu Boden sinken und ersterben. In ihr steigen die Löhne und die Lebenshaltung der Arbeiter. Die große wirtschaftliche soziale Hebung der Arbeiterklasse in der zweiten Hälfte des neunzehnten Jahrhunderts ist ohne die periodische kraftvolle Hebung der allgemeinen produktiven Tätigkeit nicht denkbar. Ein langsames Vorwärtsschleichen der Produktion läßt auf sozialem Gebiete die Dinge, wie sie sind, der Kraft der Gewohnheit gemäß, welche das überkommene soziale Leben beherrscht. Aber die großen Veränderungen in der Hochkonjunktur, Erweiterung der Großbetriebe, neue Technik, neue Arbeitsmetode bringen frisches, stark pulsierendes Leben, andere soziale Gesichtspunkte und das entschlossene Abwenden von Veraltetem.

Nichts ungeschichtlicheres, als die Aufschwungsperioden schelten, nichts unpraktischeres, als sie aus der Welt schaffen wollen. In unserer Zeit ist der Kapitalimport überhaupt — nicht jede seiner Formen — ihr mächtiger Hebel, am meisten geschätzt in armen Ländern, aber auch in reichen nicht zu verachten.

In und unmittelbar nach der Krise kann das ausländische Geldkapital besonderen Nutzen bringen, aber auch Gefahren heraufbeschwören. Wenn der Tag der großen Liquidation kommt, brauchen alle Geschäftsleute Geld nicht zur Kapitalanlage, sondern um fälligen Verpflichtungen nachzukommen. Im Hinblick darauf erklärt sich das allgemeine Bemühen den Kassenbestand mit Metallgeld oder gleichgewerteten Banknoten aufzufüllen.[1]) Der sowie so schon stark in Anspruch genommene Geldmarkt antwortet darauf mit einer exeptionellen Steigerung des Zinsfußes.

Jetzt ist die Edelmetallzufuhr aus dem Auslande von höchstem Werte für die gesamte Geschäftswelt. Sie wird nach Kräften

[1]) K. Marx, Das Kapital B. III. 2. S. 20, 27, 70, 80. — Der fünfte Abschnitt des dritten Buches enthält eine vorzügliche Analyse verschiedener weltwirtschaftlicher Vorgänge, insbesondere auch im Zusammenhange mit der allgemeinen Konjunktur.

durch Effektenverkauf und Wechseldiskontierung im Auslande durchgeführt.

Allein beides hat seine Schwierigkeit. Denn die Effekten des Krisenlandes sind im Kurse gefallen, und auch die anderer Länder können in mehr oder minder weichender Tendenz sein. Auslandswechsel sind nicht leicht zu haben, da der Wechselkurs in der Regel gegen das Land steht, in dem der Umschwung eingetreten ist. In den Monaten, die ihm vorangingen, waren sowohl der Import von Waren als auch die Gewährung von Darlehen in großem Umfange vorgenommen worden um die Hochkonjunktur zu stützen. Jetzt in der gefürchteten Zeit der Zahlungseinstellung verlangen die Ausländer Bezahlung und ziehen ihr Guthaben zurück.

Der Wechselkurs kann damit bis zum Goldausfuhrpunkt steigen, und der Mangel an Zahlungsmitteln wird im Schuldnerland noch größer.

Dazu kann noch kommen, daß sich das Gläubigerland in der Periode der Überspekulation befindet und seinerseits Geld nötig hat. Es zieht es daher zunächst von allen ausländischen Banken herbei, von denen es zu fordern hat, so daß die Geldmärkte dem Krisenlande, wenn überhaupt, nur zu schweren Bedingungen Hilfe bringen werden.

Tritt nun in dem Gläubigerlande auch der Umschlag ein, und sind bei seinem Vorgänger in der Krise die Zahlungsspannungen noch nicht ausgelöst, so werden hier neue Konkurse und wiederum Börsensturz auftreten und zum raschen Niedergang hintreiben.

Diesen Gefahren sind Staaten ohne große Zentralbanken, welche durch Diskonterhöhungen und andere Mittel den Edelmetallabfluß zu hemmen nicht imstande sind, am meisten ausgesetzt. Von diesen Instituten wird in einer bedenklichen Lage des Geldmarktes übrigens alles erwartet. Die Volkswirtschaftspolitik wird im Hinblick darauf zwar betonen, daß ihnen alle Sicherungen und Erleichterungen zugestanden werden, welche durch gesetzliche Maßnahmen erreichbar sind. Aber es ist sehr die Frage, ob die Restriktionsmaßregeln der Banken in Zukunft als genügend angesehen werden können. Denn die internationalen

Geldmärkte kommen von Jahr zu Jahr durch den Exportkapitalismus in immer engere Beziehungen und damit in Abhängigkeit voneinander. Ein Bankhaus, das gleichzeitig in Berlin, London und New York interessiert ist, steht heute schon starken nationalen Anstrengungen den wirtschaftlichen Geldstrom in die heimischen Reservoire zu leiten, mit geteiltem Herzen gegenüber. Ist erst einmal das internationale Geldleihgeschäft so ausgedehnt, daß das innere der einzelnen größeren Länder ihm gegenüber zurücktritt, dann wird es eine Organisation sich schaffen müssen, welche seinem Bedürfnis nach raschen und sicheren Ausgleichen entspricht.

Für den volkswirtschaftlichen Verkehr hat das Kreditwesen während des neunzehnten Jahrhunderts nicht bloß neue Formen geschaffen, sondern auch in den Veröffentlichungen der Zentralbanken und der Clearing Houses dem einzelnen Bankier Gelegenheit gegeben sich über die heimische Kapitalbewegung zu orientieren. Im internationalen Verkehr zeigt der Stand der Wechselkurse wohl einigermaßen an, wie die Zahlungsverpflichtungen der Länder zueinander stehen, aber in welcher Form der Ausgleich sich vollzogen hat, wird nur wenigen unmittelbar beteiligten Personen und oft nur unzulänglich bekannt sein.[1]) Die Höhe des zu zahlenden Diskonts auf den verschiedenen Geldmärkten gibt nur ein Bild von dem Verhältnis von Angebot und Nachfrage, die Quantitäten selbst bleiben unsichtbar.

Daher ist der Vorschlag gemacht worden, welcher viel Nutzen bringen müßte, aber vorerst wohl nicht leicht auszuführen wäre, ein internationales Clearing House zu schaffen, aus dessen

[1]) Banker's Magazine. New York 1902, November, European Loan to american banks: „Many of these financial houses are so well known, that they have equal credit in the monetary markets of England, France, Germany and other countries, and as there is no international clearing house there is no means of learning when paper falls due, whether it has been actually paid by the return of capital from the United States, or wether it has been paid from the proceeds of new loans made in some other foreign country. Thus the amount of the capital borrowed in this manner for investment in the United States is always an uncertain quantity. Many payments may be made, and yet the aggregate may tend to increase rather then diminisch.“

Veröffentlichungen zu ersehen wäre, wie das internationale Zahlungsgeschäft sich vollzogen hat.[1])

Heute ist das internationale Bankgeschäft einer Sphinx vergleichbar, die ihre Geheimnisse nicht preisgibt.[2]) Eine gewisse öffentliche Kentniss dieser Vorgänge müßte aber allen beteiligten Ländern von Wert sein, indem das Kapital sicherer denn jetzt dahin zur Aushilfe wanderte, wo es am meisten nötig ist. Es würde die Gefahren der Krisen mindern und die Hochkonjunktur verlängern, was einer Steigerung der Gesamtproduktivität auf der Erde gleich käme.

[1]) Banker's Magazine ebendas. „For greater security of all concerned and to afford knowledge of these transactions important to the public, it would seem to be for the interest of those, who carry on this international business, to establish a suitable international Clearing House."

[2]) Vgl. Banker's Magazine, New York 1902, Dezember, S. 770. — Die Veröffentlichungen des Londoner Clearing House unterscheiden die kaufmännischen Abrechnungen, die Börsenarrengements (Börsengeschäft-Differenzen mit Ausschluß der Konsols) und die Konsolsarrengements.

DRITTES BUCH.

KAPITALAUSWANDERUNG UND STAATLICHE MACHTPOLITIK.

Erstes Kapitel.

Anleihen fremder Staaten.

Wenn auch die auswärtigen Anleihen vom Standpunkte des schuldenden Staates in der Finanzwissenschaft und die aus ihnen folgenden internationalen Verpflichtungen im Falle' eines Staatsbankerotts von der Rechtswissenschaft eingehend untersucht worden sind, so ist damit die weltwirtschaftliche Tragweite dieser großen Kapitalströmung doch nur unvollkommen erfaßt worden. Die Einwirkung von Volkswirtschaft zu Volkswirtschaft vermittelst der öffentlichen Anleihen haben zwar die Nationalökonomen in der Lehre von der Zahlungsbilanz und der Wechselkurse nicht übersehen, aber sie lassen eine prinzipielle Beurteilung der Frage vermissen, inwiefern dieser Kapitalexport zielbewußt in den Dienst des gebenden Landes gestellt werden kann. Damit erst wird eine weltwirtschaftliche Wertung für das Gläubigerland gewonnen, welche der nachfolgenden Untersuchung zum Leitstern dient.

Die praktische Wichtigkeit der Angelegenheit ergibt sich daraus, daß es viele Milliarden gewesen sind, welche als Staatsschuld von Land zu Land während der letzten Jahre gegangen. sind, und daß die beanspruchten jährlichen Forderungen für manche Volkswirtschaften eine nicht erhebliche Quote des nationalen Einkommens ausmachen.

Beschäftigen wir uns zunächst mit den Gläubigern insofern als sie private Kapitalisten sind. Es wird behauptet, daß sie die Verluste, welche sie durch Nichtzahlung von Seiten des borgenden Staates erleiden mußten, oft genug nicht ernst genommen hätten. In der Presse wiederholt sich die alte Klage, sie seien so vergeßliche Geschöpfe, daß wortbrüchige, ja selbst betrügerische Staaten immer von neuem Geld bekämen, wenn nur ein paar Jahre nach der Katastrophe verflossen seien. Hätten die Geldgeber ein besseres Erinnerungsvermögen und mehr Gefühl für Selbstverantwortlichkeit, hielten also ihren Beutel bei neuen Anforderungen zu, so werde der internationale Staatskredit alsbald ein ganz anderes, d. h. solideres Ansehen erhalten. Diese Theorie von der Gedächtnisschwäche der Gläubiger ist indessen nichts als eine verkehrte Erklärung einer an sich unliebsamen Tatsache. Wer an Portugiesen, Griechen und Türken einmal ordentlich verloren hat, wird es sich zeitlebens merken und gewiß nicht wieder den Bankerotteuren leihen. Dessen kann man sicher sein. In Wahrheit liegt die Sache zunächst so, daß der Schaden, den ein Staatsbankerott mit sich bringt, nur teilweise auf den ersten Besitzern der Anleihetitel hängen bleibt. Die Kürzung oder Nichtzahlung der Zinsen und Amortisationen kommt in der Regel nicht von heute auf morgen, sondern die herannahenden Ereignisse werfen ihre Schatten für längere Zeit über die Börsen voraus. Die Obligationen als Inhaberpapiere sind leicht verkäuflich und werden, wie die Börsenberichte beweisen, in großen Mengen gehandelt, wenn die Kurse zu sinken anfangen. Die Folge ist, daß der Kapitalverlust sich auf eine weit größere Zahl von Personen als die ursprünglichen Darleiher sind, verteilt, — zumal auch die Käufer bei weiterem Kursfall weiter veräußern — mithin im Durchschnitt für den Einzelnen geringer ist als man meist annimmt, und daß viele Personen nicht mehr Schaden haben, als sie bei ihren Spekulationen gewohnt sind, bei denen Gewinne und Ausfälle einander gegenüberstehen.

Eben so wichtig ist dies: Diejenigen, welche sich darauf eingelassen haben „durchzuhalten" und nun, da die erwartete Kursbesserung nicht kommt, viel verlieren, sind zum Teil schon gestorben, wenn eine neue Emission von vertragsbrüchigen Staaten in Szene gesetzt wird. Ihre Erben, welche die Papiere zu einem niedrigen Kurs übernommen haben und nur mit diesem rechnen, haben glücklicherweise die unangenehmen Erinnerungen des Erblassers nicht mitgeerbt, und wenn sie jetzt „exotische Papiere zeichnen", so tun sie es aus Unverstand oder aus Spekulationslust genau so wie ihre Vorfahren. Für die aber, welche nicht gestorben sind, gibt es in Zeiten großer Ersparnisse, Ersatzleute genug, welche bereit sind, ihr Kapital zu wagen. Kurz, in der Hauptsache sind es nicht die Geschädigten mit schlechtem Gedächtnis, welche die neue Anleihe übernehmen, sondern ganz andere Personen, denen die individuelle Erfahrung abgeht. „Die Dummen werden nicht alle“, pflegen geschäftskundige Börsenleute mit Recht zu sagen, welche zugleich den borgenden Staaten einen guten Rat geben, nur nicht zu oft und nicht zu bald mit ihren Papieren wiederzukommen.

Was folgt nun aus alledem? Es ist bewiesen, daß die Kapitalanlage in ausländischen zweifelhaften Finanzen — und welche sind über jeden Zweifel erhaben? — nicht dem individuellen Gutbefinden überlassen werden darf, wenn volkswirtschaftliche Schäden vermieden werden sollen. Die Presse als die Publizität nationaler Erfahrungen reicht nicht aus. Vielmehr sollte die Klasse der Gläubiger eine solche Organisation besitzen, dergemäß diejenigen, welche von der Sache etwas ordentliches verstehen, gehört werden und entscheidend sind. Zwar wird es in der Praxis zugleich darauf ankommen müssen, daß niemand gegen seinen Willen bevormundet wird. Daher keine Zwangsorganisation. Denn das Kapital, dem die Bewegungsfreiheit genommen ist, ist nicht lebensfähig. Aber ebenso sicher ist, daß kein Kapitalist für einen guten, begründeten Rat unempfänglich sein wird. Ehe indessen diese Organisation in ihren Grundzügen zu entwerfen ist, wollen wir fragen, was die Gläubiger von dem Staat, dem sie angehören, beanspruchen können.

Daß der Staat sich um diese ausländische Kapitalanlage seiner Bürger nicht zu kümmern habe, kann prinzipiell nicht behauptet werden, und die Praxis widerspricht dem. Bisher wurde er jedoch meist nur dann angerufen, wenn der Schuldner seinen Verpflichtungen nicht nachkam, nicht zahlen wollte oder nicht konnte.

In England hat man im Anschluß an die manchesterliche Nichtinterventionslehre den Satz verteidigt, der Staat habe in diesem Falle nicht einzugreifen, da ja jeder wisse, der Papiere fremder Staaten kaufe, daß mit diesem Besitz ein Risiko ververbunden sei, für dessen Übernahme er entsprechend hohe Zinsen beziehe. Ein von vornherein in Aussicht gestellter Staatsschutz bedeute eine Prämie auf leichtsinniges Kapital-Anlegen. Indessen hat sich die englische Regierung, als sie in Verbindung mit andern Mächten Ägyptens und Griechenlands Einnahmen zum Zweck der Zinszahlung unter ihre Kontrolle brachte, diese Theorie nicht zu eigen gemacht, und englische Kriegsschiffe sind nach Venezuela und andern kontraktbrüchigen Ländern gedampft, um das Kapital der Obhut der Kanonen anzuvertrauen. Die Lehre ist auch nur schlecht begründet. Denn, daß der Staat mit seinem eventuellen Schutz eine Garantie zu Gunsten leichtsinniger Spekulanten übernehme, wird man niemanden ernstlich glauben machen können. Das Risiko ist damit keineswegs beseitigt, da die Verwirklichung des Schutzes weit entfernt von der prinzipiellen Anerkennung desselben ist. Wer kann im voraus sagen, daß die politische Konstellation dereinst ein Eingreifen zu Gunsten der Gläubiger wird gestatten können? Die Uneinigkeit der europäischen Großmächte hat Türken, Serben, Portugiesen und Griechen ein schönes Stück Geld bei ihren Bankerotten eingebracht. Und weiter: Zur Zeit der Schuldaufnahme können die Finanzen und die Verwaltung des borgenden Landes aufs beste geordnet sein, so daß die zeichnenden Kapitalisten gewiß nicht Spielern zu vergleichen sind, also ihr Staat auch nichts zu garantieren hat. Nun kommen Kriege, Mißernten, Revolutionen im Schuldnerstaate. durch welche die auswärtigen Forderungen gefährdet werden. Soll jetzt der Gläubigerstaat sich der Seinigen nicht annehmen, wenn die fremde Regierung vertragsbrüchig wird und vielleicht in frivoler Weise die Zinsen kürzt? Soll er das ethische Prinzip, welches er im Innern seinem Recht zu Grunde legt, daß Verträge gehalten werden müssen, im auswärtigen Verkehre für nichts achten und sich mit seinen eigenen Grundanschauungen in Widerspruch setzen?

Geschäfte in Ländern mit niederer staatlicher Kultur sind in der Regel für Ausländer riskant, da nicht mit voller Sicherheit auf dortige zuverlässige Verwaltungsbehörden und Gerichte gerechnet werden kann. Europäische Kaufleute, Bauunternehmer und Industrielle wissen aus dem Orient oder aus Südamerika manches davon zu erzählen. Die geschäftlichen Gefahren werden noch erhöht durch die laxe Moral der Eingeborenen in Geldsachen, den Fremdenhaß, den Eintritt schädigender Naturereignisse, gegen welche keine Versicherung möglich ist. Konsulate werden in unserer Zeit immer von neuem geschaffen, um die ökonomischen Interessen der Landesangehörigen in der Fremde zu wahren, und die Diplomaten haben in manchen Staaten mit Handel und Industrie mehr zu tun als mit auswärtiger Politik. Wie kann die Theorie unter diesen Verhältnissen eine Ausnahme für Kapitalgläubiger machen und sie dem staatlichen Schutz entziehen? Die Kapitalhingabe ist eine der wichtigsten Funktionen des modernen weltwirtschaftlichen Getriebes und mit dem Warenexport, dem Auswanderungswesen, der Handels- und Zahlungsbilanz aufs engste verbunden. Liegen diese Dinge einem Staate am Herzen und unterwirft er sie seiner auswärtigen Wirtschaftspolitik, so ist es ganz unkonsequent, wenn er vor der Sicherung der Kapitalverleiher zurückschrecken wollte. Oder soll er sich nur an den privaten ausländischen Schuldner halten und den staatlichen ignorieren? Soll er mit allen Mitteln gegen private Bahngesellschaften des Auslandes vorgehen, damit sie ihre Obligationen verzinsen, und einer fremden Staatsschuld gegenüber, die zum Bau eines Kanals aufgenommen worden ist, gleichgültig bleiben? Nein, die Weltwirtschaftspolitik, soll sie dauernd erfolgreich sein, kann allein als ein einheitliches Ganzes gedeihen. Kapital- und Warenabsatz, Gründung von Banken, Industrien und Verkehrseinrichtungen, Beschäftigung von Wanderarbeitern und Technikern, alles dies kann nur zu einem großen Erfolg im Auslande verbunden werden, wenn der Satz anerkannt wird, daß privatrechtliche Verpflichtungen nur dann etwas wert sind, wenn die Willkür des Schuldners bei der Erfüllung ausgeschlossen wird.

Das staatliche Eingreifen zu Gunsten der Gläubigerschaft kann sich auf verschiedenen Gebieten bewegen:

1. Der Staat kann sich die Beseitigung der Rechtsverletzung, welche seinen Angehörigen von dem fremden Staat zugefügt worden ist, angelegen sein lassen.

2. Der Staat übt eine prophylaktische Tätigkeit aus. Er sorgt sowohl dafür, daß die Geber über die Zustände des Schuldnerlandes unterrichtet werden, als auch enthält er ihnen seinen Rat über Beteiligung oder Nichtbeteiligung nicht vor, eventuell duldet er die Auflegung der Anleihe in seinem Gebiete nicht.

3. Der Staat tritt dafür ein, daß die Kapitalien in einer Weise ausgeliehen werden, welche seiner Macht- und Wirtschaftspolitik entspricht.

Es ist vorauszuschicken, daß die Maßregeln, welche der Staat auf diesen drei Gebieten ergreifen kann, nicht immer dieselben sein können. Die internationale Politik legt ihm oft genug Reserven auf, so daß er sich in Schweigen hüllt oder so tut, als ob er von dem ganzen Vorgang nichts merke. Vom Staate daher alles Heil zu erwarten, geht schon deshalb nicht an. Seine Unterstützung kann unter Umständen viel wert sein, aber es ist nicht immer mit voller Sicherheit auf ihn zu rechnen.

Zunächst die Staatshilfe im Falle der Rechtsverletzung. Bisher hat bei einem fremden Staatsbankerott der Gläubigerstaat zu Gunsten seiner Angehörigen selten etwas erreicht, oft genug nichts versucht. Doch gibt es einige Ausnahmen, an deren Erfolg die Zukunft hofft anknüpfen zu können.

Manche der Repressivmaßregeln, die einem Staate geraten worden sind, seiner Angehörigen Recht zu wahren, müssen als gänzlich unbrauchbar abgelehnt werden. Dahin gehört zunächst das Abbrechen des Handels durch Aufhebung der Handelsverträge und sonstiger staatlicher Abmachungen, welches einem vertragsbrüchigen Staate gegenüber zulässig sei. Als 1893 Griechenland seine Zahlungen einstellte, hieß es, man würde die Hellenen schon zum Zahlen zwingen, wenn man von ihnen nichts mehr kaufen und ihnen nichts mehr verkaufen würde. Abgesehen davon, daß solche Handelseingriffe sehr zweischneidiger Natur sind, daß man also den eigenen Handel und die eigene Industrie auch dafür büßen ließe, weil das fremde Land seine Verpflichtungen nicht erfüllt hat, würden sie nur wirksam werden, wenn sie zu einem allgemeinen Boykott würden. Ein einzelner Staat kann gar nichts machen, da, wie bei einem Zollkrieg, der Konkurrent, als tertius gaudens, sofort auf dem Platze erscheint, um die Handelsbeziehungen an sich zu reißen, die sich der Boykottierer durch mühsame Pflege langer Jahre erworben hat. Daß alle Staaten, mit denen der Bankrotteur im Geschäftsverkehr steht, gemeinsam handelspolitisch vorgehen, ist niemals zu erwarten, erstens, weil sie aller Wahrscheinlichkeit nach nicht durchweg Gläubiger zu vertreten haben, wie z. B. Rußland und Italien 1893 nicht Griechenland gegenüber, ferner weil die Handelsbeziehungen zu dem Schuldner nicht gleichartig sind, die einen etwa überwiegend importieren, die andern exportieren, und endlich weil die auswärtige Politik des gemeinsamen Verhaltens nur unter bestimmten günstigen Umständen, wie etwa bei einem Friedensschluß, keine Schwierigkeit bereitet.

Ebensowenig wert ist der Vorschlag, im Gläubigerlande Eigentum Angehöriger des schuldenden Staates mit Beschlag zu belegen und sich eventuell daraus bezahlt zu machen. Das widerspricht den Grundsätzen des Rechts und der Billigkeit[1]) und würde nur zu gleichartigen Repressalien führen, bei denen die borgenden Länder, deren Bürger oft genug Unternehmungen im Schuldnerlande besitzen, — man denke an die Engländer in Argentinien, die Deutschen in Serbien, Rumänien, der Türkei, die Franzosen in Ägypten — weit schlechter wegkommen würden als die schuldenden.

Rein politische Machtmittel anzuwenden, Flottendemonstration, Blockade der Häfen des vertragsbrüchigen Landes, Okkupation eines Landstriches oder von Kolonien kann zweifellos zu einem günstigen Resultat führen, wenn die Übermacht des fordernden Staates unbestritten ist, und wenn dritte Staaten sich nicht einmischen. Aber gerade dies bleibt fast nie aus. Mit den kleineren süd- und mittelamerikanischen und den Balkan-Staaten würde jede europäische Großmacht leicht fertig werden können, wenn nicht dort die Vereinigten Staaten mit ihrer Monroedoktrin, hier Rußland mit seiner Protektion slavischer Völker dazwischen träten. Man erinnere sich an die Vorgänge in Venezuela um 1900 und in Griechenland 1893. Als Portugal in demselben Jahre deutsche und englische Gläubiger um etwa $^2/_3$ ihres Kapitals brachte, machte die deutsche Presse den Vorschlag, daß England portugiesische Kolonien in Afrika als Pfand nehmen und verwalten möge. Damit wären die Briten wohl einverstanden gewesen, aber

---

[1]) Die juristische Seite der Repressalie gegen den Staatsbankerott wird untersucht bei Fr. Meili, Der Staatsbankerott und die moderne Rechtswissenschaft, Berlin 1895 S. 32 ff.; ferner bei Karl Pflug, Staatsbankerott und internationales Recht, München 1898 S. 52 ff.

Deutschland konnte es nicht zugeben, da es wußte, daß diese niemals das Objekt wieder herausgeben würden.[1])

In der neueren Zeit bestehen drei Beispiele, daß Staaten erfolgreich die Gläubigerinteressen ihrer Untertanen wahrgenommen haben: gegenüber der Türkei, Ägypten und Griechenland. Das Mittel ist die internationale Finanzkontrolle gewesen. Sie hat zwei Voraussetzungen gehabt: Erstens eine solche Einigkeit[2]) mehrerer Staaten, welche politische Sonderbestrebungen ausschloß, und zweitens eine solche Schwäche und Nachgiebigkeit des Schuldnerstaates, daß er in die internationale Überwachung seiner Finanzen einwilligte.

Der Türkei legten die am Berliner Vertrage von 1878 beteiligten Mächte die Verpflichtung auf, in Konstantinopel eine fachmännische Finanzkommission einzusetzen, welche die Forderungen der auswärtigen Gläubiger prüfen und geeignete Mittel zu ihrer Befriedigung vereinbaren sollte. Der aus türkischen Beamten und Vertretern der Gläubiger bestehende „europäische Verwaltungsrat" der türkischen Obligationenbesitzer, welcher 1881 nach Beratungen jener Kommission geschaffen wurde, verfügte über bestimmte Einnahmen (Tabakzehnt, Tabakregie), so daß die Gläubiger, die alles verloren glaubten, wenigstens 10 Proz. ihrer Forderungen sicher gestellt erhielten.[3]) Diese finanzielle Über-

[1]) Gegenwart 1895, Nr. 42, P. Dehn, Moderne Staatsbankerotte. — Ein Vorschlag, daß Deutschland und Frankreich zusammen oder Frankreich allein die portugiesischen Kolonien mit Beschlag belegen solle: im Économiste français 1894, Nr. 8, S. 229.

[2]) Ohne Rücksicht auf andere Staaten können allein die Vereinigten Staaten auf dem westlichen Kontinent vorgehen. Keine europäische Regierung wagt den Mund gegen sie aufzutun. Im Januar 1905 trat die Union ohne weiteres die Vormundschaft über die schwache Republik San Domingo auf Haiti an, als diese ihren Verpflichtungen gegen das Ausland nicht mehr nachkommen wollte. Die Nordamerikaner erschienen sofort als Polizei des westlichen Kontinents, ohne den Europäern Zeit zu lassen, ihre Interessen selbst zu wahren. Sie prüften die Forderungen der Gläubiger, nahmen die Zölle in ihre Verwaltung und den ganzen Dienst der inneren und äußeren Schuld unter ihre Kontrolle. Das schneidige Vorgehen des Präsidenten Roosevelt wurde jedoch später durch Senatsbeschluß in einigen Beziehungen eingeschränkt.

[3]) Gegenwart 1894, Nr. 1, Justus, Zum griechischen Staatsbankerott. ferner P. Dehn, Weltwirtschaftliche Neubildungen, Berlin 1904 S. 78 ff.

wachung der Türkei ist zwar nur privater Natur, und es kann fraglich sein, ob sie die Gläubigerinteressen gleichmäßig unter voller Billigkeit wahrnimmt, so daß 1896 von Rußland ein international-staatlicher Ausschuß zum Ersatz empfohlen wurde, ist aber immerhin unter politischem Druck zustande gekommen, und hinter ihr stehen tatsächlich die Großmächte, wenn sie auch keine rechtlichen Garantien übernommen haben.[1])

Anders und für die Gläubiger vorteilhafter ist die Ordnung der ägyptischen Staatsschuld eingerichtet worden.[2])

Ägypten, noch 1862 ohne Staatschulden, wurde im folgenden Jahrzehnt durch die unsinnigen Ausgaben des Khediven Ismael Pascha und die aufgedrängte Kapitalienzufuhr englischer und französischer Geldmänner mit etwa 90 Millionen Pfund Sterling derart überschuldet, daß es 1876 seine Coupons nicht mehr einlösen konnte. Eine auf Vorschlag der europäischen Großmächte eingesetzte Kommission versuchte eine Regelung herzustellen, blieb aber erfolglos, da der Khedive zuerst zwar zustimmte, dann aber sich ihren Anordnungen widersetzte. Infolgedessen erwirkten die Mächte bei der Türkei die Absetzung dieses Vizekönigs, und 1880 wurde das Liquidationsgesetz erlassen, durch welches so ziemlich die ganze Finanzverwaltung des Staates einem internationalen Ausschuß unterworfen wurde, an dem England, Frankreich, Deutschland, Österreich-Ungarn und Italien teilnahmen, d. h. jene Staaten, deren Angehörige die Forderungen hatten, resp. in Ägypten geschäftlich interessiert waren.

Den Gläubigern sind wichtige Einnahmen verpfändet, die der Staatsbahnen und Telegraphen, des Hafens von Alexandrien, und bestimmter Provinzen, der Zölle und der Tabaksteuer. Alle

---

[1]) Ziffernmäßige Details lassen sich aus den Rechenschaftsberichten ersehen, welche der Verwaltungsrat der Dette publique ottomane jährlich veröffentlicht. Vergl. Berliner Börsenzeitung vom 6. Juli 1904. Weitere Aufschlüsse im Internationalen Volkswirt 1905 vom 29. Oktober und 26. November.

[2]) Das Hauptwerk darüber: Wilhelm Kaufmann, Das internationale Recht der ägyptischen Staatsschuld, Berlin 1891. — Ferner zu vergleichen: Theodor Neumann, Das moderne Ägypten, Leipzig 1893, S. 163 ff.; P. Dehn a. a. O. S. 73 ff: Pflug a. a. O. S. 70 ff; Meili a. a. O. S. 53 ff.

diese Beträge, für deren sicheren Eingang gesorgt ist, und aus denen die Zinsen und Amortisationen entrichtet werden, fließen in eine Kasse, von deren Verwaltung die ägyptische Regierung ausgeschlossen ist. Die Kasse ist zur Verfügung des Liquidationsausschusses, der einem Konkursverwalter zu vergleichen ist, und bis zur vollen Tilgung der Schuld fortzubestehen hat. Er ist eine unabhängige, internationale Behörde, nicht bloß dem Schuldner, sondern auch den Gläubigern gegenüber und hat nach Recht und Billigkeit beiden Parteien gegenüber zu verfahren. Um seinen Befugnissen nachkommen zu können, hat er zugleich das Recht die gesamte Finanzverwaltung Ägyptens zu überwachen.

Ägypten wird heute bezeichnet „als türkischer Vasallenstaat unter britischem Einflusse.“ Dieser Einfluß ist mit Machtmitteln derart ausgestaltet, daß der Liquidationsausschuß seinen Obligenheiten stets hat nachkommen können. Die ganze Einrichtung hat sich infolgedessen für die Gläubiger, nachdem sie einige Opfer haben bringen müssen, ökonomisch vorteilhaft erwiesen, aber auch für das Schuldnerland, welches eine so zuverlässige Finanzverwaltung erhalten hat, daß sein Kredit rasch wuchs, und Konversionen mit Zinsreduktion möglich wurden, deren Ersparnisse ihm zu Gute gekommen sind.[1])

Als Griechenland im Jahre 1893 seinen Staatsbankerott erklärte, den man mit Recht einen betrügerischen genannt hat, da die Sicherstellungen der Monopolanleihen angetastet worden waren, organisierten sich in Berlin, London und Paris „Bondsholder-Comités,“ welche ihre Regierungen zu bestimmen versuchten, zu ihren Gunsten mit Zwangsmitteln zu intervenieren. Allein zunächst vergebens. Die Uneinigkeit der europäischen Mächte kam den Griechen zu statten, daß einer ihrer Minister stolz erklären konnte, das griechische Nationalgefühl sei unfähig die geforderte internationale Finanzkontrolle zu ertragen.[2]) Alles Protestieren

---

[1]) Der Bericht der ägyptischen Staatsschuldenverwaltung für das Jahr 1905 ist mitgeteilt im Internationalen Volkswirt vom 29. April 1906. Die finanziellen Ergebnisse sind wiederum sehr günstig ausgefallen.

[2]) Karl Pflug a. a. O., Anhang, Die Organisation der internationalen Kontrolle der griechischen Staatsfinanzen. Justus, zum griechischen Staatsbankerott Gegenwart 1894 Nr. 1. Die Zukunft, 1897. II S. 381.

der verletzten Interessenten war vergebens, denen schließlich resigniert geraten wurde, ihre Revanche bis zu dem Moment aufzusparen, in dem Griechenland wieder vom Ausland Geld brauche. Allein es kam ganz anders, als die Griechen es erwartet hatten.

Die Niederlage, welche sie 1897 im Kriege mit der Türkei erlitten, mußte ihnen eine Intervention der europäischen Großmächte sehr annehmbar erscheinen lassen, die nun ihrerseits unter dem Wunsche den Krieg beendigt zu sehen, anläßlich der Feststellung und Ordnung einer an die Türkei zu zahlenden Kriegsentschädigung, gemeinsam vorgingen und die Einrichtung einer internationalen Finanzkontrolle in den Friedensvertrag einsetzten, an welchen sich das die Einzelheiten regelnde griechische Gesetz von 1898 anschloß. Wie in Ägypten vertritt die von den Mächten ernannte, mit bestimmten Befugnissen ausgestattete Kommission die Gesamtansprüche der Gläubiger, verwaltet die öffentliche Schuld und beaufsichtigt Staatseinnahmen. Ein Unterschied besteht jedoch darin, daß in Griechenland erstens die Aufsicht sich nicht auf die gesamten Einkünfte erstreckt, sondern nur auf bestimmte, die zur Sicherheit verpfändet sind, wie die Monopole auf Salz, Petroleum, Zündhölzer, Spielkarten etc., die Stempelsteuer und bestimmte Zölle, und zweitens, daß die überwiesenen Steuern nicht durch Angestellte der Kommission, sondern für deren Rechnung durch eine Regiegesellschaft einkassiert werden. Aber sachlich kommt es auf das Gleiche heraus. Ein Gläubigerschutz ist in ausreichender Weise gewährleistet worden.

Dieser Erfolg mit der internationalen Kontrolle hat den Gedanken nahe gelegt, aus ihr einen integrierenden Bestandteil der Bedingungen auswärtiger Anleihen zu machen. Es wäre demnach in den Anleihevertrag die Klausel aufzunehmen[1]) erstens, daß sich der schuldende Staat bei allen Rechtsstreitigkeiten, welche sich zwischen ihm und den Gläubigern ergeben sollten, einem unabhängigen, dann zu bildenden Schiedsgericht oder einem internationalen Gerichtshofe, wenn ein solcher bestehen sollte, unterwirft; zweitens daß er auf Beschluß jenes Gerichts den Gläubigern

Allgem. Zeitung, Handelsbeilage 1893 9. Juli. 1894 15. Juli und 30. Dezember.

[1]) Meili a. a. O., S. 74.

einen Einfluß auf seine Finanzverwaltung in einer näher zu bestimmenden Weise gewährt.

Die schwierige Lage auswärtiger Gläubiger, welche darin besteht, den vertragverletzenden Staaten bei seinen eigenen Gerichten zu verklagen, würde somit ausgeschlossen sein, und die Rechtsfrage nicht zu einer nackten Machtfrage umgewandelt werden. Sie würde der nationalen Laune entrückt sein. Ausländische Gläubiger zu schädigen oder zu betrügen wird gern durch Motive des gemeinen Wohls beschönigt, und diese Rechtfertigung glückt leicht, wenn die vollendete Tatsache vorliegt:

„Entworfen blos ist's ein gemeiner Frevel,
Vollführt ist's ein unsterblich Unternehmen."

Einem Schiedsgericht oder Gerichtshof sollte die Befugnis beigelegt sein unter Umständen eine Stundung, vielleicht sogar einen Nachlaß zu gewähren.[1]) Denn jeder Staat kann bei der redlichsten Absicht seinen Obligenheiten nachkommen zu wollen, durch unerwartete Ereignisse, wie Kriege, Epidemien, Mißernten[2]) in die Lage gebracht werden, zur Zeit nicht zahlen zu können. Die Vertragsklausel sollte daher regelmäßig betonen, daß das Gericht nach Recht und Billigkeit die Entscheidung zu treffen habe.

Die Abmachung Kontrollmaßregeln zu Gunsten der Gläubiger zu schaffen besteht, wenn auch in ungenügender Weise, bei den 5proz. serbischen Rententiteln von 1887 und den 5proz. Goldpfandbriefen der Königl. serbischen Bodenkreditanstalt. In beiden Fällen ist für die verpfändeten Einnahmen eine Spezialkasse geschaffen worden, die sich unter Verschluß und Verwaltung serbischer Beamter ebenso wie der Obligationeninhaber befindet.[3]) Diese Bestimmung war nicht ausreichend, wie die Folgezeit ergeben hat, als Serbien einseitig die 5proz. Rente in eine 4proz. „konvertierte," obgleich im Vertrage ansdrücklich festgesetzt worden war, „daß die Anleihe von allen Abgaben, Steuern und Abzügen in Serbien jetzt und in Zukunft befreit sein sollte."

---

[1]) Meili a. a. O., S. 81, Pflug a. a. O., S. 79.

[2]) Reine Agrarstaaten besitzen in der Getreideernte bisweilen das alleinige Objekt ihre Schuldzinsen im Auslande bezahlen zu können, z. B. Rumänien.

[3]) Wortlaut bei Meili a. a. O., S. 76.

Notwendig wäre zur Sicherung der Gläubiger die Verpflichtung der serbischen Regierung sich einem Schiedsspruch zu unterstellen gewesen, ferner hätte an Stelle der privaten Kassenaufsicht eine solche fremder Staaten gesetzt werden, wenigstens das Recht dazu subsidiär bestehen müssen, falls erstere nicht genügen sollte.

Wenn man nun auch das Prinzip die Anleiheverträge mit den genannten Klauseln zu versehen für ein durchaus richtiges halten wird, so wird man doch nicht soweit gehen dürfen zu glauben, daß damit das letzte Wort in der Fürsorge für das inländische dem fremden Staat hingegebene Kapital gesprochen worden ist.

Ein naheliegendes Bedenken gipfelt in der Frage, ob denn auch die Gewähr bestehe, daß der internationale Schiedsspruch immer durchgeführt werden werde.

Darauf antwortet Meili in dem Buche „Der Staatsbankerott und die moderne Rechtswissenschaft“:[1]) „Allen Zweifelsgründen gegenüber, ob wirklich internationale Urteile auch exequiert würden, möchte ich eine gewichtige Tatsache entgegenhalten: es gibt kein einziges Beispiel, wonach Urteile vereinbarter internationaler Gerichte ignoriert[2]) oder bestritten worden wären. Und doch sind schon außerordentlich viele Entscheide dieser Art gefällt worden. Dieses hervorragende Faktum liefert den casuistischen Beweis dafür, daß die Völker ein volles Verständnis für die Bedeutung internationaler Urteile haben. Es ist eben nicht zu vergessen, daß der öffentlichen Meinung auch im Völkerrechte eine hohe Bedeutung zukommt, weil sie Ehre oder Schande gibt, welche selbst dem Mächtigsten nicht gleichgültig sind. Zumal kreditbedürftige Staaten müssen mit diesem Faktor der öffentlichen Meinung rechnen.“

Wenn wir hiernach die Exekution nur als einen Ausnahmefall zu denken haben, so ist doch auch für diesen Fürsorge zu tragen, schon deshalb, damit er ein solcher bleibt. Die Anwendung von Gewaltmaßregeln von einem oder von einer Vereinigung

---

[1]) a. a. O., S. 80.

[2]) Eine Ausnahme scheint der Präsident Castro von Venezuela zu machen.

mehrerer Staaten, wenn sie auf Grund eines gerichtlichen Verfahrens, d. h. mit Ausschluß jeder Willkür ausgesprochen ist, ist unerläßlich und einwandfrei, eben weil sie Rechtens ist. Hat dieser Satz im Bewußtsein aller Völker eine Anerkennung gefunden, so folgt daraus nicht, daß der mit der Exekution beauftragte Staat auf Antrag der erwartungsvollen Gläubiger diese sofort durchzuführen habe. „Unter allen Verhältnissen bleibt es unbedingt dem Ermessen und der Politik der berechtigten Staaten überlassen, ob und in welcher Weise sie von der Berechtigung der Exekution Gebrauch machen wollen.“ [1]) Denn bei aller Betonung des Völkerrechts kann einem Staate niemals zugemutet werden, die Pflicht der Selbsterhaltung zu vernachlässigen. Es können von ihm Angelegenheiten vertreten werden müssen, die ihm wichtiger erscheinen als Geldforderungen, deren Exekution er auf einen geeigneteren Zeitpunkt verschieben wird. Sicherlich wird aber die Tatsache, daß ein Urteil nicht bloß vorliegt, sondern auch jeder Zeit vollstreckbar erklärt ist, und daß der modus des Vorgehens geregelt ist, für den Schuldnerstaat ein solches Gefühl politischer Schwäche und internationaler Abhängigkeit hervorbringen können, daß er alles daran setzen wird, mit den schuldigen Zahlungen zu beginnen.

Freilich, wenn der schuldende Staat eine Großmacht ist, dann können die Dinge wesentlich anders liegen. Denn darüber darf man sich die Augen nicht verschließen, daß das, was bisher von den Vertragsklauseln, von Kontrollkommissionen, von Exekution gesagt worden ist, stets nur im Hinblick auf kleine und mittlere Staaten gedacht werden kann. Diese Vorschläge sind indessen schon der großen Zahl dieser Staaten wegen keineswegs überflüssig. Aber auf die Großmächte sind sie in praxi schwerlich anwendbar.

Dazu kommt, daß große Staaten, die auf den Kredit des Auslandes angewiesen sind, solche Summen borgen können, welche diejenigen der kleinen Staaten ganz in den Schatten stellen.

Das bekannte Beispiel der Gegenwart ist Rußland, dessen Schuldenlast im Jahre 1906 auf nahezu 9 Milliarden Rubel oder 20 Milliarden Mark angewachsen ist. Sie ist überwiegend eine

---

[1]) Pflug, a. a. O., S. 81.

auswärtige. Man nimmt an, daß sich 9 bis 10 Milliarden Mark in Frankreich 2 bis 3 in Deutschland befinden, geringere Beträge besitzen England, Holland, Österreich-Ungarn.

Wir haben hier nicht zu untersuchen, ob Rußlands staatliche und wirtschaftliche Kraft in der Lage sein wird den eingegangenen Verpflichtungen dauernd zu entsprechen. Darüber kann aber kein Zweifel sein, daß, wenn der russische Staat seine Zahlungen einstellen sollte, von einer Finanzkontrolle etwa nach griechischem Muster niemals die Rede sein kann, sowohl aus steuertechnischen als auch aus politischen Gründen. Es wird auch fraglich erscheinen, ob es selbst unter dem äußersten Zwang finanzieller Not sich bereit finden würde, in einem neuen Anleihevertrag die Bedingung aufzunehmen etwaige Streitigkeiten einem unabhängigen Schiedsgericht, z. B. dem Haager zu unterstellen. Aber geben wir es auch einmal zu, so würde doch in diesem Falle auf eine wirksame Exekution niemals gerechnet werden können, schon deshalb nicht, weil eine Einigung der Hauptgläubigerstaaten zu diesem Zwecke ganz ausgeschlossen ist. Selbst ein Fanatiker des Völkerrechts wird heute nicht an gemeinsame militärische Maßregeln von Deutschland und Frankreich gegen Rußland den Glauben haben. Die russische Finanzgefahr besteht für das ganze westliche Europa, da eine Bankrotterklärung des Zarenreichs nicht bloß den Verlust der oben genannten Milliarden, sondern auch eine krisenhafte Erschütterung der Effektenbörsen bedeutet, durch welche das gesamte Wirtschaftsleben auf's heftigste wird getroffen werden.

Gegen diese Gefahr dürften wirklich wirksame Schutzmittel schwer zu finden sein. Man kann zwar den europäischen Staaten raten, untereinander Frieden zu halten, da ein Krieg die finanzielle Katastrophe im Osten beschleunigen müßte, allein der Finanzkrach kann auch aus den inneren Verhältnissen herausgeboren werden, auf welche der Westen nicht einwirken kann.

Andere meinen, daß einem Staate gegenüber wie Rußland nur das eine wirksame Pressionsmittel anwendbar ist, ihm nicht weiter zu borgen, ehe nicht die alten Verpflichtungen erfüllt sind. Gegen böswilliges Nichtzahlenwollen mag in diesem Vorschlag ein diskutables Mittel enthalten sein. aber es kann auch die Situation eintreten, von der man zu sagen pflegt, wo nichts ist, da hat der Kaiser sein Recht verloren.

Die Drohung, kein Geld hergeben zu wollen, würde nur als eine ernstliche gelten können, wenn die Darlehensgeber sie einmütig vertreten würden. Allein die vermittelnden Banken der verschiedenen Staaten und selbst innerhalb derselben machen sich eine eifrige Konkurrenz, wenn es an auswärtigen Anleihen etwas ordentliches zu verdienen gibt, das eigentliche Gläubigerpublikum ist ohne Organisation und daher der Stimmung, welche von den Banken gemacht wird, zugänglich. So kann z. B. die Meinung zur herrschenden gemacht werden, daß es besser sei dem Schuldner weiter zu borgen, als mit ihm zu brechen, damit ihm die Gelegenheit bleibe, seine Finanzen in Ordnung zu bringen. Das klingt nicht so übel, wenn nur nicht die Praxis daraus erwachsen könnte, schuldige Zinsen und Amortisationen mit neuen Anleihen zu decken, wie es Portugal durch Jahrzehnte hindurch fertig gebracht hat. Das heißt freilich den Teufel durch Beelzebub austreiben.

Es ergibt sich aus dem Gesagten, daß die Gläubigerschaft eines Landes wohl unter günstiger politischer Lage auf staatlichen Schutz rechnen kann, wenn ihr Recht verletzt wird, daß ihr aber eine ausreichende Sicherung damit nicht gewährleistet ist.

Eine wertvolle Unterstützung ist ihr in England, Frankreich, Belgien, Deutschland dadurch erwachsen, daß sie sich zu einer gemeinsamen Interessenvertretung associert hat. Wenn einzelne geschädigte Gläubiger ihre Ansprüche bei einem fremden Staate erheben, so macht das so gut wie gar keinen Eindruck. Eine geschlossene Gesamtheit oder auch nur die Majorität wird den Zahlungssäumigen aber wenigstens zu ernstlichen Verhandlungen geneigt machen. Eine solche Organisation schafft sich eine sachverständige und geschäftskundige Leitung und setzt sich durch ihre Geldmittel in die Lage Informationen einzuziehen, Agenten zu besolden und Prozesse zu führen.

Die einfachste Form solcher Schutzvereinigungen besteht darin, daß sich anläßlich der Kouponkürzung oder sonstigen Rechtsbruches die Gläubiger für diesen Fall verbinden und den Verband auflösen, wenn der Zweck erreicht worden ist. Solche ad hoc gegründete Vereine haben aber mit manchen Schwierigkeiten zu kämpfen. Es macht ihnen Mühe die Gläubiger vollständig heranzuziehen, und den gewählten Vorständen kann die Erfahrung fehlen. Es hat sich daher bewährt, daß vermögensrechtliche Gesellschaften, besonders Aktiengesellschaften — Rechtsanwälte auf Aktien — geschaffen worden sind, welche die Angelegenheiten in die Hand nehmen und einem bewährten Verwaltungsapparat unterstellen.

Die erste Einrichtung dieser Art ist die seit 1873 in London wirkende Corporation of foreign bondholders, lange Zeit hindurch eine Aktiengesellschaft, jetzt eine als juristische Person anerkannte Vermögensverwaltung mit eigenem Besitz und eigenen Einnahmen. Sie verfährt regelmäßig in der Weise, daß sie für den Spezialfall ein Komitee einsetzt, dem sie ihr Bureau, ihre Routine, ihre Geldmittel zur Verfügung stellt. In einzelnen Fällen übernimmt sie selbst direkt die Vertretung.[1]) Im Herbst 1905 waren 21 Komitees mit 125 Mitgliedern in voller Tätigkeit, die laufenden Jahreskosten betrugen 8—9000 £. Das Ganze mit einem Vermögen von 120000 £ untersteht einer Zentralleitung von 21 Mitgliedern, von denen 8 von der Londoner Handelskammer, 8 von dem Zentralverein Londoner Bankiers gewählt werden, 5 aus der alten Aktiengesellschaft, ihrem Vorgänger, übergetreten sind. Jährlich wird ein Bericht veröffentlicht. Aus dem letzten ergibt sich u. a., daß die Korporation seit ihrem Bestehen Vereinbarungen und Regelungen über ein Vermögen getroffen hat, das etwa 20 Milliarden Mark repräsentiert.

Diese Entwickelung in England ist deshalb besonders beachtenswert, weil aus einem geschäftlichen Unternehmen eine soziale Einrichtung geworden ist. Die vereinigte Gläubigerschaft ist im Begriff zu einer öffentlich rechtlichen Organisation zu werden und gelangt damit zu einer allgemeinen Anerkennung und zu einer wirkungsvollen Unabhängigkeit.

In Frankreich besteht eine analoge Gesellschaft, die Association nationale des porteurs français de valeurs étrangères, in Belgien die Association pour la défense des détenteurs de fonds publics.

---

[1]) Vergl. Internationaler Volkswirt 1905, Nr. 7 u. f. Das neueste Krankenjournal des englischen Schutzvereins.

Im Deutschen Reiche haben die Schutzaufgabe die Treuhandgesellschaften übernommen, gegenwärtig 5, von denen vier Aktiengesellschaften sind, eine eine Gesellschaft mit beschränkter Haftung ist.[1]) Ihr Geschäftskreis ist ein mannigfaltiger, der vor allem die heimische Volkswirtschaft umfaßt. Zu den statutenmäßigen Zwecken gehört jedoch auch „die Vertretung der Besitzer in- und ausländischer Wertpapiere, die Errichtung von Schutzvereinigungen, die Beteiligung an solchen und die Übernahme von deren Sekretariatsgeschäften."

Die „Deutsche Treuhandgesellschaft", gegründet 1892, bildet Schutzvereinigungen nicht bloß, wenn es sich um die Vertretung der Inhaber notleidender Papiere, sondern auch schon, wenn es sich nur um die Gefährdung von Wertpapieren handelt. In diesem Sinne hat sie Aktien und Debentures von Goldminen und spanischen Staatsschuldverschreibungen ihrer Beaufsichtigung unterstellt.[2])

Es ist anerkannt, daß die genannten Gesellschaften und die von ihnen errichteten Schutzverbände den Effektenbesitzern manchen Dienst geleistet haben, und daher ist die Weiterentwickelung dieser Institution ein berechtigter Wunsch.

Ehe wir jedoch diese Möglichkeit erwägen, wollen wir resümierend feststellen, daß auf dem Wege der repressiven Maßregeln seitens des Staates und der organisierten Gläubigerschaft wohl dem heimischen Kapital ein gelegentlicher Schutz gewährt worden ist, daß aber dieser weit davon entfernt ist, angesichts der verlorenen Milliarden allgemein befriedigendes geleistet zu haben.

Da auch in Zukunft dem Gläubigerschutz gegen Großmächte die Resignation am Platze sein dürfte, so ist die Frage aufzuwerfen, ob sich nicht ausreichende präventive Maßregeln finden lassen, mit denen Staat und Gesellschaft dafür sorgen, daß die

[1]) Eine eingehende Darstellung gibt Richard Rosendorff: „Treuhandgesellschaften und deren Funktionen" in den Jahrb. für Nat. u. Stat., Mai 1906, S. 604 ff.

[2]) Näheres bei R. Rosendorff a. a. O. S. 608 ff. Geschichtlicher Abriß der deutschen Treuhandgesellschaft.

Gefahren, welche den Kapitalgebern im Auslande drohen, herabgemindert werden.

Zu dem Zweck ist kurz vorauszuschicken, wie unter dem Prinzip der freien Konkurrenz die auswärtige Anleihe zustande gebracht wird.[1])

Es ist erstaunlich, wie wenig Aufmerksamkeit man bisher dem Mißbrauch der ökonomischen Freiheit auf diesem Gebiete geschenkt hat, vermutlich in der Meinung, daß das öffentliche Recht sich um das Wohl dessen, der Geld zum Verleihen übrig hat, nicht zu kümmern brauche. Das Verständnis für die Verkehrswirtschaft als ein Ganzes ist der Theorie des wirtschaftlichen Individualismus immer fremd geblieben, als ob die einzelwirtschaftliche Differenzierung zwischen Gläubiger und Schuldner die Gesamtproduktion und Konsumtion nichts anginge.

Bei einer auswärtigen Anleihe im eigentlichen Sinne, d. h. der im Auslande emittierten — den Fall, daß eine Anleihe im Inlande aufgenommen wird und im Wege des Börsenhandels in andere Länder geht, schließen wir hier aus — bedarf der Schuldnerstaat stets der Hilfe ausländischer Banken, entweder einzelner oder eines Konsortiums eines Landes oder auch verschiedener Länder. Die Banken, resp. Bankiers nehmen dem Schuldner die Obligationen zu einem vereinbarten Kurse ab und verkaufen sie zu einem höheren an das Publikum direkt oder nach und nach unter Vermittelung der Börse.[2]) Es treten bei einem solchen Geschäft folgende Personen mit ihren besonderen Interessen auf:

1. Der Schuldnerstaat, dem es darauf ankommt, seine Anleihe bei den Banken möglichst hoch anzubringen. Je nach seiner politischen, volks- und finanzwirtschaftlichen Lage wird er den Unternehmer suchen müssen oder wird von ihm aufgesucht werden, und demgemäß werden die Bedingungen vereinbart. Mit dem Gläubigerpublikum hat er unmittelbar nichts zu tun, wenn

---

[1]) Eine genaue Schilderung bei W. Lotz: Die Technik des deutschen Emissionsgeschäftes, Anleihen, Konversionen, Gründungen, 1890.

[2]) Die kommissionsweise Übernahme einer Anleihe durch eine Bank kommt ausnahmsweise vor, wenn der Schuldner warten kann, bis der Betrag vom Publikum abgenommen worden ist.

ihm auch daran liegen wird, es zufrieden zu wissen. Die Interessen sind insofern gegensätzlich, als der Schuldner möglichst wenig Zinsen geben und freie Hand bei Rückzahlungen und Konversionen behalten will, während die Gläubiger lange im Besitze einer hohen Rente bleiben möchten, oder auch die Möglichkeit eines Kursgewinnes erwägen.

2. Für die Bank oder die Bankgruppe ist die Höhe der Provision der Faden, an dem alles hängt. Vom Staat billig die Schuldverschreibungen beziehen, an die Käufer sie hoch absetzen, das ist es, worauf es ankommt. Wenn man auch diesen Gewinn, falls er sich in normalen Grenzen bewegt, als eine Vergütung für den übernommenen Vermittlerdienst und das übernommene Risiko des Geschäftes ansehen darf, so ist doch nicht zu übersehen, daß ein starker Interessengegensatz durch ihn heraufbeschworen werden kann, einmal gegenüber dem schuldenden Staat, den die Geldmänner gelegentlich so zu fassen vermocht haben, daß er genötigt war, recht bald wieder zu kommen,[1]) dann gegenüber dem Gläubigerpublikum, das in Geldsachen unerfahren und zugleich profitlüstern ein Opfer einer geschickten Reklame werden kann.

Es steht fest, daß das Geschäft der Banken oft nach beiden Seiten hin ein durchaus reelles ist, aber es ist in den möglichen Fällen der Mißbrauch mit eingeschlossen, und gerade darum, selbst wenn die Fälle Ausnahmen bilden sollten, haben die Nationalökonomen nicht zu schweigen. Noch rechtzeitig vor dem türkischen Staatsbankerott von 1875 waren z. B. die Papiere zu hohen Kursen an den Mann gebracht worden.[2]) Nun kam

---

[1]) So schreibt P. Dehn, Weltwirtschaftliche Neubildungen 1904, S. 78, über die Türkei: „In der ersten Zeit der Regierung des leichtsinnigen Sultans Abdul Aziz hatten die Londoner und Pariser Geldmänner der türkischen Regierung die Millionen förmlich aufgedrängt und bei den späteren Anleihen, als sich die türkischen Finanzverhältnisse bedenklicher gestalteten, wucherische Bedingungen gestellt ...... Bei den Anleihen waren die Geldmänner darauf bedacht, der türkischen Regierung einen möglichst geringen Betrag in Barem zahlen zu müssen." Im Jahre 1865 wurde ihr eine Anleihe von 740 Millionen Mark bewilligt, von der sie schließlich nur 20 Millionen Mark bar in die Hand erhielt.

[2]) P. Dehn a. a. O. S. 79.

der Rückschlag und die Emittenten kauften auf den Börsen zu Spottpreisen zurück, organisierten sich als „eine Vertretung der geschädigten türkischen Staatsgläubiger", hoben den Kurs und beglückten Anleger mit derselben Ware zum zweiten Male.

In den Jahren 1886—1891 sind nominell 1293 Millionen Mark ausländischer Staatspapiere an deutschen Börsen übernommen und zum größten Teil in Deutschland untergebracht worden. Davon entfielen 612 auf Portugal, 380 auf Griechenland, 301 auf Argentinien.[1]) Nach wenigen Jahren waren die Papiere um 50 bis 70 Proz. gefallen, und die dann getroffenen „Arrangements" sanktionierten den Verlust auf etwa $^2/_3$ des Kapitals und der Zinsen. Sollen sich diese Dinge wiederholen, sollen diese dunkelsten Schattenseiten des internationalen Kapitalismus einfach ignoriert werden, weil gerade die Sonne scheint, und die Schuldner zur Zeit überall zahlen?

3. Die Gläubigerschaft hat zunächst ganz allgemein den Wunsch ihr Kapital unter zuverlässiger Verwaltung zu wissen, eventuell die Effekten nicht zu teuer zu beziehen, sondern zu einem Preise, welcher dem tatsächlichen Risiko des Geschäftes entspricht, ferner von Kündigungen und Konversionen möglichst frei zu bleiben, ohne daß damit die schließliche Rückzahlung beseitigt wird. Neben ihr stehen als Zeichner Personen, welche die Papiere zu Spekulationszwecken erwerben. Die Interessen beider Gläubigergruppen sind nicht die gleichen, die ersteren sind froh von Kursschwankungen verschont zu bleiben, die zweiten sehen in denselben das für sie Wesentliche. Die Grenze zwischen beiden ist keine ganz feste, jene fangen bei stärkeren Kursbewegungen an zu verkaufen oder nachzukaufen, diese können genötigt sein ihren Besitz längere Zeit zu behalten. Über das Größenverhältnis beider zueinander läßt sich nichts bestimmtes angeben. Im allgemeinen wird diejenige der festen Anleger stark überwiegen. Jedenfalls ist der Emissionsbank daran gelegen, daß berufsmäßige Börsenspieler nicht zu viel von der Anleihe in die Hände bekommen, da deren Manöver oder die über sie hereinbrechenden Zwangs-

---

[1]) W. Christians, Die deutschen Emissionshäuser und ihre Emissionen von 1886—1891, Berlin 1893.

verkäufe geeignet sind, die festen Anleger zu beunruhigen, welche dann — hier unberechtigterweise — den Emittenten mit Vorwürfen überschütten, wenn die Kurstendenz nach unten geht.[1])

Die Aufgabe nationaler Wirtschaftspolitik — wir denken hier an erster Stelle an Deutschland — gliedert sich somit in Bezug auf Anleihen fremder Staaten in verschiedene Forderungen. Hier von Wirtschaftspolitik zu sprechen wird vielleicht manchem Theoretiker und Praktiker zunächst etwas wunderbar vorkommen, weil bisher davon nicht viel die Rede gewesen ist. Allein die Volkswirtschaften werden mehr und mehr von der Weltwirtschaft umschlungen, so daß sie genötigt werden die fremden Länder nach dem Prinzip „do ut des“ genau zu differenzieren.

Es ist vorauszuschicken, daß dem Staat weder eine Bürgschaft bei der Emission riskanter Wertpapiere zugemutet werden kann, noch auch eine Entscheidung darüber, ob die Anlage als eine sichere zu bezeichnen ist.[2]) Zu der letzteren fehlt ihm jede Möglichkeit, das erstere geht über die Ziele hinaus, welche sich eine Gemeinschaft mit privatwirtschaftlicher Grundlage des Verkehrs stecken kann.[3])

---

[1]) Bei der 4½ proz. russischen, überwiegend in Deutschland untergebrachten Staatsanleihe von 1905 wurden demgemäß nach Bericht der Köln. Ztg. in erster Reihe diejenigen Zeichnungen berücksichtigt, die gesperrt, d. h. zur dauernden Anlage bestimmt waren; spekulative Zeichner erhielten im allgemeinen nur ganz kleine Zuteilungen bis zu einen halben Prozent herab.

[2]) G. Cohn, Nationalökonomie des Handels und Verkehrswesens 1898 S. 345, Meili a. a. O. S. 43. Der erstere schreibt: „Die grundsätzliche Einsicht, daß es sich regelmäßig bei den Emissionen um riskante Wertpapiere handelt, die sich als solche nur für sachkundige und kapitalkräftige Persönlichkeiten eignen, schließt es aus, daß man irgendwelche Bürgschaften für das Gegenteil von der Gesetzgebung verlangt. Es wird ihm (d. h. dem Emissionsrecht) vollends nicht zugemutet, eine Grenzziehung der Sicherheit durch öffentliche Behörden vorzunehmen.“ Der zweite: „Bei allen zu disputierenden Mitteln juristischer Therapie wird man doch eines nie vergessen können, daß die Gesetzgebung nicht imstande ist, gefährliche Kapitalanlagen zu verhüten. Es ist ein durchaus berechtigter Zug der Menschen etwas zu riskieren und durch dieses Risiko sich die Möglichkeit eines Gewinnes zu verschaffen, auch wenn man dabei an einen Verlust nur ungerne denkt oder zu denken vermeidet.“

[3]) Vgl. Referat zur Revision des Börsengesetzes von Direktor Dr. Endemann Hannover. Verhandlungen des ersten allgemeinen Deutschen Bankier-

Indessen folgt daraus nicht zum mindesten, daß die staatlichen Behörden die Augen nicht offen haben sollen und ihre warnende Stimme nicht hören lassen, wenn ihnen die Anleihen bedenklich erscheinen, worüber sie vielleicht am besten durch ihre Konsuln und diplomatischen Vertreter unterrichtet sind. Ferner kann der Staat über ein solches von Fall zu Fall zu entscheidendes Verhalten mit seiner Gesetzgebung hinausgehen, wenn er verlangt, daß erstens die Emissionshäuser angehalten werden, möglichst vollständiges Material zur Beurteilung der Anleihe zu veröffentlichen, und daß sie zweitens für falsche Angaben oder Verschweigungen zur Verantwortung gezogen werden, welche ihrer betrügerischen Absicht oder groben Fahrlässigkeit entsprungen sind.

Es ist bekannt, daß das deutsche Börsengesetz von 1896 zugunsten der Kapitalisten durch die Einrichtung einer Zulassungsstelle, durch den Prospektzwang und durch Bestimmungen über Mitteilungen durch die Presse entschieden eingegriffen hat, und auch andere Länder kennen ähnliche, wenn auch weniger strenge gesetzliche Maßregeln.[1]) Bezüglich der ausländischen Staatspapiere gelten bei uns im Einzelnen folgende Grundsätze:

Wenn eine Bank oder ein Konsortium von Banken eine ausländische Staats- oder Gemeindeanleihe an eine deutsche Börse bringen will, müssen sie, wie dies bei Emissionen allgemein gefordert wird, von einer Kommission der Zulassungsstelle die Genehmigung erhalten.

Die Pflicht der Zulassungsstelle besteht darin: „die Vorlegung der Urkunden, welche die Grundlage für die zuzulassenden Wertpapiere bilden, zu verlangen und diese Urkunden zu prüfen; dafür zu sorgen, daß das Publikum über alle zur Beurteilung des Wertpapieres notwendigen tatsächlichen und rechtlichen Verhältnisse

tages zu Frankfurt a. M. 1902. „Unter dem Eindruck der Verluste, welche das deutsche Publikum an gewissen exotischen Effekten erlitten hatte, tauchte im Reichstag der Plan einer „Reichsemissionsbehörde für ausländische Wertpapiere“ auf, und es bedurfte ernsthafter Anstrengungen der Reichsregierung wie der Kaufmannschaft, um diese aus den verschiedensten Gründen höchst bedenkliche Idee aus dem Wege zu räumen.“

[1]) Vgl. über das Börsengesetz und anderstaatliche Gesetzgebung, R. v. d. Borght, Handel und Handelspolitik, Leipzig 1900, S. 250—257.

soweit als möglich informiert wird und bei Unvollständigkeit der Angaben die Emission nicht zuzulassen; Emissionen nicht zuzulassen, durch welche erhebliche allgemeine Interessen geschädigt werden, oder welche offenbar zu einer Übervorteilung des Publikums führen."

Außerdem haben die Emittenten einen Prospekt zu erlassen, um den Zeichnern eine ausreichende Grundlage zur Beurteilung der Anleihe in die Hand zu geben.

Insbesondere hat,[1]) neben den allgemeinen Anforderungen jeder Emission, der Prospekt „bei Anleihen eines auswärtigen Staates, einer ausländischen kommunalen Körperschaft oder kommunalen Kreditanstalt" zu enthalten:

„1. Eine Übersicht über den letzten ordentlichen und außerordentlichen Haushaltsetat des Gemeinwesens oder die Angabe, daß das Gemeinwesens einen Haushaltsetat nicht veröffentlicht.

2. Eine Übersicht über die wesentlichen Ergebnisse der drei letzten Jahreshaushaltsabschlüsse des Gemeinwesens.

3. Eine Übersicht über den Schuldenbestand des Gemeinwesens.

4. Sofern die Verbindlichkeiten, welche das Gemeinwesen innerhalb der letzten zehn Jahre aus Anleihen nach Maßgabe der öffentlichen Anleihebedingungen durch Zins- oder Kapitalzahlung zu erfüllen hatte, bisher unerledigt geblieben sind, die Mitteilung der darauf bezüglichen Umstände."

Zudem muß der Nachweis erbracht werden, daß die vorgenannten Übersichten auf amtlicher Feststellung beruhen.

Von diesen Erfordernissen kann ausnahmsweise bei Anleihen solcher Staaten abgesehen werden, deren Finanzverhältnisse so klar liegen und so allgemein bekannt sind, daß es einer näheren Information des Publikums im Sinne des Börsengesetzes nicht bedarf. Eine derartige Ausnahme ist jedoch unzulässig, wenn der Staat innerhalb der letzten zehn Jahre seinen Gläubigern gegenüber irgendwelche Bedingungen nicht eingehalten hat.

Für den Inhalt des Prospektes haften diejenigen, von denen der Prospekt erlassen ist, und zwar für Unrichtigkeit wesentlicher

---

[1]) Bundesrats-Verordnung vom 11. Dezember 1896 § 6, 8, 9.

Angaben, wenn sie dieselbe gekannt haben oder bei sorgfältiger Prüfung hätten kennen müssen, und zwar auch dann, wenn der Prospekt die Angaben als von einem Dritten herrührend bezeichnet. Sie haften ferner, wenn wesentliche Tatsachen im Prospekte fehlen, sei es daß sie böslich verschwiegen sind, sei es daß eine ausreichende Prüfung der Vollständigkeit des Prospektes böslich unterlassen worden ist.[1])

Für Obligationen, deren Zulassung zum Börsenhandel verweigert oder nicht nachgesucht ist, darf eine amtliche Feststellung des Preises nicht erfolgen. Geschäfte in solchen Wertpapieren sind von der Benutzung der Börseneinrichtungen ausgeschlossen und dürfen von den Kursmaklern nicht vermittelt werden.[2])

Die deutsche Börsengesetzgebung besteht nunmehr seit zehn Jahren, und während dem hat das deutsche Publikum keine schlechten Erfahrungen mit bei uns emittierten ausländischen Anleihen erlebt. Indessen ist es nicht zulässig diese Schonzeit als alleinige Wirkung der Gesetzgebung zu bezeichnen. Die schlimmen Erfahrungen in der ersten Hälfte der neunziger Jahre waren noch hinreichend bekannt, als daß Griechen, Portugiesen, Serben, Argentinier es hätten wagen können, auf dem deutschen Geldmarkt mit neuen Forderungen hervorzutreten. Im allgemeinen wird man jedoch sagen dürfen, daß von den deutschen Börsen Zulassungsstelle und Prospektzwang als durchaus billige und nützliche[3]) Einrichtungen anerkannt worden sind, wenn sie auch für die Emittenten, wie so manches andere der Gesetzgebung von 1896, als lästige Fessel des Verkehrs empfunden worden sind, und wenn auch von sachverständiger Seite die Behauptung aufgestellt worden ist, daß das

[1]) Die Einzelheiten über Haftung, Umfang, Ausnahmen, Verjährung sind enthalten in § § 44 bis 47 des Gesetzes.

[2]) Privatabschlüsse in solchen Effekten werden freilich damit nicht verhindert werden können (vgl. v. d. Borght a. a. O. S. 255), doch bleibt naturgemäß ein solches Geschäft geringfügig.

[3]) Die Verhandlungen der Zulassungsstelle werden der Öffentlichkeit nicht bekannt gegeben. Nur hier und da erfährt man, daß einzelne Angaben der Prospekte beanstandet sind, und daß dann auch wohl Aufklärungen, resp. Sicherheiten gewährt worden sind. Ein Beispiel ist mitgeteilt in der Allg. Zeitung vom 25. Mai 1905 „Hinter den Kulissen der Zulassungsstelle.“ Hier handelt es sich um eine in Deutschland aufgelegte türkische Anleihe.

Publikum sich der gebotenen Informationsmittel in einer kaum ausreichenden Weise bediene.[1])

Wenn hier und da Emissionen ausländischer Staatsobligationen durch den bestehenden Prospektzwang von dem deutschen Markt fern gehalten sind, so kann dies nur als erfreulich bezeichnet werden, weil den Darlehengebern nichts angeboten werden soll, was auf ungenügender Erforschung beruht. Die Nachlässigkeit bei der Prüfuug seitens der Zeichner ist gewiß bedauerlich und in manchen Fällen zuzugeben, allein es gibt auch Personen unter ihnen, für die ein solcher Tadel nicht zutrifft und welche mit ihrer Kritik die Interessen anderer zugleich wahrnehmen. Jedenfalls ist der Zwang zum ausführlichen Prospekt nebst der dazu gehörigen Haftung ein sehr wirksames Pressionsmittel für die Emittenten sorgsam und unter Verantwortung zu arbeiten. Von den Zeichnern, — das kommt hinzu — verlassen sich nicht

[1]) Verhandlungen des ersten Allgemeinen Deutschen Bankiertages zu Frankfurt a. M. 1902 und Verhandlungen des zweiten Allgemeinen Bankiertages zu Berlin 1904 aus dem Referat des Direktors Dr. Endemann-Hannover auf dem ersten Tage: „Über den obligatorischen Inhalt des Prospektes geben Gesetz und Bundesratsverordnung eine Menge von Vorschriften, auf die im einzelnen hier nicht eingegangen werden kann. Das eine erscheint mir zweifellos: daß nämlich die Prospekte mit einer Fülle von formalen Details belastet worden sind, die dem Publikum ganz gleichgiltig sind und ihm daher das wirkliche Durchlesen und Studieren solch langer Prospekte vollends verleiden. In dieser Hinsicht wäre eine Vereinfachung sehr erwünscht, sowohl im Interesse des Publikums wie der Erleichterung des jetzt häufig sehr zeitraubenden und umständlichen Geschäftsganges bei den Zulassungsstellen selbst." — Auf dem zweiten Bankiertage bemerkte der Referent Schinkel-Hamburg: „Die neuen Vorschriften über die Ausgestaltung der Prospekte erfordern einen solchen Aufwand von Zeit und Arbeit, daß manche Emission die sonst im Verein mit auswärtigen Stellen gemacht worden wäre, für den einheimischen Markt verloren geht; aber die Zulassungsstellen arbeiten mit einer Gründlichkeit und einer Pflichttreue, daß man fast sagen könnte, sie seien royalistischer als der König: und diese Arbeit ist um deswillen den Schweiß der Edelsten nicht wert, weil die Prospekte soviel nebensächlichen Stoff enthalten, daß wohl niemand sie mehr durchliest und die Käufer sich an der Hand kurzer Auszüge, die neben der Pflichtveröffentlichung erscheinen, nach wie vor auf die Emissionshäuser verlassen und nur nach dem Kurse sehen. Den Vorteil davon haben nur die Zeitungen durch die größeren Insertionskosten."

wenige auf das Urteil ihres Bankiers, welcher den Prospekt liest, ihn beurteilen kann und auch ein Interesse daran hat, seinen Kunden einen guten Rat zu geben.

Für eine Abänderung der betreffenden Paragraphen des Börsengesetzes von 1896 und der dazu gehörigen Bundesratsverordnung dürfte daher kein Grund vorhanden sein.

Ob diese Vorschriften ein ausreichender Schutz für die Gläubigerschaft sind, ist nun aber eine andere Frage.

Man kann sagen, bei der Emission ist alles getan, was zum Schutze der Gläubiger nur möglich ist, und mehr zu fordern ist unbillig. Allein das Emissionshaus ist, wenn seine Angaben später nicht als falsch nachgewiesen werden, von weiteren Rücksichten, nachdem die Papiere veräußert worden sind, gegen die Besitzer frei geworden, obgleich es nicht ausgeschlossen ist, daß es des eigenen Prestiges wegen gelegentlich für sie bei dem Schuldner eintritt, wenn dieser irgendwie säumig sein sollte. Aber gerade das ist, was die Inhaber der Schuldverschreibungen gebrauchen können, daß eine Stelle vorhanden ist, von der aus fortgesetzt beobachtet wird und etwaige Gefahren signalisiert werden. Jhre Schutzvereinigungen, von denen oben gesprochen worden ist, werden um so wirksamer vorgehen, je früher es ihnen möglich ist und werden besser vorbereitet dastehen, wenn sie frühzeitig von der veränderten Sachlage benachrichtigt worden sind.

Um ein solches Avis zu geben ist die Emissionsbank, als der eigentlich Sachverständige über die von ihr ausgegebenen Anleihen an erster Stelle zu berufen. Einer Bank durch die Gesetzgebung eine solche Vertretung direkt aufzulegen, dürfte zu praktischen Ergebnissen kaum führen. Empfehlenswerter wird es sein die Emittenten dauernd an der Anleihe dadurch zu interessieren, daß sie von den Obligationen eine, wenn auch geringe, Quote dauernd selbst zu übernehmen verpflichtet würden. Man weiß, daß es öfters vorgekommen ist, daß Banken und Konsortien die übernommenen Werte nicht vollständig ausverkaufen konnten, und daß sie wegen dieses Restbesitzes die entschiedensten Vertreter der Gläubigerinteressen geworden sind. Es könnte nun gesetzlich bestimmt werden, daß sie nach einer abgestuften Skala, z. B. $^1/_2$ bis 2 Proz. der übernommenen ausländischen Staats- und Kommunalanleihen und der durch fremde

Staaten garantierten Obligationen zu behalten und etwa wie die nordamerikanischen Nationalbanken die Bundesschuldverschreibungen bei dem Staat zu hinterlegen hätten. Da im allgemeinen aus der Zinshöhe das Risiko der Anleihe zu ersehen ist, könnten $3^1/_2$ und 4 prozentige (d. h. effectiv nach dem Emissionskurs und Anleihebedingungen so viel bringende) Anleihen ausgenommen werden, während z. B. von 4 bis $4^1/_2$ Proz. $^1/_2$ Proz., von $4^1/_2$ bis 5 Proz. 1 Proz. und darüber 2 Proz. einzubehalten wären.[1]) Man könnte einwenden, daß eine solche geringe Beteiligung den Banken kein genügendes Interesse einflößen würde, allein dieser Einwand widerlegt sich sofort, wenn man an die großen Summen denkt, welche geborgt werden. Von der russischen Januaranleihe von 1905 sind schätzungsweise 400 Millionen Mark auf Deutschland entfallen, von denen das emittierende Konsortium 8 Millionen also für eigene Rechnung zu behalten genötigt gewesen wäre.

Diese Einrichtung scheint deshalb einer eingehenden Erwägung wert zu sein, weil sie das Verantwortlichkeitsgefühl der Banken stärkt, so daß sie die Kreditwürdigkeit des Schuldners mit größter Rigorosität prüfen werden, zugleich die Entschließung der Zeichner in gleicher Freiheit wie jetzt läßt, und weil sie eine Begünstigung der besseren und eine Fernhaltung der bedenklichen Anlagen bedeutet. Als Folge würde sich voraussichtlich ergeben, daß alle großen auswärtigen Anleihen nicht von den Großbanken monopolisiert, sondern daß Konsortien, resp. Unterbeteiligungen mit vielen Mitgliedern gesucht würden, um die einzubehaltende Quote möglichst zu dezentralisieren. Indem so auch kleinere Unternehmungen an dem Emissionsgewinn teilnähmen, würde die Association im Bankwesen belebt und der aufsaugenden Zentralisation der Großen entgegengetreten werden. Für die Organisation des Warenexportes, welche schon in einem früheren Kapitel in Verbindung mit der Kapitalausfuhr zur Sprache gekommen ist, und welche uns weiter unten noch zu beschäftigen haben wird, würde eine solche durchgebildete Verteilung zudem gerade das Rechte sein.

---

[1]) Unterscheidungen nach der Differenz der nationalen Nettozinssätze zu machen, würde in der Praxis sich schwer durchführen lassen.

Nun sollen die Bedenken auch keineswegs verkannt werden, welche in dem sorgenvollen Gesicht des Bankiers, der die vorstehenden Zeilen mit Kopfschütteln begleitet hat, bereits aufgestiegen sind.

Wir werden zunächst hören, der deutschen Unternehmung werde wiederum ein lukratives Geschäft entzogen und dem Auslande zugeführt.

Dieser Einwand stützt sich darauf, daß die Banken genötigt seien, höhere Provisionen von dem Schuldner zu fordern, um wenigstens einen Teil der ihnen staatlich auferlegten Verpflichtung auf ihn überzuwälzen. Daß eine solche Nötigung vorliegt, wollen wir zunächst einmal zugeben. Es ist dann möglich, daß die um die Anleihen konkurrierenden Banken sonstiger Gläubigerstaaten eine bessere Chance sie zu bekommen erhalten. Allein diese Länder sind nur imstande, bestimmte Mengen Kapital zu geben, und nach deren Ausschöpfung werden die Schuldner doch zu uns kommen. Beispiel: die russischen Kriegsanleihen von 1904/05. England gab bis dahin aus politischen Gründen nichts, Frankreich hatte genug gegeben, so daß auf Deutschland zurückgegriffen werden mußte, welches als späterer Gläubiger unter relativ günstigeren Bedingungen als sein Vorgänger auslieh. Hier galt der Satz, wer zuletzt kam, hatte es am besten. Nun sind freilich nicht alle Anleihen solche Serien zu Kriegszwecken, sondern manche kommen vereinzelt vor und dienen auch wohl produktiven Anlagen. Allein nach unserer Voraussetzung sollen ja die Banken um so weniger von ihrer Emission einzubehalten haben, je sicherer die Anleihe ist, so daß die besten Werte nach wie vor eingehen würden. Denkbar ist es auch, daß das deutsche Kapital sich an der Emission im Auslande beteiligt und damit den dortigen Emittenten ein Geschäft zuführt. Diese Eventualität ist in engen Grenzen nicht abzuleugnen, obgleich hauptsächlich solche Kapitalisten hier in Frage kommen, welche des Kursgewinnes wegen zeichnen. Diejenigen, welche zur festen Anlage Kapital hergeben, legen Gewicht darauf, daß die Coupons in Landeswährung und von Kassen des Inlandes ausgezahlt werden, und daß die Papiere an inländischen Börsen eingeführt worden sind.

Halten wir an der Voraussetzung fest, die Banken erlitten durch die gesetzliche Auflage eine Gewinnkürzung, so könnten sie, um das Auslandsgeschäft durch höhere Provisionsansprüche nicht zu verlieren, den erwarteten Schaden den Zeichnern zuschieben. Wenn dann diese infolgedessen ein halb oder ein viertel Prozent mehr zu geben hätten, so würde das nicht als unbillig bezeichnet werden können, da ja die ganze Einrichtung zu ihren Gunsten geschaffen worden ist.

Einen weiteren Einwand gegen die vorgeschlagene Maßregel würden die Banken erheben, daß sie gezwungen würden, durch die vorgeschriebenen Depots einen Teil ihres Kapitals festzulegen, daß also dem Wesen des Effektenbankgeschäftes, welches auf der Mobilisierung des Kapitals beruhe, direkt entgegengetreten würde. Man brauche sich nur vorzustellen, wohin das Gesetz eigentlich führe: von Jahr zu Jahr werde der Bank produktives Kapital entzogen, und das könne schließlich so weit gehen, daß sie überhaupt über kein solches mehr verfüge. Diese Argumentation hat etwas Verblüffendes an sich und scheint den ganzen Vorschlag ad absurdum zu führen.

Um ein Mißverständnis zu vermeiden, sei betont, daß der Vorschlag sich nur auf staatliche und kommunale auswärtige Anleihen bezieht. Für inländische Emissionen ist er gar nicht gedacht. Zunächst ist zu beachten, daß das hinterlegte Kapital dauernd nutzbar gemacht ist, Einnahme bringt ebenso wie die mancherlei Effekten, welche wir regelmäßig in den Bilanzen der Banken als Aktivum eingesetzt finden.

Allein es ist übersehen, daß das Aktienkapital der Bank keine feste Größe darstellt, sondern nach Bedarf erhöht werden kann, so daß jede Beschränkung des Betriebes vermieden wird.

Heutzutage ist nichts einfacher für eine Bank, als ihr Stammkapital zu erhöhen, sobald sie nur einigermaßen über Reserven verfügt, Geschäfte macht und den Parikurs überschritten hat. Ein Blick auf den Berliner Kurszettel bestätigt, daß mit geringer Ausnahme alle deutschen Effektenbanken einen hohen Kurs haben, und von Zeiten der tiefen Depression abgesehen, effektiv etwa 5 Proz. Dividende bringen.

Die Kapitalerhöhung[1]) von 8 bekannten deutschen Banken z. B. war folgende:

Banken	Aktienkapital in Millionen Mark Im Gründungsjahre	Ende 1904
1. Bank für Handel und Industrie......	17,1	154
2. Berliner Handelsgesellschaft.........	16,8	100
3. Diskonto-Gesellschaft................	80	170
4. A. Schaafhausenscher Bankverein....	15,6	125
5. Deutsche Bank	15	180
6. Dresdner Bank	9,6	160
7. Kommerz- und Diskonto-Bank.......	15	85
8. Nationalbank für Deutschland	20	70
Summe	189,1	1034

Was bedeutet also im Hinblick auf die Möglichkeit der Kapitalerhöhung die zum Schutz der Inlandgläubiger in Vorschlag gebrachte Maßregel? Nichts anderes, als daß von den eine Anlage suchenden Kapitalisten ein größeres Quantum als bisher in Bankaktien angelegt wird, statt in ausländischen Anleihen. Das Kapital fließt jedoch indirekt den fremden Staaten ebenfalls zu. Nur das Rechtsverhältnis wird für einen Teil der Geber ein anderes, und zwischen Zinsen und Dividenden findet eine geringe Verschiebung statt.

Man hat selbstverständlich die Sache nicht etwa so zu denken, daß bei jeder fremden Anleihe die Banken mit einer Vergrößerung ihres Stammkapitals herauszukommen haben. Nehmen wir an, daß die acht genannten, welche jetzt über ein Grundkapital von 1034 Millionen (ohne Reserven) verfügen, binnen 10 Jahren ausländische Anleihen im Betrage von 3 Milliarden emittierten, und daß sie davon 2 Proz. zu deponieren hätten, so wären diese 60 Millionen nur ein Zusatz von 6 Proz., welche in die allgemeine Kapitalvermehrung unversehens mit unterschlüpfen würden.

Es mag sein, daß die Bankdividende der Zukunft geschmälert wird, doch kann es nur sehr wenig ausmachen, da die Anleihen

---

[1]) Vergl. Dr. Riesser, Zur Entwickelungsgeschichte der deutschen Großbanken mit besonderer Rücksicht auf die Konzentrationsbestrebungen 1905, S. 215 ff.

im Durchschnitt $4^1/_2$—5 Proz. geben werden, und doch immer nur ein bescheidener Teil des Bankkapitals so festgelegt wird.[1]) Im Hinblick darauf wird man sagen dürfen, daß für die Banken schwerlich eine Nötigung vorliegt, nach Einführung des vorgeschlagenen Gesetzes höhere durchschnittliche Vermittlungsprovision als gegenwärtig in Anspruch zu nehmen. Eine Begünstigung des Auslands liegt daher nicht vor.

Man wird vielleicht gegenwärtig in Deutschland wenig geneigt sein, den hier vertretenen Vorschlag eingehend zu prüfen, da das Publikum in den letzten Jahren von Staatsbankerotten verschont geblieben ist. Man soll aber mit Reformen dann nicht kommen, wenn es einem auf den Fingern brennt. Dann ist es zu spät, und Verluste sind unvermeidlich. Auch die deutsche Gesetzgebung von 1896 kam mit ihrem Prospektzwang und der Zulassungsstelle erst nach den Katastrophen, als bereits große Summen unwiderbringlich verloren waren.

Wir haben vorher die Schutzeinrichtungen kennen gelernt, welche von der organisierten Gläubigerschaft zur Verteidigung ihrer seitens des Schuldners gefährdeten Ansprüche geschaffen worden sind. Es läßt sich nun hier, wo wir uns mit präventiven Maßregeln befassen, fragen, ob nicht solche Vereinigungen ihre Aufgabe in der Weise erweitern können, daß auch sie bei der Übernahme der Emissionen ein Wort mitzusprechen haben.

Darüber kann kein Zweifel sein, daß die Gläubigerinteressen nur dann bei den Emissionen vollkommen wahrgenommen werden können, wenn sie durch eine soziale Macht, wie sie eine große Organisation bietet, vertreten werden. Ob sich dieser Verband an bestehende Einrichtungen anlehnt, oder ganz neu zu schaffen ist, ist eine Frage für sich; notwendig ist unter allen Umständen die Unabhängigkeit von den Banken. Seine Aufgabe würde zu-

[1]) Es sei auch noch darauf hingewiesen, daß die Betriebsmittel der Effektenbanken weit größer sind (Reservefonds, Depositen) als das Stammkapital, mithin eine teilweise Festlegung desselben dem ganzen Betriebe gegenüber noch weit weniger bedeutet. 10 Berliner Großbanken verfügten 1903 über ein Aktienkapital von 961 596 000 M., während die gesamten Betriebsmittel gleichzeitig 3 226 052 900 M. umfaßten. Dr. Riesser a. a. O. S. 277.

nächst sein, als beratende Anstalt zu fungieren, welche ihren Mitgliedern den Wert der einzelnen Emissionen auf Grund sorgfältiger Prüfung zum Bewußtsein zu bringen hätte.

Es käme vor allem darauf an, möglichst viele Kapitalisten, welche ausländische Schuldverschreibungen besitzen oder besitzen wollen, die Vorteile der Vereinigung klar zu legen. Der Verband hätte seinen Teilnehmern mittels Publikationen zuverlässige Auskunft über die ausländischen Effekten zu geben, Mitteilungen über Emissionen zu machen, die Prospekte zu prüfen und zu erläutern. Mit seinen Empfehlungen würde er naturgemäß sehr vorsichtig sein und das um so mehr, wenn er zugleich als Schutzverein bei verletzten Gläubigeransprüchen zu dienen hätte.

Es wäre dies ein Anfang, der wie aller Anfang schwer ist, wo es gilt, gegen Gleichgültigkeit und Mißtrauen anzukämpfen. Ist jedoch der Organisationsgedanke einmal lebensvoll von einer größeren Gruppe erfaßt worden, so wird die Praxis weitere Ziele aus sich hervorsprießen sehen. Gewiß wird es sich nicht darum handeln, den Effektenbanken Konkurrenz zu machen oder gar sie aus dem Verkehr zwischen Gläubiger und Schuldner auszuschalten. Denn es ist dem Wesen dieser Assoziation entgegen spekulative Geschäfte zu betreiben. Aber ein Wort bei den Emissionen mitzureden, dürfte ihr bald gelingen, und ihre Wünsche bezüglich des Preises der Obligationen, der Amortisation, der Menge der gesperrten Stücke, der Zahlungstermine und anderer Modalitäten der Anleihe würden nicht ungehört verhallen.

Den Effektenbanken würde ein solcher Entwickelungsgang anfangs nicht erwünscht sein. Statt auf eine vielköpfige, unerfahrene Menge, auf welche nur in Aussicht gestellte, leicht verständliche, naheliegende Gewinne einen stets sicheren Eindruck machen, mittels Zweigniederlassungen und Agenten zu wirken, haben sie mit gewiegten Geschäftsleuten, dem Vorstand der Gläubigermasse, zu verhandeln. Aber ist das nicht schließlich auch für die Banken das beste? Sie werden frei von Stimmungsumschlägen im Publikum, welche sich bei Emissionen ereignen können, Vorurteile lassen sich beseitigen, Aufklärungen, welche man nicht gern in die Öffentlichkeit gelangen läßt, können vertraulich gegeben werden.

Die Börsenspekulation mit starken Kursschwankungen in fremdstaatlichen Schuldverschreibungen ist weder den Emissionsbanken noch den festen Anlegern angenehm. Der Kredit eines Staates schwankt, wenn man längere Zeitperioden übersieht, und seine Obligationen können daher nicht immer im Auslande gleich hoch bewertet werden. Allein es ist doch ein Unterschied, ob nur solche Bewegungen bestehen, oder ob sie von berufsmäßigen Differenzmachern nach oben und nach unten aufgetrieben werden. Auch, wenn das eigentliche Geld anlegende Publikum gut organisiert sein sollte, werden Kurstreiber und Fixer in fremden Renten fortbestehen, aber es wird ihnen das Geschäft stark gelegt sein, wenn die große Gläubigermasse nicht leicht nervös wird. Sie rechnen immer darauf, daß die Außenstehenden mitmachen, da im Geschäft untereinander Gewinn und Verlust sich leicht gegenseitig aufzehren. Sind aber die nicht berufsmäßig die Börse benutzenden Menschen erst daran gewöhnt, den Tageskurszettel als etwas sie nicht viel angehendes zu betrachten und nur auf die Mitteilungen ihres eigenen Verbandes zu achten, so werden sie nicht mehr Neigung haben, hastige Kaufs- und Verkaufsaufträge nach plötzlichen Eindrücken zu erteilen.

Die beiden besprochenen Reformen: die Vorschrift für die Emittenten eine Quote der Schuldverschreibungen für eigene Rechnung einbehalten zu müssen und die Schaffung einer Gläubigerassoziation lassen sich trotz aller Unabhängigkeit der letzteren von den Banken, oder vielleicht gerade deshalb zusammenwirkend denken. Zunächst bei Neuemissionen und Konvertierungen, bei denen die Banken mit dem Verband in Verhandlungen und Beratungen einzutreten hätten, um die Zustimmung des privaten Kapitals zu erlangen. Ferner würde bei allen Gefährdungen der Schuld und Zinsen, welche den Emittenten am ehesten zum Verständnis zu gelangen pflegen, ein Zusammenhalten beider der fremden Staatsregierung gegenüber sehr zu empfehlen sein, da sie als gleichbeteiligte Interessenten eine starke einheitliche Macht zu bilden berufen sind.

Indessen wollen wir hier eine zweifellos mögliche Organisation der Zukunft im einzelnen nicht weiter auszumalen versuchen, da die fortschreitende, schier unabsehbare Sonderentwickelung wirtschaftlicher Einrichtungen dies verbietet, der Gedanke einer planvollen Vertretung der Gläubigerinteressen hat in seiner Allgemeinheit aber auch im Rahmen der Wirtschaftspolitik noch eine Bedeutung, welcher der Schluß dieses Kapitels gewidmet sein soll.

Es ist das Wesen einer großzügigen Politik, daß sie einheitlich das ganze Wirtschaftsleben umfaßt, indem sie Zielen des nationalen Gesamtwohles folgt. Demgemäß sollte die Kapitalanlage in fremdstaatlichen Finanzwirtschaften, eine so wichtige Angelegenheit des ausleihenden Landes, welche mit Warenhandel und Transport, mit Handels- und Verpflichtungsbilanz, mit Geldzirkulation und Einkommensbildung in so engem Zusammenhang steht, auch diesem Gedanken mit vollem Bewußtsein unterstellt werden. Wie die Dinge heute bei uns in Deutschland liegen, ist das Verständnis für eine solche Aufgabe bisher keineswegs Gemeingut der besitzenden Klassen geworden, und was in Harmonie mit der auswärtigen und der Handelspolitik hier und da erreicht worden ist, ist mehr den glücklichen Instinkten einzelner unternehmender Männer zu danken gewesen, welche das Geschäft in der Hand gehabt haben. Die fremden Anleihen kommen überwiegend auf den Markt lediglich gemäß der Bedürfnisse der borgenden, ausschließlich ihre eigenen Interessen verfolgenden Staaten, die möglicherweise den unseren, wenn auch zur Zeit verdeckt, feindlich entgegenstehen. Von den Gläubigern wird die Anleihe ganz individualistisch behandelt. Der einzelne Kapitalist fragt nach Zinshöhe, nach Währung und nach Amortisation. Die Emissionshäuser und die Presse äußern selten andere Gesichtspunkte. Ist eine solche Beschränkung, um nicht zu sagen Beschränktheit, logisch, oder nur irgendwie zu verteidigen in einer Zeit, in welcher der äußerste Scharfsinn auf den glücklichen Abschluß eines Handelsvertrages verwandt wird, und Spezialabmachungen über Bahnanschlüsse, über Arbeiterwanderung, Schiffahrtsabgaben, Seefischerei, geistiges Eigentum und manches andere uns fortgesetzt beschäftigen?

In England, wo das nationale Verständnis für wirtschaftliche Dinge viel tiefere Wurzeln als in Deutschland gefaßt hat, gibt es zwar auch exotische Anleihen genug, an denen die Besitzer wenig

Freude gehabt haben, aber im großen ganzen hat die politische Einsicht bei den Begebungen nicht gefehlt. Rußland, dem Feinde der englischen Wünsche in Asien, ist der Londoner Geldmarkt Jahrzehnte hindurch verschlossen gewesen. Erst im Frühjahr 1906, als Frankreich und England sich in ihrem Deutschenhaß zusammenfanden und gemeinsame auswärtige Politik auf gewissen Gebieten verabredeten, konnte Rußland seine Milliardenanleihe in beiden Ländern absetzen, wobei die englische Quote jedoch weit geringer als die französische ausgefallen ist.[1]) Was das englische Geld im russisch-japanischen Kriege bedeutet hat, ist noch in frischem Gedächtnisse, und was es in portugiesisch Ostafrika und in Argentinien erreicht hat, ist schon bei anderer Gelegenheit geschildert worden.

Die deutschen Geldgeber müssen erst noch nach englischem Muster erzogen werden, und da vorderhand bei uns auf sichern nationalen Takt nicht zu rechnen ist, so können wir des Führers nicht entbehren.

Man wird daher zunächst an die Regierung denken.

Nun ist es allerdings bekannt, daß die Emissionsbanken die bevorstehenden auswärtigen Anleihen ihr zu unterbreiten pflegen, und daß das Geschäft, wenn sie nein sagt, nicht zustande kommt. Dieses Nein wird sie aber nicht gern offiziell aussprechen, weil daraus leicht eine internationale Gereiztheit folgen kann, sie müßte denn auch von Seiten des Schuldners anerkannte wirtschaftliche Gründe geltend machen können.[2]) Nur unter bestimmten Ver-

---

[1]) Im Herbst 1906 soll von diesen im Kurs gesunkenen russischen Papieren bereits ein Teil von England auf den Kontinent abgewandert sein. In England ist man daran gewöhnt, die Politik sich etwas kosten zu lassen ohne zu murren.

[2]) Die Abweisung der russischen Anleihe vom deutschen Geldmarkt im Frühjahr 1906, erfolgte auf Grund von Gutachten, zu denen die Präsidenten der Reichsbank und der Seehandlung, das Reichsschatzamt und das preußische Finanzministerium vom Reichskanzler aufgefordert worden waren. An allen diesen Stellen war man sich darüber einig, daß die in dem hohen Reichsbankdiskont zum Ausdruck kommende Lage des deutschen Geldmarktes die Aufnahme fremder Anleihen nicht ratsam erscheinen ließ, ganz abgesehen von dem eigenen erheblichen Geldbedarf des Reiches und des preußischen Staates. Auch die Leiter großer Transportunternehmungen und der Großindustrie

hältnissen wird der Staat aus Gründen der auswärtigen Politik offen seine Zustimmung verweigern, etwa wenn eine internationale Spannung so wie so vorhanden ist, oder wenn Allianzen es direkt verbieten. Man nehme etwa an, daß während des russisch-japanischen Krieges die Japaner sich an den Pariser Geldmarkt gewendet hätten.

Ist es demnach der Regierung schon nicht leicht gemacht, ihr Veto gegen fremde Anleihen auszusprechen, so kann von ihr erst recht nicht gefordert werden, die positive Leitung der Kapitalien in die Hand zu nehmen. Offiziell kann sie sich nie mit ihr befassen, sondern muß sie den Banken überlassen, denen sie darum diskret ihren guten Rat nicht vorzuenthalten braucht.

Die Schwierigkeit der Situation liegt darin, daß die Banken, welche Erwerbsinstitute sind, der Pflicht nationaler Selbstverantwortlichkeit unterstellt werden. Daß eine solche Forderung nicht unmöglich ist, haben die großen deutschen Schiffahrtsgesellschaften, wie oben ausgeführt worden ist, gezeigt, deren Führer vom vaterländischen Geiste ebenso beseelt waren, wie sie die Interessen der Aktionäre nicht vernachlässigt haben. Möchten die Banken in dieser Initiative ein Vorbild finden.

Versuchen wir einige Richtungen einer solchen Politik anzudeuten. Eine Aufgabe direkt nationalökonomischer Art, welche sich mit dem Geschäftsinteresse sehr gut verbinden läßt, ist im zweiten Kapitel des zweiten Buches besprochen worden: Die Verbindung der Warenausfuhr mit dem Kapitalexport. Es käme hier darauf an, den borgenden Staat zu bestimmen, seinen Auslandsbedarf an Waren im Gläubigerland zu decken. So hat Japan 1904 der englischen und der amerikanischen Industrie bei mancherlei Bestellungen den Vorzug gegeben. Ob die Banken eine solche Klausel in den Anleihevertrag werden hineinbringen können, hängt von der jeweiligen ökonomischen und politischen Lage des Schuldners ab. Kleinere, schwache Staaten sind leichter dazu zu bestimmen als große, welche sich die Politik der freien Hand zu wahren verstehen. Die Türkei, Serbien, Rumänien, Bulgarien erachten

---

sprachen sich gegen die Gewährung der Anleihe aus, weil durch eine weitere Versteifung des Geldmarktes die produktiven Gewerbe schweren Schaden leiden müßten. (Tägliche Rundschau, April 1905.)

es für selbstverständlich, daß ihnen die Bedingung gestellt wird, während Rußland regelmäßig nur bescheidene Konzessionen zu machen pflegt.[1])

Die Waren, um die es sich bei solchen Anleihen an erster Stelle handelt, sind Kanonen, Gewehre und Kriegsschiffe.

Im Hinblick auf militärische oder Kriegsanleihen kann man die Frage aufwerfen: Ist es überhaupt politisch richtig, daß die reichen Industriestaaten den ökonomisch weniger entwickelten Geld leihen, um sich Flotten zu bauen, Landheere auszurüsten, Land zu erobern? Wer die Finanzen seines Staates geschont wissen will und sein Geld liebt, wird sie nicht bejahen. Denn je mehr in einem Lande gerüstet wird, um so mehr werden es auch andere tun müssen, und je mehr das Ausland zu wirtschaftlich unproduktiven Zwecken leiht, um so näher kommt es an den Bankerott heran. Und doch geschieht es, weil die Geldgeber nur an die hohe Rente und die Kurssteigerung denken, weil die Haute Finance es so will, gelegentlich auch weil die auswärtige Politik dahinter steht. Was den letzten Punkt angeht, so wird in Europa nicht eher eine Änderung eintreten, als bis der große Gedanke des westeuropäischen Föderalismus den Boden der Realität betreten haben wird. Von den Zumutungen der Finanzmächte kann sich das Gläubigerpublikum nur durch Assoziation

[1]) Über die bulgarischen Anleiheverhandlungen machte im Herbst 1904 die Neue Freie Presse folgende Angaben:

„Bei Abschließung der Anleihe kommen die zwei großen Finanzgruppen in Betracht, welche sich im Augenblick die Wage halten: die deutsche Gruppe der Dresdner Bank und die französische Gruppe der Banque de Paris. Beide Gruppen sind im Prinzip bereit, die Anleihe abzuschließen, wenn auch vielleicht unter den verlangten Betrag von 80 Millionen herabgegangen werden dürfte. Sowohl von der deutschen Gruppe als auch von der französischen wurde eine Wechselbeziehung zwischen dem Anlehen und der Kanonenbestellung geschaffen. Wenn die bulgarische Regierung die Geschütze in beiläufigem Betrage von 20 Millionen bei Schneider in Creusot bestellt, dann, und nur dann findet sich die französische Gruppe bereit, Geld herzuleihen. Wenn Bulgarien seine Kanonen bei Krupp in Essen bestellt, dann wird die Dresdner Bank, welche mit Krupp in enger Verbindung steht, das Anleihegeschäft machen.“

Über serbische Anleihe und Kanonenbestellung vergl. Allgem. Zeitung v. 1. und 10. Mai 1905; über eine türkische Bestellung bei Krupp, Allgem. Zeitung v. 18. April 1905 und Straßburger Post 9. Februar 1905.

befreien, wie das oben bereits auseinandergesetzt worden ist. Was Rente und Kursgewinn betrifft, so kommt es darauf an, den einfachen Beweis zur gemeinsamen Anschauung der Geldgeber zu bringen, daß sie sich weit besser stehen, ihr Kapital guten produktiven Anlagen zuzuführen, als es dem unsicheren Kredit eines es verpuffenden Staates zu überlassen.

Wenn die $2^{1}/_{2}$—3 Milliarden, welche Deutsche vom russischen Staate zu fordern haben, und von denen jetzt bereits ein Drittel verloren und das zweite Drittel gefährdet ist, in den deutschen Kolonien zur Verwendung gelangt wären als Bahnen, Bergwerke, Baumwollplantagen, wäre das nationalökonomisch nicht weit mehr empfehlenswert gewesen? Könnten die Kapitalisten nicht ruhiger schlafen und die Kolonialpolitiker des Reichstags ihre Diäten sorgenloser verzehren?

In der Regel handelt es sich in den Kolonien, mag nun das Geld dem Staate oder Privaten gegeben werden, um produktive Anlagen, also um reale Werte, welche den Gläubigern zur Sicherheit dienen. Bei Eisenbahnen, Kanälen, Hafenanlagen, Landstraßen sollte wenigstens im Beginn den kolonialen Anleihen die Garantie des Mutterlandes zu Hilfe kommen. Würde sie einmal in Anspruch genommen werden, so ist das volkswirtschaftlich wahrhaftig ein weit kleineres Übel, als wenn Hunderte von Millionen der ausländischen Schuld repudiiert oder auf den halben Zins herabgesetzt werden. England investiert in seinem Kolonialreich enorme und wachsende Summen,[1]) und sollten sich die imperialistischen Bestrebungen in irgend einer Form verwirklichen, so würde das Kapital den mit dem Mutterlande enger verbundenen Kolonien verstärkt zufließen. Die Vereinigten Staaten haben sowohl Kolonien erworben, als auch betrachten sie Kanada, Mexiko und Zentralamerika als zukünftige. Eine Million Dollars nach der andern wandert nördlich und südlich über die Grenze, und dessen kann man sicher sein, daß nicht viel davon den Besitzern verloren gehen wird. Vielmehr dürfte dieser Zukunftsgarten dereinst nicht bloß wirtschaftliche, sondern auch reiche politische Früchte tragen.

---

[1]) Vergl. Rudolf Klare-London, Der finanzielle Einfluß der Kolonien auf die englische Zollpolitik in der „Deutschen Wirtschaftspolitik" 1904, Nr. 9.

Bei uns in Deutschland gibt es immer noch Leute genug, welche die Meinung hegen, daß unsere Kolonien wegen der der Reichsfinanzwirtschaft erwachsenden Belastung ein Übel seien, dessen man sich rechtzeitig entledigen sollte. Die Kolonialgegner übersehen, daß die Kolonien eine Notwendigkeit für die deutsche Kapitalanlage der Zukunft sind. Je mehr die Überzeugung sich geltend machen wird, daß der Kapitalexport ein weit mehr planmäßiger als heutzutage werden muß, und je mehr die Kolonien gedeihen, um so mehr wird sich die Einsicht in jene Notwendigkeit erschließen, so daß wir an erster Stelle die Klage hören werden, unsere Kolonien seien nicht umfangreich genug.

Der Kapitalanlage eine bestimmte Richtung zu geben, erreicht man nicht durch Versendung von Prospekten und empfehlenden Artikeln in Zeitungen und Wochenschriften. Hier ist es die Aufgabe der Großkapitalisten voranzugehen. Haben sie einmal ihren Kredit eingesetzt, so werden sich auch die vermöge ihres kleinen Besitzes begreiflicherweise Zaghafteren herauswagen. Da diese Leute auf die Zinsen einiger Jahre meist nicht verzichten können, so werden bei Bahnen bisweilen die sogenannten Bauzinsen gegeben, die aus dem Stammkapital bestritten werden. Die Einrichtung ist verwaltungstechnisch irrationell, aber entspricht dem Bedürfnisse eines Teiles der Kapitalisten. Man könnte vielleicht diesem Wunsche nach sofortigen Zinsen in der Weise entsprechen, daß nach dem amerikanischen Eisenbahn-Finanzierungssystem von Anfang an neben den Aktien relativ große Beträge von Obligationen ausgegeben würden, die nicht auf zu große Beträge lauten dürften. Sie würden von dem Klein- und Mittelkapital gern aufgenommen werden, während die stärkeren Hände außerdem die Aktien halten würden.

Eine staatliche Begünstigung könnte die koloniale Unternehmung noch dadurch erhalten, daß alle zum Bau von Bahnen, zur Einrichtung von Werkstätten und Fabriken von Deutschland eingehenden Materialien, landwirtschaftliche Maschinen und Werkzeuge von kolonialen Eingangszöllen frei blieben, während die gleichartige Einfuhr aus andern Ländern zollpflichtig wäre. Diese Maßregel würde geeignet sein, die deutsche Kapitalausfuhr anzuregen und damit die Anlage zu erleichtern. Indessen muß eine solche Differenzierung in das System der gesamten Handelspolitik hineinpassen. Sollten etwa die englischen Kolonien mit der Vorzugsbehandlung mutterländischer Fabriken weitergehen, so würde auch unsererseits in den Kolonien das Prinzip der Meistbegünstigung den praktischen Wert verlieren.

Eine andere Förderung der kolonialen Unternehmungen und Vermögensanlagen könnte auf dem Gebiete der direkten Steuer versucht werden. Es wäre zu überlegen, ob die Einkommens- und Vermögenssteuern daheim für eine Anzahl Jahre außer Hebung bleiben könnten, soweit sich die Steuerobjekte nachweisbar in den Kolonien befänden, oder wenn ein solcher reichsgesetzlicher Eingriff in die einzelstaatlichen Finanzwirtschaften nicht zulässig wäre, resp. wenn die Einzelstaaten die Begünstigung nicht freiwillig übernehmen wollten, ob sich nicht durch Ausdehnung des Gesetzes über die Doppelbesteuerung von 1870 auf die Kolonien und bei niedriger Auflegung direkter Steuern daselbst ein ähnliches Resultat erzielen ließe.

Wenn auch auf diese Weise den Kolonien weit mehr deutsche Kapitalien zuflössen als in der Gegenwart, so ist doch nicht anzunehmen, daß die deutschen Ersparnisse, soweit sie nicht zu Hause Verwendung finden, damit dauernd und vollständig in den produktiven Verbrauch übergeführt werden würden. Es bliebe für andere Länder, namentlich in der Periode der allgemein sinkenden heimischen Konjunktur, noch eine erhebliche Summe übrig, für deren auch politisch zielbewußte Anlage Sorge zu tragen wäre. Sie sollte daher vorwiegend in diejenigen Länder fließen, welche nicht unsere politischen Gegner sind und es für absehbare Zeiten auch nicht werden werden. So dürften Mittel- und Südamerika, China und die Türkei Gebiete sein, in denen das deutsche Kapital und die deutsche Unternehmung auf Erfolge rechnen könnten. Die Industrialisierung der Erde geht mit raschen Schritten vorwärts. Daran teilzunehmen ist eine Aufgabe des Kapitalexports. Wird sie zugleich planmäßig geleitet, so kann sie auch politischen Nutzen und damit von neuem wirtschaftlichen für den Exporteur nach sich ziehen.

Die Organe, welche hier die Initiative zu ergreifen haben, sind dieselben wie in den Kolonien: Der Staat, die Großkapitalisten. die Banken,[1]) die großen Konsortien, eventuell auch die organisierte Gläubigerschaft. wenn sich einmal eine solche herausbilden sollte. Die Aufgabe des Staates hätte sich auf dem Gebiete der Handelsverträge, Schiffahrtsabkommen. Erweiterung der konsularischen Vertretung. Aussendung erforschender Nationalökonomen und landwirtschaftlicher und bergbaulicher Sachverständiger zu bewegen; die Initiative zum Erwerb von Konzessionen, zu Landkäufen und Neugründungen muß dem privaten Kapital bleiben. Seine Gewinninteressen und seine Sicherheit im Auge zu behalten bleibt selbstverständlich sein Gebot. Das ist einmal sein Wesen. Aber sehr wohl läßt sich damit die Pflicht, dem Vaterlande zu dienen, vereinigen. Oft ist ihm der Vorwurf der Vaterlandslosigkeit gemacht worden, allein die es taten, haben vergessen, daß ihm der nationale Erzieher gefehlt hat. Mit der Sozialpolitik liegt die Parallele nahe. Vor vierzig Jahren in Deutschland von den Pflichten des Besitzes der Arbeiterschaft gegenüber zu sprechen, galt als ein kühnes Wagnis: man galt als ein starker Ignorant in ökonomisch-wissenschaftlichen Dingen, wenn man „den natürlichen Lauf der Dinge" zu korrigieren empfahl. Wenn die hier verteidigte Forderung nicht sozial, sondern national lautet, so mag dies verschiedenen politischen Parteien nicht ganz in ihr heutiges Programm passen, aber sie sollten verständig genug sein zu begreifen, daß Programme sich nach den Bedürfnissen des Lebens zu richten haben. Die Sozialpolitik ist unter dem Druck der aufstrebenden Macht der Arbeiterklasse vorwärts getrieben worden. Aber ohne die richtige Einsicht der politisch führenden Klassen und der Regierung wäre sie doch nicht aufgekommen. Der Druck der Machtverhältnisse auf unser politisches Tun besteht in der heutigen Weltwirtschaft auch. Deutschland hat starke Gegner diesseits und jenseits des Meeres, und wenn sie uns zur nationalen Wehr in ihrem Vorwärtsdrängen ermahnen, so sollten wir uns doch auch im Bewußtsein halten, daß wir das, was wir in Zukunft tüchtiges leisten werden, allein uns selbst zu verdanken haben wollen.

[1]) Über die bisherige Tätigkeit der deutschen Banken in unseren Kolonien vgl. Dr. J. Scharlach, Hamburg: „Unsere Banken und die Kolonien" im Bankarchiv. 1906, Nr. 17, und Nr. 18 hier wird die Gründung einer Kolonialbank zur Belebung kolonialer Unternehmungen empfohlen.

Zweites Kapitel.

Das Exportkapital und der Krieg.

Der Krieg, welchen ein Volk zu führen hat, ist der Prüfstein seiner wirtschaftlichen Kraft, seiner Finanzverwaltung und seines Geldwesens. Der Satz gilt sowohl für den Sieger als für den Besiegten. Während aber bei diesem die Schäden aller Welt sichtbar werden und Unordnung und Mißwirtschaft für das Unterliegen mit verantwortlich gemacht werden, werden sie bei jenem durch den Erfolg, welcher in der Regel mit wachsendem Staatskredit und Auslandsverkehr verbunden ist, mehr oder minder verdeckt.

Kriege werden geführt zwischen Gläubigerstaaten, — Deutschland und Frankreich 1870, — oder zwischen Schuldnerstaaten, — Rußland und Japan 1904, — oder zwischen einem Gläubiger und einem Schuldnerstaat, — Frankreich und Österreich 1859. Die weltwirtschaftlichen Folgen sind in den drei Fällen verschieden und äußern sich am deutlichsten und schnellsten an den internationalen Kapitalverschiebungen.

Die Staaten haben Kapitalien zur Kriegsrüstung, bei dem Ausbruch der Feindseligkeiten, insbesondere der Mobilmachung, während des Feldzuges und endlich nach demselben zur Zahlung von Kriegsentschädigung und zur Wiederherstellung von Landheer und Flotte nötig. In den vier Phasen pflegt die politische und wirtschaftliche Lage der Länder eine verschiedene zu sein, daher bestehen auch im Verhältnis zu ausländischen Forderungen und Schulden entsprechende Besonderheiten.

Die kapitalistischen Mittel, über welche die kriegführenden Länder, Staat und Private im Auslande verfügen, sind fremde

Effekten und liquide Forderungen, insbesondere Wechsel sowie Guthaben bei Banken, welche durch Checks realisierbar sind. Schließlich kann man auch den Kredit in seinen verschiedenen Gestaltungen hinzurechnen.

Die Verfassung und die tatsächliche Leistungsfähigkeit der Banken und Börsen können in den anormalen Kriegszuständen zeigen, was sie sind. Ihre Beurteilung im Frieden wird eine um so günstigere sein, je weniger sie die Vorbereitung für gefahrvolle Zeiten vergessen haben.

Wir beginnen mit den ausländischen Effekten, deren Besitz für das Gläubigerland von unverkennbarem Nutzen ist. Er ist ein wertvoller Fonds, aus dessen Erlös dem Staate Darlehen gemacht und Steuern gezahlt werden können, er bietet die Möglichkeit, vom Auslande Edelmetall zu beziehen, ihm Waren und Leistungen zu bezahlen, welche zum Kriegführen erforderlich sind. Ob indessen diese Maßregeln lebenskräftig wirken werden, hängt von dem Börsenpreis der Papiere ab. Die Besitzer sind nicht die Regierungen, sondern Privatpersonen, welche bei dem Verkaufe geschäftlich rechnen. Sie verkaufen, um nicht zu verlieren oder um an Kursen unmittelbar, resp. mittels Verwendung der Verkaufssumme zu verdienen.

Die Effektenbörse gilt als ein politisches Barometer, das bei Kriegsbefürchtungen anfängt zu sinken, bei Friedenshoffnungen zu steigen. Allein eine politische Prognose nach der Kursbewegung aufzustellen ist doch gewagt. Die Börsenleute sind auch strebende Menschen, welche sich wie andere irren. Dazu kommt, daß die jeweiligen Zustände des Geld- und Effektenmarktes, wie hoher oder niedriger Zinsfuß, bevorstehende Ultimoregulierung, großer Besitz von bestimmten Papieren „in schwachen Händen", bevorstehende auswärtige Zahlungen, Interventionskäufe von Banken den Druck der veränderten politischen Konjunktur sehr verschieden beeinflussen können.

Wenn zwei Länder miteinander in einen Konflikt geraten, der nur durch das Schwert geschlichtet werden kann, so wird der Staatskredit beider erschüttert, wenn auch vielleicht, wie 1898 im spanisch-amerikanischen Falle, in ungleicher Weise, da die Gläubiger der Union weniger Sorgen als die Spaniens hatten.

Sobald sich nun die Inhaber der betroffenen Schuldverschreibungen ihres Besitzes an der Börse zu entledigen beginnen, fallen die Kurse, und zwar je in dem Tempo, in welchem die politische Katastrophe herankommt, unvermittelt schnell wie 1870 bei dem deutsch-französischen Kriege, oder 1904 bei dem russisch-japanischen, oder langsam, wenn zum Schluß auch schneller, wie im Jahre 1866, in dessen Frühling der im Sommer ausbrechende Krieg zwischen Preußen und Österreich von vielen bereits als unvermeidlich angesehen wurde.[1])

Kurse der Berliner Börse 1866.

Effekten	3. Januar	31. März	16. Juni	30. September
5 % russ. Stieglitz Anl.	70 1/2	65 3/4	55 3/4	63 1/4
5 % öst. Metalliques	60	54 1/2	35	40 1/4
Ital. Rente	64	59	39 1/2	56 1/2
Preuß. 4 1/2 % Anl.	100 3/4	97	78	96 3/4
Rheinische Bahn	130	117 1/2	90	117 3/4 (29. Sept.)
Köln—Mindner Bahn	174	148 1/2	117	149
Preuß. Bank	150 1/2	147	115	159 1/2
Diskonto-Gesellschaft	97	95 3/8	73	97 3/8
Hann. Bank	88 3/4	86 1/2	72	80 1/2

Der Tag der Kriegserklärung ist der Börse immer eine Überraschung, manchen Personen schon deshalb, weil wegen des Wunsches nach Kurssteigerung ihr Friedensoptimismus niemals auszurotten ist. Daher bleibt in diesem Moment die Panik nicht aus, welche nicht bloß den Staatspapieren der Kriegführenden, sondern auch dem ganzen Effektenmarkt eine stark sinkende Tendenz aufprägt. Am 4. Juli 1870 war die Berliner Börse vortrefflicher Stimmung gewesen, während der folgenden Tage wurde

[1]) Zeitschrift für Kapital und Rente, 1866, herausgegeben von Freiherrn von Danckelmann. — Mit der Neujahrsrede Napoleons III. galt der Krieg mit Österreich so gut als wie erklärt. Der Ausbruch fand aber erst Ende April statt, so daß Börse und Handel Zeit hatten, sich vorzubereiten. — Vgl. ferner „Das Geld im russisch-japanischen Kriege“ von Karl Helfferich, Berlin 1906, S. 176 u. 177. In Paris, Berlin und Petersburg bewegten sich die Kurse russischer Staatsanleihen bis zum Kriegsausbruch innerhalb enger Grenzen, in London, wo man über den Ernst der Lage besser orientiert war, wichen sie schon in den ihm vorausgehenden Wochen. Am 19. Februar 1904 fand aber überall ein Börsensturz statt.

sie schwankend, am 8. Juli stark beunruhigt, am 11. Juli kopflos. Die Panik dauerte 8—10 Tage, dann wurde nach wiedergewonnenem Selbstvertrauen der Abwärtsbewegung Halt geboten.

Kursstand der Berliner Börse 1870.

Effekten	4. Juli	11. Juli	18. Juli	1. August
Preuß. 4 1/2 % Anleihe	93 5/8	88 3/4	80	81 3/8
Preuß. Bank	142	140	125	130
Diskonto-Gesellschaft	143	133	112	115 3/4
Köln—Mindner Bahn	134 1/2	121	104—7	111
Rheinische Bahn	115 1/2	108	93 1/2	95
Mainz—Ludwigshafener Bahn	136 1/4	136	105	108
Italienische Rente	58 1/4	52 7/8	47	45 1/2
Österr.-Fr.-Staatsbahn	209 3/4	186 1/4	170	165
Lombarden	114	98 3/4	88	90 1/4
Österr. Kredit.-A.	149	126	105—8	106 1/2

In Frankfurt a. M. hatte die Verwirrung den Kapitalisten noch größere Einbußen gebracht, weil am 15. Juli, als gerade die Befürchtungen einer allgemeinen Verkehrsstockung die Gemüter heftig beunruhigten, die Medioregulierung stattfand, welche zum Ausgleich der Verpflichtungen, Verkäufe zu starken sinkenden Kursen erzwang.[1])

Dies zeigte sich auch an den amerikanischen Effekten, von denen man am ehesten Festigkeit hätte erwarten sollen, da die Vereinigten Staaten in einen europäischen Krieg damals wohl schwerlich hätten verwickelt werden können.[2])

[1]) S. Spangenthal, Die Geschichte der Berliner Börse. 1903. S. 138: Ferner lag Frankfurt dem Kriegsschauplatze näher als Berlin. — „Hierzu kam noch die böse Erfahrung, welche Frankfurt a. M. mit dem Hause Rothschild damals machte, in dessen Mithilfe und Entgegenkommen es in diesen kritischen Tagen sich verrechnet hatte." Nach der Schlacht von Weißenburg zeichnete das Haus eine Million Bundesanleihe und nach Sedan war es starker Käufer derselben. Vgl. Allgemeine Zeitung vom 5. August und vom 11. und 18. September 1870.

[2]) Neue Freie Presse vom 28. Juli 1870, Wochenbericht aus Frankfurt a. M.: „Amerikaner waren vom 16. bis 25. Juli am meisten gedrückt, weil sich dafür Käufer fanden, und jeder, der Geld bedurfte, sie vorzugsweise verkaufte. Große Industrielle und Kaufleute, die ihre Reserven darin angelegt hatten, brachten große Summen an den Markt." — „Große Beträge Gold sind als Rembours für amerikanische Bonds von London nach Frank-

Jede Börsenpanik hat ihre unmittelbare Veranlassung in den maßlosen Phantasien der erschrockenen Effekteninhaber. Nach der französischen Kriegserklärung besorgte man in Deutschland den Eintritt einer allgemeinen Verkehrsstockung. Der Eingang der deutschen Häfen müsse verrammelt werden, und die Seeschiffahrt sei am Ende. Der Gütertransportverkehr der Eisenbahnen werde durch die Truppenbeförderung völlig lahm gelegt werden. Den Fabriken würden die Arbeitskräfte durch die Mobilmachung entzogen, die in Angriff genommenen Bauten nicht fortgesetzt. Der Konsum werde auf das Notwendigste eingeschränkt werden, und jeder Mut zur Spekulation fehlen. Diese Besorgnisse waren stark übertrieben, aber ihr Vorhandensein allein genügte, um die deutschen Börsen einer Deroute zuzutreiben. Wie es Menschen gibt, die aus Furcht vor dem Tode sterben, so erzeugte damals die Angst vor einer Geschäftsstockung eine solche. Wie mit einem Zauberschlage war das Geld an der Börse verschwunden. Der Diskont bei der preußischen Bank stieg bis auf 9 Proz., in Leipzig für Lombard-Darlehen auf 10 Proz., in Lübeck 9 Proz., in Bremen 8 Proz.. Wo war nun das Geld geblieben, das wenige Tage vorher reichlich zu 3 Proz. und $3^1/_2$ Proz. zu haben war? Daß es der Staat zu Mobilmachungszwecken aufgesogen hatte, war schon bei der damaligen Dezentralisation des Notenbankwesens in Deutschland, außerdem wegen der Bestände in den Händen der vielen keine Noten ausgebenden Banken und der Privatbankiers ausgeschlossen. Das meiste Geld war geblieben, wo es war, es wurde aber aus dem Kasten nicht hinausgelassen, und wer welches einziehen konnte, legte es zu dem übrigen. So wurde aus München z. B. berichtet:[1]) „Es gab einen Moment, wo für das beste Papier und gegen die größten Sicherheiten nicht 500 fl. aufzutreiben waren; dagegen glaubten selbst Privatleute sich eine Barreserve für äußerste Fälle, unter großen Opfern verschaffen zu müssen.“ In Frankfurt a. M. „waren die Bankiers nur darauf bedacht ihre

furt gekommen, und andere werden noch erwartet.“ Die 1882. U. S. Bonds standen am 1. Juli 96 und sanken vorübergehend auf 74. England ist bei einem Krieg der europäischen Mächte immer der tertius gaudens.

[1]) Bremer Handelsblatt, redigiert von A. Lammers, Jahrgang 1870, S. 393.

Guthaben einzuziehen, indem auch das Publikum die bei ihnen hinterlegten Gelder ungesäumt zurückverlangte; wie das rapide Anwachsen der Giroguthaben bei der Bank zeigte, suchte man sich auf beiden Seiten eine starke Barreserve zu verschaffen, um allen Eventualitäten gegenüber gerüstet zu sein.[1])

Es war ein Zustand wie bei einer akuten Handelskrisis, in der alles geschäftliche Vertrauen schwindet, und nur Bargeld, das man zu Zahlungen gebrauchen kann, seinen Wert behauptet. In Bremen wies die Bank alle langfristigen Wechsel zurück, obgleich im dortigen Platzgeschäft durchweg gegen vier bis sechs Monat Accept verkauft wird.[2]) In Karlsruhe war gegen die besten Sicherheiten und unter ganz exorbitanten Zinsbewilligungen kein Darlehen mehr zu bekommen.[3]) Über Hannover wird folgendes mitgeteilt.[4]) „Jeder Bankier, an der Spitze die Hannoversche Bank dachte bloß an sich. Die besten Kunden, die man sonst vorzugsweise billig bediente, wurden bei Anforderungen auch für die kleinsten Summen von wenigen hundert Talern abgewiesen —, Kunden, die ein paar Tausend Taler gut hatten, erhielten diese zugeschickt, damit die guten Leute nur nicht in Versuchung kämen, außer diesen paar Tausend Talern noch ein paar Tausend Taler auf Grund des hypothekarisch gesicherten und zugesagten Kredits zu erheben. Kassenanweisungen und Noten der deutschen Privatbanken waren verfehmt, und 5 Proz. damno mußte sich der solide Mann, dem es um Kourant oder preußische Scheine zu tun war, davon gefallen lassen, 10 Proz. und mehr mußte der Bauer zahlen, der sie in der Angst um jeden Preis los sein wollte."

Unter dieser Geldklemme wird es begreiflich, daß ein allgemeiner Kurssturz an der Börse eintrat. Nicht bloß deutsche und französische Werte zeigten große Einbußen, sondern auch diejenigen vieler anderer Staaten, ebenso wie Aktien und Obligationen von Aktiengesellschaften, die Wechsel, fremdes Papiergeld und fällige Coupons. Die internationale Kapitalverschuldung hatte sich mit einem Schlage um viele Millionen verschoben. Als die

[1]) ebendaselbst, S. 386.
[2]) ebendaselbst, S. 340.
[3]) ebendaselbst, S. 354.
[4]) ebendaselbst, S. 312.

offizielle Depesche bekannt wurde, welche die Abweisung Benedettis durch König Wilhelm mitteilte, war eine Bestürzung sondergleichen die Signatur der Frankfurter Börse:[1] „Die Eingehung von Prolongationen war nicht möglich, es wurden daher Exekutions- und Notverkäufe massenhaft zu jedem Preise vorgenommen, das entsetzte Privatpublikum, welches in seiner Angst die Ersparnisse langer Jahre Arbeit wertlos geworden glaubte, trat gleichfalls als Verkäufer auf, und verschleuderte gegen Barzahlung seinen Besitz zu unerhörten Preisen."

In der Periode der Geldklemme in der zweiten Hälfte des Juli suchte man sich durch verschiedene Maßregeln zu helfen. In Bremen beschlossen Senat und Bürgerschaft gewissen fremden Goldmünzen den Charakter des gesetzlichen Zahlungsmittels beizulegen, was aber nicht viel half, da dieses Geld ebenso wie das der Stadtwährung in den Kassen zurückgehalten wurde, in Stuttgart wurde ein Kassenverein gegründet, welcher seine zu 3 Proz. verzinslichen und in sechs Monaten zurückzahlbaren Scheine zu 50 bis 500 fl. in Umlauf setzte. In München gab die Hypotheken- und Wechselbank ähnliche Schuldverschreibungen in den Verkehr, in Frankfurt a. M. gewährten angesehene Bankhäuser der dortigen Notenbank eine Kollektivgarantie. Sobald es möglich war, wurde Edelmetall aus dem Ausland bezogen. Die Bank- und Importhäuser Bremens waren Ende Juli in der Lage über bedeutende Summen in Sovereigns zu verfügen, Frankfurt ließ Gold aus England, Silber aus Wien kommen. Diese Maßregeln erwiesen sich gegen die Geldklemme im Zahlungsverkehr leidlich wirksam, waren aber nicht imstande dem Leihmarkt Kapital zuzuführen, um den staatlichen Bedürfnissen genügen zu können.

Während die kleinen Privatbanken während der Krisis in Deutschland sehr unvollkommen funktionierten, tat die zentralisierte preußische Bank 1870 ihren Dienst in zuverlässiger Weise, wenn sie auch genötigt war ihren Diskont stark zu erhöhen.

Nachdem Ende Juli die Periode der totalen Mutlosigkeit losigkeit überwunden worden war, dauerte es nur wenige Tage,

[1]) ebendaselbst. S. 386.

Pariser Börse

Effekten	Juni		Juli		August	
	hoch	niedrig	hoch	niedrig	hoch	niedrig
3 % Rente	74,80	72,25	72,95	64,25	69	59,20
6 % Amerikaner	109,50	102,25	104,50	90	102,50	94
3 % Span. Ext.	33	31,50	32.63	22,50	27	23,50
4 % Russen	360	352.50	358.75	300	330	312,50
5 % Türken (1865)	55	52,80	50,50	35	44,50	39,75
Cred. Fonc. 3 % 500 Fr.	516,25	505	510	465	470	410
Banque de France	2940	2850	2900	2600	2820	2500
Nordbahn Aktien	1235	1212.50	1235	980	1045	1000
Comp. générale trans.	215	205	206.25	155	185	147,50
Gaz de Paris	862,50	840	841,25	720	772,50	695

bis die deutschen Börsen in das gegenteilige Extrem umschlugen, in die Periode des Übermutes eintraten, welche mit Weißenburg und Wörth einsetzte und mit der Kapitulation von Sedan den Höhepunkt erreichte.[1]) Am 4. September war der Kursstand der tonangebenden Effekten vom 4. Juli noch nicht ganz wiedergewonnen, aber es fehlte nur wenig daran.[2])

Berliner Börse

Effekten	Vom 9. Juli, letzter Tag vor der Kriegsperiode	Niedrigste Kurse vom 15. bis 22. Juli	Nach dem Sieg bei Weißenburg, Kurs vom 5. August	Nach der Kapitulation von Sedan. Kurs vom 4. September
4 1/2 % preußische Staatsanleihe	92 3/4	77 3/4	81 5/8	92
Bergisch-Märkische Prioritäten VI	88	73	81	85 1/4
Köln-Mindner Eisenbahn-Aktien	129	98	119	129 1/2
Österreichische Staatsbahn-Aktien	201	152	161 1/2	193
Preußische Bank	141	119	130	139
Diskonto-Gesellschaft	136 1/2	101 1/2	132	135
Amerikaner	96 1/8	75	89 1/4	94 3/4
Italiener	56	45 1/2	48	52
1870. Russen	85 3/4	ohne Not.	77 1/2	83 1/2

1) Zeitschrift für Kapital und Rente a. a. O., S. 253.

2) Nach der Nationalzeitung Anfang November 1870. Wochenbericht über die Börse mit weiterem Detail.

Pariser Börse

September		Oktober		November		Dezember	
hoch	niedrig	hoch	niedrig	hoch	niedrig	hoch	niedrig
60,60	50,90	53,90	50,80	55	52	54	51,65
105	100	104	103	105,50	103	106,10	105
26	24	25	25	30	26	30	29
330	305	325	320	330	315	322,50	307,50
44,50	39,50	42	39,50	44	40	44,50	40,50
440	375	410	377,50	440	410	440	410
2540	2275	2275	2260	2275	2265	2395	2350
1055	990	980	950	1006,25	957,50	987,50	940
152,50	105	115	110	125	125	127,50	125
712,50	610	660	632,59	775	705	760	715

Allein die Börse hatte sich wiederum geirrt. Die Einsetzung der Republik in Frankreich, die Fortsetzung des Feldzuges in den Winter hinein, später die orientalische Frage und die Forderungen Rußlands entgegen den Verträgen von 1856 über die Schiffahrt im Schwarzen Meere genügten, die feststehende Tendenz herabzudrücken und die dritte Börsenphase dieses denkwürdigen Halbjahrs 1870 einzuleiten. Glich die erste dem Zustande einer heftigen Wirtschaftskrise, so trug die dritte Anzeichen der andauernden allgemeinen Geschäftspression. Die Kurse bröckelten ab, die Spekulation ermattete, und man glaubte ein Ende dieser trostlosen Zustände nicht absehen zu können. Erst als die Friedensaussichten greifbare Gestalt annahmen, ging diese Periode ihrem Abschluß entgegen.

Anders als in Deutschland waren die Vorgänge an den französischen Börsen von Paris, Lyon, Marseille. Wir geben in obenstehender Tabelle für eine Anzahl wichtiger Effekten die höchsten und niedrigsten Monatskurse.[1])

Die französischen Werte fallen demnach im Juli mit der Kriegserklärung, ähnlich wie die deutschen, erheblich. Sie erholen sich aber im August und September nicht, sondern haben eine weichende Tendenz, je mehr die deutschen Waffen mit Erfolg gekrönt sind. Ein Steigen zeigen die Kurse der folgenden Monate

[1]) Journal des Économists, 1871, I. S. 94ff. enthält detaillierte Angaben, aus denen hier ein Auszug gegeben wird.

bis zum Dezember. Es ist aber nur recht mäßig, da, wenn auch das Ende des Krieges erwartet wird, doch die Friedensbedingungen und die innere Lage Frankreichs ganz unsicher sind.

Anders die auswärtigen Fonds. Sie erleiden allerdings auch im Juli mit der allgemeinen Baisse einen Preissturz, fangen aber im August an sich wieder zu heben und haben am Ende des Jahres ihre Position wesentlich, wenn auch in verschiedener Weise verbessert.

Die Börse trug 1870 schon einen internationalen Charakter. So wurde auch die Londoner Börse durch die Baisse auf den fremden Effektenmärkten heftig ergriffen, zumal man sich auch in England die bevorstehenden Störungen in Handel und Verkehr übertrieben vorstellte und starke Edelmetallentzüge befürchtete. Die nachfolgenden Tabellen geben über einige Kursveränderungen nach dortigen Notierungen Auskunft:[1])

Londoner Börse. Juli 1870.

Effekten	4. Juli	12. Juli	Verlustdifferenz zwischen 1. und 12. Juli
Consols	92 7/8	91 3/4	1 1/8
Franz. Rente	72 5/8	66 1/2	6 1/8
Italiener	57 1/4	52 1/4	5
Spanier	30 1/4	25 1/4	5
Türken	51 3/4	45	6 3/4
Egypter	82 1/2	77	5 1/2
Russen	87	86	1
Peruaner	89 1/2	87	2 1/2
Argentinier	90	88	2
Amerikaner	90 5/8	87 5/8	3
Chilenen	102	101	1
Honduras	80	79	1
Mexikaner	16 1/2	15 1/2	1
Schweden	99 1/2	98	1 1/2
Portugiesen	32	29 1/2	2 1/2
London and North West.	—	—	2 1/2
North Eastern	—	—	3 1/4
Midland	—	—	2 1/2
South Eastern	—	—	1
Lancashire and Yorkshire	—	—	1/2

[1]) The Economist, 16. Juli 1870. Am wenigsten haben während des

Londoner Börse.
Sommer und Herbst 1870.

Effekten	22. Juli	20. August	23. Sept.	21. Okt.	18. Nov.
3 % Consols	91 5/8	91 1/2	92 1/4	92 1/4	93 1/8
5 % Italiener	45 1/2	48 3/4	51 3/4	55 5/8	55 3/4
3 % Spanier	24 3/4	26 1/4	28 1/2	28 3/8	30 7/8
6 % Türken	85,7	82,4	85,7	80,1	81,3
7 % Egypter	84,6	80	81	81,3	81,3
5 % Russen	86,8	85,7	86,8	86,7	85,7
6 % Argentinier	87,9	87,9	89,9	90,2	91,2
7 % Chilener	101,2	100,2	102,4	103,5	104,6

Die Vorgänge an den europäischen Börsen im Jahre 1870 sind in mehrerer Beziehung für den Gebrauch des im Auslande angelegten Kapitals im Kriegsfalle lehrreich.

In der Denkschrift „betreffend die Wirkungen des Börsengesetzes von 1896“, herausgegeben vom Zentralverband des deutschen Bank- und Bankiersgewerbes[1]) wird der schädigende Einfluß untersucht, welchen der hohe Effektenstempel und das Terminhandelsverbot auf die Emission ausländischer Anleihen in Deutschland gehabt hat. Hierbei wird auch die Wichtigkeit des Besitzes an fremden Wertpapieren für ein Land in dieser Weise hervorgehoben: „Besonders bedeutungsvoll ist aber für unser Land der Besitz an ausländischen Effekten in Zeiten drohender Kriegsgefahr, welche gleichzeitig mit der Mobilmachung unserer Truppen die Mobilmachung der zur Kriegsführung erforderlichen Kapitalmengen erheischt, denn dann wäre Deutschland durch Veräußerung seines Besitzes an ausländischen Effekten in den Stand gesetzt, ohne seinen zur Erhaltung seiner Währung notwendigen Geldvorrat angreifen zu müssen.“

Die finanzielle Mobilmachung ist eine Angelegenheit der größten Wichtigkeit und wiederholt einer eingehenden Untersuchung unterzogen worden.[2]) Wir haben uns hier nur insoweit mit ihr

Sturmes an der Londoner Börse bis Ende des Monats die englischen Konsols gelitten, welche nicht mehr als 2 % gedrückt waren. Ihr Besitz in festen Händen war dafür mitbestimmend.

[1]) Berlin, 1. Dez. 1903, S. 41.

[2]) v. Renauld, Die finanzielle Mobilmachung der deutschen Wehrkraft, 1901; derselbe im Bankarchiv. IV. Jahrgang, Nr. 3, 1904, Finanzielle

zu befassen, als sie eine Phase während des Krieges ist, dessen Zusammenhang mit dem Exportkapitalismus überhaupt betrachtet wird.

Haben die kriegführenden Parteien in dritten Ländern Kapitalien stehen, so ist dies ihnen zweifellos an sich von großem Nutzen, da die eigene Volkswirtschaft innerhalb der politischen Krisis versagen kann.

Die Kapitalien müssen jedoch liquide sein, wenn sie etwas nützen sollen.

Ist das bei den Effekten der Fall?

Es ist zu unterscheiden, erstens, der Zeitpunkt, in welchem der Effektenverkauf — bei einer Verpfändung, die jedoch wenig Bedeutung hat, verhält es sich analog — vorgenommen werden soll, zweitens die Art der Effekten, drittens der Ort, wo das Geschäft stattfindet.

Die Zeit der Kriegserklärung und der Mobilmachung ist zu jedem größeren Verkauf des Kurses wegen ganz ungeeignet. Schon bei mäßigen Abgaben sinken die Kurse auch fremder Werte rasch, so daß das Geschäft ins Stocken gerät. Für diese kritischen Zeiten muß in anderer Weise gesorgt werden, wenn es sich darum handelt den Verkehr mit Tausch- und Zahlungsmitteln und die Finanzwirtschaft mit Kapital zu versehen. Die in der Denkschrift oben mitgeteilte Meinung betreffend die Wirkungen des Börsengesetzes ist nach dem Gesagten nicht haltbar, weil sie der Erfahrung widerspricht.

Eine ganz andere Bedeutung hat der Verkauf ausländischer Wertpapiere, sobald die Panik überwunden worden ist, und sie ihren alten Kurs annähernd wieder erlangt haben. Sie lassen sich ohne große Verluste nach und nach veräußern, und die erzielten Beträge können dem Staate zu seinen inneren Anleihen überwiesen oder zu Edelmetallen oder Geldbezügen verwendet werden. Sie sind für Staat und Volkswirtschaft äußerst wert-

Mobilmachung. Ströll, Das deutsche Geldwesen im Kriegsfall. Schmollers Jahrbuch, 1899. Karl Helfferich a. a. O. P. Laband, Die rechtliche Stellung der Reichsbank im Kriegsfalle. Bankarchiv. V. Jahrgang. Nr. 2, 1905. Max Schinkel, Nationale Pflichten der Banken und Kapitalisten im Kriegsfall, ebenda. Nr. 4.

volle Reserven, welche jetzt, da die heimischen produktiven Kapitalien geschont werden müssen oder nicht realisierbar sind, herangezogen werden können. Dem Besiegten, dessen Land von Feindestruppen besetzt ist, sind sie noch von größerem Nutzen als dem Sieger. Aber auch dieser wird sie hoch einschätzen, da sie ihn von der Aufnahme auswärtiger Anleihen, wenigstens zeitweise entbinden können. Für die Volkswirtschaft sind sie auch darum so wichtig, weil sie zu Edelmetallrimessen geworden, die Valuta des Landes stützen werden, und weil sie der durch den Krieg gestörten Produktion Kapitalien zuführen können.

Indessen nicht alle ausländischen Effekten werden die genannten Dienste in gleicher Weise zu verrichten vermögen. Es versteht sich von selbst, daß diejenigen des Feindeslandes unbrauchbar sind. Hätte z. B. Deutschland gegen Rußland und Frankreich einen Feldzug zu führen, so würden die vielen Millionen russischer Eisenbahnobligationen und Staatspapiere, welche in seinem Besitze sind, ihm nicht viel helfen können, da sie London oder Amsterdam nur zu sehr weichenden Kursen aufnehmen würde.

Sehen wir hiervon ab, so ist es für ein Gläubigerland nicht vorteilhaft, Effekten einer Art in zu großer Menge zu haben. Es ist dann genötigt diese Sorte in zu großen Massen auf den Markt zu werfen und kann den Kursfall nicht verhindern. Bei einem französisch-deutschen Kriege würde Frankreich gewahr werden, daß seine Millionen an russischen Staatsrenten nicht leicht in Geld umgesetzt werden können, selbst wenn sich die Gläubiger zu großen Opfern entschließen wollten.

Wie es für den einzelnen Kapitalisten eine Selbstversicherung ist sein Vermögen in vielen verschiedenen Papieren anzulegen, so tut auch ein Gläubigervolk gut über eine reichhaltige Liste ausländischer guter, möglichst marktgängiger Werte als finanzielle Kriegsreserve zu verfügen. Am besten dazu sind diejenigen geeignet, welche von Ländern ausgegeben sind, denen die wenigsten Kriegsgefahren drohen. Zwar kann niemand in die Zukunft blicken, aber darüber z. B. sollte man sich doch einig sein, daß man in Deutschland vernünftiger handelt nordamerikanische Eisenbahnaktien und Obligationen zu besitzen als russische. Auch auf dem Gebiete der Kapitalanlage sollte bei uns der Individualismus, der sich bei diesem Geschäft oft genug von wenigen Prozenten des Kurses bestimmen läßt, durch weiterblickende Einsicht und nationales Wollen ersetzt werden.

Hinsichtlich der leichten Realisierbarkeit der ausländischen Wertpapiere kommt auch der Ort in Frage, wo sie vorgenommen wird.

Die Börsen im kriegführenden Gläubigerland haben mit inländischen und ausländischen Käufern zu rechnen. Die ersteren kommen als Nehmer ausländischer Effekten nur insofern in Frage, als durch sie, welche eine sichere Anlage suchen, Geld in die Zirkulation gelangt, das bisher zurückgehalten wurde.

Anders, wenn die Käufer Ausländer sind. Hier gibt das Ausland dem kriegführenden Inland Geldkapital, ohne daß letzteres den Kredit in Anspruch zu nehmen braucht. Die Kaufaufträge kommen dann von fremden Banken und Börsen, wohin die Effekten, falls kein genügendes Vertrauen zum inländischen Depot besteht, exportiert werden müssen. Dies Geschäft kann mit manchen Erschwerungen zu kämpfen haben: Der Feind ist vielleicht im Lande, es bestehen Grenzsperren oder Blockaden. Das siegreiche Land wird also diese Börsenvermittlung weit mehr ausnutzen können als das besiegte.[1])

Bei der Inanspruchnahme der ausländischen Börsen zum Verkauf müssen entweder die Objekte vom Inland dorthin gesandt werden, was wiederum nur angeht, wenn die militärische Lage es gestattet, oder sie müssen sich dort schon im Depot befinden. In diesem Falle ist die Realisierung bei ungestörtem telegraphischen Verkehr einfach. Es ist z. B. bekannt, daß in New York große Beträge von amerikanischen Aktien und Obligationen für englische, in London Minenwerte, Amerikaner und Japaner für deutsche und französische Rechnung liegen. Solange über die Kabel disponiert werden kann, sind sie in Dollars oder Pfund Sterling umzusetzen.

Fassen wir die Ergebnisse der bisherigen Betrachtungen zusammen, so ist es zweifellos für ein Land sehr erwünscht, daß

[1]) So wurden in Frankfurt a. M. Ende August 1870 viele jetzt gut stehende Amerikaner verkauft, um Geld für innere Anleihen zu schaffen. Allgem. Zeitung vom 27. August 1870.

es für den Fall kriegerischer Verwicklungen über eine reiche und vielartige Reserve an ausländischen Effekten verfügt, welche sich bei geeignetem Kurse leicht verkaufen lassen. Gläubigerstaaten sind daher besser gestellt als Schuldnerstaaten.

Wir haben jedoch auch gesehen, daß der Effektenbesitz beim Beginn des Krieges nicht verwendbar ist und auf die Ereignisse vom Juli 1870 hingewiesen. Auf spätere Kriege zur gleichen Beobachtung zurückzugreifen geht nicht an, da sie von Schuldnerstaaten untereinander geführt wurden: der russisch-türkischen, der griechisch-türkischen, der spanisch-amerikanischen, der russisch-japanischen.

Nun hat sich seit 1870 die Weltwirtschaft in mannigfacher Weise verändert. Die Beziehungen der Länder ruhen im Waren- im Wanderungs- und im Kapitalverkehr auf breiterer Basis. Sie umspannen alle Erdteile, und Europa ist nicht mehr der alleinige Herr auf dem Weltmarkt, Amerika und Asien sind als Teilhaber, und zwar nicht als stille, aufgetreten. Da nun das Leiden eines auch nur kleinen Teiles innerhalb des Gesamtorganismus überall empfunden wird, so wird heute bei einer Mobilmachung die Börsenpanik selbst eines geringen Staates auf allen Effektenmärkten der Welt verspürt. Daraus folgt aber nicht ohne weiteres, daß die in den Krieg verwickelten Volkswirtschaften weniger als früher betroffen werden, man müßte denn beweisen können, daß die nicht berührten Kapitalistenländer an den Börsen zu intervenieren ein Interesse hätten. Z. B. läßt sich fragen, ob infolge eines Kurssturzes an der Berliner Börse sich New Yorker Geldleute nicht veranlaßt sehen könnten, jetzt im Großen einzukaufen. Verallgemeinert ließe sich sagen, daß mit der weiteren Ausdehnung der Weltwirtschaft der lokale Preisdruck rascher gehoben werden könnte. Allein es heißt die Natur des Krieges verkennen, wenn man diesen Satz auf seine erste finanzielle Phase unbedingt anwenden wollte.[1]) Niemand kann den Gang der Ereignisse voraussehen, und darum verhält sich die Masse der Effektenkäufer

[1]) Vielwagende Spekulanten kaufen zwar auch bei dem Ausbruch des Krieges, wie das Beispiel von England aus dem Jahre 1870 gezeigt hat. Aber damit wird der Börsensturz nicht ernstlich aufgehalten.

der ganzen Erde immer zunächst abwartend. Hingegen läßt sich nicht in Abrede stellen, daß die Fülle der Börsen in der heutigen Weltwirtschaft so wirken werden das allgemeine Kursniveau nach der Panik rascher zu heben, als das früher der Fall war, und wenn der Krieg zu Ende ist, wird auch der Besiegte davon soviel profitieren, als es sein Staatskredit nur gestattet. Das rasche Steigen z. B. der spanischen Rente im Herbst 1898 nach der Besiegung Spaniens läßt sich auch darauf zurückführen, daß Käufe nicht bloß auf dem Hauptmarkt Paris, sondern auch in Berlin, Frankfurt, London, dort auch für amerikanische Rechnung vorgenommen wurden.

Der Zusammenhang der Geldmärkte und das stete Angewiesensein des einen auf den andern wurde im russisch-japanischen Kriege durch die eigentümliche Tatsache illustriert, daß das Gold, welches eben die eine Partei zu Zahlungen ausgegeben hatte, alsbald von der anderen als Darlehen aufgenommen wurde. Es war eine Ironie des Schicksals, daß die Amerikaner das von Japan in den ersten Monaten des Jahres 1904 eingenommene Geld alsbald zur Ablösung des Panamakanals nach Paris verschickten, wo es zum Teil bei der russischen Maianleihe wieder Verwendung fand.[1])

Da Schuldnerstaaten im Kriege auf eine Hilfe der ausländischen Privatkapitalien ihrer Bürger nicht rechnen können, weil es keine solche Mittel gibt, so müssen ihre Regierungen möglichst darauf bedacht sein einen Ersatz zu schaffen, damit sie Zahlungen in dritten Ländern zu leisten oder von ihnen Edelmetall zu beziehen vermögen.

Sowohl Rußland als auch Japan haben 1904 und 1905 Anleihen aufgenommen, deren Erlös sie am Begebungsort als Fonds für internationale Zahlungen möglichst lange haben stehen lassen. Sie vermieden damit zugleich tiefeingreifende Störungen des Geldmarktes, unter deren hohem Zinsfuß sie selbst am meisten hätten leiden müssen. Das geliehene Geld wurde kurzfristig wieder ausgeliehen und verhinderte so das Steigen des Diskonts.

Vor dem Kriege schätzte man den Betrag russischer Staatspapiere in französischem Besitz auf 6 bis 7, den in deutschem,

---

[1]) K. Helfferich a. a. O., S. 170.

holländischem und englischem auf 3 Milliarden Franken. Für Verzinsung und Amortisation waren den Gläubigern 400 bis 450 Millionen jährlich zu remittieren. Welche Erschwerung diese Zahlungen der Regierung neben den großen sonstigen internationalen Verpflichtungen, welche der Krieg mit sich brachte, bedeutete, ist leicht zu ersehen. Schon in den vorhergehenden Friedenszeiten besaß sie in Paris, London und Berlin Guthaben, die man auf eine halbe Milliarde Franken veranschlagte, und welche sie jetzt noch verstärken mußte, um ihren Kredit zu stützen.

Ihre Aufgabe bezüglich der bestehenden auswärtigen Schuld war, den Kurssturz nach Kräften zu verhüten. Daß sie ihn in den Tagen nach der Kriegserklärung nicht aufhalten konnte, wurde bereits oben hervorgehoben. Aber es mußte ihr auch viel daran gelegen sein den Rückgang nicht weiter einreißen zu lassen. Denn zwei drohenden Gefahren war zu begegnen. Gingen die Kurse dauernd zurück, so mußte die Aufnahme neuer Anleihen in entsprechender Weise erschwert werden. Ferner: das Sinken der Kurse beschleunigte den Rückstrom[1]) der Papiere nach Rußland, den dortigen Verkauf gegen Gold, welches in das Ausland abfloß, womit die mühsam geschaffene Goldwährung in Frage gestellt sein konnte. Durch geschickte Interventionskäufe hat die Regierung an den fremden Börsen die Kurse der Staatspapiere mittels ihrer verfügbaren Guthaben gehalten,[2]) obgleich es eine Übertreibung ist zu glauben, daß es ihr durch dies Mittel allein gelungen sei. Der relativ günstige Stand der Staatspapiere während des Krieges trotz der Mißerfolge zu Lande und zur See ist vor allem darauf zurückzuführen, daß der Zwangskurs der Noten vermieden und die Goldzahlung in der Hauptsache aufrecht erhalten wurde, dann auf den schon erwähnten Umstand, daß das Geld auf dem Weltmarkt flüssig blieb. Die Ausgaben auf dem Kriegsschauplatze erledigte Rußland mit eigenen Landesmitteln, mit Silber und Kreditbillets —, die ausländischen mit den Goldan-

---

[1]) Daß dieser tatsächlich stattgefunden hat, ist sicher, vgl. K. Helfferich a. a. O., S. 88 und 181.

[2]) ebendaselbst S. 184 und 225. — Es ist nicht zu übersehen, daß auch französische Banken ein Interesse daran hatten den Russenkurs hoch zu halten und daher auch zu Interventionskäufen geschritten sind.

leihen im Auslande. Das der Weltwirtschaft entziehbare Gold ist nur in kleinen Beträgen während des Feldzuges nach Ostasien gewandert.[1])

Der japanischen Finanzverwaltung war an der weltwirtschaftlichen Ruhe und Ordnung natürlich ebensoviel gelegen als der russischen. Was diese an erster Stelle in Paris besorgte. tat jene in London.

Für die wenigen Wochen jedoch, welche die Mobilmachung und den Beginn des Feldzuges umfassen, ist. wie gesagt, weder der auswärtige Effektenbesitz noch die Schuldaufnahme ein genügend bereites Hilfsmittel.

Den ersten Anprall gegen den Geldmarkt haben die großen Notenbanken auszuhalten und ihre Verfassung sollte derart sein. daß sie dieser Aufgabe genügen könnten. Die ausgezeichneten Dienste, welche die preußische Bank 1866, die Bank von Frankreich 1870/1871, die russische Reichsbank 1904 ihren Ländern geleistet haben, bleiben unvergessen.

Es liegt außerhalb des Rahmens unserer Untersuchungen, auf die hier in Frage stehenden staatsrechtlichen, bank- und währungstechnischen Einzelheiten einzugehen. Für den internationalen Effektenverkehr ist die Tatsache, daß der Geldumlauf der kriegführenden Länder nicht gestört wird von Belang, weil sich infolge des somit geringer ausfallenden Bezuges von fremdem Metallgeld die Diskonterhöhungen international in engeren Grenzen bewegen werden, also der Kursfall der Effekten schwächer sein wird. In Krieg verwickelte Gläubigerstaaten werden daher bei dauernd geordnetem Geldwesen früher in die Lage versetzt werden einen Teil ihres Besitzes an fremden Effekten verwerten zu können.

Die Kapitalanlage im Auslande nimmt, wie wir in früheren Kapiteln gesehen haben, nicht bloß die Form von Aktien und Obligationen an, sondern auch von Wechseln und Depositen. Über solche in Geld rasch umsetzbare Forderungen in großem Betrage im Momente der politischen Katastrophe zu verfügen, ist den Finanzwirtschaften sowie den Privaten der Kriegsländer von großem Nutzen. Vermittels Schecks können die Guthaben täglich

[1]) Eingehend dargestellt bei K. Helfferich a. a. O., S. 213 bis 224.

abgehoben werden, von den Wechseln sind die kurzfristigen die brauchbarsten. Große staatliche Guthaben im Auslande zu haben ist bisher nur von Schuldnerstaaten geübt worden. Dies Geschäft ist für den Staat nicht billig, da er für die Anleihen, mit denen die Depots geschaffen werden, meist höheren Zins geben muß, als er selbst von den Depositenbanken erhält. Aber dieser Ausfall wird reichlich aufgewogen durch die Vorteile, welche sich aus der Verfügung über täglich fällige Forderungen ergeben. Waren und Leistungen — man denke z. B. an die transport-technische Beihilfe, welche die Hamburg-Amerika-Linie dem Geschwader Rostdestwenskys leistete — lassen sich sofort und relativ billig in neutralen Ländern kaufen, und Börse wie Geldmarkt lassen sich beeinflussen. Dieser letztere Vorgang ist an sich merkwürdig genug, weil er zeigt, wie der Glaube an den Kurszettel, Menschen, die es in Geldsachen sonst sehr genau nehmen, betören kann: Ein Staat leiht Geld und benutzt es um den Schein zu erwecken, daß seine Anleihen begehrt seien. Die Gläubiger bezahlen die Mittel. welche dazu dienen sollen, sie selbst hinter das Licht zu führen. Vulgus vult decipi. In Wahrheit wird der reale Staatskredit durch die Interventionskäufe nicht besser, eher schlechter, weil die großen Unkosten des Geschäftes die Finanzwirtschaft belasten.

Daß die Regierungen der Gläubigerstaaten Depots halten um bei ausbrechender Kriegspanik über auswärtige Accepte zu verfügen, ist nicht üblich. Sie verlassen sich auf ihre innere Kraft, rechnen auch damit, daß die großen Effektenbanken ihnen die Depothaltung abnehmen werden. Dazu kommt, daß die in Frage stehenden Staaten England, Frankreich und Deutschland sein müßten, welche untereinander leicht in politischen Konflikt geraten können und dann ihre wirtschaftlichen Beziehungen abzubrechen genötigt sind.

Es läßt sich im Anschluß daran die Frage aufwerfen, ob staatliche Guthaben im Auslande durch politische Vorgänge nicht gefährdet werden können. Rußland habe z. B. in England Gelder deponiert. und es komme zum Krieg zwischen beiden. Daß die englische Regierung die feindlichen Machtmittel mit Beschlag belegen oder konfiszieren werde, ist nicht ausgeschlossen. Eine

Depesche des Deponenten genügt allerdings, um die ganze Forderung auf eine Privatbank zu übertragen, womit die drohende Gefahr der Konfiskation beseitigt werden kann. Aber sie wird eine tiefe Einsicht in eine politische Situation geben, welche zu verschleiern der über das Guthaben verfügende Staat möglicherweise ein Interesse hat. Außerdem kann die Schuldnerbank die Kündigungsdepesche ihrer Regierung mitteilen, welche dann die ihr passenden Maßregeln ergreifen wird. Die Eventualität eines Verlustes läßt sich dadurch vermeiden, daß der Staat nur mit Banken eines befreundeten Volkes direkt verkehrt und diese an dem gefährdeten Orte durch Filialen oder Geschäftsfreunde für seine Rechnung zu handeln beauftragt.

Guthaben im Auslande werden auch durch Private gehalten. Sie sind im Falle der Mobilmachung und der sich etwa anschließenden Geldklemme sehr wichtig, ebenso wie gute Sichtwechsel, um sich Barmittel zu beschaffen. Im Hinblick darauf hat man es als eine nationale Pflicht der Banken für den Kriegsfall erachtet, daß sie sich schon im Frieden mit einem „starken Portefeuille ausländischer Goldvaluten" versehen.[1])

Dieser Forderung ist als einer berechtigten durchaus beizustimmen. Allein man wird fragen müssen, ob die Banken ein solches Opfer ohne weiteres bringen werden. Denn es gibt bei der wechselnden volkswirtschaftlichen Konjunktur Zeiten, in denen es bei dem großen inneren Geldbedarf recht kostspielig ist, dem Auslande noch Geld zu leihen.[2]) Wäre etwa im Frühjahr 1900 Deutschland in einen Krieg geraten, so würde sich bei dem damaligen industriellen Geldanspruche sehr bald ergeben haben, daß es dem Auslande gegenüber weit mehr auf Wechsel schuldete als es zu fordern hatte. Läßt sich ein politischer Konflikt als bevorstehend vermuten, so versorgen sich die Banken schon aus eigenem Interesse mit guten ausländischen Forderungen: auf ein solches Portefeuille unter allen Umständen zu rechnen, scheint indessen nicht angängig zu sein.

[1]) M. Schinkel a. a. O., S. 43. „Mit Recht wird man von den Banken erwarten, daß sie pro Saldo Geld vom Ausland einziehen können, um auch ihrerseits ihre nationalen Pflichten bei Deckung des ersten Geldbedarfes für Kriegszwecke zu erfüllen."

[2]) Vgl. oben Buch II, Kap. 5, S. 260f.

Einstweilen bleibt daher in Deutschland vornehmlich der Reichsbank die Aufgabe bei der Mobilmachung für Geld und Kapital zu sorgen. Wird sie von den Effektenbanken dabei unterstützt, so ist es um so besser, aber sie wird gut tun, auch allein genügend gerüstet zu sein. Der große sichere Nutzen jener Institute für ihr Land im Kriegsfalle tritt erst während des Feldzuges hervor, sobald es gilt, Anleihen zu vermitteln. Hier sind sie an ihrer richtigen Stelle, weil ihr geschäftliches Interesse sich mit einer nationalen Pflicht wohl vereinigen läßt.

Jeder große moderne Krieg mit seinen Milliardenausgaben und seinen Verkehrsströmungen und Stockungen bringt eine erhebliche Verschiebung in der Verteilung des internationalen Kapitals mit sich. Zunächst bei den kriegführenden Parteien im Verhältnis zueinander oder zu dritten Ländern. Es ist möglich, daß die Neutralen einen Vorteil aus der Situation ziehen, unter Umständen werden auch sie nachteilig betroffen, da ein Krieg wohl politisch auf zwei Mächte, aber niemals weltwirtschaftlich isoliert werden kann.[1])

Am auffälligsten tritt eine Veränderung der Forderungsbilanzen infolge der Aufnahme auswärtiger Anleihen durch die Kriegführenden hervor.[2]) Wer im Auslande bereits verschuldet ist, dem bleibt gewöhnlich nichts übrig als hier von neuem zu borgen, wie das Japan und Rußland 1904/1905 bewiesen haben. Aber bei den gewaltigen Summen, welche heutzutage gebraucht werden, ist es fraglich, ob auch reiche Gläubigerstaaten bei ihren längeren Feldzügen ohne vom Auslande Kapital aufzunehmen auskommen werden, insbesondere der Besiegte, falls ihm eine Milliarden-

---

[1]) Alexander von Peez hat in dem Vorwort zu P. Dehns Weltpolitische Neubildungen 1905, S. XXVIII zutreffend auseinandergesetzt, welche ökonomischen Vorteile England aus einem heutigen deutsch-französischen Krieg ziehen würde. — Während des russisch-japanischen Krieges hat die nordamerikanische Union an großen Materiallieferungen viel verdient. Ob Deutschland im Ganzen ebenfalls verdient hat, wird man bei seinem großen Besitze an entwerteten russischen Bahnprioritäten und Staatsschuldverschreibungen nicht ohne weiteres bejahen dürfen.

[2]) Es gilt dies sowohl für formell auswärtige Anleihen, als auch für solche, die im Inlande aufgelegt, aber von Ausländern gezeichnet und bezahlt werden.

kriegsentschädigung aufgelegt wird. 1871 erschienen die fünf Milliarden, die Frankreich zu geben hatte, eine unerhört große Summe, heute rechnet man, daß der Sieger in einem deutsch-französischen Kriege das doppelte beanspruchen würde.[1])

Während des Burenkrieges hat es selbst das reiche England nicht verschmäht den ausländischen, besonders den amerikanischen Geldmarkt aufzusuchen. Im August 1900 übernahm ein englisch-amerikanisches Bankkonsortium 5 Millionen Pfund Sterling Schatzscheine, im April 1901 30 Millionen Pfund Sterling $2^1/_2$ Proz. Konsols zu $94^1/_2$ Proz. Diese Maßregel war sowohl im Interesse der englischen Finanzwirtschaft als auch in dem des inländischen Geldmarktes und der Effektenbörse gewählt worden. Das Inlandsgeschäft stellte infolge der internationalen Hochkonjunktur von 1900 und der folgenden Krise große Ansprüche an die Geldverleiher, man wollte daher den Druck auf den Londoner Markt mildern, indem man dem zur Zeit leistungsfähigen New Yorker einen Teil der Last aufbürdete. Damit kam man nicht bloß billiger zum Ziele, sondern hielt sich auch die Möglichkeit für weitere Finanzoperationen offen.[2])

Aber auch größere innere, von Inländern bezahlte Kriegsanleihen greifen in den internationalen Kapitalverkehr tief ein. Die Staaten geben ihnen gern den Vorzug, weil sie in der Regel billiger zu stehen kommen, weil sie spätere Zahlungsschwierigkeiten im Auslande ausschließen, und weil die aufgebrachten Zinsen der eigenen Volkswirtschaft zum Konsum und zur Ersparung, zufließen. Da nun der Krieg die innere Kapitalbildung sowohl stört, als auch sehr große Beträge aus laufenden Ersparungen und etwa disponiblen Betriebsmitteln der Gewerbe nicht genommen werden können, so greifen die privaten Zeichner der Inlandsanleihe zum Verkauf der Effekten neutraler Länder, um die Einzahlungen zu ermöglichen, sobald sie von diesem Tausch eine günstige privatwirtschaftliche Meinung haben. Damit schon wird die Gläubigerschaft innerhalb der Weltwirtschaft verschoben.

---

[1]) A. v. Peez, ebendaselbst.

[2]) W. Hilsenbeck, Die Deckung der Kosten des Krieges in Südafrika von 1899 bis 1902 auf Seite Englands. Münchener Volkswirtschaftliche Studien Nr. 66, 1904, S. 30, 55, 70.

Hierbei haben die bisherigen Gläubiger keinen Schaden, falls sie nur die geeigneten Kurse abwarten, die sich nach der Panik wieder einfinden. Anders liegt die Sache mit den Staatspapieren der kriegführenden Mächte. Zieht sich der Feldzug in die Länge, so sinkt der Staatskredit beider, der Sieger wird den seinigen jedoch steigen sehen, wenn die Entscheidung gefallen ist, der Besiegte wird mit dem niedrigen Stand längere Zeit zu rechnen haben. Wie dem nun auch im einzelnen Fall sein mag, das Ausland wird von dem niedrigen Kursniveau profitieren, indem es jetzt kauft. Die inländische Anleihe kommt dann insoweit billig in fremden Besitz und die Wirkung ist für die künftige Verpflichtungsbilanz dieselbe, als ob der Staat zu schlechten Bedingungen im Auslande eine Anleihe aufgenommen hätte. Hinzu kommt noch, daß die früheren inländischen Besitzer der Schuldscheine einen Kapitalverlust erlitten haben.

Die Vorgänge auf dem Weltmarkt in den Jahren 1870 bis 1872 sind für den geschilderten Zusammenhang der inneren Anleihen und dem ausländischen Kapitalismus belehrend, so daß auf dieses interessante geschichtliche Faktum, obwohl es öfters schon besprochen worden ist, hier noch einmal zurückgegriffen werden mag.

Sowohl für die deutschen wie für die französischen inneren Kriegsanleihen — zu formell auswärtigen ist nicht gegriffen worden —, sind die Beträge überwiegend im Inlande aufgebracht worden. Zunächst die deutschen Anleihen.[1]) Die erste war die 5 proz. Bundesanleihe mit einem Nominalkapital von 113773300 Talern, dann folgte die Emission fünfjähriger Schatzscheine von 100000000 Talern.[2]) Dazu kamen noch die bayerische Anleihe von 39690000 Talern, die württembergische mit 12860000 Talern, die hessische mit 1800000 fl. Der Gesamtbetrag von also rund 805 Millionen Mark ist dann aus der französi-

[1]) Eingehende Darstellung bei Adolf Wagner, Jahrbuch für Gesetzgebung, Verwaltung und Rechtspflege des deutschen Reichs, 1874, S. 69ff.

[2]) An dieser Anleihe ist auch England zu einem bescheidenen Teil beteiligt gewesen, sie wäre aber auch in Deutschland leicht unterzubringen gewesen, da hier über 221 Millionen Thaler gezeichnet wurden. Zeitschrift für Kapital und Rente, 1870, S. 178.

schen Kriegsentschädigung alsbald nach dem Kriege zurückgezahlt worden. Daß diese Rückzahlung zu schnell durchgeführt worden ist zum Schaden der deutschen Volkswirtschaft, wird mit Recht angenommen.[1]) Sie fand in einer Periode volkswirtschaftlicher Hausse statt, welche sich durch das dem Markte ziemlich unvermittelt zugeführte Geldkapital zu einer bedenklichen Überspekulation entwickelte und die tiefgreifendste Geschäftskrisis Deutschlands im 19. Jahrhundert mit einer sechsjährigen Depression im Gefolge gehabt hat. Gleichzeitig flossen dem deutschen Leihkapitalmarkt noch weitere Barbeträge aus der französischen Kontribution zu. Dotationen. Entschädigungen, Invalidenpensionen etwa 750 Millionen Mark, welche sich überwiegend dem Effektenmarkt zuwandten, dazu kamen noch vorübergehende Anlagen der Regierung, welche die großen zum Ausbau der Festungen, zur Reorganisation der Armee, der Marine usw. aus der Kriegsentschädigung bewilligten, aber nicht sofort auszugebenden Gelder nötig machten.[2]) In der ersten Hand werden alle diese Summen überwiegend in verschiedenen guten deutschen Papieren investiert worden sein. wenn auch fremde Werte nicht ganz ausgeschlossen waren. Da nun aber die Verkäufer dieser deutschen Effekten wiederum Kapitalanlage suchten, so werden von der zweiten Hand schon erhebliche Posten weniger sicherer Papiere erworben worden sein und vielleicht noch mehr in der dritten und der folgenden. Schließlich sind nach zahlreichen Zwischentransaktionen große Kapitalsummen zugleich unter Ausbeutung des damit ermöglichten Kredits neuen Gründungen. oft recht bedenklicher Art, zugeströmt, sowohl in Deutschland als auch in Österreich. so lange. bis die große Geschäftsstockung mit dem „Wiener

[1]) Klarlegung im einzelnen bei L. Bamberger. Die fünf Milliarden. Preuß. Jahrb. 1873, A. Soetbeer. Die fünf Milliarden. Deutsche Zeit- und Streitfragen. 1874, A. Wagner a. a. O. S. 231ff.. J. Faucher. Die Hinterlassenschaft der fünf Milliarden. Deutsches Handelsblatt. 1874, S. 98—186.

[2]) J. Faucher a. a. O. S. 122. Es waren zu solchen Zwecken 77 Millionen Thaler teils in Schuldverschreibungen deutscher Staaten, teils in Eisenbahnprioritätsobligationen, teils in Pfandbriefen und Kommunalpapieren, fünf Millionen auch in ausländischen Fonds zinstragend angelegt worden. vgl. auch Soetbeer a. a. O. S. 10.

Krach" einsetzte.[1]) In welchem Maße sich der Besitz Deutschlands an ausländischen Effekten in den beiden Jahren nach dem Kriege vergrößert hat, ist ziffernmäßig nicht festzustellen. Auch ist noch ein Abzug insofern zu machen, als zur Deckung der deutschen Kriegsanleihen ein Teil ausländischer Papiere veräußert worden ist.

Frankreich hat zur Führung des Krieges und zur Zahlung der Kontribution an Deutschland, abgesehen von einem von der Bank von Frankreich aufgenommenen Darlehen im Betrage von 1530000000 Franken, vier große Rentenemissionen begeben, welche ein Ergebnis von 6738210635 Franken geliefert haben. Nur mäßig große Quoten sind in England, Deutschland, Holland gezeichnet und übernommen worden, aber hier nicht geblieben, sondern bald nach Frankreich zurückgewandert.[2]) Mithin befand sich diese gewaltige Rentenmenge, welche der Staatskasse eine jährliche Zahlung von 396765346 Franken auferlegte, in der Hand französischer Kapitalisten. Dem kapitalreichen Lande hat diese Schuldaufnahme keine besondere Schwierigkeit bereitet, und das Wirtschaftsleben ist wenig oder gar nicht durch sie geschädigt worden. Nur die Steuerzahler der Zukunft sind stark belastet worden. Die Kapitalisten sind durch die günstigen Anleihebedingungen zu den Zeichnungen bewogen worden. Der wirkliche Zinsfuß war bei der Anleihe vom 23. August 1870 4,99 Proz.,

[1]) Soetbeer a. a. O. S. 42: „Die spekulativen Unternehmungen in Österreich sind hauptsächlich durch die Geldmittel und den Kredit, welche Deutschland aus seinem Kapitalüberfluß vorzugsweise der Wiener Börse und den böhmischen und ungarischen Eisenbahnprojekten usw zuwandte, gesteigert und gehalten worden."

Bamberger a. a. O. S. 450: „In Frankreich hat sich die Zahl der Forderungen an fremde Budgets und Gesellschaften vermindert, und Deutschland hat einen großen Teil dieser freigewordenen Forderungen besonders an Österreich und Italien übernommen."

A. Wagner a. a. O. S. 235: „Ein großer Teil der bisher von Franzosen besessenen Papiere (z. B. österreichische Staatsbahn- und Südbahnaktien und Prioritäten, sog. Lombarden) ist unmittelbar an Deutschland gelangt, oder durch verschiedene Zwischenoperationen hat sich der ausländische Effektenbesitz der europäischen „Kreditorenvölker" zugunsten Deutschlands verschoben."

[2]) Bamberger a. a. O. S. 451.

bei der vom 27. Oktober 1870 7.42 Proz., bei der vom 27. Juni 1871 6,29 Proz., bei der letzten vom 28. Juli 1872 6,06 Proz.[1])

Wie sind nun die Summen von 6 3/4 Milliarden durch die französischen Kapitalisten beschafft worden? Aus der Form, in der die Zahlung an Deutschland gemacht worden ist, läßt sich dieser Vorgang nicht direkt ersehen, sondern nur mutmaßen.

In deutschem Gelde wurden 105 039 145,[2]) in französischem 273 003 058,10 Gold und 239 291 875,75 Franken Silber entrichtet. Dazu kamen 125 Millionen in Billetts der Bank von Frankreich und der Wert der französischen Ostbahn, welche mit 325 Millionen in Zahlung genommen wurde. Mittels Wechsel wurden 4248 Millionen Franken gezahlt, von denen 2799 Millionen auf deutsche, 1488 Millionen auf außerdeutsche Valuta bzw. Mark Banko lauteten.[3])

Von dem Bargeld und den Noten wissen wir, daß beides teils aus öffentlichen Kassen, wohin es durch Steuerzahlung gelangte, teils aus der Bank von Frankreich, teils aus auswärtigen Banken beschafft worden ist.[4]) Man hat sich also nicht etwa die Sache so vorzustellen, als ob die Rentenkäufer Edelmetallgeld dem Verkehr entzogen und dies zur Einzahlung bei der Zeichnung verwendet hätten.

Die Besitzer der Ostbahnaktien und Obligationen haben wohl in der Hauptsache die bei der Liquidation der Gesellschaft empfangenen Werte in französischer Rente angelegt.

Einen so großen Betrag in Wechseln liefern zu können, war Frankreich nur möglich vermöge seiner großen Forderungen im Auslande und vermöge des dort genossenen Kredites. Im einzelnen rührten diese Wechsel aus folgenden vier Posten her:[5])

„1. Aus den neuen Guthaben der Franzosen im Auslande, welche durch Mehrausfuhr oder Abfluß von Metallgeld, besonders

[1]) Nach Soetbeer a. a. O. S. 12.

[2]) M. Bonn. Die Vorgänge am Edelmetallmarkte in den Jahren 1870 bis 1873, 1900, S. 214: „Diese Geldsorten waren mit den siegreichen Heeren ins Innere eingedrungen, die öffentlichen Kassen nahmen sie auf und expedierten sie über die Grenze nach Straßburg."

[3]) Ebendaselbst S. 126.

[4]) Ebendaselbst S. 124—126.

[5]) A. Wagner a. a. O. S. 234—236.

von Gold, infolge der französischen Papiergeldwirtschaft entstanden waren.[1])

2. Aus den Überschüssen der Warenausfuhr über die Wareneinfuhr.

3. Aus den in großem Betrage realisierten französischen Guthaben in ausländischen Kapitalanlagen, besonders Wertpapieren,

4. Aus dem neuen auswärtigen Kredit, den Frankreich im Auslande, darunter auch in Deutschland, für seine Anleihen und sonstige Verpflichtungen fand."

Wenn wir wissen wollen, woher die Kapitalisten Frankreichs die Summen genommen haben, welche für die Anleihen erforderlich waren, so geben uns die Posten 1, 2 und 4 keine Auskunft. Diese Wechselforderungen waren in den Händen von Banken und Kaufleuten, welche ihre Kapitalien jedenfalls nur zum geringen Betrage in neuen Renten festlegten. Sie mögen sich zeitweise an der Rentenspekulation beteiligt haben, aber die eigentlichen definitiven Staatsgläubiger rückten dann nach und nach in ihre Stellen ein. Um so wichtiger ist der dritte Posten. Die französischen Kapitalisten ließen durch ihre Banken ausländische Wertpapiere (z. B. italienische 5 proz. und 3 proz. Rente, österreichische Bahnaktien und Obligationen) in London, Wien, Amsterdam, Brüssel, Berlin verkaufen und exportierten sie, soweit sie sich nicht schon in ausländischem Gewahrsam befanden. Die Bankiers verkauften die Wechsel an den französischen Staat, und die Kapitalisten benutzten ihr Guthaben bei jenen, um an der Rentenemission teilnehmen zu können. Ebenso wurden an der Pariser Börse dort gehandelte fremde Effekten von Ausländern aufgekauft und bezogen. Im übrigen sind die Einzahlungen aus inländischen Ersparungen und sonstigen disponiblen Kapitalien ermöglicht worden.

[1]) Seit dem 12. August 1870 waren die Noten der Banque de France uneinlösbar gemacht und mit Zwangskurs versehen worden. Die Notenemission der Bank betrug beim Ausbruch des Krieges 1455 Millionen Franken bei einem Barfonds von 1245 Millionen, am 15. Juli 1872 wurde die Bank befugt, 3200 Millionen auszugeben. Die tatsächlich höchste Emission am 31. Oktober 1873 lautete auf 3072 Millionen. Vgl. Handwörterbuch der Staatswissenschaften, Artikel Banken, Frankreich.

Aus der erwähnten Tatsache, daß sich in der Kontribution an Deutschland große Beträge deutscher Wechsel befunden haben, kann man ohne weiteres nicht schließen, daß Deutschland in entsprechender Weise direkt von Frankreich Wertpapiere übernommen habe. Bei den ersten Zahlungen der Kriegsentschädigung erhielt die deutsche Regierung erhebliche Wechselbeträge in englischer Valuta, welche dann von ihr gegen solche deutscher Währung umgetauscht wurden. Bei den späteren Zahlungen zog die französische Regierung es vor, dies selbst zu tun. Sie beauftragte die Bankiers ihres Landes, die Wechsel auf England, Belgien usw. in Deutschland zu verkaufen, und benutzte die dafür nun erhaltenen Wechsel deutscher Währung bei der Kontributionszahlung.[1])

Daß aber auch von Deutschen Kapitalien übernommen wurden, welche bisher in Deutschland von Franzosen angelegt worden waren, geht u. a. auch daraus hervor, daß einige größere Bergwerksunternehmungen am Rhein aus französischem in deutschen Besitz übergingen. Dieser Betrag diente zum Ausgleich mehrerer Millionen.[2])

Die oben genannten vier Arten von Wechseln geben keine Auskunft darüber, aus welchen Fonds die 5 Milliarden reell gezahlt worden sind. Sie geben sie nur über die Vermittlung, welche während der Zahlungszeit benutzt werden konnte. Die Kontribution ist in zwanzig Monaten beglichen worden, was nicht bloß den Beweis dafür liefert, daß die französische Regierung das Geschäft geschickt abgewickelt hat, sondern auch, daß Frankreich ein sehr reiches Land war. Das damalige Vermögen des Landes ist von Leroy Beaulieu auf 140 Milliarden Franken geschätzt worden und die jährlichen Ersparnisse auf 2 Milliarden.[3]) Von letzteren flossen 6—700 Millionen Zinsen und Dividenden aus dem Auslande, so daß man die dortige Kapitalanlage unter Zugrundelegung von 4 1/2 Proz. auf etwa 15 Milliarden veranschlagen kann.[4])

[1]) Bonn a. a. O. S. 124. Viktor Bonnet, Revue des deux mondes, 1873, S. 262.

[2]) Bamberger a. a. O. S. 451.

[3]) Journal des Économistes. 1871. III. S. 156.

[4]) L'économiste français, 1874, Rapport fait au nom de la commission du budget de 1875 par Léon Say.

Die Kriegsentschädigung ist aller Wahrscheinlichkeit in folgender Weise real entrichtet worden:

1. Überwiesenes Edelmetall, welches sowohl der Zirkulation durch Vermittlung der öffentlichen Kassen entnommen wurde als auch aus dem Besitz der Bank von Frankreich stammte. Ein mäßiger Teil ist vermutlich auch aus ausländischen Banken gezogen worden, wofür dann andere Werte hingegeben werden mußten. Der Gesamtbetrag ist rund 700 Millionen Franken.

2. Da Frankreich vom Auslande 6—700 Millionen Franken an Zinsen und Gewinnen aus dem Auslande zu fordern hatte, standen ihm in den drei Jahren 1871—1873 etwa zwei Milliarden auswärtige Wechsel zur Verfügung, welche auf diese Forderungen gezogen wurden. Da diese Wechsel sehr gesucht waren, sind diese zwei Milliarden nicht nach Frankreich eingezogen worden, sondern die Beträge sind an Deutschland überwiesen worden. Die Franzosen konnten also diese zwei Milliarden weder im Lande konsumieren noch zu neuen Anlagen im Auslande verwenden.

Die Einkommenshöhe gestattete den Franzosen vor dem Kriege etwa 700 Millionen jährlich in fremden Ländern zu investieren,[1]) so daß sie ihr ganzes ausländisches Zinsen- und Dividendeneinkommen so verwenden konnten. Das Passivum ihrer Handelsbilanz deckten sie unschwer durch Beträge, welche der Fremdenstrom jährlich ins Land brachte, und welche zwischen 200 und 300 Millionen schwankten.[2])

Der auswärtige Handel gewährte von 1867—1873 folgendes Bild:

	Einfuhr Franken	Ausfuhr Franken	Mehreinfuhr Franken	Mehrausfuhr Franken
1867	3 026 500 000	2 825 900 000	200 600 000	—
1868	3 303 700 000	2 789 900 000	513 800 000	—
1869	3 153 100 000	3 074 900 000	78 200 000	—
1870	2 867 400 000	2 802 100 000	65 300 000	—
1871	3 566 700 000	2 872 500 000	694 200 000	—
1872	3 570 300 000	3 761 600 000	—	191 300 000
1873	3 600 200 000	3 926 900 000	—	326 700 000

[1]) Nach Leroy Beaulieu a. a. O. [2]) Nach Léon Say a. a. O.

Die vier Jahre 1870—1873 stehen unter dem Einfluß des Krieges und deren Folgen. 1870 leidet zugleich mit der inneren Produktionseinschränkung der auswärtige Handel. 1871 wird eine starke Zunahme der Einfuhr nötig, da vieles sachlich zu ersetzen ist, was im Kriege zerstört ist. 1872 und 1873 haben eine große Mehrausfuhr. welche wenigstens teilweise auf den andauernd günstigen Wechselkurs zurückzuführen ist, welcher im Ausland auf französische Plätze bestand. Da dieser Kurs sich mit der Kontribution in ursächlichem Zusammenhang befand, hat man die Belebung des französischen Außenhandels aus der Milliardenzahlung erklärt, welche also, wenn auch nicht nach Deutschland, so doch ins Ausland überhaupt zum Teil Warenform angenommen habe. Allein dies ist eine Übertreibung. In Europa und Nordamerika war während der beiden Jahre ein gewaltiger spekulativer Geschäftsaufschwung, welcher auf die Höhe der großen Export- und Importziffern Frankreichs nicht ohne Einwirkung geblieben ist. Dem Mehrexport dieser Zeit steht der Mehrimport von 1871 gegenüber, der nicht einmal durch jene beiden guten Jahre kompensiert werden konnte (694 200 000 Franken gegen 518 000 000 Franken).

Die Mehrausfuhr gestattete jetzt den Franzosen die Beschaffung von Warenwechsel für die Regierung, allein die Warenausfuhr kann nicht als reale Quelle der Kontributionssumme angesehen werden.[1])

3. Wir haben festgestellt, daß 700 Millionen Franken in bar, zwei Milliarden nicht eingezogener Zinsen und Dividenden aus dem Auslande der reale Fonds der Milliardenzahlung sind. Der Rest dürfte überwiegend auf Effektenverkauf an Ausländer entfallen. Wäre dies nicht so gewesen, so hätten diese 2,3 Milliarden aus heimischem Besitz beglichen, und dann hätte mehr Geld oder mehr Ware exportiert werden müssen. Ohne das wären die Wechsel für die deutsche Regierung nicht zu beschaffen gewesen. Wir müssen also die Quelle des Effektenverkaufes als vorhanden annehmen, weil keine andere vorhanden ist. Ein vollständig induktiver Beweis läßt sich nicht erbringen. Indessen steht es fest,

---

[1]) Dieser Meinung ist auch Léon Say a. a. O.

daß verschiedene in Frankreich eingelöste Coupons in diesen Jahren stark reduziert worden sind.[1])

Der Effektenverkauf konnte aber nur stattfinden, wenn die französischen Kapitalisten darin, zugleich im Hinblick auf den Preis der zu kaufenden französischen Rente, ihren Nutzen fanden.

In London notierten z. B.:

		31. Dez. 1870	30. Dez. 1871	28. Dez. 1872
Italienische	5 % Rente	55 1/2	68 1/8	66 3/8
Portugiesische	3 % „	32 1/4	38 5/8	42 3/4
Türkische	5 % „	43 3/4	52 1/2	54 1/4

In Paris notierten:

		Italienische 5 % Rente	Türken 5 %	Russen 1870er	Ver. Staaten 5 % Bonds
am 4. Juli	1872	68,80	52	95 1/4	103 3/4
„ 23. Juli	1872	67,70	52	95	104
„ 1. August	1872	68,75	54,40	95	105 1/2
„ 12. September	1872	68,77	54	94 3/4	107
„ 31. Oktober	1872	68,70	54,70	94 7/8	106 7/8
„ 19. Dezember	1872	67,90	55,50	97	103 3/4

Die günstige Marktlage jener Zeit gestattete demnach sehr wohl den Verkauf ausländischer Wertpapiere. Andrerseits wurde die französische Rente zu solchen Kursen emittiert, daß die Franzosen gern zugriffen, ganz abgesehen davon, daß sich bei ihnen die heimische Rente einer großen Beliebtheit erfreute. Auf die 1872er Rente, zu 84 1/2 emittiert, wurde im ganzen Lande 17 350 Millionen gezeichnet, während die Emission etwa ein Achtel davon betragen hat.

Im Anschluß hieran ist noch ein Einwand gegen die Behauptung, daß die Franzosen etwa zwei Fünftel ihrer Kontribution durch Veräußerung ausländischer Effekten bezahlt haben, zu erwähnen. Man könnte sagen, die neuen französischen Rentenpapiere seien

[1]) Léon Say a. a. O. Von 1868—1872 ging die italienische Rente von 85 auf 66 Millionen pro Jahr zurück, türkische Coupons umfaßten am 1. Januar 1870 3,2 Millionen, am 1. Januar 1873 nur 665 225 Franken. Vgl. auch Soetbeer a. a. O. S. 22 Anm., welcher den Verkauf italienischer Papiere im Betrage von 350 Millionen Franken erwähnt. Wahrscheinlich sind auch viel österreichische Papiere von Franzosen auf den Mark gebracht worden, wie Lombarden und 5 proz. österreichische Rente.

zum Teil ins Ausland gegangen und mit dem Erlös sei Deutschland befriedigt worden. Zu dieser Annahme könnte man verleitet werden durch die umfangreichen Zeichnungen, welche anläßlich der Emission von 1872 im Auslande erfolgten.[1]) Diese Zeichnungen waren indessen fast nur im Interesse der Spekulation auf Kurssteigerung vorgenommen. Was dem Auslande zugeteilt worden ist, ist nach wenigen Wochen bereits vom Inlande aufgesogen worden. Die Verkäufe des Auslandes äußern sich schon im August 1872 im Rentenfall deutlich, im November waren bereits die ausgewanderten Stücke größtenteils wieder in das Emissionsland zurückgekehrt.[2]) Für die französische Regierung sowohl, wie für die französischen Kapitalisten war diese kurze Intervention des Auslandes nicht ohne Nutzen. Jene konnte sich in diesen Wochen mit Auslandswechseln versehen, und diese gewannen Zeit um ihre Auslandseffekten, aus deren Erlös sie die französischen Renten kauften, nach und nach an die Börse zu bringen, ohne Kursverluste erleiden zu müssen.

So hat sich die Fünfmilliardenzahlung ohne Schwierigkeit für das Land vollzogen. Erleichtert wurde das Geschäft durch den großen Produktions- und Handelsaufschwung, welcher dem Kriege folgte und die Börsekurse günstig beeinflußte. Frankreich war ein reiches Land und hat die große finanzielle Last des Feldzuges und des Friedensschlusses nicht schwer zu tragen gehabt. Die Ersparnisse gestatteten 1871 bis 1873 ihm sogar außer der Staatsschuld noch andere Emissionen vorzunehmen, wie z. B. die 350 Millionen Anleihe der Stadt Paris (1871) und die 6 Proz. Bonds der Stadt Washington (1872). Aber zweifellos bleibt dies, daß in jenen Zeiten der kriegerischen und politischen Katastrophen der ausländische Effektenbesitz dem Volk und der Regierung von

[1]) London zeichnet 324 Millionen Franken Rente. Amsterdam 52, Antwerpen 51, Hamburg 56, Köln 207, Frankfurt 206, Wien 17, Genf 23, Berlin 175. Auch aus Italien und Konstantinopel waren Anmeldungen erfolgt. 24 bis 25 Milliarden Kapital war so den Franzosen angeboten worden. Es wußten die auswärtigen Zeichner jedoch sehr gut, daß sie nur auf eine kleine Quote rechnen konnten, da die inländischen bevorzugt wurden. Vgl. The Economist v. 3. August 1872 und spätere Nummern. Die Renten wurden vor ihrer Ausgabe mit einer Prämie bis zu 5 Proz. gehandelt.

[2]) The Economist a. a. O.

hohem Werte gewesen ist. Hätten ihn die Franzosen nicht besessen, so hätten sie zu einer auswärtigen Anleihe greifen, oder Milliarden innerer Rente im Auslande verkaufen müssen. Dies blieb ihnen erspart und Frankreichs Eigenschaft, Gläubigerstaat in der Weltwirtschaft zu sein, wurde, wenn auch zeitweise herabgesetzt, so doch im Prinzip nicht angetastet.

In der großen Wichtigkeit, welche der ausländische Effektenbesitz für den Gläubigerstaat im Kriegsfall einnimmt, hat man Argumente gegen bestehende gesetzliche Einrichtungen des deutschen Börsenwesens und der Börsenbesteuerung finden wollen.[1]) Wenn die Steuer ermäßigt und der Terminhandel erleichtert würde, so könnte die Börse die heimische Finanzwirtschaft schneller mit Kapital versorgen. Das ist zugegeben, die Frage ist indessen, genauer gefaßt, die, ob bei dem heutigen Zustande der Gesetzgebung eine ausreichende Kapitalbeschaffung nicht auch schon möglich ist. Die Gegner des Börsengesetzes verfallen in die pessimistische Vorstellung, als ob ausländische Anleihen von unserem Markte ferngehalten würden, wir also über fremde Werte im Kriegsfall nicht zu verfügen vermöchten, und als ob der börsenmäßige Verkauf der fremden Effekten so erschwert werde, daß er zeitweise ganz unterbleiben müsse. Dem ist aber keineswegs so. Es ist nur daran zu erinnern, daß Deutschland in den letzten Jahren neben vielen anderen fremden Werten große Beträge russischer und japanischer Anleihen übernommen hat, und, wenn es gewollt hätte, noch mehr davon hätte haben können. Die Emissionssteuer hat diese Anleihen wahrlich nicht vom deutschen Wirtschaftsgebiete ferngehalten. Auch der Verkauf ausländischer Papiere während eines Krieges wird durch die bestehenden Einrichtungen nicht unterbunden. Wer im Falle der Panik verkaufen will, hat mit so großen Kursschwankungen zu rechnen, daß die Umsatzsteuer dem gegenüber ohne Belang ist.

[1]) Denkschrift betreffend die Wirkungen des Börsengesetzes vom 22. Juni 1896 und der durch das Reichsstempelgesetz vom 14. Juni 1900 eingeführten Börsensteuererhöhung. Berlin 1903, herausgegeben vom Zentralverband des deutschen Bank- und Bankiergewerbes: und M. Schinkel a. a. O. S. 43.

Bei späteren Abgaben, wenn sich die Kurse wieder erholt haben, fragt sich der Verkäufer an erster Stelle, ob die Bedingungen der neuen inländischen Anleihe, zu deren Zeichnung er den Erlös gebraucht, derart sind, daß ihm der Tausch ratsam erscheint, in welchem Kalkül die Steuerzahlung nur wenig ausmacht. Kriege sind für die Börsen anormale Zeiten mit großen Kursbewegungen. und kleine, verkehrsstörende Hindernisse werden leicht übersprungen. Anders in Zeiten des gleichmäßigen, ruhigen Geschäftes und der alltäglichen Spekulation. Hier soll im Kleinen und, wenn möglich, regelmäßig verdient werden, und kleine dauernde Hemmnisse werden leicht als große Widerwärtigkeit empfunden.

Es dürfte daher die Argumentation mit dem Kriegsfall keine glückliche Idee gewesen sein, um die bestehende Gesetzgebung anzugreifen. Das nationale Pathos erscheint hier etwas deplaciert und seine Verwendung schadet den Börseninteressenten mehr, als sie nützt.

VIERTES BUCH.

EXPORTKAPITALISMUS UND GESELLSCHAFT.

Erstes Kapitel.

Der Rentnerstaat. Aus Hollands Vergangenheit.

Zwei Geschichtsauffassungen über den Niedergang eines Volkes stehen einander gegenüber: die eine kann man die äußere, auch die materielle, speziell die ökonomische, die andere die innere oder die physiologisch-psychologische nennen. Jene geht von dem Gedanken aus, daß es natürliche Zustände des Landes und geschichtliche Tatsachen sind, welche die Schwächung der Schaffenskraft, der Lebensfreudigkeit, des Machtwillens hervorbringen, diese davon, daß sich in der Beschaffenheit der das Volk, insbesondere die einflußreichen Klassen bildenden Individuen eine Veränderung vollzieht, welche aus deren eigenstem Wesen folgt.

Die erstere ist ihrer Einfachheit wegen leicht begreiflich und daher verbreitet. Sie läßt sich überall verwenden, und die geschichtlichen Ereignisse lassen sich ihr unschwer anpassen. Ein Volk geht z. B. nach ihr zugrunde, weil es starke, mächtige Feinde hat, welche ihm die politische Selbständigkeit mit der Gewalt der Waffen rauben. So unterlag Hellas den Römern, Rom den Germanen. Die Theorie der äußeren Einwirkung kann sich verfeinern, sich etwa auf besondere ökonomische Erscheinungen stützen: „Latifundia perdidere Italiam" sind die bekannten Worte des Plinius; die Bodenerschöpfung ruinierte die italische Landwirtschaft und damit den römischen Kaiserstaat, suchte Liebig zu verbessern; die ungenügend entwickelte Geldverkehrswirtschaft verhinderte die Ausbildung der zentralisierten politischen Verwaltungstechnik im römischen Weltreiche und machte den Staat unfähig, dem Barbarenansturm zu trotzen, hat Rodbertus-

Jagetzow behauptet. Während hiernach ein Zuwenig an wirtschaftlicher Kraft und Bewegung den Volks- und Staatsruin heraufbeschwor, erklären andere Schriftsteller den Verfall aus dem zu großen Reichtum der herrschenden Klasse, welcher soziale Ungleichheit, Luxusleben, Verweichlichung und Sittenverderbnis nach sich gezogen habe. So hätten z. B. im achtzehnten Jahrhundert die Niederländer Macht und Kultur durch den korrumpierenden Einfluß des Geldstromes, der sich aus ihren Kolonien ergossen habe, verloren.

Allein solche Erörterungen machen es nicht genügend verständlich, warum oft kleine Völker von der Übermacht großer oder von der Koalition mehrerer nicht erdrückt werden konnten, z. B. das kleine Griechenland nicht von dem Perserkönig, Preußen mit seinen sechs Millionen Einwohnern im Siebenjährigen Krieg nicht von drei Großmächten, warum Länder mit einseitig aristokratischer Grundbesitzverteilung, wie England, von der Mitte des achtzehnten bis zur Mitte des neunzehnten Jahrhunderts politisch und wirtschaftlich rasch erstarkt sind, warum Staaten mit ganz zerrütteten Finanzen glänzende und siegreiche Kriege führen konnten, wie das revolutionäre Frankreich von 1793, warum Reichtum, Üppigkeit und Luxus keineswegs immer verderben, wie denn trotz derselben die Stadt Venedig durch mehrere Jahrhunderte hindurch immer machtvoller geworden ist.

Die innere oder psychologische Auffassung leugnet die Möglichkeit eines Einflusses der äußeren Vorgänge auf den Verfall nicht, sieht in ihnen aber nicht die entscheidende Ursache. Nach ihr haben alle gesunden Völker in sich das Streben nach äußerer politischer und innerer kultureller Betätigung, welches durch Feinde und schwierige Daseinsbedingungen oft genug gesteigert worden ist. Aber die gewonnene hohe Blüte kann nicht dauernd anhalten, auf die übergroße persönliche Kraftausgabe folgt in den Erben der großen Zeit eine Abspannung, ein Bedürfnis nach Erholung. Dieser Zustand des natürlichen Nachlassens bedeutet an sich keineswegs immer eine vollständige Erschöpfung, schon deshalb nicht, weil nicht alle sozialen Klassen gleichmäßig betroffen sind, in der unteren, geistig weniger verbrauchten — ist sie tüchtiger Rasse — viel latente Kraft vorhanden sein kann. Das

Unglück des Volkes bricht herein, wenn in diesem Zeitpunkt der Ermüdung äußere, ungünstige Ereignisse eindringen. Verlorene Kriege, Verluste an Kolonien und äußeren Warenabsatz, innere Rassen- und Glaubensdifferenzen, Allianzen fremder Mächte können stark genug sein, um den jetzt Widerstandslosen schwer zu schädigen, wenn nicht ihm den Todesstoß zu versetzen.

Oft genug haben sich die Völker aus dem Zustande der Hinfälligkeit wieder aufgerafft, wenn ein günstiges Geschick sie vor äußeren Katastrophen bewahrt hat.

Diese Auffassungsweise des Völkerlebens kann auch einen Wink für die praktische Politik enthalten. Nach jeder großen Kraftausgabe bedarf die Nation durchaus der Ruhe. Das meinte auch Fürst von Bismarck, als er einen langen Frieden nach der Reichsgründung für Deutchlands Gedeihen als dringend erforderlich hielt. Ebenso scheint das heutige England zu verstehen, daß es nur eine bestimmte Menge von Energie zur Verfügung hat, von der es zu seiner politischen und wirtschaftlichen Expansion in den letzten Jahrhunderten viel verbraucht hat, und daß internationale Vorstöße in verschiedenen Zeiten verschieden zu bewertende Wagnisse sind.

Die zweite Geschichtsauffassung hat eine prinzipielle Bedeutung für unsere Untersuchung der sozialen Erscheinungen, welche der Exportkapitalismus im Gefolge hat. Wir haben ihn als äußere Tatsache zu würdigen, der das sozial-psychische Leben eines Volkes in mannigfacher Weise beeinflußt, wir haben aber zugleich zu unterscheiden, ob sein Eingreifen in die Geschichte während der Zeit des Aufstrebens, der Ruhe, der Dekadenz eines Volkes vor sich geht.

Die volkswirtschaftliche Umbildung hat sich in den letzten Jahrhunderten in der Weise vollzogen, daß an die Stelle der Eigenproduktion die verkehrsmäßige als die vorherrschende Form der Gütererzeugung getreten ist. Während bei jener der Wirtschafter innerhalb seines Betriebes in der Hauptsache alles das erzeugte, was er und seine Angehörigen bedurften, wird er bei dieser Spezialist, schafft nur bestimmte Waren, welche er, soweit er sie nicht selbst gebraucht, gegen andere, die er nötig hat, umtauscht.

Bei der ersteren geht die Bedarfsdeckung innerhalb des Staatsgebietes vor sich. bei der zweiten ist dies nicht nötig, wenn auch möglich. Die Produktionsverteilung kann über die Landesgrenzen hinaus verlegt werden, woraus eine weitere volkswirtschaftliche Entwicklungsstufe entsteht, welche den gegenwärtigen Gegensatz von Agrar- und Industriestaat umfaßt.

Nun steht die wirtschaftliche Entwicklung unter dem Zeichen der fortschreitenden Produktions- und Verkehrstechnik nicht still. Auch Agrar- und Industriestaat sind voraussichtlich nur Übergangserscheinungen, und die große heutige Frage. des nationalökonomischen Nachdenkens aufs höchste würdig. ist die: was folgt dann?

Eines ist zunächst unbestreitbar. Alle größeren Agrarstaaten, soweit sie mit einem tüchtigen Menschenschlag ausgerüstet sind, und soweit das Klima es ihnen gestattet, streben mit politischen und anderen Mitteln dahin, Industrien daheim zu schaffen und sich so vom Auslande mehr und mehr unabhängig zu machen. Die Vereinigten Staaten sind bereits voller Erfolge, ein Vorbild für die übrigen. Kanada, Mexiko. Argentinien, Australien, Neu-Seeland eifern ihnen nach. In Europa geht Rußland denselben Weg, und die Staaten im Südosten des Erdteils möchten es dem Zarenreiche gleichtun.

Welche Aussichten bleiben nun für die heutigen Industriestaaten, wie für Großbritannien. Deutschland. Österreich, Belgien. die Schweiz?

Der nächstliegende Ausweg, der ihnen empfohlen worden ist, ist die Umformung ihrer Industrien im Sinne stärkerer Spezialisierung. insbesondere auf dem Gebiete der Ganzfabrikate. Man rät also den Industriestaaten. solche zu bleiben, aber bezüglich ihrer Exportware sich dem wechselnden Weltbedarf anzupassen. und da die weniger ausgebildeten Volkswirtschaften sich zunächst auf die Herstellung derjenigen Produkte legen, in denen der Faktor Rohstoff eine größere Bedeutung hat, möglichst solche Gegenstände anzufertigen. in welchen viel qualifizierte und mit kunstvollen Maschinen und Werkzeugen ausgestattete Arbeit steckt.

Dieser Rat wird sicherlich befolgt werden und entspricht der heutigen bewährten Praxis der Industriestaaten, zu neuer Ware im Welthandel überzugehen, sobald für bisheriges Exportgut der auswärtige Markt eingeschränkt oder verschlossen wird.

Die Gefahr ist freilich immer die, daß die jüngeren Länder rasch nachfolgen .und die älteren immer mehr in die Enge getrieben werden. Denn in der Zeit des Dampfes und der Elektrizität wächst nicht bloß der Reichtum schnell an, sondern die konkurrierenden Neugründungen werden mittels des Kapitalexportes in kürzester Frist geradezu aus dem Boden gestampft.

Aber wir wollen den Eintritt solcher den Absatz des spezialisierten Industriestaates überhaupt hemmender Ereignisse zunächst in weitere Ferne setzen. Dann bleibt immer die offene Frage, ob der vertiefte, industrielle Spezialismus eine ausreichend genügende Ausdehnung erhalten kann.

Nehmen wir an, daß ein Land sich auf feine Baumwollgarne, vollendete Stahlwerkzeuge und Maschinen, eigenartige Woll- und Seidengewebe einrichtete und daneben noch ein leistungsfähiges Kunstgewerbe besäße, so müßte es von Produkten dieser Industrien zunächst soviel in der Fremde verkaufen, daß es dafür die von ihm nicht hergestellten, aber benötigten Industriewaren, wie gröbere Textile und metallische Halbfabrikate beziehen könnte. Das würde ihm vielleicht möglich werden. Aber es muß auch für Roh- und Hilfsstoffe und für Lebensmittel ein Äquivalent schaffen. Daß dasselbe wieder in den gleichen feinen Fabrikaten ganz oder zum Teil bestehen könnte, wäre selbst dann nicht anzunehmen, wenn es darin ein Weltmonopol besäße, also mit der Konkurrenz anderer einseitiger Industriestaaten nicht zu rechnen hätte. Denn jede nach Wertgrößen aufgestellte Importstatistik zeigt, daß die Quote an hochbewerteten Ganzfabrikaten im Vergleich zu den Massenprodukten gering ist und nur langsam gesteigert werden kann, weil in keinen Waren so leicht eine Überproduktion eintritt als in jenen.

Eine befriedigende Lösung der Schwierigkeiten des Industriestaates kann daher nicht darin gefunden werden, daß er immer einseitiger wird. Vielmehr treibt er damit nur in neue Gefahren hinein.

Eine andere Möglichkeit für ihn besteht darin, daß er die Grenze einer Steigerung und Spezialisierung des industriellen

Exportes rechtzeitig begreift, mit anderen Staatsgebieten sich verbindet und innerhalb des vergrößerten Wirtschaftsgebietes auf die übertriebene Ausbildung des Exportindustrialismus Verzicht leistet. Das Ideal wäre hier der reiche und harmonisch zusammenstimmende Besitz möglichst vieler produktiver Kräfte, welcher den Verkehr mit anderen der Union fremden Staaten zwar keineswegs ausschließen, ihm aber die primäre Wichtigkeit nehmen würde, welche dem Industriestaat eigen ist. Diese Art der Weiterbildung bietet indessen große politische, administrative und finanzielle Schwierigkeiten, welche zunächst hinweggeräumt werden müssen.

In der Gegenwart ist eine starke Bewegung, welche sich an den Namen Chamberlains anknüpft, in England im Gange, welche auf nichts Geringeres als auf das genannte Ziel hinstrebt. In einem einheitlichen Imperium der angelsächsischen Rasse, welches das vereinigte Königreich und seine Kolonien umfassen soll, sollen — ohne daß zunächst an einen inneren Freihandel gedacht wird — die landwirtschaftlichen, bergbaulichen, industriellen, transportlichen, merkantilen und kapitalistischen Kräfte möglichst zu einer Einheit zusammengefaßt werden. Das Mutterland hätte dabei zunächst ein Opfer im Interesse eigener, künftiger Sicherstellung zu bringen, indem es der weiteren rücksichtslosen Ausgestaltung seiner gegenwärtigen Forcen einige Schranken auferlegen müßte. Sollte dieses wirtschaftliche und politische Ganze ins Leben treten, so würde das kontinentale westliche Europa nicht zögern dürfen, ebenfalls den Unionsgedanken aufzunehmen und an seine praktische Ausgestaltung heranzugehen.[1])

[1]) Vgl. des Verf. Beiträge zur Beurteilung einer wirtschaftlichen Föderation von Mitteleuropa. Zeitschrift für Sozialwissenschaft, Bd. V, Heft 7—11. — Nach G. v. Schulze-Gaevernitz, Britischer Imperialismus und englischer Freihandel, Leipzig 1906, S. 167, ist der innerste Beweggrund der Finanzreform Chamberlains nicht wirtschaftlicher, sondern politischer Natur. Ich glaube nicht, daß man so streng scheiden kann, daß der wirtschaftliche Plan der Zolldifferenzierung nur als ein Mittel, ein politisches Ziel zu erreichen gelten kann. Gewiß ist der Gedanke vorhanden, Mutterland und Kolonien durch wirtschaftliche Maßregeln zusammen zu schweißen, aber zugleich sieht doch die englische Industrie einen Ausweg aus dem heutigen erdrückenden Konkurrenzkampf in der Schaffung eines gesicherten Absatzgebietes. Der geplante Einheitsstaat ist zugleich gedacht als der Überwinder

Ein dritter Ausweg für den Industriestaat, aus seiner Einseitigkeit herauszukommen, ist die erhöhte Pflege der Urproduktion, insbesondere der Landwirtschaft, so daß diese ihre alte Bedeutung wiedergewinnt. Frankreich konnte ihn zur rechten Zeit einschlagen und hat ihn unter den besonderen Bedingungen seiner natürlichen Beschaffenheit und seiner Bevölkerungsbewegung mit Erfolg betreten können. Ob das gleiche auch Deutschland glücken wird, nachdem eine dahinzielende Wirtschaftspolitik eingeschlagen worden ist, wird in den nächsten 10—20 Jahren als Ergebnis der laufenden Zolltarifperiode zur Entscheidung gelangen. Was England in dieser Beziehung zu hoffen hat, wird in dem nächsten Kapitel besprochen werden.

Es gibt nun noch eine vierte, wenn auch keineswegs erfreuliche Möglichkeit für den Industriestaat, sich umzuwandeln, welche gegenwärtig in den Ansätzen wohl zu verfolgen ist. Die Formel lautet: Der Industriestaat wird zum Rentnerstaat.

Wie sich im individuellen Leben der Geschäftsmann nach angestrengter, vieljähriger Arbeit, nach Entbehrungen und sparsamer Haushaltung im Alter vom Geschäft zurückzieht, um von dem erworbenen Kapital die Renten zu genießen, so kann es auch ein Volk oder genauer seine besitzende Klasse machen, wenn auch der Vorgang für die Gesamtheit ein mehr oder minder unbewußter ist. Diejenigen jedoch, die das Tun der Nation als Ganzes übersehen, und diejenigen, welchen ihre Leitung anvertraut ist, haben Stellung zu nehmen, entweder den Übergang zum Rentnerstaat zu billigen oder dagegen mit Wort und Schrift anzukämpfen. Denn gefährlich erscheint es immer für ein Volk, sich zur Ruhe setzen zu wollen, selbst wenn in dem geschaffenen Zustand die Garantie eines gesicherten und so reichlichen Nationaleinkommens gegeben ist, um die politische Weltmachtstellung zu behaupten und weitgehende sozialpolitische Pläne zu verwirklichen.

Doch versuchen wir zunächst, das Wesen des Rentnerstaates nationalökonomisch zu erfassen, zumal der Begriff in Leben und Wissenschaft noch wenig Beachtung gefunden hat.

des einseitigen Handels- und Industriestaates. Ob die englischen Industriellen sich nicht irren, ist eine Frage für sich, welche weiter unten noch zu berühren ist.

In allen europäischen Staaten, welche zu größerem Reichtum gelangt sind, und in denen Geldwirtschaft und Kapitalismus die Ökonomie bestimmen, gibt es die soziale Klasse der Rentiers. Personen, welche ausschließlich von Renten, Zinsen, Dividenden usw. leben, also nicht arbeiten, um zu verdienen. Wenn es auch im allgemeinen richtig ist, daß in alten Ländern relativ mehr Rentner leben als in jungen, und die Zahl überhaupt absolut wächst, wenn der Reichtum des Landes zunimmt,[1] so folgt jedoch daraus nicht, daß sich die Rentnerklasse etwa proportional mit dem Kapital vermehrt, oder daß sie einen großen Umfang annehmen muß, wenn das Einkommen eines Volkes dies gestattet. Man wird schwerlich behaupten können, daß sich in Deutschland und in den Vereinigten Staaten, wo der Reichtum seit 1870 gewaltig gestiegen ist, in entsprechender Weise die Rentnerzahl vergrößert hat. Ihr Umfang wird an erster Stelle beeinflußt durch die Stärke des sozialpsychischen Faktors nicht wirtschaftlich arbeiten zu wollen.

Die Rentnerklasse umfaßt zwei Arten von Menschen, deren jede einer besonderen Wertung unterliegt: 1. Diejenigen, unter denen die Renten gebenden Fonds durch Generationen derart vererbt werden, daß die Nachkommen wie die Vorfahren ausschließlich davon leben. Ein Erbrecht, welches die Zersplitterung des Vermögens verhindert, stärkt und erhält diese Gruppe. Die nachgeborenen Kinder, welche keine oder nur geringe Kapitalien erhalten, sind dann von neuem auf den persönlichen Erwerb angewiesen. Aber auch dort, wo der Besitz zu gleichen Quoten unter die Kinder geteilt wird, kann die erbliche Rentnerschicht fortbestehen, wenn die Kinderzahl in den Familien gering und die Rente groß genug ist, um bei sparsamer Lebenshaltung neue Ersparnisse zu ermöglichen.

2. Diejenigen Personen, welche sich nach Arbeit und Erwerb zur Ruhe gesetzt haben. In je früheren Lebensjahren dies geschieht, ein um so größerer Ausfall an produktiver Betätigung ist für die Volkswirtschaft vorhanden. Die Kinder gehen wieder zur

[1]) George Ramsay B. M., An Essay on the distribution of wealth, Edinburgh 1836, S. 201ff.

Arbeit über, wenn sie es später aber ebenso wie die Eltern machen, so lebt in dem Lande immer ein fester Stamm solcher Rentner, welcher mit der Bevölkerung und dem Wohlstande anwachsen kann.

Neben diesen beiden Gruppen eigentlicher Rentner gibt es nun auch Personen, welche einen erwerbstätigen Beruf ausüben und zugleich Renten beziehen, welche ihnen die Lebenshaltung erleichtern. Dabei ist wieder die Unterscheidung zu machen, welche eine besondere ökonomische und soziale Beurteilung nach sich zieht, ob diese Betätigung auf einem Geschäft beruht, oder ob sie im Dienst des Staates, der Gemeinde, der Kirche, der Kunst, der Wissenschaft usw. ausgeübt wird. Denn ein Industrieller, welcher nur die eine Hälfte seines Kapitals in seine Fabrik steckt, die andere in Staatspapieren anlegt, wird nicht von starkem Unternehmungsgeist beseelt sein, ein politischer Schriftsteller, der sorgenlos von Honoraren und Renten lebt, genießt eine Freiheitssphäre, in welcher die Unabhängigkeit der Meinung am besten gewährleistet ist.

Der Umstand nun, daß in einem Lande alle die vorgenannten Klassen vertreten sind, ist jedoch keineswegs genügend, es als Rentnerstaat zu bezeichnen. Denn der Gegensatz zu diesem ist der wirtschaftlich tätige, und das Vorhandensein großer Rentenbezüge schließt nicht aus, daß der bei weitem größte Teil des Volkes arbeitsam oder unternehmend ist. Wenn die Renten im Lande selbst erarbeitet werden, und durch Vermittlung, sei es der Privatwirtschaft, sei es der Besteuerung, überwiesen werden, so erschöpft sich der Vorgang, volkswirtschaftlich beleuchtet, in der Frage der Einkommensverteilung. Anders ist es aber, wenn die Renten aus fremden Ländern eingehen. Ihrer Vermehrung entspricht keine solche der produktiven Tätigkeit, vielmehr ist es sehr wohl möglich, daß jene die Abnahme dieser im Gefolge hat.

Im Extrem können wir uns den Rentnerstaat so vorstellen, daß ein Teil der Bevölkerung, sagen wir z. B. ein Zehntel, die Renten besitzt, welche von fremden Völkern produziert werden, und daß die übrigen neun Zehntel gerade genug zu tun haben, um jenem einen die Konsumtion seinen Wünschen gemäß zu gestalten. Die neun Zehntel arbeiten, aber der Absatz ihrer Arbeit ist durch die Höhe der Renten fest begrenzt.

Dieser Zustand wird in der Praxis niemals eintreten, aber wir können uns doch gewissermaßen das Hinstreben auf ihn an folgenden Vorgängen veranschaulichen: 1. Es sind große Kapitalien in das Ausland gegeben worden, welche durch Neuanlage eines Teiles der aus ihnen fließenden Einnahmen fortgesetzt vermehrt werden. Es wächst also ohne weitere inländische Arbeit die Auslandsrente und vermutlich auch der Umfang der Rentnerklasse an.

2. Je mehr Renten in das Inland einströmen und je leichter damit für die Besitzer das Leben wird, um so mehr läßt die Arbeitslust nach. Das wirkt auf andere Gesellschaftsschichten ein, deren Ideal nun auch der Rentnerstand sein wird.

3. Aus dem Nachlassen der nationalen Arbeitskraft ergibt sich, daß es immer weniger ertragbringend ist, die verfügbaren, neu erarbeiteten oder fälligen Kapitalien im Inlande zu verwenden, so daß im verstärkten Maße das Ausland aufgesucht wird.

Wir haben zur begrifflichen Klarlegung noch zu betonen, daß sich Rentner- und Gläubigerstaat keineswegs decken. Der erstere kann aus dem letzteren werden, welcher bei seiner Entstehung und lange Zeit hernach ein Volk von tätigen Unternehmern umfaßt hat. England war von 1800—1880 ein Gläubigerstaat, und niemandem fiel es ein, es Rentnerstaat zu nennen. Deutschland und Belgien sind heute weltwirtschaftliche Gläubiger, aber dem Rentnerstaat durchaus fern.

Die Grenze zwischen beiden Zuständen liegt erstens in einer quantitativen Verschiedenheit. Im Rentnerstaat liegen Milliarden fremder Obligationen, während die Weltgläubigerschaft mit Millionen anfängt. Aber dies labile Moment genügt nicht zur vollen Scheidung der Begriffe. Als zweites ist hervorzuheben, daß in jenem eine Klasse von Personen lebt, welche die ausländischen Renten bezieht, ohne erwerbstätig zu sein, während in Gläubigerstaaten die Einnahmen aus dem Auslande überwiegend einer tätigen Bevölkerung zufließen. Daher werden im Rentnerstaat die eingezogenen ausländischen Renten regelmäßig konsumiert. Wo aber die Produktion noch in voller Tätigkeit ist, werden sie auch in Kapital umgeformt, können als Rohstoffe für die Industrie eingehen oder dienen dazu, z. B. Schiffe oder Fabriken zu bauen.

Eine dritte Grenzlinie ist darin zu sehen, daß eine volkswirtschaftlich aufstrebende Gläubigerschaft im Weltverkehr möglichst bemüht ist, ihre Einnahmen aus Unternehmungen eigener Nationalität im Auslande zu ziehen, wohingegen die Rentner bezüglich ihrer Zinsen und Dividenden gegen die fremde Verwaltung gleichgültig werden. Viertens ist der Rentnerstaat für neue, daheim tätige Kapitalien beschränkt aufnahmefähig, während der reine Industriestaat oder der Agrar-Industriestaat als Gläubiger die innere Expansion mit der im Auslande verbindet, oft so, daß jene dieser rasch vorauseilt.

Die Entstehung des Rentnerstaates in der Geschichte kann sich unter verschiedenen Einflüssen vollziehen. Die ökonomischen sind die leicht ins Auge fallenden, aber schwerlich die ausschlaggebenden: Zunächst das Anschwellen des Reichtums, dann als Ausdruck wirtschaftlicher Ausdehnungsbedürftigkeit der große Kapitalexport, weiter die Überfüllung der inländischen Gewerbe mit Kapital und das Bestreben, die Überschüsse im Auslande zur Anlage zu bringen bei gleichzeitiger Anziehungskraft aufstrebender junger Länder, endlich die Überlegenheit erstarkter fremder Länder, welche die Führung in der Weltwirtschaft an sich gerissen haben und den früher so mächtigen Gläubiger zwingen, zu Hause zu bleiben und mit bescheidenen Zinsen fürlieb zu nehmen.

Eine solche Kausalreihe als ausreichende Erklärung anzunehmen, ist ökonomische Geschichtsauffassung im Sinne der Marxisten. Aber wir sind befugt zu fragen: Warum läßt die Unternehmungskraft im Innern nach, warum beugt sie sich der fremden Konkurrenz? Ist das Volk vielleicht selbst ein anderes geworden, erschöpft oder ermüdet und daher ohne Angriffslust und ohne ernstliche Widerstandsfähigkeit gegen Nachbarn und Feinde?

Die Niederlande — wir nehmen sie in dem heutigen Umfange — haben vom 12. bis zum 18. Jahrhundert dreimal ihre volkswirtschaftliche Struktur geändert. Aus dem mittelalterlichen Agrar- und Fischerstaat wurde ein Manufaktur- und Handelsstaat ersten Ranges, welcher, als seine produktiven Kräfte verloren gingen, und die Holländer die Gläubiger Europas geworden waren, zu einem Rentnerstaat hinabsank. Dieser letztere Zustand ist heute, teilweise wenigstens, überwunden, aber was er bedeutet hat, kann uns seine 150 jährige Geschichte lehren.[1])

In der Zeit vom 12. bis 15. Jahrhundert waren Fischerei und Landwirtschaft zusammen die Grundlagen der volkswirtschaftlichen Produktion. Jene, welche ihren Schwerpunkt in der Heringsfischerei hatte, führte zu einer ausgedehnten Schiffahrt nach allen Häfen der Nord- und Ostsee, diese zu mancherlei Gewerben, vor allem zu der Leinen- und Wollmanufaktur. Der internationale Eigen- und Zwischenhandel schloß sich an die Blüte dieser Erwerbszweige an.[2])

Am Ende dieser Periode waren Brabant und Flandern mit Brügge, später mit Antwerpen in Ackerbau, Industrie, Handel und Geldgeschäft dem nördlichen Nachbar weit überlegen. Als aber die südlichen Provinzen ihre Freiheit verloren hatten, wanderten ihre gewerbefleißigsten Bürger nach dem Norden aus und befruchteten mit ihren Kenntnissen und ihrer Geschicklichkeit die dortige aufstrebende Industrie. Wollen-, Leinen- und Seidenweber, Papier- und Hutfabrikanten ließen sich in Leyden, Harlem, Dortrecht nieder. Die modernsten Handelsmethoden, Bank- und Börseneinrichtungen, welche in Antwerpen ausgebildet waren, übernahm Amsterdam.[3])

[1]) In dem Nachfolgenden sind benutzt worden: 1. Der Reichtum von Holland, oder Untersuchungen über den Ursprung des Handels und die Macht der Holländer; den allmählichen Anwachs ihres Handels und ihrer Schiffahrt, die Ursachen ihrer Fortschritte und ihres Verfalles, und die Mittel, sie wieder emporzubringen. Aus dem Franz. 2 Bde., Leipzig 1778. 2. Le commerce de la Hollande ou tableau du commerce des Hollandais dans les quatre parties du monde. 2 Bde., Amsterdam 1768. 3. Geschichte des holländischen Handels von Aug. Ferd. Lüder. Leipzig 1788.

[2]) Der Reichtum von Holland a. a. O. I. S. 318. „Man versichert, daß die Zeeländer um die Mitte des 12. Jahrhunderts angefangen haben, sich auf die Heringsfischerei zu legen, die bis auf die Errichtung der ostindischen Kompanie, d. h. mehr als vier Jahrhunderte hindurch, ihren und auch der Holländer vornehmsten Handel ausmachte. Diese Fischerei machte noch größere Progressen in Zeeland, als Wilhelm Bankelzoon aus Flandern um die Mitte des 14. Jahrhunderts seinen Mitbürgern die Kunst, den Hering einzusalzen und einzupökeln, gelehrt hatte."

[3]) Indessen darf man den Wert der Antwerpener Einwirkung auch nicht überschätzen. Vgl. Der Reichtum von Holland a. a. O. Bd. I, S. 8 und 13:

Im Unabhängigkeitskampfe gegen Spanien vollzog sich ein gewaltiger Aufschwung des Schiffsbaues und der Seefahrt. Die Kriegs- und Handelsflotte wurde in der Folgezeit die erste Europas. Den Handel des Niederrheins brachten die Holländer in ihre Hand, in Nord- und Osteuropa brachen sie die Macht der Hansestädte. Sie vermittelten fast das ganze Geschäft zwischen dem Südwesten und Nordosten Europas. In Vlissingen zentralisierte sich der west-, in Amsterdam der ostindische Handel des ganzen Kontinents. Die Blüte des holländischen Supremats in Handel und Seefahrt liegt in der Zeit von der Gründung der ostindischen Kompanie bis zu den Kriegen mit Cromwell und Karl II. 1600 bis 1675, am Schluß dieser Periode schätzte Colbert die gesamte Handelsmarine der europäischen Staaten auf 20000 Seeschiffe, von denen 16000 allein auf die Holländer, die man daher die Frachtfuhrleute Europas nannte, gekommen wären. Ein unermeßliches Kolonialreich in Asien, in Süd- und Nordamerika, in Afrika wurde geschaffen, ein großes Assekuranzgeschäft entstand, Amsterdams Börse war die erste, dort war der Weltmarkt des Geldes, dessen niedriger Zinsfuß der Industrie und dem Handel immer von neuem zustatten kam. Die Fischerei mit Herings- und Walfischfang wurde von keiner andern Nation erreicht. Die Handelspolitik war die freiheitlichste jener Zeit. Es gab keine Konkurrenten, die Holland zu fürchten gehabt hätte. Dieses Land war zugleich die hohe Schule der Volks- und Staatswirte, und die vollendete Technik der Gewerbe[1]) konnte nur hier gelernt werden.

„Man glaubt fast durchgehends der Amsterdamer Handel sei auf den Trümmern des Antwerpener Handels emporgestiegen, und es sei ein Geschenk, welches die Tyrannei der Freiheit gemacht habe. Aber außerdem, daß Amsterdam kein Dorf von Fischerhütten mehr war, und daß es schon eine ansehnliche Handelsstadt ausmachte, kann man fragen, aus welchem Grunde denn der Handel gerade hierher kam, nach Amsterdam, das von Natur so wenig begünstigt ist.“ — „Gewöhnlich setzt man den Zwischenhandel der Holländer in die Zeit des Ursprunges der Republik; dies ist ein Irrtum, und es verlohnt sich der Mühe ihn einsehen zu lernen. Aus einem Bescheide der Regierung zu Mecheln unter Karl V. wird man sehen, daß die Staaten von Holland schon seit langer Zeit eine sehr große Aufmerksamkeit auf den Zwischenhandel gewandt und ihm einen sehr einsichtsvollen Schutz gewährt hatten.“

[1]) Eine große Rolle spielte die Windmühle: sie sägte das Holz, mahlte

Es war eine europäische Großmacht, und noch 1704 hielt es ein Landheer von 160000 Mann. Es nahm in seiner Glanzzeit 1650 die europäische und Weltmachtstellung ein, die England am Ende des neunzehnten Jahrhunderts besessen hat.

Josiah Child, ein berühmter englischer Nationalökonom des siebzehnten Jahrhunderts führte Hollands Größe auf folgende Gründe zurück: auf die Teilnahme praktischer Kaufleute an den höchsten Staatsämtern, die rechtliche Solidität der Gewerbetreibenden, die Geschicklichkeit und Wohlfeilheit der Reederei, die Niedrigkeit der Aus- und Einfuhrzölle, die gute Armenversorgung, die Banken, die ausgebildete Zirkulation der Handelspapiere.[1]) Es sind dies Einrichtungen, welche auf dem Kontinente von 1800 bis 1880 auch England nachgerühmt wurden. Gewiß

das Korn, preßte das Öl, rieb den Tabak und machte Papier. Vgl. Der Reichtum von Holland a. a. O. I, S. 589.

[1]) W. Roscher, Zur Geschichte der englischen Volkswirtschaft, S. 63. — Andere Zusammenstellungen in dem Buche Der Reichtum von Holland a. a. O. Bd. I, S. 501 und II, 603. Ursachen der Entstehung und des Flors der holländischen Schiffahrt und des Handels: 1. Die Lage des Landes in Ansehung des Meeres und der Mündung verschiedener großer Flüsse. 2. Die Lage des Landes gegen das nördliche und südliche Europa. 3. Die Unfruchtbarkeit des Bodens, Mangel an Holz und Steinen. 4. Die Sorgfalt der Holländer sich die natürlichen Vorteile zunutze zu machen. 5. Allerlei Arten von Traktaten, Handelsbegünstigungen etc. 6. Schutz gegen fremde Mächte mittels einer Flotte. 7. Freiheit im Testament beliebig über seine Güter zu disponieren. 8. Liebe zur Arbeit, Sparsamkeit etc. Außerdem sind besonders aufgezählt die Ursachen des Aufschwunges seit der Staatsveränderung, d. h. seit dem Abfall von Spanien: 1. Gewissensfreiheit und bürgerliche Freiheit. 2. Sorgfalt der Regierung für das Wohl des Handels. 3. Die großen Kompanien. 4. Ausschließender Besitz der Gewürze. 5. Vermehrung des baren Geldes und der niedrige Zinsfuß. 6. Widerruf des Ediktes von Nantes und Einwanderung aus Frankreich. 7. Wassertransport und Kanalbau. 8. Errichtung der Bank. Solche Sammlungen ganz verschiedener Dinge, welche als Ursachen angegeben werden, sind Äußerungen einer ganz unphilosophischen Denkweise. Das Wichtigste ist zudem vergessen oder nur indirekt angedeutet: Die angeborene Tüchtigkeit, d. h. Gesundheit und Begabung der niederländischen Rasse. Hat man erörtert, was sie in der sie umgebenden Natur leisten konnte und leisten mußte, so gewinnt man erst die Grundlage zum Verständnis der geschichtlich entstandenen und gewollten Kräfte der holländischen wirtschaftlichen und politischen Größe.

haben sie sich mit der kommerziellen und der politischen Größe beider Staaten in enger Beziehung befunden, man kann sie aber ebensogut als Wirkungen wie Ursachen einer blühenden Volkswirtschaft auffassen.[1])

Der großartige Aufschwung der nördlichen Provinzen im Beginn des siebzehnten Jahrhunderts war in Schiffsbau, Seefahrt, Gewerbe und Handel schon seit langem vorbereitet und im Grunde ihr eigenstes Werk.[2]) Überall finden wir schon vor dem spanischen Kriege weit mehr als bloße Anfänge. Damals war zugleich die wirtschaftliche Energie konkurrierender Städte und Völker teils gebrochen, teils zurückgeblieben. Die italienischen Stadtrepubliken hatten durch die Entdeckung des Seewegs nach Indien und der neuen Welt ihre günstige Lage für den großen Zwischenhandel verloren, ihre Erben, Portugal und Spanien, besaßen kein für den internationalen Handel besonders ausgezeichnetes Volkstum und wurden durch die für den inneren Großverkehr so ungünstige Gestaltung des Landes von der Ausbildung der Handelstechnik ferngehalten. Die hanseatischen deutschen Städte litten unter den religiösen Wirren, dem dreißigjährigen Kriege, der Schwäche und Zersplitterung des Reichs. England und Frankreich, wenn im Innern auch erstarkt und als politische Gemeinwesen rasch vorwärtseilend, waren im Seehandel noch rückständig und sich ihrer wirtschaftlichen Kraft noch nicht bewußt geworden. Wichtig war für Holland zudem der Umstand, daß durch das Aufsuchen außereuropäischer Länder der Warentransport und Handel auf breiterer Grundlage möglich geworden war. Das Land, welches Nord- und Ostsee, wie den atlantischen Ozean vor der Tür hatte, durch den Rheinstrom mit dem westlichen und südlichen Deutschland Beziehungen unterhielt, dessen Städte durch natürliche und künstliche Wasserstraßen verbunden waren, mußte zum Fernabsatz im großen besonders begünstigt sein, was sowohl der eigenen Industrie als auch dem Zwischenhandel zugute kam.

Schließlich dürfen wir die Einwirkung des Freiheitskrieges gegen die spanische Unterdrückung nicht übersehen. Alle Kräfte

[1]) A. Beer, Allgemeine Geschichte des Welthandels II, S. 217.

[2]) Im einzelnen nachgewiesen bei Lüder a. a. O. und Le commerce de la Hollande a. a. O.

eines an sich tüchtigen, für Wirtschaft, Politik und Krieg begabten Volkes wurden zum äußersten Widerstand wachgerufen. An sich mit niederdeutscher Ruhe und Mäßigung ausgestattet wurde das Volk jetzt auf eine höhere Stufe des Temperaments hinaufgehoben, welche, wie in Kunst und Wissenschaft, so in Technik und Ökonomik sichtbar wurde.

Man muß sich alle diese genannten Kräfte und günstigen Bedingungen der niederländischen Blüte in ihrer Gesamtheit vergegenwärtigen, wenn man den Verfall der wirtschaftlichen und politischen Macht verstehen will, welcher sich in den folgenden hundert Jahren vollzog.

In der Mitte des achtzehnten Jahrhunderts waren die Niederlande bei all ihrem Reichtum, den sie in dasselbe hinüber gerettet hatten, so herunter gekommen, daß sie ausländische Handelskommis heranziehen mußten, da den Kaufleuten selbst die Kenntnisse der damals maßgebenden Handelstechnik fehlten, daß sie die Rückzahlung auswärtiger Staatsschulden als ein Unglück beklagten, weil sie nicht wußten, wie sie die eingegangenen Summen im Lande verwenden sollten. Drückende Steuern, große Armenlasten, unveränderte Lohnsätze bei steigenden Lebensmittelpreisen sind das immer wiederkehrende Thema der politischen Schriftsteller. Die Verfassung und Verwaltung waren in übermäßigem Konservatismus versteinert und der Staat war schließlich so geschwächt, daß er, welcher dereinst von dem spanischen Weltreich nicht unterworfen werden konnte, eine leicht ergriffene Beute der französischen Republik und des Kaiserreichs wurde und die meisten Kolonien England gegenüber nicht behaupten konnte.

Dieser Niedergang findet seine nächste Erklärung in der rasch wachsenden Macht Frankreichs und Englands, welche im Besitze vergleichsweise großer Wirtschaftsgebiete und erstarkten nationalen Gefühls dem kleinen Nachbar ihre erdrückende Überlegenheit bald fühlen ließen.[1]) Den großen Zwischenhandel zer-

[1]) Macaulay, Geschichte von England VIII, S. 46 bemerkt über die englisch-holländischen Kriege: „Niemals hatte zwischen den beiden Nationen eine innige Freundschaft bestanden. Sie waren freilich nahe Stammesvettern, sie sprachen beide Mundarten einer weit verbreiteten Sprache, rühmten sich beide ihrer politischen Freiheit, hingen beide dem reformierten Glauben an

störte das Inselvolk durch seine Kriegsflotte und seine Navigationsakte, während beide Westmächte ihre Manufakturen so erstarken machten, daß die holländischen Waren von ihren Märkten verdrängt wurden. Die Niederlande waren ein zu kleines Gebiet, um der eigenen, so leistungsfähigen Industrie einen ausreichenden Absatz zu schaffen, der Anschluß an Deutschland ging verloren und konnte ihnen auch aus politischen Gründen nur wenig erwünscht sein. Ihr Volk wurde daher immer mehr auf sich selber angewiesen und verlor die erfrischende Anregung, welche ein lebhafter Weltverkehr bringt. Der Geist der Freiheit war — so bemerkt Fr. List[1]) — ein Spießbürger geworden, tiefere Staatsweisheit stand ihm ferne.[2])

Günstige Bedingungen für einen Rentnerstaat waren geschaffen: Ein großer ererbter Reichtum, zurückgehende Unternehmungslust, wachsende Schwierigkeiten disponible Kapitalien im eigenen Lande produktiv wirken zu lassen. In den großen Tagen Hollands war

dennoch bestand zwischen ihnen keine Herzlichkeit. Sie würden sich wahrscheinlich mehr geliebt haben. wenn sie sich in einigen Rücksichten weniger ähnlich gewesen wären. Sie waren die beiden großen Handelsnationen, die beiden großen Seemächte, in jedem Meere fand man ihre Flaggen nebeneinander.“ Diese Sätze sind auch in der Gegenwart im Verhältnis von Deutschland zu England nicht ohne Belehrung. — In der neueren historischen Ethnographie ist einer sehr ausgebreiteten Stammesvetterschaft zwischen Niederdeutschen und Engländern entgegengetreten worden. Die sächsische Einwanderung im fünften und sechsten Jahrhundert sei geringer gewesen als man bisher angenommen habe, und die einheimische britische Bevölkerung sei keineswegs vernichtet worden. Vgl. Politisch-anthropologische Revue 1904/05, John Beddoe, Die Rassengeschichte der britischen Inseln, und A. v. Choinski, Die nationale Abstammung der Engländer.

[1]) Das nationale System der politischen Ökonomie, sechste Auflage, S. 44.

[2]) Das zeigte sich namentlich an der Uneinigkeit der Provinzen, welche ihre partikularen Interessen über das Wohl des Ganzen stellten. So konnten die Staaten oft genug weder über den Militäretat, noch über die Offiziere, welche sie an die Spitze der Truppen stellen sollten, einig werden. Die Folge war, daß die Marine beim Kriegsausbruch nicht stark genug war, die vorhandenen Schiffe nicht im Stande noch mit Munition genügend versorgt waren. In den politischen Versammlungen stritt man über Verfassungsänderungen. während der Feind vor den Toren lauerte. Der Reichtum von Holland a. a. O. Bd. II. S. 117 bis 127.

es die Regel, das Geldkapital nur in heimische Unternehmungen zu stecken. Jetzt lag es unbeschäftigt auf dem Markte, drückte den Zins, bis die Ausländer es aufnahmen. Ein deutliches Zeichen des Verfalles war daher schon die Verordnung von 1720,[1]) welche fremden Mächten Geld vorzuschießen verbot und Anteil an Gesellschaften zu nehmen, die außerhalb Landes errichtet worden waren. Sie konnte nicht beachtet werden, da sie den Zinsfuß noch weiter herabzudrücken geeignet war. Das Kapital strömte dorthin, wo die Gewinne zu machen waren, d. h. zu den stärkeren Konkurrenten. Privatökonomisch verfuhren die Geld ausleihenden Niederländer ganz korrekt, konservierten ihren Reichtum nach besten Kräften und waren somit imstande immer neue Ersparnisse zu machen. Das Ausland produzierte jetzt für sie und behielt einen Teil der Erträge als neue Anlage zurück, so daß die Forderungen der Holländer wuchsen, ohne daß sie Waren oder Edelmetalle zu exportieren nötig gehabt hätten.

Die statistischen Aufzeichnungen über die Gläubigerschaft der Niederlande beruhen auf Schätzungen, die von Zeit zu Zeit gemacht worden sind. Man hat die Summen, welche an auswärtige Regierungen, namentlich an die englische und französische, sowie an Plantagenbesitzer in den englischen, französischen und dänischen Kolonien während des achtzehnten Jahrhunderts ausgeliehen worden sind, auf mehr als sechs Milliarden Mark berechnet.[2]) 1778 sollen die Holländer in fremden Staatspapieren, vornehmlich in französischen und englischen, noch 1500 Millionen Livres besessen haben,[3]) nach J. G. Forster 1781 in Europa 800 Millionen Gulden Leihkapitalien.[4]) Das N. Nederl. Jaerboek von 1789 schätzte die von außen eingehenden Zinsen, abgesehen von den englisch-französischen, auf 50 bis 60 Millionen Gulden. Um 1844 waren nach amt-

[1]) Lüder a. a. O., S. 571. — Le Commerce de la Hollande a. a. O. II., S. 217 und 233.

[2]) J. Engelmann. Geschichte des Handels und Weltverkehrs. Vierte Auflage 1884, S. 167.

[3]) Le Commerce de la Hollande a. a. O. II, S. 233.

[4]) J. G. Forster, Sämtliche Schriften III, 334. Ansichten vom Niederrhein 1790, spricht von der Erschlaffung der vaterländischen Sitten, von dem Verfall und dem Luxus in Holland.

licher Schätzung 1000 Millionen in fremden Effekten angelegt, eine Summe, welche etwa ein Drittel des ganzen Volksvermögens ausmachte.[1])

Die Tatsache des Rentnerstaates äußerte sich an einer Reihe von Symptomen, welche öfter den Volkswirten Gelegenheit zum Nachdenken gegeben haben. Zunächst die Niedrigkeit des Zinsfußes, welche in keinem anderen Lande erreicht wurde. Der Staat konnte im achtzehnten Jahrhundert Geld zu 2 Proz. oder 2 $1/2$ Proz. aufnehmen.[2]) Erklärlich wird dieser andauernde Zustand des Geldmarktes dadurch, daß der Geschäftsgewinn bei der stabilen Produktionstätigkeit klein, hingegen das Angebot an Leihkapital, in welches sich ein Teil der fälligen Renten verwandelte, immer reichlich vorhanden war, ohne im Lande nur annähernd genügende Anlage finden zu können. Die Geschäftsgewinne wurden zugleich durch die hohen städtischen Grundrenten geschmälert, welche bei der dichten Verbreitung der Städte und bei der hohen Bevölkerungsziffer einen erheblichen Teil des Volkseinkommens in Anspruch nahmen.

Die teueren Hausmieten erhöhten die unter dem Verfall der inneren Gewerbetätigkeit und des auswärtigen Handels steigenden, an sich schon hohen Lebens- und Genußmittelpreise, welche zudem durch Besteuerung noch hinaufgetrieben wurden. „Der Auflagen sind so viele, daß Jemand nicht ohne Grund gesaget hat, alles sey daselbst mit Auflagen beschweret, die Luft, welche man in sich ziehet, ausgenommen.“ [3]) So gab es hohe Zölle vieler Art, Häuser- und Erbschaftssteuern, Kopfgeld, Akzise von allen Lebensmitteln, „die zur Notdurft und zur Lust“ gehören, Taxen auf Dienstboten und Kutschen, Stempel auf Kontrakte und Urkunden. Selbst die Almosenempfänger hatten Steuern zu entrichten.

Die Teuerung wurde am drückendsten in der arbeitenden Klasse empfunden, deren Geldlöhne zwar hoch waren, so daß sie den Warenexport erschwerten, während die Reallöhne niedrig

[1]) Allgemeine Zeitung, 1844 Nr. 35.

[2]) Lüder a. a. O. S. 613. A. Smith. Natur und Ursachen des Volkswohlstandes. I, Kap. 9.

[3]) D. Anton Fr. Büsching, Erdbeschreibung. X. 1792, S. 40.

standen. „Schon seit langen Jahren", schreibt Lüder um 1788,[1]) „waren die Auflagen auf die Lebensmittel so hoch, daß ein Handwerker nur mit der äußersten Anstrengung seinen kümmerlichen Unterhalt gewinnen konnte. Nur die größte Not vermag einen Vater in Holland seinen Sohn einem Handwerker zu übergeben. Dazu kömmt noch, daß die Heyrathen unter den niedrigen Ständen sich vermindern und Ausschweifungen in eben dem Grade zunehmen. Schwache, ungesunde Kinder, eine größere Anzahl von Armen haben sich schon lange in Holland gezeigt." .... „Man glaube nicht, daß das einzige hier mögliche Rettungsmittel, Erhöhung des Arbeitslohnes, unversucht geblieben sey. Die Folge davon war, daß fremde Nationen glückliche Nebenbuhler der Holländer wurden und sie endlich übertrafen."

In der Zeit, als die Holländer die Kaufleute und Transportbesorger Europas waren, bildete sich in Amsterdam ein weltumspannendes Geschäft mit Wechseln aus, und wie heute der Sterlingwechsel, war damals der Guldenwechsel auf Amsterdam das wichtigste internationale Zahlungsmittel. Der indirekte Wechselverkehr wurde im 17. Jahrhundert zeitweise auf 200 Millionen Gulden geschätzt, welcher den Vermittlern jährlich 6 Millionen an Provision brachte.[2]) Verbunden mit dem weitverzweigten Warenhandel war ferner das Assekuranzgeschäft, dessen sich die Ausländer auch bedienten, selbst wenn der holländische Handel nicht beteiligt war.

Beide Einnahmen wurden gefährdet, als die Holländer ihre Schiffahrt und ihren Handel einzubüßen begonnen hatten. Allein ihr großes internationales Kreditgeben rettete ihnen einen Teil des Wechsel- und Assekuranzgeschäftes, dessen frühere solide Basis indessen verschwunden war. „Die Holländer", heißt es im 18. Jahrhundert,[3]) „haben aufgehört Kaufleute zu sein und sind Kommissionärs und von Kommissionärs endlich bloß Zahlmeister der Ausländer geworden. Um sich emporzubringen, haben sie den Kredit, welchen sie geben,[4]) soweit ausgedehnt, daß sie sich

[1]) a. a. O. S. 641.

[2]) Der Reichtum von Holland a. a. O. Bd. I S. 186.

[3]) Ebendaselbst.

[4]) Die müßig daliegenden Kapitalien wurden in sehr umfangreicher Weise in fremden Wechseln angelegt.

oft einem Verluste aussetzten, der viel größer ist als ihr Vermögen es erlaubt.“ Die häufigen Bankerotte dieser Zeit werden diesem Kreditmißbrauch an erster Stelle zugeschrieben.

Daneben florierte das Börsengeschäft, war aber mit bösen Auswüchsen behaftet. In Amsterdam wurden um die Mitte des 18. Jahrhunderts mancherlei Effekten gehandelt, vor allem Aktien in- und ausländischer kolonialer Unternehmungen und Staatsschuldverschreibungen. Man sprach hier von „Mine und Kontermine“, bediente sich des Differenz- und des Prämiengeschäftes, und die Spekulanten lombardierten die gekauften Wertpapiere, um Geld zu neuen Käufen zu erhalten. Börsenkrisen mit folgenden Bankerotten, sowie das Verschwinden des Geldes aus der Zirkulation, Emporschnellen des Diskonts waren bekannte Erscheinungen.[1]) An dem Emissionsgeschäft verdienten die Banken ½—2 Proz. Kommission, zuweilen wurden aber auch schlechte Werte übernommen und die Emittenten wurden sie nicht los. Bei Börsenkatastrophen gerieten sie dann in Zahlungsunfähigkeit.

In der ersten Hälfte des 17. Jahrhunderts war das Geschäft in Aktien und Obligationen durchaus reell gewesen. Als sich im Rentnerstaat der Warenhandel und die Industrie zu Spekulationen in papierne Werte verflüchtigt hatten, wurde es vom Spiel beherrscht. Die Spielpassion erzeugte weiterhin den bekannten Terminhandel in Tulpenzwiebeln, durch welchen Tausende und Abertausende Familien an den Bettelstab gebracht worden sind.[2])

[1]) Der Reichtum von Holland a. a. O. I. S. 444ff. Schilderung des Börsenkrachs von 1773: „Man versichert, ein Partikulier in Holland sei für mehr als 6 Millionen Gulden in der engl.-ostind. Komp. interessiert gewesen und man habe das Kapital dieser Gesellschaft sozusagen in Holland konzentriert gefunden.“ Die Aktien waren von 224 auf 155 gesunken. Von einem großen Bankrott heißt es: „Man wußte nicht, wie hoch er sich belaufen würde, nicht, was für andere Häuser durch diesen Fall würden gestürzt werden. Die allgemeine Ungewißheit verjagte den Kredit, und in einem Augenblick war kein bares Geld mehr zu finden. Der fürchtete, seine Wechsel zurückgeschickt zu sehen, andere besorgten, von den Summen, welche sie zu fordern hatten, nichts zu erhalten, andere suchten sich die allgemeine Not zunutze zu machen, und so paßten alle nur auf Gelegenheit, zu den niedrigsten Preisen einzukaufen, jeder fürchtete sich, sein bares Geld auszugeben, und so hörte die Zirkulation fast gänzlich auf.“

[2]) Lüder a. a. O. S. 575; Engelmann a. a. O. S. 157.

Reichtum besaß allein die Rentnerklasse, welche dessen auch nicht froh wurde, da sie immer bemüht sein mußte, ihn zu erhalten und zu vergrößern in der Furcht vor auswärtigen Kapitalrentensteuern, Staatsbankrotten, Konvertierungen und Währungsänderungen. Es verarmten manche Familien, welche sich einem törichten und entnervenden Luxus hingaben, während in der Glanzzeit der Republik mit der Verfeinerung der Lebensgewohnheiten und der künstlerischen Verschönerung der Wohnungen ein wachsender Wohlstand einhergegangen war. Moralisten und Beneider der Reichen haben das unvernünftige Luxusleben und die Sittenverderbnis als Ursachen des niederländischen Verfalles bezeichnet. Aber mit Unrecht. Erst als die Schaffenskraft des Volkes gebrochen war und geradezu eine allgemeine Abneigung gegen Handel und Schiffahrt bestand, traten beide als Folgeerscheinungen auf.[1])

Der Rückgang der Industrie, des Handels, der Schiffahrt, der Fischerei, so deutlich er ist, wenn man eine Periode von 150 Jahren übersieht, so wenig unbestritten war er manchen Zeitgenossen, welche die eigene Schwäche nicht zugeben wollten. Wirtschaftliche Umwälzungen vollziehen sich nicht von heute auf morgen, die Politiker glauben nur Tendenzen zu erblicken, denen man Einhalt tun kann, wenn man nur ernstlich wolle. Aber das Leben ist viel mächtiger als diejenigen, welche darüber philosophieren, und ehe deren Meinung allgemeine Ansicht geworden ist, ist es zu spät. Der Umschlag ist zur vollendeten Tatsache geworden.

„Unsere Geschichte“, bemerkt ein niederländischer Historiker,[2]) „ist seit dem Utrechter Frieden so durchaus von der vorhergehenden verschieden, daß man ein anderes Volk mit anderen Sitten

[1]) Der Reichtum von Holland a. a. O. Bd. II S. 240ff. u. 250. Schorer, Präsident des Obergerichts in dem holländischen Flandern, sagt in einer kleinen Schrift über die Fehler in der Art, Rechte in Holland zu studieren, u. a.: „Niederträchtigkeit, kriechende Denkungsart und Unredlichkeit sind jetzt die herrschenden Eigenschaften der Überwinder Philipps. Sie treiben Handel mit ihrem Eide, wie mit einer Ware, und sie werden bald der Abschaum der Welt werden, die sie durch ihre Taten und Tugenden in Erstaunen gesetzt haben.“

[2]) Zitiert bei Beer a. a. O. II. 220.

und einem anderen Gemeinwesen anzutreffen meint. Während des 17. Jahrhunderts ist alles Feuer, Lebhaftigkeit und Kraftentwicklung, fast ohne Beispiel in der Geschichte eines so kleinen Gebietes: ein lebhaftes Interesse des Bürgers nicht nur für den inneren Zustand des Vaterlandes, sondern auch für dessen auswärtige Beziehungen. In der Folgezeit sieht man überall eine gewisse Ängstlichkeit zur Erhaltung des Friedens, Lauigkeit in Handelsunternehmungen und in allen öffentlichen Arbeiten."

Niebuhr[1]) schrieb im Jahre 1808 über Holland: „Es ist mir in der Tat höchst zweifelhaft, ob im ganzen Land jetzt ein originaler Kopf lebt. Man kann sagen, daß es allgemein an Genie, Erfindungskraft, an Wißbegierde und an Geschmack fehlt, und daß es daran seit mehr als einem Jahrhundert gefehlt hat." Weniger höflich hatte sich der Göttinger Philosoph Lichtenberg[2]) einige Jahre früher geäußert: „Der Esel kommt mir vor, wie ein Pferd ins Holländische übersetzt." Der erstere bemerkt dann weiter, daß von 1748—1781 der Reichtum nachweisbar sich vermehrt und die Finanzen sich verbessert hätten, daß aber nichts an öffentlichen Werken unternommen worden sei, daß man die Flotte habe verfallen und die Kriegshäfen habe verschlammen lassen. Die Staatsregierung sei zu den allergewöhnlichsten Ideen eines kleinen Bürgers herabgekommen.

Bis zur Utrechter Union, der Unabhängigkeitserklärung von 1579, gab es keinen abgesonderten niederländischen Nationalstaat, wenn auch schon eine nordniederländische Kulturgemeinschaft. Wenn nun die Schaffung eines Einheitsstaates aus einer Vereinigung von Volksstämmen der Höhepunkt nationaler Kraftentfaltung ist,[3]) ferner der kulturelle Vorstoß auf allen Gebieten des Geisteslebens, den die Niederländer von der Mitte des 16. bis zur Mitte des 17. Jahrhunderts geführt haben, in der neueren Geschichte kaum seinesgleichen findet, so wird man die folgende Reaktion, welche sich durchweg und am deutlichsten in der Wirt-

[1]) B. G. Niebuhr, Nachgelassene Schriften, Hamburg 1842. Zirkulationsbriefe aus Holland, 1808.

[2]) G. Ch. Lichtenbergs Vermischte Schriften, Bd. II.

[3]) Alfred Kirchhoff, Nation und Nationalität, 1905. S. 54. Karl Menne, Die Entwicklung der Niederländer zur Nation, Halle 1903.

schaft und hier als ein Nachlassen des Arbeits- und Unternehmungsgeistes und als ein Aufspeichern von Reichtum in fremden Werten zum Zwecke des mühelosen Zinsgenusses zeigte. als eine physiologisch notwendige Tatsache hinzunehmen geneigt sein. Dieser Zustand des beginnenden Rentnerstaates ist zunächst nichts anderes als eine Erholungspause. nach deren Ablauf ein neues Vorwärtsdrängen hätte eintreten können. Allein die damalige vollständige Loslösung von dem großen deutschen Hinterlande, aus dem so viel neue Kraft zu ziehen war. zwang die Niederländer, sich auf ihr kleines Wirtschaftsgebiet zu verlassen. während gleichzeitig England und Frankreich dafür sorgten, daß die wirtschaftliche Stellung Hollands auf allen Märkten und in allen Häfen erschüttert wurde.

Das Unglück der Niederländer ist dadurch heraufbeschworen. daß sie in einer Zeit, in welcher sie der Ruhe bedurften, dieser nicht teilhaftig werden konnten. Von ihren stammverwandten Nachbarn wollten sie nichts wissen. und mit starken Feinden mußten sie kämpfen. Sie unterlagen und konnten die Kraft nicht finden. sich aufzuraffen. Sie versanken in den Schlummer des Rentnerstaates. aus dessen Apathie sie sich erst im letzten Drittel des 19. Jahrhunderts erhoben haben. als die deutsche Volkswirtschaft die Mündung des Rheinstromes neu belebte. und als das Deutsche Reich gegen die Übermacht der Westmächte ein starkes Gegengewicht geworden war.

Zweites Kapitel.

Der Exportkapitalismus in England und Frankreich.

Mit historischen Parallelen wird leicht Mißbrauch getrieben. Als Mittel zum Verständnis gegenwärtiger Volkszustände sind sie nicht ohne Nutzen, wenn Übereinstimmendes und nicht Übereinstimmendes streng voneinander getrennt werden. Man muß sich aber hüten, aus ihnen positive oder negative Maßregeln herauslesen zu wollen, denn die praktische Politik ist eine Kunst, die immer mit bestimmten Menschen, schwankenden Volksstimmungen, gegebenen besondern sozialen und internationalen Kraftverhältnissen zu rechnen hat.

In dem vorigen Kapitel ist Hollands Versinken in einen Rentnerstaat und sein ökonomischer Untergang geschildert worden. Es liegt nahe einen Vergleich mit dem heutigen England zu ziehen, und vielleicht ist er belehrend, wenn wir die Verschiedenheiten genügend zu betonen nicht vergessen.

Die Niederlande waren zur Zeit ihrer Blüte das gewesen, was man heute einen Handels- und Industriestaat nennt: sie waren genötigt Lebensmittel und Rohstoffe in großen Beträgen einzuführen, da die eigene Bodenkraft nicht genügte sie herzustellen. Die Bezahlung erfolgte in verarbeiteten Produkten der Fischerei, (Walfisch- und Heringsfang), in gewerblichen Erzeugnissen, in Frachtleistungen des Eigen- und Zwischenhandels und in Kolonialwaren.

Der erste Schritt in den Rentnerstaat wird nicht in dem Augenblicke getan, in welchem der Ausgleich der internationalen

Zahlungen auf das Konto der Einnahmen der im Auslande angelegten Kapitalien übertragen werden muß. Denn das kann immer eintreten. wenn ein Volk Gläubiger anderer wird, sondern dadurch, daß die ausländischen Renten notwendig werden, um die heimische Konsumtion der Rentner zu bestreiten.

In dem früheren Kapitel der zwischenstaatlichen Bilanzen sind wir zu dem Schluß gekommen. daß das heutige England einen nicht unerheblichen Teil seiner notwendigen Importe zum Konsum durch ausländische Zinsen und Dividenden begleicht. Wir werden daher hier schließen dürfen, daß dieses Land sich ebenfalls anschickt ein Rentnerstaat zu werden.[1]) Ein solcher Anfang vermag das gesamte soziale und politische System des Landes nicht erheblich zu verändern, aber es sind doch schon einige Symptome des beginnenden Umschlages unverkennbar vorhanden. Wir brauchen darum die heutige politische und wirtschaftliche Macht des Inselreiches nicht zu unterschätzen, aber darüber kann kein Zweifel sein: das Großbritannien von 1907 ist ein anderes als das von 1870.

Eine pessimistische Perspektive hat ein englischer Schriftsteller seinen Landsleuten eröffnet.[2]) Die heimische Industrie sei der fremden Konkurrenz nicht mehr gewachsen, sie werde verkümmern und mit ihr die von ihr abhängenden Erwerbszweige Handel und Transport. Der Ausweg der Imperialisten, ihr ein sicheres Absatzgebiet zu schaffen, sei eine Illusion, da die Kolonien von dem Gedanken beseelt seien, selbst industriell zu werden. Für die volkswirtschaftliche Zukunft gebe es nur zwei Möglichkeiten. Die eine sei: England werde ein intensiver Ackerbaustaat mit Kleinbesitz und schaffe so eine neue Grundlage für die volkswirtschaftliche Produktion. Dieser Zustand werde aber nicht

[1]) Dasselbe meint Carl Peters, England und die Engländer, S. 68. Berlin 1904: „Man wird den Volkshaushalt dieses Landes am deutlichsten als eine Übergangsstufe aus dem Industrialismus in den Kapitalismus kennzeichnen können.“ Kapitalismus ist ein viel weiterer Begriff als Rentnerstaat, aber aus der Gegenüberstellung wird der eigentliche Sinn des Satzes verständlich.

[2]) William Clarke, The social future of England. Contemporary Review 1900 II, S. 858.

eintreten, weil die Millionäre mächtig genug wären sich den großen Landbesitz zu erhalten, und weil die 80 Proz. der Engländer, welche in städtischen Bezirken wohnten, das dortige Leben mit seinen Annehmlichkeiten nicht aufgeben würden, und weil auch in der englischen Gesellschaft kein Zug zur Demokratie zu beobachten sei, vielmehr alles zur Aristokratie hinstrebe, zu der eine Bodenzersplitterung nach französischem Muster absolut nicht passe.

Deshalb müsse sich die zweite Möglichkeit verwirklichen: England werde das Land der Vergnügung und Erholung für die englisch sprechenden Völker in fremden Erdteilen werden, ein Aufenthalt für die reichen Leute aus den Kolonien und auch aus den Vereinigten Staaten, welche sich hier von dem harten Kampf um Geld und Macht erholen oder nach einem glücklichen Lebenserfolg als Großgrund- oder Londoner Villenbesitzer zur Ruhe setzen würden. Schon jetzt sei der Gang der Entwicklung dahin sicher zu beobachten in den Seebadeorten, im schottischen Gebirge, in den Jagdgründen, in London, an der Einwanderung der Parvenus, an dem Anwachsen der Dienstbotenklasse, an der fortwährenden Zunahme des Luxus mit kolonialer oder amerikanischer Färbung.

Ein solcher Zustand wäre der zur Permanenz erklärte, extreme Rentnerstaat. Wer reich genug ist, bleibt im Lande und lebt von ausländischen Renten, wer Unternehmungsgeist in sich fühlt, mag auswandern im Bewußtsein, daß seine Enkel als Nichtstuer in das Elysium zurückkehren werden.

Die inländische Produktion erhielte ihre feste Richtung durch die Lebens- und Luxusbedürfnisse der genießenden Klasse, soweit dieselben nicht besser und billiger durch das Ausland befriedigt würden. Die Masse des Volkes stünde im unmittelbaren oder mittelbaren Dienst der Rentenbezieher. Servil, ohne politischen Ehrgeiz, würde sie unfähig sein das Land zu schützen. Das wäre auch nicht nötig, da die angelsächsischen Staaten der Erde für die Integrität ihrer Sommerfrische oder ihres Altersheims die Garantie übernehmen würden. Der große Anspruch der Angelsachsen, das Herrenvolk der Erde zu sein, bliebe bestehen und hätte nur eine andere Form angenommen. Die auserwählte Rasse wohnte nicht mehr zur Beherrschung der Welt auf der kleinen Insel, sondern in großen, überseeischen Ländern, ganz zeitgemäß bei der wachsenden Bedeutung der Weltwirtschaft und des großen Wirtschaftsgebietes. Gehen auch durch ökonomische oder politische Krisen große Vermögen von Rentiers zugrunde, was schadet es, die angelsächsischen Nationen sind kräftig genug, immer von neuem Vergnügungsreisende mit schier unerschöpflichen Kreditbriefen zur Bewunderung der Westminsterabtei und der Wallace Collection zu entsenden und Millionäre abzugeben, welche Schlösser und wohlgepflegte Jagdgründe zugleich mit den alten Adelsnamen zu übernehmen bereit sind.

Es ist dem Leser anheimgestellt, sich mit mehr oder minder Ernst in diese Perspektive des weiteren zu vertiefen. Daß es in diesem Zukunftspark Engländer geben würde, welche das Land ihrer Vorfahren mit seinen Fabrikschloten, mit dem von Kohlendunst geschwärzten Nebel, mit der Leben und Gesundheit aufzehrenden Industriearbeit, mit rücksichtslosen Eroberungskriegen und immer wachsendem Flottenbudget das verlorene Paradies nennen werden, wird wohl jeder glauben, der mit dem Schreiber dieser Zeilen den noch tüchtigen, strebsamen Kern des heutigen englischen Volkes nicht verkannt hat. Indessen, wer es objektiv in seinem gegenwärtigen Schaffen und Genießen beobachtet hat, wird doch nicht umhin können, in jenem Bilde einige Linien zu erkennen, welche der heutigen englischen Welt angehören. Lesen wir zu dem Zweck das 1904 erschienene Buch von Carl Peters, das sich ebenso durch das Maßvolle des Urteils, wie durch gediegene Sachkenntnis auszeichnet. Er erzählt uns u. a., daß es 1901 Rentiers aus ererbtem Besitz nicht weniger als 455377 und Leute, welche sich vom Geschäftsleben zurückgezogen gehabt hätten, nicht weniger als 343800 gegeben habe.[1])

Wenn man die Familien der ersten Gruppe auf fünf Personen, dazu drei Dienstboten rechnet, die der zweiten nur zu zwei und drei, da deren Kinder meist als wirtschaftlich tätig gelten können, so werden von beiden Gruppen bereits 10 bis 11 Proz. der Bevölkerung

[1]) G. v. Schulze-Gaevernitz, Britischer Imperialismus a. a. O., S. 323, schätzt die Zahl der Rentner auf eine Million.

absorbiert. Dieses Zehntel der Nation, welches noch durch einen ziffermäßig nicht zu veranschlagenden Troß von Lieferanten, Schneidern usw. verstärkt wird, leistet für die Exportkraft nichts, während es den billigen Import fördert, dem Freihandel zu- und, nicht ohne politischen Einfluß, dem imperialistischen Gedanken abgeneigt ist.

Daß die Zahl derjenigen, welche ohne nachweisbare Beschäftigung sind, in den letzten Jahren zugenommen hat, macht ein Vergleich der Zensusangaben von 1891 und 1901 wahrscheinlich. In England und Wales wurden 1891 10½ Millionen Männer im Alter von über zehn Jahren gezählt, von denen 9569000 irgendwie tätig waren. Das sind 90 Proz., während 1901 nur 83,7 Proz. ermittelt wurden. Diese auffallende Differenz wird teilweise dadurch erklärt, daß die Frauenarbeit zugenommen und die der Männer verdrängt hat — an sich ein ungünstiges soziales Symptom —, teilweise dadurch, daß für die jungen Leute die Schulbildung zeitlich ausgedehnt worden ist. Aber das Anwachsen der Rentnerklasse dürfte doch auch darin einen Ausdruck finden, zumal dasselbe auch sonst wahrscheinlich gemacht wird. Einmal lassen die Erklärungen bei der Einkommensteuer darauf schließen, dann die gewaltige Zunahme des Reichtums überhaupt bei sinkender Produktionskraft in Landwirtschaft und Industrie.[1])

Der Einfluß der Rentnerklasse auf das soziale Denken der Engländer besteht darin, daß ihr Dasein der großen Masse ein Ideal ist, dem sie nachstrebt. „Durch die britische Nation", bemerkt Peters, „macht sich ersichtlich immer mehr eine ausgesprochene Arbeitsunlust bemerkbar." „In dieser Abneigung, die Werte schaffende Arbeit zur Grundlage der Lebensführung zu machen, in der Sucht schnelle Gewinne zu erzielen, um als „Gentleman" den Tag zu verbringen, erkenne ich die Hauptgefahr für das England von heute".[2])

---

[1]) Diesen Gegensatz von steigendem Reichtum — mit Einschluß der papierenen Werte — zu der sinkenden Produktionskraft in Landwirtschaft und Industrie betont und schildert W. R. Lawson, British Economics in 1904. London 1905, besonders Kap. IV bis VII.

[2]) Peters a. a. O. S. 206. Lawson a. a. O. S. 25 sagt: „The Englishman

Junge Deutsche, welche in ein kaufmännisches Geschäft in London eintreten, sind erstaunt über die kurze Zeit, die der Chef im Kontor anwesend ist. Um 9 Uhr ist er oft noch nicht in der City und um 3 Uhr schon wieder nach dem Westend fort. Im Sommer verlassen viele Geschäftsleute am Freitag Abend die Stadt und kehren am Dienstag morgen von der Seeküste zurück. Ihre wirtschaftliche Existenz scheint darum nicht gefährdet zu sein. Denn es wird immer mehr üblich. nur einen Teil des eigenen Kapitals in das Geschäft zu stecken, den andern in Rentenpapieren anzulegen. Wird in dem ersteren wenig verdient, so reichen die festen Renten aus. um komfortabel zu leben. In deutschen und belgischen Häusern Londons wird ganz anders geschafft, die Arbeitszeit ist lang, und die Inhaber der Firma sind den ganzen Tag auf dem Posten. Diese ausländischen Konkurrenten wünscht der englische Kaufmann dahin, wo der Pfeffer wächst, während er andererseits ohne fremde Dienstboten, Handwerker, Kommis nicht mehr auskommen kann.

In Deutschland hat man viele Jahre hindurch, und zwar unter Anleitung der nationalökonomischen Wissenschaft,[1] die Trades-Unions als ausgezeichnete soziale Einrichtung gepriesen. Das Lob, das ihnen gespendet wurde, haben sie in der Vergangenheit verdient. Aber gegenwärtig wird man von ihnen, welche sich egoistisch gegen die außenstehende, große, sie an Zahl weit überragende unorganisierte Lohnarbeitermenge abschließen, um das Arbeitsmonopol zu gewinnen, keine sonderlichen sozial wohltätigen und national produktiven Funktionen erwarten dürfen. Wenig arbeiten und sowohl gleichmäßig als auch sicher verdienen, ist ihr Prinzip, in dem sich das Rentnerideal der besitzenden Klasse wiederspiegelt. Das nationale Vergnügen des Sportes beschäftigt

---

of today eats more, plays more and works less than he did under the more strenous regime of sixty years ago."

[1]) Die soziale Theorie der englischen Trades-Unions ist nicht in England, sondern in Deutschland von L. Brentano und Anderen geschaffen worden. Die englische Nationalökonomie ist in der glänzenden Periode des Freihandels so gut wie unproduktiv gewesen, vielleicht weil sie den Stein des Weisen in der Hand zu haben glaubte. In dem letzten Jahrzehnt ist eine Änderung jedoch eingetreten.

sie mehr und mehr, das an sich bei dem Fehlen der allgemeinen Wehrpflicht weniger bedenklich ist, als das mit ihm verbundene Wetten, dem große Summen geopfert werden. Das alles würde ihnen weit weniger streitig gemacht werden, wenn die englische Industrie noch an der Spitze der Weltproduktion stünde. Aber wie die Dinge nun einmal liegen[1]) — seitdem die amerikanische Roheisenproduktion mehr als doppelt so umfangreich ist als die englische, die Stahlproduktion Deutschlands im Jahre 1902 7,8 Millionen Tonnen, die Englands nur 4,8 lieferte, seitdem die klassischen alten Exportartikel, wie z. B. Uhren, Farbstoffe, Glas, Leinengarn, Schienen, Maschinen, einen Rückgang bei der Ausfuhr aufweisen, selbst die Baumwollindustrie aus dem Klagen über Konkurrenzdruck nicht herauskommt, der Schiffsbau nicht mehr durchweg als der modernste gelten kann —, werden die hohen Lohnansprüche der Gewerkvereinler mit systematisch herabgesetzter Arbeitsleistung als ein schwerwiegendes Hindernis der Industrie empfunden. Freilich haben die Fabrikanten keinen Grund ihren Arbeitern einen moralischen Vorwurf zu machen. Denn wie der Herr, so der Knecht.

Auch soll hier durchaus nicht behauptet werden, daß der Rückgang der englischen Industrie seinen ausschlaggebenden Grund in dem Arbeitsverhältnis, soweit es durch die Gewerkvereine bestimmt wird, habe. Es soll nur auf ein Symptom hingewiesen werden, das auf den Zustand des heutigen englischen Geistes ein Streiflicht wirft.

Während der Periode des erfolgreichen Freihandels oder der englischen industriellen Weltsuprematie kannte das Vereinigte Königreich keinerlei Sozialdemokratie von irgend welcher Bedeutung. Man hat diese Erscheinung aus dem Charakterzug des persönlichen Unabhängigkeitssinnes, verbunden mit der günstigen wirtschaftlichen Lage der Arbeiter, aus dem Kolonialreich, welches überflüssige und unzufriedene Kräfte absorbierte, aus der gegenseitigen sozialen Achtung, welche höhere und niedere Klassen

---

[1]) Eingehende Nachweise können hier nicht gebracht werden. Sie sind u. a. zu finden in Adolf Wagners Agrarstaat und Industriestaat Kap. VI und bei M. Schwab, Chamberlains Handelspolitik 1905, S. 12. ff.; Lawson a. a. O. Kap. XIX bis XIX; G. v. Schulze-Gaevernitz a. a. O. S. 334. ff.

sich erwiesen, aus der ungehinderten öffentlichen Diskussion aller politischen Angelegenheiten, aus dem Fehlen jeder strafrechtlichen Verfolgung wegen politischer Reden und Schriften abgeleitet. Und dies mit gewissem Recht.

Der Kongreß der Trades Unions nahm im Anfang der neunziger Jahre zwar eine Resolution an, welche einen sozialistischen Anstrich trug, und Beschlüsse ähnlicher Art sind wiederholt gefaßt worden. Allein in praktische Politik haben sich diese Pläne bisher nicht umgesetzt, denn das „parlamentarische Komitee“, welches die politischen Geschäfte der Vereine besorgt, besteht nicht aus Sozialisten, sondern aus Männern, welche der alten Schule der bürgerlichen Radikalen angehören. So lange die Gewerkvereinler in der noch günstigen wirtschaftlichen Lage von heute bleiben, werden sie schwerlich zur Sozialdemokratie bekehrt werden. Der ungeheure Reichtum des Landes, der in den letzten hundert Jahren in England angesammelt worden ist, ist, obgleich die Industrie rückgängig geworden ist, ein Beschützer der Klasse der gelernten Arbeiter geworden. Denn die reichen Fabrikanten, welche z. T. durch Rentenbesitz gesichert sind, übernehmen im sinkenden Gewinn die Wirkungen der rückläufigen Konjunktur und vermögen sie zunächst nicht auf die eiserne Phalanx der Vereinsleute abzuwälzen. Wie bei dem Sinken der Getreidepreise durch die internationale Konkurrenz die Löhne ländlicher Arbeiter nicht gesunken sondern gestiegen sind, auch der Pächterstand zum größeren Teil erhalten worden und in seiner Stellung geblieben ist, mithin der Verlust hauptsächlich auf die Grundrente fiel, welchen die Eigentümer ertragen konnten, da sie aus anderen Quellen, aus Handel und Industrie genügende Einnahmen bezogen, — ebenso ist bis jetzt der industrielle Rückgang an erster Stelle von dem Kapital getragen worden, weil Aktienbesitzer wie Privatfabrikanten, einen genügenden Rückhalt im Exportkapitalismus besessen haben. Die Lebenshaltung der gelernten Industriearbeiter blieb auf ihrer Höhe, und es bestand für sie keine Veranlassung, ihre spezifisch englische Lebensanschauung mit einer kontinentalen sozialistischen zu vertauschen.

Aber nicht so gut hat es die unorganisierte industrielle Arbeiterschaft gehabt. Ihr fehlte die soziale Macht, den Druck der internationalen Konkurrenz und des nachlassenden auswärtigen Absatzes auf andere Gesellschaftsklassen zu schieben. Sind auch die Löhne im allgemeinen nicht gerade gesunken, so empfindet sie doch die Preissteigerung in Fleisch, Hausmiete und Genußmitteln der letzten Jahre schwer, und die Zahl der Arbeitslosen ist groß, jedenfalls erheblich größer als bei den gelernten Arbeitern.

Daß diese Bevölkerungsklasse — 1902 erhielten nach Sir Howard Vincent[1]) 800000 Personen Armenunterstützung — bei geschickter Leitung sozialdemokratisch werden kann, ist möglich, zumal seit 1901 in dem Labour Representative Committee eine Organisation geschaffen worden ist, welche sich ausschließlich politische Ziele gesteckt hat, und welche sehr tätig ist. Wenn jetzt in England eine einflußreiche sozialdemokratische Partei entstehen sollte, so wird ihr Ursprung aus dem Verluste der industriellen Weltstellung des Landes begreiflich, nicht als Folge einer Konzentration der Kapitalmassen, welche schon 30 bis 40 Jahre früher stattgefunden hat. Die Marxsche Lehre, welche an erster Stelle auf England zugeschnitten war, paßte auf dieses Land am wenigsten.

Die sozialistische Theorie hat kein Verständnis für die Völkerkämpfe in der Weltwirtschaft gehabt und ist, indem sie die wichtigste soziale Gruppierung, die nationale, für nichts achtete, zu falschen Schlüssen gekommen. Nicht so die Trades Unions-Leute in Großbritannien, von denen G. von Schulze-Gaevernitz schreibt:[2]) „Die gelernte und hoch gelohnte Arbeiterschaft der englischen Großindustrie hat heute begriffen, daß die schwer errungene Höhe ihrer Lebenshaltung mit der politischen Macht Englands steht und fällt.“

Aber es mag sein, daß, wenn die englische Industrie noch weiter rückgängig werden sollte, es auch die organisierte Arbeiterschaft stark empfinden müßte. Die überflüssigen Landarbeiter konnten in die Stadt ziehen, wenn Ackerland in Weideland, Jagdgrund oder Spielplatz verwandelt wurde. Dieser Wechsel brachte

---

[1]) Nach den Ergebnissen der von der Fremdenkommission 1903 angestellten Untersuchungen.

[2]) In der Allgemeinen Zeitung, zitiert bei P. Dehn, Weltpolitische Neubildungen, 1905, S. 76.

kein soziales Unbehagen mit sich, war vielmehr den meisten nur erwünscht. Den dauernd arbeitslosen Industriearbeitern bleibt aber nur die Auswanderung oder der Versuch, mittels Gewinnung politischer Macht den Lohnausfall auf den Besitz überzuwälzen.

Die Auswanderung aus England ist in dem letzten Jahrzehnt an sich schon gewachsen, von 0,97 auf Tausend der Bevölkerung im Jahre 1894 auf 3,5 im Jahre 1903, womit der Höhepunkt der achtziger Jahre mit 2,8 erheblich überschritten worden ist. Daß sich von den 147036 im Jahre 1903 auswandernden Personen 81036 in die britischen Kolonien, besonders nach Kanada begeben haben, ist als eine günstige Erscheinung vom nationalen Standpunkt aus gewürdigt worden. Dabei ist jedoch nicht zu übersehen, daß Kanada mit seiner fortschreitenden Landwirtschaft und reichen Fülle billigen Bodens zur Zeit ein überaus wichtiges Einwanderungsgebiet überhaupt ist, dem aus den Vereinigten Staaten und dem kontinentalen Europa mehr Leute zugewandert sind als aus Großbritannien und Irland (1904: 55913 aus den letzteren, 42918 aus der Union, 35392 aus dem europäischen Festlande).

Ist einerseits die starke englische Auswanderung ein Symptom dafür, daß die Produktivkraft des Landes nicht recht im Wachsen begriffen ist, so sind andrerseits die Bestrebungen, die Einwanderung zu erschweren, ein Fingerzeig, daß die arbeitende Klasse Mühe hat, ihre Lebensstellung in der bisherigen Höhe zu behaupten. Richtet sich auch die Einwanderungsgesetzgebung gegen besonders unerwünschte Zuziehende, so ist sie doch nur im Hinblick auf den gefürchteten Lohnkonkurrenzdruck der Fremden vollständig zu verstehen.[1])

Als die Niederlande im 18. Jahrhundert verfielen, berichteten die Schriftsteller über Arbeitslosigkeit und sinkende Löhne. Aber damals gab es keine Sozialdemokraten, welche das Proletariat gegen die Oligarchie des Geldes zum Widerstande antreiben konnten.

Ob in England die in Anfängen vorhandene Sozialdemokratie lebensfähig werden, oder ob sich die Arbeiterschaft der reichen Klasse und deren Ideen unterwerfen wird, ist eine der wichtigsten

[1]) Sir Howard Vincent a. a. O.

Fragen für die Zukunft des Landes. Daß es von der kontinentalen Einrichtung der Sozialdemokratie mit ihrer maßlosen, vor allem auf jüdische Agitatoren zurückzuführenden Verhetzung verschont werden möchte, wer kann es ihm verdenken? Und doch — „des Menschen Tätigkeit kann allzu leicht erschlaffen“ — wer weiß, ob der gährende Stoff der Unzufriedenheit im Proletariat zur Explosion gebracht, England nicht davor bewahren kann, zu tief in den Rentnerstaat zu versinken.

Der Rentnerstaat bedarf zu seiner Existenz der Einrichtung eines bedeutungsvollen Geldmarktes und einer Effektenbörse von mehr als nationaler Bedeutung. Amsterdam war im 18., London im 19. Jahrhundert der Weltmarkt des Geldes. Ob London auf die Dauer seine Stellung gegenüber New-York wird behaupten können, ist indessen zu bezweifeln.[1]) Heute ist jedenfalls im englischen Wirtschaftsleben das Geschäft in metallenen und papierenen Werten das wichtigste. „Der wirtschaftliche Schwerpunkt Englands rückt von Manchester und den nordenglischen Industriegebieten nach London.“[2]) Das heißt, es wird immer mehr Gewicht darauf gelegt an den Erzeugnissen anderer im Vermittlungswege zu verdienen und überhaupt mit Geld und Geldeswert zu spekulieren, als selbst neue Produkte zu schaffen. Das Börsenspiel ist die gefährliche Begleiterscheinung, das in England um so leichter Einzug finden konnte, als das Wetten bei Boxerkämpfen und Pferderennen eine nationale Leidenschaft ist. Mögen

---

[1]) Lawson a. a. O. Ch. XII Our foreign-controlled Money Market. Die Bank von England verfügte am Ende des Jahres 1880 über 24 Millionen Sterling, Ende 1905 über 28. In derselben Zeit ist der Geldvorrat der Bank von Frankreich von 24 auf 115, der Deutschen Reichsbank von 9,6 auf 29, der Österreich-Ungarischen Bank von 5.6 auf 46 angewachsen. Rußlands Bank besaß Ende 1905 über 74 Millionen, Italiens über 25, die U. S. Treasury über 38 (Bradstreet's 15. Dez. 1906). Mag auch die Verschiedenheit der Bankverfassungen in diesen Ziffern seinen Ausdruck finden. so ist es doch nicht in Abrede zu stellen, daß Englands frühere unbestrittene internationale Vormacht im Bankwesen nicht mehr besteht. — Der erste Weltmarkt des Goldes ist London noch unbestrittener Weise, trotzdem sind die starken Goldentzüge von 1906 schwer empfunden worden, so daß man sich mit der Frage beschäftigt, wie dem vorgebeugt werden kann.

[2]) G. v. Schulze-Gaevernitz a. a. O. S. 307.

auch die eigentliche Stockexchange mit ihrem Maklermonopol und die Depositenbank mit ihrem schematischen Betrieb höchst konservative und achtbare Einrichtungen sein, daneben gibt es für das auf mühelosen Gewinn erpichte Publikum genug Gelegenheit, sein Geld im Spiel zu wagen. An geschickten Vertreibern und Reklamemachern fehlt es nicht. und manches schlechte Effekt ist auch dem unerfahrenen Ausländer aufgehängt worden, was selbst der wirtschaftliche Chauvinist nicht mehr als nationale Kraftentfaltung wird bezeichnen wollen. Aber in die Ideen des Rentnerstaates paßt ein solcher Vorgang nicht schlecht hinein. Sieht dieser doch das Ausland als ihm tributär an, welches für ihn zu schaffen die leidige Pflicht hat. Korruption im Geschäft ist dort unvermeidlich, wo nicht mehr Arbeit und Ökonomik das Höchste sind, mit dem die Güter zum Genuß oder zum weiteren Erwerb gewonnen werden sollen.

Die wenig befriedigenden wirtschaftlichen Zustände des Vereinigten Königreiches, über welche seit mehr denn zwanzig Jahren Klage erhoben wird, ist eine der Veranlassungen zu dem wirtschaftlichen Plan und zu der politischen Agitation Chamberlains geworden.

Chamberlain vertritt die Überzeugung vieler Engländer, erstens, daß die Kolonien mit englisch redender Bevölkerung fester als jetzt mit dem Mutterlande verbunden werden müssen, damit sie sich nicht zu selbständig entwickeln und es nicht eines Tages für ratsam erachten, wie einst die nordamerikanischen, eine Unabhängigkeitserklärung zu erlassen. Zweitens fürchtet er, daß ebenso wie der englische Ackerbau, so die Exportindustrie durch den auswärtigen Wettbewerb ruiniert wird, wenn man die Dinge einfach weiter gehen läßt, wie bisher.

Zunächst soll eine Mutterland und Kolonien umfassende gemeinsame Wirtschaftspolitik diesen Gefahren entgegentreten. Sie soll die ökonomischen Interessen beider auf Grund der Arbeitsteilung verschmelzen und damit ein auch politisch haltbares Band schaffen. Sie ist auf einem System der Differentialzölle aufgebaut, nach welchem das Mutterland die Kolonialprodukte, vorläufig Getreide, Fleisch, Molkereiprodukte, Wein und Obst anderen Importländern gegenüber begünstigt, andrerseits die Tochterstaaten den englischen industriellen Fabrikaten einen Vorzugstarif einräumen. Es ist hier nicht die Aufgabe, den Plan im einzelnen zu beurteilen und die Abschnitte der Bewegung historisch zu schildern.[1]) Es sind nur die Beziehungen dieser Politik zu dem erwachsenden englischen Rentnerstaat zu untersuchen.

Da Chamberlain mit dem Freihandel brechen will, so steht eine Verteuerung von Lebensmitteln und vielleicht von Fabrikaten in Aussicht, das letztere, wenn zu den Differentialzöllen noch industrielle Schutzzölle hinzukommen sollten, welche eine logische Folge der ersteren sein dürften. Daß die Gruppe der Rentiers hierdurch in ihren Interessen verletzt ist, wurde oben bereits bemerkt. Den reinen Konsumentenstandpunkt vertreten bis jetzt außerdem die Lohnarbeiter. Indessen ist ihre volkswirtschaftliche Position ganz anders als diejenige der Bezieher ausländischer Renten. Diesen geht der Rückgang der Produktivkraft Englands nicht an die Wurzel des Einkommens. Je dauernd schlechter der Geschäftsgang in England wird, um so mehr entziehen sie der Heimat ihr Kapital und investieren es in fremden, besser gehenden Volkswirtschaften. Das mag gelegentlich einige private Verluste mit sich bringen, aber die Grundlage der Klassenexistenz wird nicht berührt, da der größte Teil der Rente weiterhin einkommt.

Für die Arbeiter hingegen bedeutet Einschränkung oder zu langsame Ausdehnung der Industrie eine Verminderung der Arbeitsgelegenheit. Chamberlain stellt ihnen die Alternative: Wollt ihr wie bisher weiter oder auch vielleicht mehr verdienen und euch dann eine kleine Verteurung[2]) des Lebens gefallen lassen: oder wollt ihr so billig wie bis jetzt, weiter einkaufen können, aber dann mit der Aussicht auf zunehmende Arbeitslosigkeit und fallende Löhne zu rechnen haben?

[1]) Von der umfangreichen Literatur sei zur Orientierung hingewiesen auf: W. J. Ashley, The Tariff Problem, London 1903, Dr. K. Braude. Die Grundlagen und die Grenzen des Chamberlainismus, Zürich 1905, Marie Schwab. Chamberlains Handelspolitik, Jena 1905, G. Blondel, La politique protectionniste en Angleterre, Paris 1904, G. v. Schulze-Gaevernitz a. a. O., mit weiterem reichhaltigem literarischem Nachweis.

[2]) Die etwaige Erschwerung der Lebenshaltung soll durch eine geplante Herabsetzung der Thee-, Kaffee- Kakao- Zuckerzölle kompensiert werden.

Ob es gelingen wird die erste Möglichkeit den Arbeitern als die ihren Interessen mehr entsprechende annehmbar zu machen, wird die Zukunft lehren.

Der Chamberlainismus kann als ein Kampf gegen den entstehenden englischen Rentnerstaat gelten, ob mit Aussicht auf Erfolg, werden wir zu beurteilen versuchen. Gedacht ist er in folgender Weise:

Ein fest aufgebautes größeres englisches Staatswesen — nach Durchführung der Differentialzölle würden der gemeinsame Reichsschutz und dann noch weitere Bindemittel herangezogen werden — müßte dem Exportkapitalismus eine neue Richtung vorschreiben. Wie sehr sich dieser überhaupt in England von politischen Motiven bestimmen läßt, ist in den früheren Kapiteln auseinandergesetzt worden. Große Summen englischen Geldes sind schon heute in den Kolonien zur Anlage gebracht worden, wenn aber Mutterland und Tochterland stärkere gemeinsame Interessen haben sollten, so würden sie noch gewaltig anwachsen. Unternehmende Engländer würden dorthin wandern, und Arbeiter würden nachfolgen. In einem Teil des Imperiums, d. h. in England würden die Rentner sitzen, aber das Ganze würde ein lebensvoller, schaffender Organismus sein, in welchem die lokalen, psychisch krankhaften Erscheinungen des Rentnertums aufgesogen werden würden.

Darüber kann kein Zweifel sein, der geplanten Reform stehen außerordentliche Schwierigkeiten, sowohl im Heimatlande als auch in den Kolonien entgegen. Sie liegen in der Gegenwart vor allem auf wirtschaftlichem, weniger auf politischem Gebiete.

Der Gedanke eine eigene Nation Kanada, Südafrika, Australien zu bilden hat in den Köpfen nicht weniger Kolonisten einen Platz gefunden. Er ist bei der großen räumlichen Trennung vom Mutterlande und bei den dadurch bedingten eigenen Interessen, welche sich der Art und dem Umfange nach von Jahr zu Jahr erweitern, naturgemäß und wird in dem Maße an Gestaltungskraft gewinnen, als die Rassenmischung durch Einwanderung auch aus nicht englisch sprechenden Ländern fortschreitet, und eine Kulturgemeinschaft besonderer Art durch eigene Leistungen und geschichtliche Ereignisse begründet wird. Die nordamerikanischen Kolonien, welche sich 1776 von England lossagten, fühlten sich als besondere Nation und fanden in diesem Gefühl die ethische Grundlage ihres Freiheitskrieges. Weltpolitische und wirtschaftliche Gefahren bedachte das junge Staatswesen kaum, welches, ein kleiner Teil eines großen Kontinentes, durch einen gewaltigen Wall unkultivierter Wildnis vor allen anderen äußeren Feinden als England, dem die Seeseite offen lag, bewahrt war.

Heute liegen die Dinge aber ganz anders. Denn die gegenwärtigen Kolonien stehen in der Weltpolitik und Weltwirtschaft mitten darin, bei welchen beiden nur große volkreiche und kapitalkräftige Staaten ernstlich mitzusprechen haben. Daher haben Kanada, Südafrika, Australien, die zwar viel Land, aber noch wenig Kraft darin besitzen, ein großes Interesse daran einen zuverlässigen Schutz zu behalten, unter welchem es ihnen unbenommen ist, bei weitgehender Autonomie ihre kulturellen, militärischen, agraren, merkantilen, industriellen Kräfte mit Hilfe des kapitalreichen Mutterlandes zur Entfaltung zu bringen. Dabei hat jede der drei Kolonien ihre Besonderheiten.[1]) Australien hat mit Japan, Kanada mit den Vereinigten Staaten zu rechnen. Die Union ist stark genug den nördlichen Nachbar mit Menschen und Kapitalien zu versorgen, so daß dieser die Wahl zwischen ihr und England hat. Aber es ist fraglich, ob die Yankees ihm sein Wahlrecht nicht schmälern werden, denn sie werden es bei ihrem ausgeprägten Nationalismus nicht dulden wollen, daß ein zweiter mächtiger Staat[2]) in Nordamerika Platz nimmt. Dann dürfte es in England wohl zum allgemeinen Bewußtsein kommen, daß nicht das festländische Europa, insbesondere Deutschland sein eigentlicher Gegner ist, vielmehr, daß er jenseits des atlantischen Ozeans wohnt, man wird verstehen lernen, daß die englischen

---

[1]) Dieselben sind sehr anschaulich zur Darstellung gebracht bei G. v. Schulze-Gaevernitz a. a. O. S. 180 ff.

[2]) In welcher Weise Kanada seit fünfunddreißig Jahren wirtschaftlich fortgeschritten ist, läßt eine offizielle kanadische statistische Zusammenstellung ersehen. (Mitgeteilt in Bradstreet's vom 8. September 1906.) Von 1871 bis 1905 sind z. B. die Bankdepositen von 68 auf 555 Millionen Dollars angewachsen, die gegen Feuer versicherten Werte von 229 auf 1340, die Prämie der Lebensversicherungen von 1,8 auf 22, die Eisenbahnen im Betrieb von 2695 Meilen Länge auf 20487.

Interessen europäische sind, und daß die großen Gegensätze des politischen Lebens zu kontinentalen geworden sind.

Vor der Hand dürfte jedenfalls die Volksstimmung in den drei großen, von Weißen bewohnten englischen Kolonien den Chamberlainschen Ideen entgegenkommen und geneigt sein sie bei sich, d. h. in einseitiger, wenn auch beschränkter Weise, zu verwirklichen, selbst wenn ein wirtschaftliches Opfer damit verbunden wäre. Daß Kanada und Südafrika — Australien scheint darin nachzufolgen — freiwillig und ohne Gegengabe Großbritannien eine Zollbegünstigung haben zuteil werden lassen, beweist, daß sie die Sache ernst nehmen. Ob aber aus diesem Anfange jemals ein Ganzes werden wird, steht dahin. Denn an wirtschaftlichen Schwierigkeiten für die Kolonien gegen die ganze und volle Reform fehlt es nicht. Sie liegen auf drei Gebieten. Erstens in den unvermeidlichen Konflikten mit fremden Industriestaaten, welche die ihnen zugefügte Differenzierung nicht ohne weiteres hinnehmen, vielmehr ihrerseits zu Abwehrmaßregeln greifen werden, durch welche die agrarischen Konkurrenten der Kolonien begünstigt sein werden. Zweitens ist es höchst fraglich, ob den Kolonien mit ihrem aufstrebenden Wirtschaftsleben damit gedient ist, wenn Gegenständen, welche sie selbst nicht herstellen, eine Art englischen Monopols gewährt wird, während sie die gleichen von den Vereinigten Staaten oder von Deutschland besser oder billiger beziehen können. Stünde England noch in allen Zweigen der Industrie an der Spitze, so würde man über dies Bedenken nicht viel Worte zu verlieren haben, aber das ist ja gerade nicht der Fall, und auf eine Besserung in Zukunft ist nicht zu rechnen. Die dritte Schwierigkeit ist die Entscheidung über die absolute Höhe der von den Kolonien zu erhebenden industriellen Zölle. Sind sie so geartet, daß England mit der dortigen geschützten Produktion nicht konkurrieren kann, so nützt ihm die Bevorzugung nichts. Nun ist das Streben nach eigenen Industrien in allen Kolonien vorhanden, wo nur irgend die natürlichen und sozialen Vorbedingungen dazu gegeben sind, ganz einfach deshalb, weil sie täglich sehen, zu welchem Reichtum an Kapital und Verbrauchsvermögen es die Industrieländer im Vergleich zu den reinen Agrarländern bringen. Das alte Dogma von der Arbeitsteilung zwischen agraren und industriellen Staaten hat als ausschließliches wirtschaftliches Ziel jeden Kredit verloren. Daher werden die Kolonialregierungen möglichst freie Hand im Zollwesen behalten wollen, um die Schutzzölle nach den jeweiligen Bedürfnissen ihres Landes normieren zu können. Damit ist aber dem Mutterlande nicht gedient, welches das große Reformwerk nur auf der sicheren Grundlage fester und dauernder Abmachungen errichten kann.

Da Chamberlains Programm ein System der Differentialzölle für Mutterland und Kolonien umfaßt, so ist ein mäßiger Agrarzoll dabei in Aussicht genommen, nicht um die englische Landwirtschaft zu heben, sondern um den Kolonien den Absatz ihrer Agrarprodukte zu erleichtern. Hat die Vorzugsbehandlung der Kolonien die Folge, daß sich in ihnen die landwirtschaftliche Produktion stark ausdehnt, worauf ja gerechnet wird. — denn sonst hat die Politik gar keinen Sinn — so wird der Weltmarktpreis des Getreides entweder nach und nach sinken, oder wenigstens nicht so erhöht werden, wie das ohne die Prämierung des kolonialen Getreidebaues möglich gewesen wäre.

In dem Chamberlainschen Projekt steckt daher für England kein agrarisches sondern ein industrielles Ziel. Was England heute volkswirtschaftlich ist, soll in dem Imperium erhalten bleiben, und es müßte befriedigt sein, wenn es große industrielle und merkantile Gewinne machte und aus ihnen, wie bisher, neue Kapitalien bildete. Die Tendenz zum Rentnerstaat würde daher nicht beseitigt, sondern sich im veränderten Gewande zur Geltung bringen.

Das ließe sich nur dann einigermaßen vermeiden, wenn England zugunsten der anderen Teile des geplanten Imperiums sich entschließen würde, ungeheure Opfer zu bringen, d. h. gestatten würde, daß sich die Kolonien in rücksichtsloser Weise durch hohe Schutzzölle und andere Mittel eine große, der englischen ebenbürtige Industrie schüfen. Daran ist aber nicht zu denken. Die Gründung eines weltumspannenden Reiches, in dessen ausgebildetem Organismus England einen zwar notwendigen, aber dem Ganzen sich unterordnenden, bescheidenen Platz einnähme, ist das eigentlich Utopische in dem Chamberlainschen Gedanken. England kann auf die „Fiskalreform“ nur eingehen, wenn ihm die Kolonien bestimmte und langdauernde Tarife bieten werden, unter denen es seine bisherige industrielle und kommerzielle Überlegenheit zu behaupten vermag. Dann aber sind die Pferde, welche vor dem Wagen des Weltreichs gespannt sind, zu ungleich an Kraft, als daß sie dauernd zusammen laufen könnten. Das alte, an Kapital und Industrie starke Inselreich wird durch die Gewalt seines Daseins die Übermacht behaupten, zeitweise auch neues Leben gewinnen und seinem Kapitalexport neue Nahrung zuführen, der sich aber auch, wie bisher, in fremde Länder ergießen würde, sobald die Kolonien gesättigt wären.

Der Rentnerstaat wäre eine zeitlang durch die neue Politik zurückgedrängt worden, aber dann würde er mit verstärkter Wucht sein Dasein fordern.

Von diesem Gedankengange aus kann man den Chamberlainismus fragen, wozu der Lärm, wozu wirtschaftliche Maßregeln diskutieren, welche die Alternative versteckt in sich tragen: entweder Verkürzung des Mutterlandes oder der Kolonien?

Die festere Verbindung der einzelnen Teile des heutigen englischen Reiches ist auch mit anderen Mitteln als Differentialzöllen möglich, und die Kolonien haben, bei ihrer Schutzbedürftigkeit, allen Grund sie nicht von der Hand zu weisen. Ihre freiwillige Loslösung vom Mutterlande ist für eine lange Reihe von Jahren nicht zu befürchten, selbst wenn sich die nationalen Wünsche der Afrikaner, Kanadier und Australier zu festen Programmen verdichten sollten.

Ist England seinen Kolonien gegenüber wirtschaftlich nicht gebunden, so kann es eine Politik wählen, die ganz seinen eigenen, alleinigen Interessen entspricht. Bei dem bisherigen, sogenannten passiven, d. h. nicht auf Gegenseitigkeit mit andern Ländern beruhenden Freihandel zu beharren, genügt genau genommen nur dem Wunsch nach billiger Konsumtion in den nicht produzierenden Klassen. Er bedeutet eine weite Schwächung der Industrie, des Exportgeschäftes, vielleicht der Schiffahrt und des internationalen Geldgeschäftes.[1]) Die zur Kapitalisierung verfügbaren

---

[1]) Das wichtigste internationale Zahlungsmittel im überseeischen Verkehr ist der Sterlingwechsel. Daß dieser in dem englischen Warenhandel und

Renten werden dann in größerer Quote, als bisher, dem Auslande zufließen, womit das Volk in den Rentnerstaat weit hineingetrieben wird.

Der Bruch mit dem Freihandel dürfte daher nicht abgewiesen werden können. England kann zum industriellen insularen Schutzzoll übergehen, auf dessen Grundlage es mit anderen Staaten Handelsverträge zum Abschluß bringt. Indem die Industriellen so den verlorenen inneren Markt wiedergewinnen und auch im Auslande ihre Position festigen, wird von dem disponiblen Kapital mehr als bisher der Heimat zufließen oder dort bleiben, und so lange das geschieht, wird sich der Rentnerstaat langsamer als bisher entwickeln. Ob er sich aber, wenn weiter nichts geschieht, umgehen läßt, dürfte zweifelhaft sein. Denn die neugebildeten und verfügbaren Kapitalien sind nun einmal so groß, daß Industrie und Handel sie schwerlich verbrauchen können. Sehr viel bleibt für das Ausland übrig, wenn nicht neue Verwendungsmöglichkeiten im Inlande gefunden werden. England besitzt noch eine Reserve an ökonomischer Kraft und damit eine Gelegenheit zur Kapitalanlage, welche gegenwärtig nicht hoch eingeschätzt wird, — die Getreide erzeugende Landwirtschaft. Als den Niederländern die Suprematie in Handel und Industrie verloren ging, schenkten sie der Landwirtschaft erhöhte Beachtung, ihre Viehproduktion und Gartenwirtschaft sind oft gerühmt worden. Allein ihr Landbesitz war für den Körnerbau wenig geeignet und zu klein, so daß sie schon, ehe sie zu ihrer kommerziellen und politischen Größe gelangten, genötigt waren, Getreide einzuführen. Günstiger durch die Natur versehen ist das Vereinigte Königreich, das vor noch nicht zu langer Zeit als das Musterland des Weizenbaues galt.

Es wurde oben die Meinung eines Engländers[1]) mitgeteilt, der an eine Zukunft des heimatlichen Ackerbaues nicht glauben will. Bleibt das System des laisser faire in agrarischen Dingen, dann freilich ist jene Ansicht kaum zu bestreiten. Anders aber, wenn eine umfassende Agrarreform energisch aufgenommen wird.

Transportgeschäft seine starke Grundlage hat, ist bekannt. Ob der Rentenbezug aus Kapitalexport sie ganz ersetzen kann, ist sehr fraglich. Vgl. Lawson a. a. O. S. 205 ff.

[1]) Clarke a. a. O.

Mit dem Schutz gegen die ausländische Konkurrenz ist es natürlich allein nicht getan. Die Aufteilung des Eigentums und das Schaffen neuer mittlerer und kleiner Betriebe, Änderung des Erbrechtes und des Verschuldungswesens sind die vornehmlichsten Aufgaben. Sie sind das einzige, wenn auch erst nach und nach wirkende Mittel, die Städte vom Proletariat, die Industrie von Arbeitslosen zu entlasten. Eine blühende Landwirtschaft durch das ganze Königreich hin würde nicht nur für Fabrikate ein wertvolles Absatzgebiet bieten, sondern würde sich auch dem Geist der Arbeitsunlust entgegenstellen.

Mir scheint eine große Frage der englischen Zukunft die zu sein, ob der rentnerstaatliche Geist schon so weit fortgeschritten und verbreitet ist, daß er keine Agrarreform dulden wird, da sie seinem nächsten Interesse, dem Konsumenteninteresse, entgegensteht, oder ob die britische Energie, der Nationalstolz und die politische Befähigung stark genug sein werden, um der Gesamtheit und den herrschenden Klassen solche Opfer aufzulegen, welche tiefgreifende Reformen mit sich bringen.

Der Kern des englischen Volkes ist, wie K. Peters an verschiedenen Stellen seines mehrfach erwähnten Buches ausdrücklich betont, noch gesund, und so ist es für die Zukunft prinzipiell nicht ausgeschlossen, was Macaulay von der Geschichte seines Volkes gesagt hat: „Es ist wahr, die Engländer sind lange ein großes und glückliches Volk gewesen. Aber sie waren groß und glücklich, weil ihre Geschichte die Geschichte einer Reihenfolge von rechtzeitigen Reformen war."

Freilich wird niemand glauben wollen, daß eine Agrarverfassung von heute auf morgen umgeformt werden kann. Völkern neue Ideen beizubringen, ist nicht die Sache einer einzigen Wahlkampagne.

Vom deutschen, französischen oder sonstigen kontinentalen einseitigen Interessenstandpunkt aus hat man gelegentlich gemeint, daß ihm nichts besser entspreche, als wenn England bei seiner bisherigen Freihandelspolitik verbleibe. Wir teilen diese von Vorteilen der Gegenwart allein diktierte Anschauung nicht. Ein gesundes und starkes England, dessen Schwerpunkt in Europa und nicht in überseeischen Angelsachsenreichen ruht, wie es eine zielbewußte Agrarpolitik mit sich bringen muß, ist ein festes insulares, Europa vorgelagertes Bollwerk und daher von dem Festlande zu wünschen und nicht zu bekämpfen.

Würde England darauf verzichten, dem Industrialismus eine immer schärfere einseitige Ausbildung zu geben, wie es der Freihandel verlangt, so bliebe es von nervösen, in steter Furcht vor dem Nichtweiterkönnen diktierten Anstrengungen verschont und vermöchte in der Pflege seiner agraren Interessen eine Ruhepause zu genießen, welche nach dem Jahrhundert industrieller und kommerzieller Übertreibung nur wohltätig wirken und das Land befähigen würde, auch an andere innere, immer verschobene Reformen, z. B. der Militärverfassung, ernstlich heranzutreten.

Man darf bei der Beurteilung des heutigen Englands nicht übersehen, was es Großes in den letzten 120 Jahren geleistet, und was es an geistiger Energie verbraucht hat. Noch vor dreißig Jahren galt der Engländer auf dem Kontinent als Typus des energischen, wagenden Unternehmers, der veraltete Arbeitsmethoden und Maschinen ohne langes Bedenken bei Seite warf. Heute ist er voller Vorurteil gegen jede Neuerung, fürchtet das geschäftliche Risiko und ist mit kleinem sicherem Gewinn zufrieden. Mehrere verschiedenartige Dinge zugleich zu betreiben, wie es der amerikanische Geschäftsmann liebt, um etwaige Verluste einer Unternehmung durch Gewinne in einer anderen zu kompensieren, fällt ihm nicht ein. Etwas zu versuchen, worin ein anderer noch keinen Erfolg nachgewiesen hat, wird man ihm schwerlich zumuten können.[1])

Wie will man diese Erschlaffung anders verstehen, als wie eine Reaktion gegen zu große Kraftausgabe? Die Nation, sicherlich die Klasse der Geschäftsleute, bedarf der Ruhe, der Erholung, der Ausspannung. Der engliche stille, schläfrige Sonntag galt schon in der Mitte des letzten Jahrhunderts als ein Symptom dafür, daß in der Woche das Volk sich überhastet hatte, jetzt ist der halbe Samstag hinzugekommen und der Mittwoch Nachmittag fängt an, eine zweite Arbeitspause zu werden. Der eng-

[1]) Berichte eines in St. Louis Mo. lebenden Engländers an die Times, mitgeteilt in den Monthly Consular and Trade Reports, Washington, Februar 1905, von dem amerikanischen Konsul in Birmingham.

lische Sport, der zwar von alters her im Lande heimisch ist, hat an Ausdehnung gewonnen, daß man sagt, jeder, der nicht ganz mittellos ist, gehöre einem ihn fördernden Klub an.[1]) Die sportlichen Übungen mögen den Körper stählen und den Geist erfrischen; wie sie heute in England betrieben werden, sind sie zum Selbstzweck entartet und an erster Stelle als physiologisches Bedürfnis nach gänzlich veränderter Tätigkeit zu verstehen. Die großen kräftigen Gestalten der reisenden Engländer. welche uns in der Schweiz und in Italien entgegentreten, zeigen uns oft eine müde Physiognomie, welche mit der blühenden Gesichtsfarbe kontrastiert. Die Volksmasse in der Millionenstadt London und in den Industriestädten verfügt über Körperkraft und Größe solcher Leute durchschnittlich nicht und ist im städtischen Leben verkümmert. Nirgends tritt der gefährliche Einfluß der Stadt auf das Wohlbefinden der Menschen stärker hervor als in England, weil hier über drei Viertel der Bevölkerung städtisch ist. Die reichen Rentner können reisen, für Monate aufs Land oder an die See ziehen und den Stadtstaub von sich schütteln, die Masse kann es nicht und muß sehen, in den hergebrachten Vergnügungen Trost und Erholung zu finden.

Aus der englichen Aristokratie gehen noch immer tüchtige Beamte, Diplomaten und Parlamentarier hervor, ob in der reichen Zahl wie früher, wird man dahingestellt sein lassen. Die alten Adelsgeschlechter sterben aus und nobilitierte Finanzleute, öfters mit orientalischem Typus, rücken in das Oberhaus ein, denen die Börsenkurse ebenso am Herzen liegen wie die nationale Politik. Die englische Gesellschaft muß sehr gesund sein, wenn sie diesen Pairschub andauernd aushalten kann, ohne ihre Struktur zu verändern.[2])

Es ist begreiflich, daß es in einer Nation, deren Initiative herabgesetzt ist, eine große Menge Einflußreicher geben muß, welche das bestehende handelspolitische System am liebsten unangetastet

---

[1]) Was kosten Sport und Spiel in England. Henr. Jastrow. London, Woche 1906, Nr. 20. — In den 1900 Golfklubs sollen 152 Millionen Mark angelegt sein und ihr Unterhalt mag 57 Millionen jährlich erfordern.

[2]) Vgl. Allgemeine Zeitung 25. Dezember 1905, „Der Trog“ und G. von Schulze-Gaevernitz a. a. O. S. 313.

lassen möchten. Der Konservatismus des englischen Lebens und Fühlens ist vielleicht die stärkste Gegnerschaft gegen die Chamberlainschen Neuerungen. Große Interessen des Handels, der Schiffahrt, bestimmter Industrien, der Banken stehen zudem hinter ihr. In ihrem Sinne sprach sich in einer Versammlung des London Institute of Bankers von 1904[1]) J. Spencer Philipps, Vorsitzender der größten englischen Bank, der Lloyds Bank, in dieser Weise aus: „Es dauere nur eine Stunde, um eine prächtige Eiche zu fällen, dagegen viele Jahrzehnte, ehe ein neuer Baum von gleicher Pracht herangewachsen sei. Es dürfe daher nichts geschehen, das gegenwärtige handelspolitische System zu beseitigen, so lange man nicht absolut darüber Gewißheit habe, daß die Veränderung wirklich zum Besten des Landes ausschlagen werde."

Dieser Ausspruch ist ungemein charakteristisch. Eine Gewißheit über die Wirkung politischer Maßregeln gibt es nicht. Sicherheit zu verlangen, heißt nichts wagen wollen. Ein fester Glauben an sich selbst ist die beste Bürgschaft für einen politischen Erfolg. Dieser Glaube fehlt.

Wenn in England alles beim alten bleibt, wird niemand so voreingenommen sein dürfen, zu glauben, daß es mit seiner wirtschaftlichen und politischen Macht rapid bergab gehen wird. Mag auch die Industrie noch weiter rückgängig werden, sie wird noch lange zu den hervorragenden der Weltwirtschaft gerechnet werden müssen, und vielleicht werden Handel, Fischerei und Seefahrt erhöhte Anstrengungen machen, um ihren bisherigen Stand zu erhalten. Jedenfalls bleibt ein großer Reichtum den Engländern noch für lange gesichert und damit ihre die Ozeane einstweilen beherrschende Flotte. Der Rentnerstaat wird dann jedoch rasch in seiner Ausbildung fortschreiten, — ob er ein alles umgestaltendes System werden wird, hängt noch von manchen anderen schwer übersehbaren Bedingungen ab.

Der Vergleich des englichen Entwicklungsganges mit dem niederländischen des 18. Jahrhunderts drängt sich unwillkürlich auf. Beide Länder waren zu klein, um die überlegene Konkurrenz größerer Wirtschaftsgebiete dauernd aushalten zu können, beide

[1]) Mitgeteilt in der Allgemeinen Zeitung vom 11. November 1904.

konservierten ihren Reichtum in der Form auswärtiger Renten, kräftigten aber zugleich durch ihre Darlehen ihre wirtschaftlichen Gegner; in beiden erlahmte die Arbeitslust, Vergnügungssucht und Spiellust überwucherten sie; in beiden vollzog sich der Rückgang nicht plötzlich, sondern schrittweise, wodurch zwar die heftigen Katastrophen vermieden, aber zugleich auch die großen Gefahren verschleiert wurden.

Indessen dürfen wir aber nicht übersehen, daß die Lage Großbritanniens im allgemeinen eine günstigere ist, als diejenige Hollands, als es den Höhepunkt seiner Macht überschritten hatte. Zunächst hat das Inselreich noch einen starken ökonomischen Rückkalt in seinen agraren Gebieten, welche für Getreidebau, überhaupt für intensive Landwirtschaft nutzbar gemacht werden können. Es ist an sich ferner größer und volkreicher und mit mancherlei Bodenschätzen ausgestattet, die ihm eine vielseitige Beschäftigung gestatten. Der englische Reichtum ist nicht nur absolut viel größer, sondern auch als Wohlstand in breiten Schichten der Bevölkerung zu Hause. Die Besteuerung ist freilich auch in England eine drückende geworden, aber keine unbillige, weil sie zu einem recht erheblichen Teil auf dem größeren Einkommen und Besitz ruht. Am wichtigsten ist der Umstand, daß das heutige englische Kolonialreich anders geartet ist als das niederländische der ost- und westindischen Kompagnie. Das erstere umfaßt außer den tropischen drei große, von englisch sprechenden Europäern bewohnte Staaten, welche im raschen Wachstum begriffen sind und vorerst jedenfalls keine Neigung zu politischer Selbständigkeit verspüren.

Auch wenn der Chamberlainsche Plan der Differentialzölle nicht verwirklicht wird, wird England in diesen drei Gebieten einen starken politischen und wirtschaftlichen Stützpunkt finden. Es werden ihm dauernd Auswanderungsländer offen stehen, die anderen Nationen überhaupt in Zukunft verschlossen sein können, seine Unternehmer und Kapitalisten werden dort, wie in der Heimat, zu allen Erwerbsrechten zugelassen sein. worauf Ausländer nicht unbedingt werden rechnen dürfen, seine Flotte und sein Landheer werden in der künftigen Kolonialrüstung eine Ergänzung finden.

Die dauernde Auswanderungsgelegenheit werden besonders diejenigen hochschätzen, welche an eine künftige Übervölkerung der westeuropäischen Welt glauben. Wenn hier die Industriestaaten ihre Bevölkerung, wie bisher, weiter verdichteten, die außereuropäischen Staaten kein Bedürfnis mehr nach Einwanderern hätten und ihre natürlichen Erwerbsquellen ihren Angehörigen und deren Kindern durch Einwanderungsverbote reservierten, so könnten die ersteren in eine schwierige Lage kommen, und zwar um so mehr, je weniger sie ihre Fabrikate gegen Lebensmittel der industriell erstarkten Getreide- und Fleischexportländer auszutauschen vermöchten. Als Ausweg bliebe dann nur der Krieg, welcher die Bevölkerung dezimierte und dem etwa siegreichen Industriestaat zu neuem Landbesitz verhülfe.

Eine solche Perspektive folgt aus dem Malthusschen Bevölkerungsgesetz, welches noch heute, wie vor hundert Jahren, der drückende Alb mancher Nationalökonomen ist. Es ist innerhalb der heutigen ökonomisch-historischen Wissenschaft ein Rudiment der individualistischen Epoche, welches seine Dauerexistenz einer ungeschickten Übernahme naturwissenschaftlicher Anschauungen in die Sozialwissenschaft verdankt. Es übersieht vollständig, daß die Menschen in Verbänden mit bestimmten, geschichtlich gewordenen und daher veränderlichen wirtschaftlichen und sozialen Einrichtungen und Vorstellungen leben, welche der Masse der Individuen Beschäftigung und Bedürfnisstand vorschreiben. Der Malthusianer konstruiert sich eine abstrakte Welt aus dem Triebleben des Menschen und kann so einer falschen Schlußfolgerung nicht entgehen: der sozial denkende Nationalökonom nimmt die Welt real und beschäftigt sich mit vorhandenen Tatsachen, welche erst dem generativen Trieb, wie allen Trieben des Individiums, Richtung, Inhalt und Schranke geben.

Daß dem so ist, zeigt Englands Vergangenheit während des 19. Jahrhunderts. Der Standard veröffentlichte[1]) eine Übersicht über die gegenwärtige jährliche Zunahme der Bevölkerung in den Hauptländern Europas: auf eine Million Menschen kommt ein Zuwachs von 15000 in Deutschland, von 13600 in Rußland, von

[1]) Mitgeteilt in der Allgem. Zeitung vom 10. November 1905.

12300 in Holland, von 10400 in der Schweiz, von 10100 in Belgien, von 9400 in Großbritannien. Vor 60 Jahren habe das letztere Land in punkto Bevölkerungszunahme den ersten Rang eingenommen, während es jetzt auf der sechsten Stufe stehe. Die Expansionskraft, welche es in den Anfängen der industriellen Entwicklung besessen habe, sei bedeutend geschwächt worden.

Der Rückgaung der Bevölkerungsvermehrung ist um so auffallender, als die Sterblichkeit von Jahrzehnt zu Jahrzehnt eine Abnahme zeigt.[1]) Auf tausend lebende Personen entfielen in England und Wales 1854 23,5, 1863 23, 1873 21, 1883 19,6, 1893 19,2, 1903 15,4 Todesfälle. Die Gründe dieser Erscheinung sind mannigfaltiger Art, erhöhtes Einkommen der ärmeren Volksschicht, bessere sanitäre Einrichtungen, schonendere Ausnutzung der menschlichen Arbeitskraft, geringere durchschnittliche Geburtenzahl in den Familien.

Dem langsameren Absterben der Bevölkerung steht nun etwa seit 1880 eine abnehmende Geburtenziffer gegenüber. Dieselbe wird aus folgender Tabelle ersichtlich. Es entfielen Geburten:

	1870—72	1880—82	1890—92	1900—02	1903
Auf 1000 Personen innerhalb der Gesamtbevölkerung	35,3	34,0	30,7	28,6	28,4
Auf 1000 Frauen im Alter v. 15—45 Jahren	153,7	147,7	129,7	114,8	113,8
Auf 1000 verheiratete Frauen im Alter von 16—45 Jahren (eheliche Geburten).....	292,5	286,0	263,8	235,5	233,3

Sollte in den nächsten zwanzig Jahren der Rückgang in gleicher Weise fortschreiten, dann würden die französischen Zustände erreicht werden, gemäß welcher im Durchschnitt von 1893 bis 1902 zweiundzwanzig Geburten auf tausend Personen der Gesamtbevölkerung gerechnet wurden. Das Wort Übervölkerung

[1]) Die nachfolgenden statistischen Angaben sind entnommen dem Sixty fifth and Sixty sixth annual report of the registrar general of births, deaths and marriages in England and Wales 1902 and 1903, London 1904/1905.

würde dann ebenso selten in England wie südlich des Kanals ausgesprochen werden.[1])

Die seit 1880 festgestellte Geburtenminderung dürfte vor allem als eine Folgeerscheinung der veränderten wirtschaftlichen und sozialen Zustände Englands zu begreifen sein. Wie sich die Vermittlung dieses Zusammenhanges im Einzelnen vollzogen hat, läßt sich nur vermutungsweise bestimmen. Zwei zusammenfallende Momente sind für das wirtschaftliche England der letzten fünfundzwanzig Jahre maßgebend gewesen, die gewaltige Reichtumsvermehrung, vor allem infolge der Rentenkapitalisierung und das Nachlassen des industriellen Fortschrittes. Jene hat unter den gegebenen sozialen Einrichtungen die Lebenshaltung nicht nur der besitzenden sondern auch der Lohnarbeiterklasse erhöht. In beiden Klassen sind damit mancherlei Kulturbedürfnisse geweckt worden, darunter das wichtige, den gewonnenen Stand nicht durch zu frühes Heiraten und zu großen Kindersegen herabzusetzen. Auf tausend unverheiratete oder verwitwete Frauen im Alter der Gebärfähigkeit (vom fünfzehnten bis fünfundvierzigsten Jahre) kamen Eheschließungen in England und Wales 1880 bis 1882 51,5 1890 bis 1892 49,8 1900 bis 1902 48,7 1903 47,8. Die abnehmende Ziffer der ehelichen Fruchtbarkeit ist oben bereits angegeben worden.

Das Nachlassen der industriellen Vollkraft bedeutet zugleich eine sinkende Nachfrage nach Fabrikbevölkerung. welche als die Quelle starker proletarischer Volksvermehrung gilt. Freilich hat der Zuzug vom Lande in die Stadt fortgedauert, aber er ist mehr dem Handel und Transport und der Dienstbotenklasse als der Großindustrie zugeflossen.[2])

Wie der Agrar- und der Industriestaat ihre besonderen Bevölkerungsverhältnisse haben, so auch der Rentnerstaat. In dem ersteren spricht die tatsächliche Verteilung, die Gebundenheit oder Ungebundenheit des Grundbesitzes, das soziale Recht der Land-

[1]) In Irland ist die natürliche Bevölkerungszunahme — d. h. Geburten weniger Sterbefälle — eine weit langsamere als in England und Wales: 1893 bis 1902 nur 5,1 auf 1000 der Gesamtbevölkerung. In Schottland ist sie England und Wales annähernd gleich, 11,9 gegen 11,8.

[2]) Viele interessante Einzelheiten bei Lawson a. a. O. Ch. VII, Our degenerating labour.

arbeiter das erste Wort bei der Heirats- und Geburtenziffer; in dem zweiten das Wachsen des Absatzes, insbesondere auch des Exportes, welches dem industriellen Arbeiter und seinen Kindern der Sorge um künftige Arbeitsgelegenheit enthebt.

Im Rentnerstaat, in welchem die produktiven Gewerbe zwar nicht verschwinden, aber zurückgedrängt werden, ist für die Bevölkerungsbewegung zunächst bestimmend die Quote der Rentnerklasse in der Gesamtzahl, dann auch die Größe des Renteneinkommens. Eine durch Generationen hindurch gesicherte Einnahme läßt den Beziehern eine bestimmte hohe Lebenshaltung, die Fernstehenden anspruchsvoll erscheint, etwas selbstverständliches sein, ihr hat sich die Möglichkeit und der Zeitpunkt der Familiengründung unterzuordnen, und Maßregeln, die man als Zweikindersystem bezeichnet, werden auf sie zurückgeführt. Es mag hinzukommen, daß in Familien, die an sich schon einen Zug des Niederganges an sich tragen, das Befreitsein von wirtschaftlicher Arbeit den Sinn für ein tätiges Leben abschwächt und sie dann zur Anspannung an die Daseinsverhältnisse überhaupt untauglich macht. Das Aussterben der lange Zeit reichbegüterten Familien ist eine bekannte Tatsache in England, welche in einem Rentnerstaat eine noch häufigere Erscheinung werden könnte.

In einer solchen sozialen Verfassung ist der Rentnerstand für andere Volksschichten begehrenswert, und wer kann, sucht sich ihm einzureihen. Das gelingt aber dem am wenigsten, welcher früh heiratet und viele Kinder aufziehen muß. Daher vermag denn auch dies Vorbild auf die Geburtenziffer in der arbeitenden Klasse eine herabsetzende Wirkung auszuüben.

Die Menschen, welche sich der konzentrierten und vielseitigen persönlichen Tätigkeit entwöhnen, gebrauchen in entsprechender Weise der menschlichen Bedienung, daher die Dienstbotenzahl mit der Größe der zur Konsumtion verfügbaren Renten anwachsen muß. Nun wird den unverheirateten Dienstboten der Vorzug gegeben, mithin Chauffeuren, Kutschern, Köchen, Lakaien, Zimmermädchen und Kammerjungfern, wenigstens solange sie im Dienst stehen, oft genug das Cölibat auferlegt.

Solange der Rentnerstaat noch nicht in den Zustand der Ruhe und der Stetigkeit gelangt ist, d. h. solange noch nicht die produktiven Gewerbe auf ihr äußerstes, durch das heimische Konsumenteninteresse allein bestimmtes Maß eingeschränkt sind, wird er eine überflüssige Arbeitermasse besitzen, der als Ausweg aus der Arbeitslosigkeit nur die Auswanderung bleibt. Auch sie wird in der Volksabnahme eine Rolle spielen, und das um so mehr, als gleichzeitig die Einwanderung erschwert werden kann, wozu um so mehr Veranlassung sein wird, je größere Kosten die Armenverwaltung verursacht.

Ist nach dem Gesagten auch die Übervölkerungsgefahr in England nicht mehr groß und dann im Verschwinden, sobald die Volkswirtschaft unter dem Zeichen des Rentnertums stehen wird, so sind ihm darum doch die Kolonien als Auswanderungsländer nicht wertlos geworden.

Aber das muß zugegeben werden, daß Länder mit starken, daheim trotz angespannten eifrigen Strebens nach wirtschaftlicher Betätigung nicht verwendbaren Geburtsüberschüssen mehr von dem Kolonialbesitz für ihr Volkstum zu erwarten haben als solche mit stabiler Bevölkerung, und es ist eine nicht unbillige, ja ganz natürliche — oder sagen wir menschenrechtliche Forderung, daß sie den Raum, welchen andere nicht gebrauchen können, ihrer Arbeit und Unternehmung zu unterstellen trachten.

Es ist bekannt, daß die Bevölkerung Frankreichs sich Jahr für Jahr fast auf der gleichen Höhe hält. Wollte man daraus schließen, daß dieses Land ein vollkommen ausgebildeter Rentnerstaat sei, so würde man sich jedoch sehr irren. Denn der volle Ausgleich von Geburten und Todesfällen, von Aus- und Einwanderung kann auch das Ergebnis anderer sozialer oder auch ethnischer Zustände sein.

Die französische Volkswirtschaft hat eine ganz eigenartige Struktur, welche wir in keinem anderen Lande wiederfinden. Sie erscheint auf den ersten Blick als ein ungemein vollständiges Ganzes: sie ist ausgerüstet mit einer intensiven Landwirtschaft, welche den inneren Bedarf ungefähr deckt, ja noch bestimmte Produkte auszuführen gestattet, mit mancherlei industriellen Exportgewerben, mit einer Großindustrie, welche ihr die Abhängigkeit von der gleichen ausländischen wenigstens als eine dringende

Gefahr nicht erscheinen läßt, mit einer Luxusindustrie, welche ihr ein dauerndes Weltmonopol sichert, mit einer aktiven Forderungsbilanz, welche es ihr ermöglicht die ausländische Kapitalanlage von Jahr zu Jahr im großen fortzusetzen. Frankreich kann demnach in eine solche Perspektive gerückt werden, daß es wie ein Agrarstaat, wie ein Industriestaat, wie ein Rentnerstaat aussieht. Allein von einer höheren Warte aus, von der man das Ganze überblicken kann, bemerkt man bald, daß es dies alles im eigentlichen Sinne nicht ist. Es kann auch nicht alles zugleich sein, da dies einem vollkommenen Widerspruch gleichkommen würde. Es ist kein Industriestaat, wie England und Deutschland, da es nicht nötig hat ein Defizit an Lebensmitteln mit Fabrikaten zu bezahlen, kein Agrarstaat, wie etwa Rumänien und Argentinien, der, um sich mit industriellen Waren zu versehen, regelmäßig Agrarprodukte ausführen muß, kein Rentnerstaat, wie das frühere Holland, da es die auswärtigen Renten zum Leben nicht gebraucht, sondern sie fortgesetzt kapitalisieren kann. Mit den Vereinigten Staaten hat es gemeinsam die Verbindung der industriellen und agraren Ausfuhr, mithin eine weitgehende Unabhängigkeit vom Auslande, sonst sind aber beide Länder wirtschaftlich recht verschieden: jene zeichnen sich durch eine Unternehmungslust aus, welche sich auf allen ökonomischen Gebieten rastlos betätigt und durch eine rasche Bevölkerungszunahme, wie sie vorher nie von einem Lande bekannt geworden ist. Frankreichs Achillesferse ist die Stabilität der Bevölkerung in Verbindung mit einem Mangel an wirtschaftlicher Arbeitsfreudigkeit und Unternehmungssinn, vor allem in der heimischen Industrie, dann aber auch im Handel und in der Erschließung der Kolonien.[1])

Frankreichs Stellung in der Weltwirtschaft und in der internationalen Politik ist immerhin eine bedeutende. Aber sie muß um so mehr zurückweichen, als die übrigen Kulturstaaten volkreicher werden, und das Land selbst auf der Höhe seiner bis-

[1]) Die Volkszählung von 1901 hat ergeben, daß in der Kolonie Algier neben 421000 Franzosen, 250000 Ausländer leben, deren Zahl in rascher Zunahme begriffen ist. Vgl. darüber J. Méline, Die Rückkehr zur Scholle und die industrielle Überproduktion, übersetzt von Konrad zu Putlitz 1906 S. 250 ff.

herigen Volksmenge beharrt. Die weltpolitische Verschiebung in der zweiten Hälfte des neunzehnten Jahrhunderts läßt folgende Tabelle ersehen:

Länder	Bevölkerung		Zuwachs
	1850	1900	
Frankreich	35 200 000	38 961 000	3 701 000
Großbritannien	27 369 000	41 484 000	14 115 000
Deutschland	35 397 000	56 345 000	20 948 000
Österreich-Ungarn	30 727 000	45 314 000	14 587 000
Rußland	66 714 000	128 893 000	62 179 000
Italien	23 617 000	32 450 000	8 833 000
Vereinigte Staaten	23 191 000	76 300 000	53 109 000

Frankreich ist jedoch ein reiches Land, und während die Bevölkerung stehen bleibt, wächst der Wohlstand rasch an. Es kann daher eines der größten Budgets der Welt mit jährlich 3500 Millionen Franken ertragen, welches es seit 1876 im Durchschnitt das Jahr um 35 Millionen erhöht hat. Seine Aktionsfähigkeit im Völkerleben der Erde ist daher eine große, wie u. a. sein erfolgreicher Kolonialerwerb zeigt.

Die Franzosen sind Leute mit reichlichem Einkommen und große Sparer sowohl auf dem Lande als auch in den Städten. Besitzen sie doch zum Rentenbezug eine innere Schuld des Staates, der Gemeinden und Departements von etwa 30 Milliarden Franken, und haben sie doch mehr als diese Summe im Auslande angelegt, welchem sie jährlich eine bis zwei neu überweisen.[1])

Dennoch herrscht in diesem Dorado der Malthusianer keine soziale Zufriedenheit und keine frohe Zuversicht für die wirtschaftliche Zukunft. Das ökonomische Leben ist ohne rechten Schwung, Neuerungen bürgern sich nur langsam ein. Jules Méline, der bekannte Agrarpolitiker und Schutzzöllner, führt diesen Zustand auf die chronische industrielle Überproduktion zurück. Oben ist in dem letzten Kapitel des zweiten Buches gezeigt worden, daß von einer solchen in der Tat gesprochen werden kann, wenn sie auch durch die Periodizität des industriellen Kreislaufes zeitweise ver-

[1]) Vgl. Buch 1 Kap. 5 S. 99.

deckt und abgeschwächt wird. Wie erklärt sich nun diese Erscheinung? Einige führen den Mangel an eigenen Kohlen als Grund der großindustriellen Schwerfälligkeit an, andere sehen in der unzureichenden Unternehmungslust der Franzosen das Entscheidende. Nach neuen Berechnungen ist Frankreich in Europa dasjenige Land, welches über die größte Wasserkraft für elektrische Anlagen verfügt. Damit ist eine Kompensation für den Kohlenmangel gegeben, aber es ist Tatsache, daß diese reiche den Alpen entströmende Naturgabe nur ungenügend ausgenutzt wird. Daher dürften diejenigen Recht behalten, welche in der wirtschaftlichen Energielosigkeit des Volkes den Feind des Fortschrittes und den Erzeuger des Konservativismus erblicken. Aber woher stammt nun dieser psychische Zustand, wird man weiter fragen? Aus der geringen Bevölkerungszunahme, antworten die französischen Nationalökonomen, unter ihnen der bekannte Leroy Beaulieu. Es fehlt der Druck der wachsenden inländischen Konsumentenschicht auf die Produktion, um sowohl die Nachfrage auf dem Markt als auch die Konkurrenz unter Kaufleuten und Industriellen zu beleben, welche sie zwingt, ihre Energie aufs Höchste anzuspannen.

Die Stabilität der Bevölkerung ist heute das gewichtigste Problem der französischen Gesellschaft. Darüber ist man sich ebenso einig, wie man über die Ursachen und die Beseitigung des Übels verschiedener Meinung ist. Daß man den Alkoholismus, die Kindesaussetzung bekämpfen müsse, daß die Neugeborenen besser aufzuziehen seien, daß man verschiedene sanitäre Maßregeln in den großen Städten nötig habe, wird wohl allgemein zugegeben, aber niemand glaubt, daß man damit dem schlimmen Zustande an die Wurzel greife. Denn nicht die große Sterblichkeit, sondern die geringe Geburtenzahl ist der Punkt, auf den alles ankommt. Am Ende des 19. Jahrhunderts mußte sich Frankreich nebenstehende Statistik von seiner Volkszählung sagen lassen.

Da ein Volk, auch wenn es still oder selbst rückwärts schreitet, immer noch an ein Vorwärts glaubt, so gibt es auch in Frankreich Nationalökonomen, welche meinen, daß es nur bestimmter wirtschaftlicher Reformen bedürfe, um die Bevölkerungsschwierigkeit zu beseitigen.

Kinderzahl in den Familien	Zahl der Familien	Prozent
Keine Kinder	1 808 839	16,68
1	2 638 752	24,33
2	2 379 259	21,94
3	1 593 387	14,69
4	984 162	9,07
5	584 582	5,39
6	331 640	3,06
7	289 771	2,67
unbekannt	234 855	2,17

Méline empfiehlt „die Rückkehr zur Scholle“,[1]) indem er darauf hinweist, daß dort, wo der kleine Grundbesitz vorherrscht, noch viele große Familien bestehen. Er hofft also durch die Vermehrung kleiner Güter die Fruchtbarkeit des französischen Volkes zu heben. Er setzt noch hinzu, daß „mit dem Tage, an welchem der Gedanke, in den Kolonien eine gesicherte Zuflucht zu finden, in den Köpfen tief und gründlich eindringt, sie aufhören werden, ein Kind als eine Last anzusehen und zu demselben Schluß kommen werden wie der kleine Landwirt, der, weil er heute nur auf die Mithilfe seiner Familienmitglieder zählen kann, das Neugeborene wie einen Segen vom Himmel begrüßt.“

Die „Rückkehr zur Scholle“ hat in Frankreich unter der Einwirkung des Agrarzolles von 1892 bereits eingesetzt, sie weiter zu fördern ist eine beachtenswerte und vielleicht nicht hoffnungslose Aufgabe. Ob mit ihrer Erfüllung Frankreichs Kindersegen wiederkehren wird, ist jedoch eine andere Frage.

Ob es möglich ist, jenen kolonialen Gedanken bald lebendig werden zu lassen, ist stark zu bezweifeln. Man kann auf Grund geschichtlicher Erfahrungen seit der Zeit Ludwig XIII. den Franzosen das Kolonisationstalent nicht absprechen, auch gibt es in unseren Tagen unter ihnen Konquistadoren, Erforscher und Pioniere des Handels,[2]) allein keine Auswanderermasse und nicht genügend Kapitalisten, die einen unsicheren Erwerb im neuen Lande

[1]) a. a. O. S. 194 u. 247.

[2]) Koloniale Zeitschrift 1905 S. 347.

mit der festen Zinsrente vertauschen möchten. Der großen Klasse der Klein-Bourgeois ist das Sparen zur Lebensgewohnheit geworden. Sie will aber auch alsbald die Frucht der Rente sehen. Méline hofft auf die Gründung leistungsfähiger Kolonisationsgesellschaften, welche im großen Stile die Sache in Angriff nehmen sollen,[1]) aber er bleibt uns die Antwort auf die Frage schuldig, ob die Banken Geld dazu hergeben werden und ob sich genügend Franzosen finden werden, das geliebte Heimatland zu verlassen, in dem es noch Raum genug gibt. Méline ist also der Meinung, daß es die wirtschaftlichen Zustände Frankreichs sind, aus welchen die geringe Geburtenziffer zu erklären ist. Er hält die Rasse an sich für fruchtbar oder von dem Willen, eine starke Nachkommenschaft zu erzeugen, beseelt. Das bewiesen die Zustände in Kanada, in Algier und Tunis. Allein es wird übersehen, daß die Franzosen in diesen Ländern eine Beimischung fremden Blutes erhalten haben, dort durch Engländer und Amerikaner aus der Union, hier vor allem durch Italiener.

Gerade diese Tatsache ist geeignet zu zeigen, was die Franzosen auch daheim gebrauchen: eine starke assimilierbare Einwanderung um die nationale Inzucht zu durchbrechen.

Den speziellen wirtschaftlichen Grund des Kindermangels erblickt Méline in der chronischen industriellen Überproduktion, welche das Einkommen so vieler herabgesetzt und damit die Beamtenlaufbahn, welche nur einen kleinen Teil der Stellensucher aufnehmen könne, überfüllt habe. Er schreibt: „Je mehr das gute Fortkommen ins Stocken gerät, je schwerer die erträumten Ämter zu erhalten sind, desto mehr erschrickt der Franzose, desto mehr erzittert er bei dem Gedanken, daß die teuern Kinder eines Tages alles entbehren müssen. Daher seine Überlegung, daß, je weniger Kinder er habe, desto leichter er ihr Glück sichern könne." Das angeführte individualpsychische Moment, die Beschränkung der Kinderzahl, um einem jeden sein reichliches Auskommen zu sichern, läßt sich auch aus anderen sozialen Tatsachen ableiten. In der Literatur ist wiederholt und wohl nicht mit Unrecht auf das seit der Revolution in Frankreich eingeführte

---

[1]) a. a. O. S. 250.

Erbrecht, welches die testamentarische Verfügungsfreiheit beschränkt und eine annähernd gleiche Vermögensteilung unter den Kindern erzwingt, hingewiesen worden, um in bäuerlichen Familien die Abneigung gegen mehr als zwei Kinder begreiflich zu machen. Eine Gutsteilung bedeutet oft die Zerstörung und Rentabilitätsherabsetzung der historisch gewordenen Betriebsgröße, an welcher der Bauer schon deshalb hängt, weil sie die Ackerfläche ist, auf der seine Vorfahren gesessen haben, und mit der die Arbeit seines Lebens eng verbunden gewesen ist. Bei zwei Kindern läßt sich die Teilung meistens vermeiden, da Geldersparungen und eine mäßige Hypothek ausreichen können, um das zweite Kind zu befriedigen.

In den Städten lebt die Klasse der kleinen und mittleren Rentiers. Ihre Zahl ist groß, was sich schon daraus abnehmen läßt, daß sich die französische Staatsschuld fast ganz im Inlande befindet und als stark dezentralisiert gilt, außerdem die russischen und andere fremde Staatswerte über das ganze Land in breiten Schichten der Bevölkerung verteilt sein sollen. Diese Rentiers können ihr Vermögen in sicherer Weise nur durch Sparsamkeit vermehren, welche auch bei der heute üblichen Steigerung des Komforts und des Luxus geboten ist. Da weder Arbeit noch wirtschaftliche Unternehmung als Zukunftsfaktoren gelten sollen, so kann den Kindern ein leidliches Einkommen nur hinterlassen werden, wenn sie wenige sind.

Wie in der früheren Rentnerklasse Hollands und der heutigen Englands das Börsenspiel Verbreitung gefunden hat, so sind auch die nicht arbeitenden Franzosen der Gegenwart starke Spekulanten in Effekten. Bureaux, vor allem zum Prämiengeschäft sind über das ganze Land verbreitet, und Wochenschriften und Flugblätter, welche Papiere anpreisen, überschwemmen es. Charakteristisch ist das Geschäft in großen Beträgen. Denn der Franzose denkt nicht daran mit ein paar hundert Franken Differenzgewinn sich einige Annehmlichkeiten des augenblicklichen Lebens erkaufen zu wollen, sondern träumt von der Vermehrung seines Vermögens, um eine dauernd größere Rente zu genießen.

Indessen, niemand wird glauben können, daß mit den Motiven der Elternliebe und der Erhaltung der Vermögensgröße die

Psychologie erschöpft ist, aus welcher der „geschlechtliche Betrug“ des Zweikindersystems verständlich wird. Die Franzosen haben es vielmehr selbst oft genug ausgesprochen, daß Genußsucht und Bequemlichkeit manche Männer bestimmt Junggesellen zu bleiben, und die Eheleute ihre Ehe unfruchtbar zu machen.[1]) Man hat diesen Vorgang in den wohlhabenden Kreisen beobachtet, aber seine Verbreitung geht vermutlich viel weiter.

Der französische Wohlstand hat sich durch das ganze verflossene Jahrhundert stark gehoben, so daß man Mangel und Not nicht als Ursache der geringen Volkszunahme einsetzen kann. Man könnte eher umgekehrt behaupten, daß zuviel Reichtum den Franzosen nicht bekommen ist: Der Reichtum habe den Luxus und dieser die Abneigung gegen die Ehe zur Folge gehabt. Allein so einfach ist der Kausalzusammenhang wohl nicht. Ein jeder weiß, daß es Familien gibt, welche geistig und physisch gesund bleiben, wenn sie reich werden, und andere, von denen man sagt, daß die erste Generation erwirbt, die zweite erhält, die dritte verschwendet. Auch von sozialen Schichten, die rassenmäßig gegliedert sind, weiß man, daß einige den Reichtum ertragen, andere ihrem Capua nicht entgehen. Das Judentum in der europäischen Gesellschaft, ist, wo es reinrassig geblieben ist, trotz seiner Vermögen von Millionen und Milliarden im Familienleben nicht dekadent geworden. Die Spanier und Portugiesen haben in ihren früheren Kolonien hingegen Herrschaft und Reichtum nicht recht ertragen können.

Nach unserer im Anfange des vorigen Kapitels skizzierten geschichtlichen Auffassung von dem Niedergang der Völker können nicht das Erbrecht, nicht die Größe der Rentnerklasse und des Reichtums, nicht die chronische Depression in der Großindustrie ausreichen um das Hinschwinden des Bevölkerungszuwachses in Frankreich zu erklären. Solche und andere wirtschaftliche und soziale Tatsachen sind für die Nation erst verhängnisvoll ge-

[1]) Es kann hier nicht auf die große Literatur des französischen Bevölkerungsproblems eingegangen werden. Ältere Literaturhinweise bei H. v. Oettingen Moralstatistik 1882 S. 289. Ein neueres Buch mit Literaturangaben Ch. Bonnet. Dépopulation et repopulation. Paris 1903. Vgl. auch Nadaillac, Affaiblissement de la natalité en France 1886.

worden, weil sie dagegen nicht mehr Widerstand leisten konnte. Die ungeheure Kraftausgabe im Dienste der eigenen und der europäischen Kultur und der Verbrauch an Lebensenergie auf Grund politischer Leidenschaften, des Bedürfnisses nach Neuerung und Ruhm wirkt auf die Geschlechter der Gegenwart, in denen daher viele Menschen leben, denen die sozialen Instinkte mehr oder weniger verloren gegangen sind. Man hat gesagt, daß französische Volk gehe an übertriebenem Individualismus zugrunde, eine Alterserscheinung der Völker.[1]) Dagegen gibt es nur das eine radikale Heilmittel der Blutauffrischung.[2]) Soziale Reformen, wie sie etwa Méline mit der „Rückkehr zur Scholle" vorschlägt, sind darum nicht ohne Wert, weil der Arzt auch alten Leuten oft recht nützlich sein kann, aber man wird weniger von ihnen zu erwarten gut tun, als ein glühender Patriotismus erträumt.

Das französische Volk hat seit der großen Revolution nicht bloß politisch, sondern auch wirtschaftlich und sozial viel erlebt: Es hat die liberale Rechtsordnung eingeführt und damit die recht-

---

[1]) Ch. Bonnet, a. a. O. S. 49 und 97. „Et tout d'abord notre pays meurt de vieillesse. Le plus ancien à la tête du progrès, il est également le premier, qui se ressente de cette usure, qui est à la fin nécessaire de tout ce qui existe." „Nous mourons d'individualisme. Cette maladie speciale est plus terrible que les autres, car elle affecte l'humanité de façons si diverses, qu'il est difficile de l'atteindre en bloc."

[2]) Nach G. de Lapouge, Die Rassengeschichte des französischen Volkes, Pol. anthrop. Revue 1905/1906 S. 32, hat das französische Volk eine bedeutsame Veränderung in der Rassenzusammensetzung durchgemacht, worauf er auch eine solche der Geistesrichtung zurückführt. „Der kriegerische Geist der Franzosen von ehedem hat einer übertriebenen Friedensliebe Platz gemacht, die den Frieden um jeden Preis will. Unabhängigkeitssinn und Widerspruchsgeist, die Ursachen so vieler Umwälzungen und Bürgerkriege, sind verschwunden. Bedientenseelen sind in der Mehrheit. Die bemerkenswerten Angriffe auf das Christentum, die wir vor Augen haben, rufen nur tatenlose Klagen hervor in einem Lande, das die Ligue und die Religionskriege gesehen hat. Der Franzose der Geschichte ist nicht mehr, an seiner Stelle sehen wir ein neues Volk mit ganz andern Neigungen." Es kann die Frage aufgeworfen werden, ob nicht zwischen diesen Neigungen und den psychischen Voraussetzungen der Beschränkung der Kinderzahl irgend ein Zusammenhang bestehe. Wäre man über die Rassengliederung der einzelnen Departements unterrichtet, so ließe sich ein vielleicht lehrreicher Vergleich mit der Bevölkerungsbewegung in jedem derselben ziehen.

lichen Erschwerungen der Verehelichung und der Familiengründung beseitigt, es hat sich eine Großindustrie und damit ein Proletariat geschaffen, dessen soziale Anschauungen frühes Heiraten und große Geburtenzahl begünstigen, es hat sich ein Kolonialreich erobert, das weit mehr als ausreichend ist, alle überflüssigen Kräfte des Heimatlandes zu absorbieren und den Daheimbleibenden die volle Expansion zu ermöglichen. Trotz alledem sinkt die Bevölkerungszunahme durch das ganze Jahrhundert[1]) hindurch. Auf tausend Personen der Gesamtbevölkerung kam ein Geburtenüberschuß:

im Jahre	Personen
1811—20	5,7
1851—60	2,9
1881—85	1,5
1886—95	0,6

und die Durchschnittsziffer der Geburten auf eine Ehe betrug: 1816—20 4,03, 1826—30 3,57, 1836—40 3,25, 1846—50 3,18, 1856—60 3,10, 1866—70 3,06, 1885 2,59, 1891 2,10.

Die Krankheit ist also nicht jungen Datums und kann nicht in einzelnen neueren Vorgängen, wie industrieller Überproduktion oder Abwanderung in die Städte ihren Ursprung haben. Das einzig Beharrende unter den wechselnden Geschicken und Zuständen seit 1789 ist die Nation selbst gewesen, aus der daher die dauernd sich gleich bleibende Erscheinung der Geburtenabnahme abgeleitet werden muß.

Wir sind von unserem Thema des Rentnerstaates abgeschweift. Aber nur scheinbar. Die sozialen Folgen des Exportkapitalismus lassen sich nicht immer wie eine große breite Linie verfolgen. Sie laufen in das tausendfädige Gewebe des volkswirtschaftlichen Ganzen deutlich ein, um sich alsbald zu verästeln, aber auch um bald hier, bald dort aus verschiedenster Umgebung hervorzuschimmern.

In Frankreich ist der große Bestand an auswärtigen Effekten ein Zeichen nicht genügend lebhaften Unternehmungsgeistes. Die

---

[1]) Schon im achtzehnten Jahrhundert gab es Franzosen, welche in den geschlechtlichen Unordnungen ihres Volkes eine Gefahr der Entvölkerung erblickten. Vgl. Süßmilch, Göttl. Ordnung I. S. 469 ff.

ökonomische Initiative ist abgeschwächt, weil der Druck der Bevölkerungszunahme fehlt. Der Rentenbesitz seinerseits wirkt auf das Bevölkerungsproblem in doppelter Weise zurück: er führt in vielen Familien zu einer mühelosen Vergrößerung des Reichtums und des Luxuslebens und fördert eventuell die Entsittlichung im Ehe- und häuslichen Leben, in anderen vermöge seiner quantitativen Geschlossenheit zu Besorgnissen über den Wohlstand der künftigen Generation und damit zum Zweikindersystem.

Eigentümlich ist nun, daß das französische Volk als Ganzes seine im Auslande fälligen Renten nur zum geringen Teil zur inneren Konsumtion nötig hat. Denn wäre dies der Fall, so müßte es in der Handelsbilanz zum Ausdruck kommen, deren Passivum aber, wie wir im letzten Kapitel des ersten Buches gezeigt haben, gering ist und zur Deckung von den im Auslande fälligen Zinsen und Dividenden nur wenig oder gar nichts nötig hat.

Es folgt also, daß diese Renten zu immer neuen Kapitalanlagen im Auslande verwendet werden, und daß dieser auswärtige Reichtum rapide anwachsen muß. Der Überschuß wird von Jahr zu Jahr größer, und der einzige Genuß, den die Franzosen von ihm haben, besteht in dem Bewußtsein, über immer mehr verfügen zu können, über die auswärtigen Schuldner immer mehr Macht zu gewinnen.

In England ist die volkswirtschaftliche Betätigung eine regere als südlich des Kanals. Daher dort die auswärtigen Renten zum Teil wenigstens noch in der Form von industriellen Rohstoffen und Halbfabrikaten eingezogen werden. Die Franzosen sind nicht betriebsam genug, um das gleiche zu tun, sie sparen und sparen und glauben doch nicht genug zu haben, so daß sie noch ihre Kinderzahl beschränken. Der Exportkapitalismus ohne eine Verbindung mit eigener ausländischer Unternehmung ist ihnen das bequemste. Je mehr er als solcher sich ausdehnt, um so mehr muß auch die Lust, zu Hause tätig zu sein, dahinschwinden, um so weniger wird Neigung zu eigener Kolonisierungsarbeit vorhanden sein. Für Frankreich ist er also eine nicht ungefährliche Einrichtung, worüber sein glänzendes Gewand der Reichtumsvermehrung nicht hinwegtäuschen darf. Die Wirtschafts- und Finanzpolitik sollte ihm daher niemals aus den Kreis ihrer Erwägungen ausschließen und alles vermeiden, was ihm neue Nahrung und Reiz gewähren kann.[1])

[1]) Vgl. Allgem. Zeitung 29. VI 1906: Das französische Kapital in Nöten, und d. Internationale Volkswirt N. 41 1906: Die Auswanderung französischen Kapitals. Die geplante Einkommensteuer ist die Veranlassung geworden, französische Renten auf den Markt zu bringen und fremde Effekten dafür zu erwerben, welche im ausländischen Depot bleiben sollen, um nicht versteuert zu werden.

Drittes Kapitel.

Deutschlands weltwirtschaftliche Aufgabe.[1])

„Gib mir zu raten, dein Beweisen ermüdet den Hunger meines Geistes“ lautet eine lebensphilosophische und lebensfrohe Forderung jenes großen Denkers, welcher inmitten des Kampfes nationaler Gegensätze sich nicht beirren ließ, auf die Anzeichen eines werdenden einheitlichen Europas hinzuweisen und die „guten Europäer“ aufrief, dem ihm in Umrissen vorschwebenden Ideal eine, wenn auch zunächst nur gedankliche, feste Gestaltung zu geben.

Wahrlich, das größte Rätsel der politischen und wirtschaftlichen Zukunft ist Europa. Sehen wir nicht, wie die Angehörigen der einzelnen Nationen immer häufiger und in wachsender Zahl auf Reisen und in Versammlungen, zu Geschäfts- und Kulturzwecken zusammenkommen, einander zu begreifen versuchen, voneinander lernen wollen, daß durch Niederlassung und Heirat in den benachbarten Ländern die Rassen mehr und mehr durcheinander gewürfelt werden, daß kein großes Werk der Wissenschaft, der Technik und der Kunst geboren wird, welches nicht alsbald europäisches Gemeingut wird, daß das tiefe Bedürfnis nach neuem Lebensgehalt, nach neuen ethischen und religiösen Zielen die Denker der Länder gleichmäßig beschäftigt, während überall der alte Glaube mittelalterlicher Vergangenheit durch zeitgemäßes Wissen zersetzt wird!

Für alle diese im Stillen waltenden Kräfte hatte Nietzsche, der seinem innersten Wesen und der Abstammung nach zugleich

[1]) Dieses Kapitel ist im Herbst 1906 geschrieben worden. Die politischen Vorgänge in Deutschland während des nachfolgenden Winters haben keine Veranlassung geboten, an ihm etwas zu ändern.

deutsch und undeutsch war. ein besonders feines Verständnis. Er glaubte in seinem schaffenden Geiste schon das Feld mit den schweren, reifen Ähren zu überschauen, auf welchem er das Emporsprießen der grünenden Halme beobachtet hatte.

Aber diejenigen, welche bei Frost und Sturm in der finstern Februarnacht dicht verhüllt über den Acker dahinwandeln, wollen an ein Ende der zerstörenden Gewalten und an einen kommenden Sommer nicht glauben.

Und, wer kann sich den Vorgängen der Gegenwart verschließen: Norwegen hat sich von Schweden wegen tiefer Zwietracht getrennt, Ungarn will sich von Österreich handelspolitisch losreißen, die Polenfrage ist in Deutschland zu einer neuen Gefahr geworden, in Rußland sind die uralten Völker- und Stammesgegnerschaften während der Revolution aufgelebt. Dann die Rüstungen zu Wasser und zu Lande, der Handelsneid Englands gegen das industriell aufstrebende Deutschland, der Streit um die Vorherrschaft in Afrika, die endlosen Wirren auf der Balkanhalbinsel!

Ist das europäische Leben von heute nicht der Aufschrei eines furchtbaren Widerspruches, das große Geheimnis eines übereinstimmenden und zugleich trennenden Entwicklungsprozesses?

Wir wollen hier nicht dem Gedanken nachgehen, wie der verschlungene Knoten zu lösen wäre. Ihn mit dem Schwerte zu durchhauen, ist ein gewagtes Experiment, dessen Berechtigung nicht eher zugestimmt werden kann, als bis alle Versuche einer Verständigung mit friedlichen Mitteln erschöpft worden sind. Ein Krieg unter den Großmächten würde mit dem Stachel, den er zurücklassen muß, für lange Zeit die Ansätze zu einem gemeinsamen europäischem Empfinden vernichten, zur Freude derjenigen, welche ihren Imperialismus auf den Trümmern der alten Welt errichten oder die gelbe Rasse aus ihrem tausendjährigen Schlaf erwecken wollen.

Zu den friedlichen Mitteln einer europäischen Übereinstimmung gehören auch die wirtschaftspolitischen. Die Aussichten und Schwierigkeiten zollunionistischer Bestrebungen sind von dem Verfasser an einer andern Stelle gegeneinander abgewogen worden. [1])

[1]) Beiträge zur Beurteilung einer wirtschaftlichen Föderation von Mitteleuropa. Zeitschrift für Sozialwissenschaft, Bd. V, Heft 7—11.

Nur durch konsequentes, jedoch schrittweises Vorgehen ist auf diesem Gebiete etwas zu erwarten. Insbesondere sollten wir Deutsche unser Wesen bekämpfen, wie die Kinder zu sein, die alles, was ihnen geboten wird, gleich in den Mund stecken wollen.

Hier ist die Aufmerksamkeit dem Kapitalexport in seinem möglichen Wirken für europäische Ziele zuzuwenden.

In welcher Weise er in den Dienst der nationalen Wirtschaftspolitik zu stellen ist, haben einige vorhergehende Abschnitte zu erörtern versucht. Diese Erwägungen erwachsen aus dem Bedürfnisse der volkswirtschaftlichen Expansion und sind so lange vor allen andern zu pflegen, als das nationale Dasein ein hochwichtiger Kulturträger ist, eine oft ausgesprochene Wahrheit, welche niemals in einer noch so glücklichen europäischen Konföderation der Zukunft zur Bedeutungslosigkeit wird herabsinken können, weil die vielgestaltige Besonderheit die Grundlage von Europas eigentümlicher Kraftentfaltung ist.

Der Exportkapitalismus kann jedoch den Gedanken einer dereinstigen besseren Verständigung zunächst der führenden westeuropäischen Völker schon jetzt in den Kreis seiner Erwägungen ziehen. Soweit er sich den Kolonien seines Landes zuwendet, kräftigt er zwar nur die eigene nationale Macht, aber indem er sich zugleich von denjenigen anderer europäischer Staaten nach Kräften fernhält, gräbt er die Quellen sicherer Konflikte und stetigen Mißtrauens ab. Seine überseeische Tätigkeit ist aber in den Kolonien keineswegs erschöpft. China, Marokko, der Kongostaat, das türkische Reich, Rußland, welches für absehbare Zeiten noch außerhalb des westeuropäischen Gemeinsamkeitsgedankens liegt, bieten noch mancherlei Aussichten für Kapitalisten und Unternehmer. Oft genug empfinden sie ihre Zusammengehörigkeit im Auslande, wenn es gilt, als Vertreter ähnlicher Kultur zusammenzuhalten und Erwerbshindernisse zu beseitigen. Sollte es unter ihnen ausgeschlossen sein, die Betätigungsgebiete in vernünftiger Weise gegeneinander abzugrenzen und, wo die Konkurrenz nicht ausgeschlossen werden kann, sich gegenseitig zu achten und bei gemeinsam erlittenen Widrigkeiten zusammen zu gehen? Und dann — die wachsenden brutalen Ansprüche der jungen und der alten erwachenden Länder an den Erträgnissen der Weltwirtschaft werden bald genug den Europäern, welche bisher im Vertrauen auf ihre große Vergangenheit an die eigene Überlegenheit geglaubt haben, zum Bewußtsein bringen, daß ihre Kapitalien nicht gegeneinander kämpfen dürfen, wenn ihre Besitzer das bleiben wollen, was sie gewesen sind.

Die Rückwirkung des Geistes der Versöhnlichkeit in der Fremde auf die Heimat wird nicht ausbleiben können.

Der Exportkapitalismus spinnt sein heutiges Gewebe auch über die europäischen Länder untereinander. Da sind zunächst die starken Stränge, welche die reichen mit den armen, die industriellen mit den agraren verbinden. Aber unzählige feine Fäden, nicht jedem sichtbar, überziehen das Ganze, laufen von Bankhaus zu Bankhaus, von Börse zu Börse, von Kaufmann zu Kaufmann, von Reeder zu Reeder, von Familie zu Familie. Ist in diesem ganzen Getriebe kein anderer Sinn als Geldgewinn, Übervorteilung, Konkurrenz? Bringt es nicht auch gegenseitige Förderung, wachsendes Vertrauen, Verständnis untereinander, Anpassung aneinander, wechselseitige Rücksichtnahme? Würde ein Krieg nicht alle europäischen Kapitalisten zugleich schädigen, da schon eine Geschäftskrisis in Wien auch in Berlin, eine solche in Paris auch in London aufs tiefste empfunden wird? Kommt nun die wohl gar nicht so ferne Zeit heran, daß alle bedeutenden europäischen Volkswirtschaften industriell und agrar leidlich vollständig ausgebaut sind, so werden die Beziehungen von Gläubiger zu Schuldner mehr und mehr gegenseitig werden und die Ziffern sich aufheben, so daß die Vorstellung unter allen immer mehr Platz greift, daß es weltwirtschaftliche außereuropäische Machtverhältnisse sind, mit deren Gegnerschaft sie gemeinsam zu rechnen haben. Der volkswirtschaftliche Schwerpunkt der auswärtigen Forderungen wird in den andern Erdteilen liegen, während sie, die eng zusammenliegenden Staaten, im Vergleich zu Gebieten von kontinentaler Ausdehnung die kleinen, unter sich so viele kapitalistische Zusammenhänge geschaffen haben werden, daß alle nationalen Abteilungen jede Störung des Ganzen am eigenen Leibe nachzitternd fühlen müssen.

So ergeben sich für die auswärtige Kapitalanlage in Zukunft mehr als in der Gegenwart neben den nationalen Aufgaben auch internationale. Darin liegt kein Widerspruch, sondern nur die Anerkennung einer Schranke, deren Dasein aus dem Zusammenliegen der Länder und aus ihrer historisch gegebenen Kulturgemeinschaft gefolgert werden muß. Es ist nicht einzusehen, warum nicht die westeuropäischen Großmächte, wie einst gegen Ägypten, die Türkei und Griechenland, auch einmal gegen säumige mittel- und südamerikanische Schuldner zusammen vorgehen sollten. Begreift es nicht jeder, daß die Monroedoktrin ihr imperialistisches Haupt, wenn auch noch verschleiert, heute nur so hoch zu erheben erwagt, weil Europa uneins ist? Panamerika mag das Ideal der Leute jenseits des Ozeans bleiben, aber die berechtigten Ansprüche des Privateigentums braucht man darum nicht preiszugeben oder einem fremden interessierten Sachwalter blindlings zu überlassen.

Konzedieren wir Europäer den Nordamerikanern eine politische Vormacht auf ihrem Kontinent, so haben wir auch das Recht, Afrika eine europäische Domäne zu nennen.[1]) Das Mittelmeer verbindet Nord und Süd noch mehr als der mexikanische Golf. Die größte Zukunft der europäischen Kapitalausfuhr liegt zwischen dem Kap Blanco und dem Nadelkap. Der afrikanische Erdteil ist ein gemeinsames Wirkungsfeld, und es ist nicht abzusehen, warum nicht auf ihm auch heute schon internationale kapitalistische Unternehmungen, vor allem kontinentale Eisenbahnen zur Ausführung gebracht werden sollten. Zusammen etwas besitzen, das am besten ungeteilt bleibt, ist geeignet, blinden Haß und engherzige Eifersucht zurückzudrängen. Der Beweis der Verständigung einmal vollendet gebracht, dürfte auch bald den Gemeinsamkeitsgedanken auf andere Gebiete übergreifen lassen.

[1]) Daß der König der Belgier im Herbst 1906 einer amerikanischen Gesellschaft die Konzession zur Ausbeutung eines Kautschukgebietes erteilt hat, um die Amerikaner am Fortbestande des Kongostaates zu interessieren, haben verschiedene Zeitungen berichtet. (Bradstreet's 24. Nov. 1906.) — Im Dezember 1906 hat der Senator Lodge eine Resolution eingebracht, eine internationale Kommission zur Untersuchung der Zustände im Kongostaat einzuberufen. Ferner hat eine Anzahl hervorragender Bürger von New York der Bundesregierung eine Eingabe überreicht, die Kongofrage in den Kreis ihrer Erörterungen ziehen zu wollen.

Der europäische Kapitalismus hat endlich mit Asien zu rechnen. Wir haben keinen Grund mehr, diesen Koloß mit abergläubischer Ehrfurcht anzustaunen, seitdem die Kulturgeographie und prähistorische Forschung es höchst zweifelhaft gemacht haben, daß wir Europäer im Innern Asiens unsere Heimat zu suchen haben, und die vergleichende Geschichte der Philosophie bewiesen hat, daß wir unsere Ideale aus uns selbst geschöpft haben. Das Licht der individuellen Freiheit und der Wissenschaft ist nicht orientalisch, sondern europäisch. Die hunderte Millionen zählenden farbigen Rassen des Ostens sind schwerlich für uns Kulturbringer und mögen bleiben, wo sie sind. Solange sie aber unser Geld und unsere Waren, unsere Köpfe und Energie zur Schaffung eines zeitgemäßen Wirtschaftslebens gebrauchen wollen, sollten wir nicht vergessen, daß wir sie zur strengen Pflichterfüllung gegen uns nur zwingen können, wenn wir zusammenhalten und ihnen begreiflich machen, daß es ein europäisches Kapital gibt. Es drängt heute stark nach dem fernen Osten. Möchte es doch den Mut finden, die Gemeinsamkeit seines Ursprunges nicht zu verleugnen.

Im Herzen des westeuropäischen Festlandes liegt das Deutsche Reich, heute an industrieller und kommerzieller Unternehmungskraft das stärkste Land im Kreise der andern, daher ethisch verpflichtet und auch durch seine Kulturleistungen berechtigt, der Wahrer des europäischen Gedankens in Weltwirtschaft und Politik zu sein. Dieser Gedanke schließt den der steten Aktivität in sich, den der Rentnerzufriedenheit und der stabilen Bevölkerung hingegen aus. Zwar wird von Deutschland niemand verlangen können, daß es seine nationalen Interessen nicht an erster Stelle im Auge habe, aber man wird sich darüber ins Klare zu kommen haben, daß sie, einseitig vertreten und auf die Spitze getrieben, sich mit vernünftigen und weit ausschauenden Zukunftserwägungen nicht vertragen.

Mögen wir nun einer solchen internationalen Aufgabe zustimmen oder uns gegen sie ablehnend verhalten, so ist doch unter keinen Umständen in Abrede zu stellen, daß Deutschland seines eigenen Wohles wegen den Kapitalexport und die Auslandsunternehmung eifrig zu pflegen hat. Die klassische Nationalökonomie war schon zufrieden, wenn sie Mittel und Wege zur

Vermehrung des Kapitals angab. Dazu machte sie im reformatorischen Geiste des achtzehnten Jahrhunderts den Zusatz: Ist durch wachsende Produktivität und verstärkte Ersparung oder durch wachsendes Einkommen und verbilligtes Leben eine große Kapitalbildung erreicht worden, so hat die Politik zufrieden mit diesem Zustand still zu schweigen, weil bei vollem und freiem Gehenlassen der Dinge das Kapital von selbst dahin ströme, wo es am meisten einbringe. Die Forderung der andauernden Kapitalbildung ist heute noch ebenso berechtigt als vor hundert Jahren, denn ohne sie kann keine Unternehmung im Inlande und im Auslande entstehen. Aber es schließt sich ihr nach unserer heutigen mehr realistischen Ansicht eine zweite, nicht minder wichtige, bisher wenig beachtete an: es muß die Gesellschaft auch befähigt sein, Unternehmer hervorzubringen, welche sich den neuen Geschäften widmen. Unternehmer immer von neuem ins wirtschaftliche Leben zu schicken, ist vom Standpunkt der inneren und äußeren Volkswirtschaftspolitik planmäßig geboten, weil damit den Ansätzen zum Rentnerstaat begegnet, und das Kapital im Ausland am besten für die heimische Volkswirtschaft verwendet wird.

Ist es überhaupt nötig. kann man fragen, daß sich unsere Nationalökonomen um eine gut besetzte Unternehmerklasse sorgen? Ist das Wesen des Deutschen heutzutage nicht schon derart, daß aus dem Volke immer genug Neuerer und wagemutige Männer hervorgehen? Fürst v. Bismarck sagte 1878 im Reichstag bei der Beratung des Sozialistengesetzes: „Der Deutsche hat an und für sich eine starke Neigung zur Unzufriedenheit. sein Ehrgeiz ist schrankenlos. Der Bäcker, der sich etabliert, will nicht etwa der wohlhabendste Bäcker in seinem Orte werden. nein, er will Hausbesitzer, er will nach seinem größeren Berliner Ideal schließlich Bankier. Millionär werden. Es ist das eine Eigenschaft, die ihre sehr guten Seiten hat, es ist die deutsche Strebsamkeit, sie steckt sich ihr Ziel nie zu kurz."

Man wird dies gern zugeben, aber doch nicht übersehen wollen, daß sich jede soziale Klasse durch zu viel Kraftausgabe erschöpfen kann, daher des Nachschubes bedarf, wenn sie dauernd auf der gewonnenen Höhe bleiben will. Die seit 1879 befolgte Agrar- und Industriepolitik ist von diesem Standpunkte aus gewiß die richtige gewesen. Je mehr tätige ländliche Grundbesitzer erhalten bleiben,[1]) um so mehr Farmer und Plantagenbeamte sind für Kolonien und Ausland verfügbar, und je vielseitiger die Landproduktion gestaltet wird, um so reicher ist die Anregung zu neuen wirtschaftlichen Werken, und damit um so nachhaltiger die Nachfrage nach dirigierenden und die Verwendungsmöglichkeit von unternehmenden Personen. In einer gesunden kapitalistischen Volkswirtschaft darf die landwirtschaftliche, industrielle und kaufmännische Unternehmerschicht niemals kleiner werden als sie ist, muß vielmehr mit der wachsenden Bevölkerung entsprechend zunehmen. Es ist menschlich begreiflich, daß Familien, welche einige Generationen hindurch rastlos geschafft und erworben haben, sich nun ausruhen, d. h. sich auf ererbten Rentenbesitz zurückziehen. Sie pensionieren sich gewissermaßen selbst, nachdem sie einen aufreibenden Dienst der Gesamtheit geleistet haben. Die volkswirtschaftliche Frage ist, wie einen ausreichenden Ersatz für die aus der Klasse herausgefallenen Exemplare schaffen?

Die Geschichte der glücklichen Unternehmung in Deutschland zeigt, daß sich die führenden Geister fast durchweg aus kleinen, wenn auch oft nicht aus ganz besitzlosen Verhältnissen heraufgearbeitet haben, aus dem Handwerker-, gelernten Arbeiter-, Kleinkaufmann-, Pächter-, Kleinfabrikantenstande stammen.[2]) Bei den meisten galten die zu überwindenden Hindernisse der Laufbahn zu den stärksten Antrieben der persönlichen Anstrengung. Von den Tausenden, die im harten Ringen um den Erfolg zugrunde gegangen sind, berichtet der Wirtschaftshistoriker nichts, von denen, welchen es das Leben recht leicht gemacht hat, hat ihn die Er-

[1]) Die Verstadtlichung des englischen Lebens hat den Mangel an brauchbaren Kolonisten in Kanada wie in Südafrika und Australien recht fühlbar gemacht.

[2]) Geschichte des modernen Reichtums von C. Schmidt-Weißenfels. Berlin 1893, enthält belehrende Nachweise, z. B. Borsig Zimmergeselle, Krupp Eisenarbeiter, Leitenberger Kleinfabrikant, Lanna Schiffsbauarbeiter, Hämmerle Handspinner, Siemens Pächter, Baring Sohn eines Pastors, Dreyse Schlosser, Mauser ebenfalls, Wilh. Frank Kaufmann, Rich. Hartmann Zeugschmiedegesell, Rudolf Mosse Sohn eines Arztes, Rothschild Kleinhändler, K. L. Bruck Kommis.

fahrung belehrt. daß sie aus einem besonderen Holze geschnitzt sein mußten, um das Höchste zu erreichen.

In dem sozialistischen Utopien soll allen Menschen die volle individuelle Entwicklung gewährt, sogar garantiert werden.[1]) Widergeschichtlicheres als das Leugnen der Selektion in der Gesellschaft und unrealistischeres als Mühe und Kampf als Hebel des Fortschrittes auszuschalten, hat der deutsche positive Sozialismus nicht ausgedacht. Von der sozialistischen Kritik ist andererseits behauptet worden, es werde dem Nichtbesitzenden immer schwerer, zur Selbstständigkeit zu kommen, da alles Land okkupiert sei und der große Betrieb den kleinen verdränge. Allein die Erfahrung entspricht dem nicht. Das heutige sozialpolitische Zeitalter, welches darauf hinarbeitet, die Volksmasse zu begünstigen und die gut situierte Minderheit durch direkte Steuern, Arbeiterversicherungsbeiträge, kontrollierende Gesetze und Verwaltungsmaßregeln zu belasten, ist besonders geeignet einen Mittelstand aus der unteren Klasse heraus zu züchten. Der Arbeiter ist nicht rechtlich und faktisch gebunden, wie in der Zeit der Grundherrschaft und der Zünfte. Der in einfachen Verhältnissen lebende charaktervolle und intelligente Mann hat heute mehr Aussicht vorwärts zu kommen als vor hundert Jahren. Denn alles ist in Bewegung; wie die Vorrechte beseitigt sind, beginnen auch die beengenden Vorurteile der Tradition zu schwinden. Die Bahn steht allen offen, an das höchste Ziel werden zwar nur die wenigen herankommen, welche hervorragende Gaben ihr eigen nennen, aber auf dem Wege dahin gibt es manche Stationen, in denen es sich gut leben läßt, und welche sich mit dem Schlüssel der Sparsamkeit und des Fleißes erschließen lassen.

---

[1]) K. Marx, Das Kapital, zweite Auflage I. S. 614. „Das Grundprinzip einer höheren Gesellschaftsform ist die volle und freie Entwicklung jedes Individuums“; Fr. Engels, Herrn Eugen Dührings Umwälzung der Wissenschaft, zweite Auflage S. 270. „Die Möglichkeit, vermittelst der gesellschaftlichen Produktion allen Gesellschaftsgliedern eine Existenz zu sichern, die nicht nur materiell vollkommen ausreichend ist und von Tag zu Tag reicher wird, sondern ihnen auch die vollständige freie Ausbildung und Betätigung ihrer körperlichen und geistigen Anlagen garantiert, diese Möglichkeit ist jetzt zum ersten Male da, aber sie ist da.“

Bei einem Teil der Unternehmer tritt die Beanlagung zur technischen Neuerung, bei einem andern zur kaufmännisch spekulierenden Ausnutzung in den Vordergrund. Beiden kommt heute in Deutschland das zielbewußte Hinarbeiten der chemischen und physikalischen Wissenschaften auf die praktische Verwendbarkeit ihrer Ergebnisse zugute.[1]) Die Arbeitsteilung zwischen Erfindern und Verwendern macht die Vereinigung beider Eigenschaften einer Person mehr und mehr entbehrlich und daher auch Männern einseitigen Talents ein erfolgreiches Aufsteigen möglich. Gewiß wird es dem einzelnen immer schwerer, der alleinige Eigentümer eines Großbetriebes zu werden. Denn je mehr der Umfang der Geschäfte zunimmt, um so weniger sind von ihnen, auch wenn man mit einer steigenden Bevölkerungsziffer rechnet, zur allgemeinen Bedarfsdeckung erforderlich, und die nötige Kapitalbeschaffung geht über die Kraft selbst des geschicktesten Kreditsuchers hinaus. Aber tatsächlich konzentriert sich doch die ökonomische Macht und Verantwortlichkeit in den fähigsten Individuen, mögen sie auch immer Privatbeamte genannt werden. Die goldenen Früchte ihres Berufes sind aber neben hohem Gehalt in Tantiemen ausgezahltes Unternehmereinkommen. Der Großbetrieb ist der Bildung eines Mittelstandes zugetan, sowohl durch seine Hierarchie von Angestellten, den Direktoren, Subdirektoren, Abteilungschefs, Prokuristen, Filialenvorständen usw. als auch durch die mit ihm verbundene Kapitalassoziation, welche die Dezentralisation des Reichtums begünstigt.

Der Beamte in der Großunternehmung mit ihren zahlreichen Abteilungen und den Filialen an andern Orten ist zwar abhängiger als der mit eigenem Kapital wirtschaftende Geschäftsmann, da er den Weisungen des Vorgesetzten unbedingt zu folgen hat. Hingegen hat sich der kleine Kaufmann und Handwerker einem ganz untoleranten Herrn, der Laune seines Kunden mit steter Verbeugung bis zum Boden zu fügen, wodurch auch keine freiheitlich fühlenden Seelen erzogen werden. Der höhere Privatbeamte hat in seinem Ressort oder in seiner Stadt der Zweigniederlassung immerhin eine große Verantwortung und die Ge-

[1]) W. Sombart, Die deutsche Volkswirtschaft. 1903. S. 156 ff.

legenheit, sich über das Ganze und alle Einzelheiten des Betriebes eingehend zu belehren. Avancement und Gehaltsverbesserung wirken als treibende Kräfte dabei mit. Seine Einnahmen enthalten für ihn die Möglichkeit der Kapitalbildung. So kann es auch in dieser Menschenklasse nicht an Persönlichkeiten fehlen, welche neue Geschäfte daheim oder in den Kolonien oder im Auslande zu begründen geeignet sind. Die Selektion enthält das Prinzip der kleinen Zahl, und der Neuerer sind daher niemals viele. Das ist auch sonst ganz in der Ordnung, denn kein Land kann ein zu großes Angebot von solchen Leuten gebrauchen. Sozialpolitisch ist genug geschehen, wenn ausreichende Vorbedingungen für ihr Dasein gegeben sind. Das Wesentliche ist immer, daß neue Kräfte aus der Tiefe des Volkes emporsteigen, welche die verbrauchten zu ersetzen imstande sind.

Die Dezentralisation des Eigentums neben dem auf assoziiertem Kapital ruhenden Großbetrieb entspringt aus der fortschreitenden Demokratisierung der deutschen Gesellschaft. Die zuerst in den Städten unter dem Einfluß des römischen Rechts entstandene Erbesteilung unter die Erben desselben Grades zu gleichen Quoten ist die Regel.[1]) Heiraten erfolgen weniger nach starren Standesanschauungen als in der vergangenen Zeit, womit große Vermögen in die Hand bisher unbemittelter Familien gelangen können. Reiche und nicht besitzende, aber begabte Männer verbinden sich zu gemeinsamer Geschäftsführung als Kaufleute, Fabrikanten, Anwälte, ohne auf Familientradition oder dauernde Ansässigkeit an einem Orte Rücksicht zu nehmen.

Der Andrang zur Staatskrippe ist bei uns zwar immer noch recht groß, vermutlich jedoch stärker in der Nachkommenschaft der subalternen als der höheren Beamtenschaft. Auch

[1]) In Rom war bei der ungeheuren Sklavenmenge die Gesellschaft aristokratisch, daher das Intestaterbrecht dort sozial anders wirkte als bei uns. — Große Privatunternehmungen werden aus mancherlei Gründen zu Aktiengesellschaften gemacht, z. B. um Anleihen in der erleichterten Form der Obligationen aufnehmen zu können, oder weil der Besitzer sich vom Geschäft zurückziehen will, ohne dessen kapitalistische Rente einzubüßen. Oft ist aber auch die Erwägung praktischer Erbesteilung entscheidend gewesen: der Aktienbesitz kann beliebig und leicht geteilt werden, ohne daß die Betriebsweise angetastet wird.

dieser Vorgang ist echt demokratisch und ist in der Schweiz schon seit langem beobachtet. Der Sohn des Sekretärs und Gensdarmen will Richter, Kreisdirektor und Oberlehrer werden, der Sohn des Ministers und Offiziers geht in die Elektrotechnik oder das Bankfach.[1])

Die staatliche Anstellung ist bei uns nicht deshalb so gesucht, weil sie ein sicheres Einkommen, als vielmehr, weil sie Ehren gibt und das Regieren als vornehm gilt. Eine atavistische Regung aus der Vergangenheit der Kleinstaaterei während des Zeitalters der sozialen Ausgleichung im Reich. Sie wird verschwinden, je mehr wir in unseren Kolonien, im Auslande, aber auch im Wirtschaftsleben daheim unter gleichzeitiger Einschränkung des Bureaukratismus deutsche vorurteilsfreie Männer mit stärkster Selbstverantwortlichkeit heranbilden werden. Mehr individuelle Unabhängigkeit der Gesinnung und des Geistes ist es, was uns not tut, sie allein wird der modernen Gesellschaft die Auswüchse der Demokratie, das Pöbelhafte, das Parvenumäßige, das Bourgeois-Engherzige zu nehmen verstehen.

Das Rentnerideal ist auch bei uns nicht unbekannt, aber nicht wie in England und Frankreich verbreitet. Es mag sein vor allem deshalb, weil die Nation, nach langem Schlummer politisch erwacht, zu lebenslustig ist, um stille zu sitzen und sich daran erfreut, sich nicht mehr in so engen Grenzen bescheiden zu müssen.

Die mit der Verausgabung nationaler Leidenschaft so sparsame Vergangenheit gestattet seit 1870 ein reiches Erbe anzutreten. Man kann daher auch hier sagen: Kein Unglück hat es je gegeben, das nicht auch ein Glück mit sich gebracht hat.

---

[1]) Vgl. J. Conrad, Einige Ergebnisse der deutschen Universitätsstatistik, Jahrb. für Nat. u. St. III. F. 32. Bd., 1906. S. 448. Statistisch ist nachgewiesen, daß die Studierenden aus Subaltern- und Handwerkerkreisen in Halle von 1761—78 bis 1877—81, also in hundert Jahren von 31 Proz. auf 42 Proz. der Gesamtzahl angewachsen sind. Die Statistik für ganz Preußen umfaßt noch keinen genügend langen Zeitraum und ist zu wenig nach rein sozialen Gesichtspunkten geordnet, um ebenfalls beweiskräftig zu sein. 1902/03 waren 14 Proz. der Studierenden Söhne von Subalternbeamten und 9 Proz. von Elementarlehrern.

Deutschland, im Zentrum des Kontinents gelegen, mit seinen offenen Landesgrenzen, mit Feinden und Neidern ringsumher, darf seinen Bewohnern zu keiner Stunde gestatten, die berühmte Bärenhaut der Altvordern aus dem Inventar ihrer Seele herauszuholen, um sich auf ihr niederzutun. Bureaukratismus und Rentnertum sind nahe Verwandte, und gegen beide hilft in Politik und Leben die Devise „Hilf Dir selber, so wird Dir auch Gott helfen".

Wollen wir Deutsche uns das erhalten, was wir im schweren Ringen erreicht haben, so müssen wir weltwirtschaftlich unternehmend stets auf dem Posten sein. Daher entbinden uns alle von innen und von außen wirkenden, auf die Pflege des unternehmenden Exportkapitalismus gerichteten Antriebe nicht von der Pflicht, ihn auch planmäßig in den Dienst des nationalen Lebens zu stellen. Die deutsche Begeisterung, hat man gesagt, gleicht einer Biene, sie stirbt immer, wenn sie gestochen hat. Daher bedürfen wir der Angewöhnung in vaterländischen Dingen. Manches ist gewiß von einer zielbewußten Regierung zu erwarten, mehr von einem festen Glauben an Deutschlands günstige Weltstellung, von einem Vertrauen zu einer wirkungsvollen Weltpolitik berufen zu sein.

Das große Übel, unter welchem das Reich seufzt, ist die Parteizerklüftung, welche so tief heutzutage geht, daß eine Überbrückung oft genug ganz ausgeschlossen ist. Politische Parteien sind notwendig, um vorhandene Gegensätze des sozialen und wirtschaftlichen Lebens zum Bewußtsein der Öffentlichkeit und in ihr zur Geltung zu bringen. Auch mag es in den Zeiten des schwindenden politischen Idealismus für unvermeidlich gelten, daß bei dem Repräsentativsystem die Abgeordneten der Verlockung nicht widerstehen können, die Erhaltung der gewonnenen Parteimacht und die aus ihr so leicht entspringende Selbstgefälligkeit über Gebühr wichtig zu nehmen. Allein es ist ein selbstmörderisches Verhalten, wenn die Parteien sich nicht national zu disziplinieren verstehen und das Reich lieber in Stücke zerfallen lassen möchten, als ein Jota von ihrer Doktrin und Selbstherrlichkeit preisgeben. Die Folge davon ist, um ein heute naheliegendes Beispiel anzuführen, daß man in England gelegentlich die Meinung äußern hört, die Deutschen seien für Kolonialpolitik unbrauchbar, und ihre überseeischen Besitzungen würden von ihnen zurzeit nur etwas vorkultiviert, um die spätere englische Besitzergreifung um so gerechtfertigter erscheinen zu lassen.

Für die Beurteilung des Wertes unserer Kolonien fehlt in vielen Kreisen der Bevölkerung durchaus der historische Sinn. Der ökonomische Nutzen überseeischer Niederlassungen in der Gegenwart soll der Maßstab für die Würdigung ihres Daseins überhaupt sein. Daß sie eine Zukunft haben, wird aus dem klerikalen und sozialistischen Parteiprinzip, welches alles bekämpft, was von den konfessionellen Kämpfen und von der Arbeiterfrage abzieht, in Abrede gestellt, und daß sie doch schon etwas sind, mit falschen Vergleichen und unberechtigten Ansprüchen bestritten. Welche Opfer an Menschenleben und Geld hat England[1]) in den letzten zweihundert Jahren gebracht, um sein Weltreich zu schaffen, und welche Früchte hat es geerntet? Für die Ewigkeit steht nichts und „einst mag kommen der Tag", an dem auch dieser riesige Besitz nicht mehr zusammengehalten werden kann. Aber welche ideale und materielle Kräfte das Mutterland aus den Kolonien gezogen, und was es diesen an Kultur zugeführt hat, wird unvergessen bleiben. Eine große blühende Kolonie bedeutet mehr als Rohstoffimport und Renten von dort: Sie weitet den Blick der Heimatsbürger und stattet den, welcher in ihrer Frei-

[1]) Die Deutsche Kolonialzeitung, Nr. 2, 1907, bringt für die Jahre 1895 bis 1901 folgende Zusammenstellung über Englands Belastung:

	Kosten in £	Dauer Monate	Truppen Briten	Truppen andere
1895: Chitral	1 222 600	7	5 000	10 400 Eingebor.
1895/96: Aschanti ..	192 490	2	1 000	1 000 „
1896: Matabele	—	9	660	2 193 Kolonialtr.
1896/97: Mashonaland-Expedition ...	2 586 907	6 1/2	570	5 129 Eingebor. 1 550 Kolonialtr.
1896 u. 1899: Sudan	2 415 000	9	7 500	12 500 Eingebor.
1897/98: Nordwestgrenze Indien	2 600 000	8	15 000	3 700 Kolonialtr.
1899/1902: Südafrika	187 725 700	32	365 693	82 742 „
1900: Aschanti	428 000	9	—	4 000 Eingebor.
1900/01: China	5 827 000	6 2/3	2 300	18 700 „

heitssphäre lebt, mit großem Verantwortlichkeitsgefühl aus, sie zieht von kleinlicher Kirchturmspolitik ab, sie zwingt den Werdegang des Volkes ins Auge zu fassen, sie erzieht zu nationalem Stolz.[1])

Die Kolonialpolitik ist nur ein Teil der Weltpoltik. Was für jene gilt, ist je nach den besonderen Zielen modifiziert auch für diese richtig. Hier Kapital und Arbeit als Warenexport und Auswanderung zu begreifen, ist jedenfalls fruchtbarer als darüber zu grübeln, ob ein endlich beseitigter Streik eine wirtschaftliche oder eine politische Ursache gehabt hat, oder ob ihn die Arbeitgeber oder Arbeitnehmer verschuldet haben.

Zu den Kolonialnörglern gehört in Deutschland an erster Stelle die Arbeiterpartei. Nachweisbar vorgekommene Verwaltungsmißbräuche und Ungeschicklichkeiten im deutschen Afrika zu rügen ist ihr gutes Recht, aber sie ist der Engherzigkeit und dem Irrtum verfallen, wenn sie alle kolonialen Bestrebungen deshalb für nichts achtet, weil sie sich an erster Stelle mit denen, welche sie unmittelbar angehen, mit ihren sozialen Gegnern, den Kapitalisten, befassen müssen.

Die Lohnarbeiterklasse hat an politischer Macht in demselben Maße gewonnen, als die produktive Tätigkeit der Volkswirtschaft gewachsen ist, und Auslandsgeschäft, Kapitalexport und Kolonien sind bald ebenso wichtige ökonomische Faktoren wie innerer Handel, heimische Eisenbahnen und Fabriken.

Deutschlands großem wirtschaftlichem Aufschwung in der politischen Ruhe von 1850 bis 1860 folgte die Lassallesche Sozialdemokratie, der Gründung des Norddeutschen Bundes und des Reichs und der neuen einheitlichen Wirtschaftspolitik in den Jahren 1866 bis 1890 die vom Marxismus getragene Kampfzeit des modernen Sozialismus, der Gewinnung einer

[1]) Man vergleiche, was Henry George über den amerikanischen Westen, der großen früheren Kolonie der Oststaaten, in „Fortschritt und Armut", Buch VII Kap. 5, vom Grundbesitz der Vereinigten Staaten gesagt hat: „Alles, was den Amerikaner mit Stolz erfüllt, alles, was die amerikanischen Verhältnisse und Einrichtungen besser macht als die älterer Länder, kann man auf die Tatsache zurückführen, daß der Grund und Boden in den Vereinigten Staaten billig war, weil dem Einwanderer neuer Boden offen stand."

weltwirtschaftlichen Machtstellnng Deutschlands während der letzten siebzehn Jahre die auf eine große Masse sich stützende, in der Theorie verarmte aber in der Praxis erstarkte Arbeiterpartei im Reich, in den Einzelstaaten und den Gemeinden. Die heutigen Sozialdemokraten haben daher, wenn sie nur etwas Selbsterkenntnis üben wollen, keinen Grund, die Politik des Reiches irgendwie zu schmähen. Was dieses an wirtschaftlicher Macht gewonnen hat, ist ihnen an sozialer pro rata reichlich zugeflossen. Das Bindemittel zwischen der volkswirtschaftlichen, auch auf politischen Tatsachen fußenden Produktivität und der Klassenmacht der Arbeiter ist die Verbesserung der Arbeitsbedingungen, insbesondere der steigende Lohn gewesen. Ihm ist es zuzuschreiben, daß sich die Arbeiterbevölkerung rasch vermehrt hat, ihm, daß sie Geld für Koalitionswesen und sozialdemokratische Agitation ausgeben konnte, ihm, daß sie immer begehrlicher geworden ist. Sozialpolitik heute treiben wollen, heißt daher an erster Stelle mit einer energisch aufsteigenden und viel fordernden Volksschicht rechnen müssen.

Die Beneidung des Reichtums und das anspruchsvolle Streben nach materiellen Lebensgenüssen hat dazu verleitet, die Lohnarbeiterfrage als Magenfrage zu bezeichen. Aber mit demselben Recht könnte man den Kampf des dritten Standes in Frankreich am Ende des achtzehnten Jahrhunderts, oder den nordamerikanischen Unabhängigkeits- oder Sezessionskrieg lediglich der materiellen Dinge wegen geführt denken. Gewiß ist, daß in alle großen sozialen Kämpfe der Wunsch nach einer neuen Besitz- und Einkommensverteilung eingreift, oft so eindringlich, daß er fast alles andere verdunkelt, allein die Denker und Führer, in denen der eigentliche Klassenwille lichtvoll konzentriert ist, zeigen, daß es die politische und soziale Machtgewinnung ist, auf welche alles ankommt. Wer über die Organisation der öffentlichen Gewalt verfügt, dem fallen die materiellen so gut wie die idealen Güter, mit denen sich erst das Leben nach eigenem tiefstem Wollen der Rasse oder Nation gestalten läßt, von selbst in den Schoß.

In der Zeit der vollen Herrschaft der kapitalistischen Klasse über die lohnarbeitende hörte sich zugunsten der letzteren mit Gefühl verteidigte Philantropie oder auch gepredigtes praktisches Christentum nicht übel an, heute, wo der Wille der einst unterdrückten, aber jetzt erstarkten Klasse entschleiert ist, weiß jeder, daß Arbeiterfrage lösen heißt, entweder den Kapitalismus dem Proletariat, oder dieses jenem ausliefern. Da es nun aber noch andere und wichtigere Dinge in der politischen Welt gibt, welche ihr Dasein gebieterisch geltend machen, als diesen inneren sozialen Gegensatz, so muß sich der Radikalismus zum vernünftigen Kompromisse auf Grund der vorhandenen Kräftebilanzierung umwandeln.

Das dürfte um so eher gelingen, als beiden Gruppen an dem Gedeihen des wirtschaftlichen Ganzen, von dem sie doch jede nur ein Teil sind, gelegen ist. Die Abwehr gegen fremde Volkswirtschaften und der Einfluß auf sie ist es einerseits, wessen sie beide bedürfen.

Andererseits sind die sozialen Maßregeln im Innern verfehlt, welche die alles bewegende Produktivkraft des Ganzen herabsetzen. Die Reformgedanken der deutschen Arbeiterversicherung z. B. wurzeln daher mit Recht in Vorschlägen, welche die durch die bestehende Gesetzgebung begünstigte Arbeitsunlust und den prämiierten Mangel an Selbstverantwortlichkeit beseitigen sollen.

Was bedeutet eigentlich Sozialismus als gesamtwirtschaftliche Organisation, wird man hier fragen dürfen? Nichts anderes als Starrheit, Stillstand der Produktion, höchste persönliche Unfreiheit, Bewegungshemmung, lokale Borniertheit, Bureaukratentum zur höchsten Potenz getrieben und Abschluß gegen fremde Volkswirtschaften.

Diese Narrheit wagt eine gewissenlose Demagogie als Evangelium der Zufriedenheit einer politisch unreifen Arbeiterschaft in einer Zeit zu predigen, in der die weltwirtschaftliche Konkurrenz der Völker aufs äußerste getrieben wird, und in welcher die kapitalistische Unternehmung als wirtschaftlicher Bahnbrecher die höchsten Triumphe feiert. Sozialismus für Völker, welche in der Weltwirtschaft stehen, heißt sie in Ketten legen und wehrlos gegen die machen, welche sich von seinen Ideen nicht haben ankränkeln lassen.

Will man Sozialpolitik und nationale äußere Wirtschaftspolitik unter gemeinsame Gesichtspunkte bringen, so kann es sich allein darum handeln, der Arbeiterschaft auch ihre Quote an den Früchten zu sichern, welche aus der internationalen Verkehrswirtschaft erwachsen.

Die Sozialdemokratie will bei uns von einer zuverlässigen Förderung des nationalen Gesamtwohles nichts hören. Sie kramt statt dessen das alte abgenutzte Gewand des menschenrechtlichen Internationalismus aus ihrer Revolutionsschublade heraus. Nicht das, was an dem zwischenstaatlichen Gedanken Praktisches lebt, sei es auf dem engeren westeuropäischen Gebiete als Verständigung zur Abwehr gegen machtvoll erstarkende Gegner, sei es auf weiterem weltwirtschaftlichen zur Ordnung gemeinsamer Verkehrsangelegenheiten, ist es, was sie will, sondern die Vereinigung der Proletarier aller Länder zur Zertrümmerung der kapitalistischen Gesellschaft. Bekanntlich hat sich der Gedanke weder agitationskräftig erwiesen noch irgendwelche nützliche soziale Folgen hervorgebracht. Was soll also die Forderung von dem Zertrümmern der alten Wohnungen, wenn es unmöglich ist ein gemeinsames neues Haus zu bauen? Nichts, ist zu antworten, als eine Agitationsphrase, um dem lebensvollen Begriff der Nation entgegenzutreten.

In England, Frankreich, in Australien, in den Vereinigten Staaten hat die Arbeiterschaft sich gegen die Einwanderer mit niederer Lebenshaltung gewendet, und auch bei uns würde ihre Gegnerschaft gegen italienische, polnische und russische Lohndrücker schärfer akzentuiert werden, wenn die Gefahr auf breiterer Basis oder etwa bei sinkender Industriekraft mit stabilen oder fallenden Löhnen schärfer hervortreten würde. In dem vorhergehenden Kapitel wurde ausgeführt, daß die englischen Gewerkvereinsleute von der zersetzenden Kritik des Sozialismus niemals eingefangen worden sind. Sie wußten stets recht gut, daß ihre im ganzen gesicherte ökonomische Lage mit dem Gedeihen des britischen Weltreiches aufs engste verbunden war. Die Kolonien waren ihnen eine wertvolle Ergänzung des heimischen Gebietes und nicht etwa nach finanziellen Aufwendungen des Mutterlandes einseitig abzuschätzen, die Exportindustrie und der auswärtige Handel eine Organisation des Kapitals, der sie alles Gute wünschten, damit sie hohe Löhne zahlen konnte. Auch der Exportkapitalismus wurde von ihnen realistisch gewürdigt, je nachdem er ihren Interessen dienstbar gemacht werden konnte.

Diesen Realismus auch von den deutschen Arbeitern zu verlangen, ist eine durchaus berechtigte Anforderung. Er würde lehren, daß die Kapitalanlage im Auslande erstens eine die Industrie erweiternde Warenausfuhr umfaßt, also günstig auf die Löhne der Arbeiter zurückwirkt, welche heute durchaus befähigt sind, ihre Ansprüche bei steigender Nachfrage nach ihren Leistungen durchzusetzen. Das faktische Industriemonopol, welches England auf bestimmten Gebieten während mehr als fünfzig Jahren besessen hat, ist zugleich ein solches der Kapitalanlage in vielen Ländern gewesen.

Die Arbeiterschaft ist ferner mittelbar an den einkommenden Renten beteiligt. Soweit dieselben zum Konsum der Bezieher dienen, werden sie zu einer wirksamen Nachfrage auf dem inneren Markt nach Waren und Leistungen, erhöhen also den Lohn von Arbeitern und Dienstboten. Strömen die Renten den heimischen Gewerben als Kapitalvermehrung zu, so wächst auch in diesen das Bedürfnis, mehr Arbeitskräfte zu beschäftigen.

Weniger günstig liegt den Arbeitern der Fall, wenn die Renten im Auslande bleiben und in die fremden Volkswirtschaften eingehen. Bleiben die Auslandsunternehmungen, welche diese neuen Kapitalien verwenden, nationalisiert, so werden wenigstens die Auswanderer davon einen Vorteil haben, welche aus dem Gläubigerlande dorthin fortziehen. Die zurückbleibenden Arbeiter empfinden aus der Abwanderung zugleich eine Erleichterung in der Konkurrenz des Angebots ihrer Leistungen.

Wirkt endlich der Exportkapitalismus lähmend auf die Geschäftstätigkeit des gebenden Landes durch Nachlassen des wirtschaftlichen Arbeits- und Erwerbstriebes ein, so wird auch die Arbeiterklasse die Folgen des Niederganges mit zu tragen haben.

Es ergibt sich aus diesen aufgeführten Einzelheiten, daß die Lohnarbeiter von dem Kapitalexport dann einen Nutzen ziehen, wenn den Arbeitgebern auch ein solcher erwächst, einen Nachteil erst dann, wenn diese darunter zu leiden haben. Nehmen wir mit Recht an, daß in Deutschland die Hinneigung zum Rentnerstaat für absehbare Zeiten ausgeschlossen ist, so ist es klar, daß die sozialdemokratischen Führer die Masse nicht gut beraten, wenn sie Kolonial- und Weltwirtschaftspolitik, welche beide mit der Kapitalausfuhr unlösbar verbunden sind, der Verachtung preisgeben.

So unzweifelhaft es ist, daß die deutsche Arbeiterschaft aus Deutschlands zunehmender Verflechtung in die Weltwirtschaft während der letzten dreißig Jahre viel soziale Kraft gezogen hat, ebenso sicher ist es, daß sie sich dieses Umstandes wenig oder gar nicht bewußt geworden ist. Aber sie würde das Gute, das sie genossen hat, alsbald schätzen lernen, wenn sie es verloren haben sollte, wenn Deutschland durch eine gemeinsame feindliche Handelspolitik fremder Staaten oder durch einen verlorenen Krieg einen erheblichen Teil seines Auslandsgeschäftes einzubüßen gezwungen wäre. Dann wäre für sie die Gelegenheit gegeben, die Probe auf den Wert ihres internationalen Ideals zu machen. Sie würde sich alsbald darüber klar werden dürfen, daß die nationalen Gegensätze der Produktivkräfte in der Weltwirtschaft keine internationale Arbeiterharmonie in sich einschließen können.

Die deutsche Arbeiterschaft hat also zu lernen, daß sie an allen wahren Förderungen des nationalen Gemeinwohles interessiert ist. Jede wirtschaftliche Hebung ihrer Klasse bedeutet für sie steigende soziale Macht, welche sie zu jeder eigenen kulturellen, wie auch immer gearteten Ausbildung verwenden mag, wenn sie nur im Einklang mit jenem höchsten Ziele gebracht wird. Denn jeder aus dem Gedeihen der ganzen Volkswirtschaft gezogene Vorteil legt auch dem Bedachten die Pflicht auf, es seinerseits nach besten Kräften zu fördern. Das ist oft für die Arbeitgeber ausgesprochen worden, gilt aber heuzutage nicht minder für die Lohnarbeiter. Es gehört zum Wesen der sozialdemokratischen Demagogie, daß sie immer nur Rechte und niemals Pflichten der Klasse betont, deren gewissenhafter Vertreter zu sein sie vorgibt.

Daß Kriege um den Besitz von Kolonien, Einflußsphären, Absatzmärkten, Welthandelsstützpunkten nicht ausbleiben werden, lassen die Motive des amerikanisch-spanischen, des Buren-, des japanisch-russischen Feldzuges erkennen. Die beste Versicherung gegen die mit ihnen uns drohende Gefahr bleibt für uns eine starke territoriale und maritime Wehr. An ihr ist Kapital und Arbeit in gleicher Weise interessiert.

Die künftigen Kriege mit ihren gewaltigen Kosten werden dem Auslandskapitalismus eine wachsende Bedeutung verleihen, indem er sowohl dazu dient, Anleihen zu finanzieren, als auch den neutralen Mächten gestattet, auf den Ausgang des Krieges einzuwirken und an dem Gewinn des Siegers in Rentenbezügen Anteil zu nehmen. Im Kapital ist heutzutage ein großes Stück Wille zur Weltmacht verborgen, von welchem die Schulweisheit der Sozialisten, welche in ihm nur den Vampyr am Arbeiterblut zu sehen vermag, sich nichts träumen läßt.

Der Kapitalismus hat aber an erster Stelle friedliche Aufgaben zu erfüllen, neue Gebiete der Produktion und dem Verkehr zu erschließen und alte auszubauen. Oft ist er an seine sozialen Aufgaben im Innern des Landes erinnert worden, hier, wo er im Exportgewande auftritt, handelt es sich um seine nationalen. Werden dieselben zielbewußt und weitblickend erfüllt, so werden auch wohltätige soziale Folgen nicht ausbleiben können.

Wann werden die deutschen Arbeiter diesen Zusammenhang der Dinge zu begreifen anfangen? Vielleicht dann, wenn sie eingesehen haben, daß die zunehmende Demokratisierung der Gesellschaft und der Sozialismus aus ihrem innersten Wesen heraus einen Gegensatz zu schaffen beginnen, daß jene der Nährboden für eine auf neue Unternehmen gerichtete Selektion ist, während dieser, welcher Freiheit der Bewegung, Konkurrenz an Geist und Energie unterdrücken muß, um existieren zu können, dem weltwirtschaftlichen Getriebe und Fortschritt ganz und völlig feindlich ist.

Je mehr ein Volk kolonisiert, Auslandsgeschäfte betreibt, Unternehmer und Arbeiter aussendet, um so höhere Bewertung finden die individualistischen Ideale der persönlichen Unabhängigkeit, des Selbstvertrauens, der Selbstverantwortlichkeit. Die Gesellschaft treibt bei uns nicht in den Zukunftsstaat hinein, sondern weit von ihm weg. Darum muß die politische Arbeiterpartei umlernen, wenn sie wirklich Lohnarbeiterinteressen fördern und nicht bloß selbstsüchtige Agitatoren besolden will.

Die Zukunft der deutschen Politik wird daher weniger in inneren sozialen als in internationalen Angelegenheiten ihren Schwerpunkt zu suchen haben. Die nationale Notwendigkeit, die wirtschaftlichen Kräfte über die Landesgrenzen hinauszutragen und in den Kolonien und im Auslande zu erproben, wird dem Exportkapitalismus erhöhte Beachtung zuteil werden lassen. Möge die in diesem Buche angestrebte und in sein Wesen einführende Systematik seinem dann immer wichtiger werdenden Studium zur Vorbereitung gedient haben.

Kolibri 360 GmbH
Ferdinand-Jühlke-Straße 7
99095 Erfurt, Deutschland
produktsicherheit@kolibri360.de